譯註

禮記淺見錄

❻

祭法·祭義·祭統·經解·哀公問·仲尼燕居·
孔子閒居·坊記·中庸·表記·緇衣

譯註

禮記淺見錄

⑥

祭法·祭義·祭統·經解·哀公問·仲尼燕居·
孔子閒居·坊記·中庸·表記·緇衣

권 근權 近 저
정병섭鄭秉燮 역

學古房

역자서문

본 역서는 고려말 조선초기 학자인 양촌 권근의 『예기천견록(禮記淺見錄)』을 번역한 것이다. 권근은 매우 유명한 인물이며, 관련 연구도 많이 되어 있기 때문에 별도로 덧붙일 말은 없다. 역자가 『예기천견록』을 번역하게 된 것은 우연하고도 사소한 이유 때문이다. 『예기보주』를 완역하고 난 뒤에 무료함을 달래기 위해 무엇을 할까 고민하다가 책장 한켠에 놓여 있던 『한국경학자료집성』이 눈에 들어왔다. 이 책은 모교의 대동문화연구원에서 발간한 것인데, 대학원 박사과정 때 우연한 기회로 오경(五經) 전권을 얻게 되었다. 그러나 당시에는 딱히 참고할 일이 없어 한쪽 구석에 먼지와 함께 쌓여 있었고, 몇번의 이사를 거치면서 책장을 정리할 때마다 늘 구석에서도 가장 후미진 곳을 차지하게 되었다. 그러던 중 조선 유학자인 김재로의 『예기보주』를 번역하게 되었고, 번역 과정에서 조선 유학자들의 『예기』에 대한 주석은 어떠한 성향을 보일까 궁금증이 들었다. 그래서 오경 중 『예기』 파트만 별도로 추려내서 가장 잘 보이는 곳에 두었는데, 첫 번째로 수록된 책이 바로 『예기천견록』이었고, 무심코 자판을 두드리다보니 이렇게 책을 출판하게 되었다. 이것이 이 책을 번역하게 된 이유이다. 조선유학의 본원을 탐구하거나 양촌 권근의 사상적 특징을 밝히려는 거창한 계획은 애당초 없었고, 나는 그런 뜻을 품을 만한 재목도 되지 못한다.

『예기천견록』은 진호(陳澔)의 『예기집설(禮記集說)』을 그대로 차용하고 있다. 즉 『예기』의 경문과 진호의 『집설』 주를 거의 가감없이 그대로 수록하고 있으며, 덧붙여 설명할 부분에서만 자신의 견해를 그 뒤에 간략히 수록하고 있다. 물론 진호의 주석에 이견을 보인 부분에서는 나름의 근거를 제시하며 반박하는 기록들도 종종 등장하지만, 대부분 진호의 견해를 그대로 따르고 있다. 따라서 『예기천견록』은 『예기』에 대한 새로운 해석을 제시하는 주석서라기보다는 『예기집설』을 조선에 소개하며, 미진했던 부분을 보완하는 성격이 강하다.

그렇다고 해서 전혀 의미없는 책은 아니다. 이 책의 가장 큰 특징은 경문의 순서를 자신의 견해에 따라 새롭게 배열했다는 점이다. 『예기』 자체가 단편적 기록들의 묶음이다보니, 경문 배열에 대한 문제는 정현(鄭玄) 이전부터 제기되어 왔다. 정현도 주를 작성하며 문장의 순서를 일부 바꾼 부분이 있지만, 매우 제한된 경우에 한한다. 이후 여러 학자들도 배열이 잘못되었거나 내용이 뒤죽박죽이라는 것을 알고 있었지만, 대부분 기존의 체제를 그대로 따랐다. 그런데 권근의 경우에는 각 편의 내용들을 일별하여, 동일한 주제에 따라 문장의 순서를 뒤바꾸고, 앞뒤의 내용이 연결되도록 문단을 재구성하였다. 또 『대학장구』에 착안하여, 『예기』의 일부 편들을 경문과 전문으로 구분하기도 했다. 이것이 이 책이 가진 가장 큰 특징이다.

나는 타고난 재질도 보잘것없고 게으른 성격 탓에 노력이란 것에 있어서도 그다지 밀도가 높지 않다. 따라서 이 책을 출간한다는 것이 부끄럽고 도움이 될 수 있을런지도 모르겠다. 무료함을 달래기 위해 지극히도 사소한 이유에서 시작된 역서이지만, 이 책을 발판으로 더 좋은 번역이 나왔으면 하는 바람이다. 끝으로 『예기천견록』을 출판할 수 있도록 허락해주신 학고방의 하운근 사장님께도 감사를 전한다.

일러두기

- 본 책은 역주서(譯註書)로써, 『예기천견록(禮記淺見錄)』을 완역하고, 자세한 주석을 첨부했다.

- 『예기천견록』은 진호(陳澔)의 『예기집설(禮記集說)』에 대한 주석서로, 『예기』의 경문(經文)과 진호의 『집설』을 수록하고 자신의 견해를 덧붙이고 있다.

- 『예기천견록』의 가장 큰 특징은 경문 배열을 수정한 것이다. 일부 편들은 기존 『예기집설』의 문장 순서를 그대로 따르고 있지만, 특정 편들은 경문(經文)과 전문(傳文)으로 구분하여 새롭게 구성한 것들도 있고, 각 문장들을 주제별로 묶어서 순서를 바꾼 것이 많다. 이러한 점들을 나타내기 위해, 각 편의 첫 부분에는 『예기집설』의 문장순서와 『예기천견록』의 문장순서를 비교하여 도표로 제시하였고, 각 경문 기록 뒤에는 〈001〉·〈002〉·〈003〉 등으로 표시하여, 이 문장이 『예기집설』에서는 몇 번째 문장에 해당하는지 나타내었다.

- 『예기』 경문 해석은 진호의 『집설』에 따랐다. 권근이 진호의 해석에 대해 이견을 나타낸 것이 여러 차례 보이는데, 특별한 경우를 제외하면 주석을 통해 권근의 경문 해석을 확인할 수 있으므로, 권근의 주석에 따른 새로운 경문 해석은 별도로 제시하지 않았다.

- 본 역서의 『예기천견록(禮記淺見錄)』 원문과 표점은 한국유경편찬센터(http://ygc.skku.edu)의 자료를 사용하였다.

- 『예기천견록』의 주석 대상이 되는 『예기집설』의 저본은 다음과 같다.
『禮記』, 서울 : 保景文化社, 초판 1984 (5판 1995)

- 經文 으로 표시된 것은 『예기』의 경문 기록이다.
- 集說 로 표시된 것은 진호의 『집설』 기록이다.
- 淺見 으로 표시된 것은 권근의 주석이다.

禮記淺見錄卷第二十 『예기천견록』 20권

「제법(祭法)」 …… 12
무분류 …… 14

「제의(祭義)」 …… 57
제1절 …… 60
제2절 …… 95
제3절 …… 106
제4절 …… 127
무분류 …… 153

禮記淺見錄卷第二十一 『예기천견록』 21권

「제통(祭統)」 …… 160
제1절 …… 163
제2절 …… 191
제3절 …… 206
무분류 …… 212

「경해(經解)」 …… 226
무분류 …… 227

「애공문(哀公問)」 244
무분류 246

禮記淺見錄卷第二十二 『예기천견록』 22권

「중니연거(仲尼燕居)」 270
무분류 272

「공자한거(孔子閒居)」 299
무분류 300

「방기(坊記)」 316
무분류 319

「중용(中庸)」 – 朱子章句 377

禮記淺見錄卷第二十三 『예기천견록』 23권

「표기(表記)」 396
무분류 399

「치의(緇衣)」 488
무분류 489

禮記淺見錄卷第二十

『예기천견록』 20권

「제법(祭法)」

淺見

近按: 上篇全言喪禮, 此下三篇全言祭禮, 以此篇次之意觀之, 則諸篇雜言喪祭之禮者, 皆當先喪而後祭, 其失次者, 不可以不正也.

내가 살펴보니, 앞 편에서는 전적으로 상례를 언급했는데, 이곳 이하의 세 편에서는 전적으로 제례를 언급하였으니, 이 편의 순서에 나타난 뜻으로 살펴보면, 여러 편들에서 상례와 제례를 뒤섞어 기록한 것들은 모두 상례에 대한 것을 먼저 기록하고 그 이후에 제례에 대한 것을 기록해야 하는데, 그 순서가 어긋나서 바로잡지 않을 수 없다.

「제법」편 문장 순서 비교

『예기집설』	『예기천견록』	
	구분	문장
001	무분류	001
002		002
003		003
004		004
005		005
006		006
007		007
008		008
009		009
010		010
011		011
012		014
013		012
014		013
015		015
016		016
017		017
018		018
019		019
020		020
021		021
022		022
023		023
024		024
025		025
026		026
027		027

무분류

經文

祭法: 有虞氏禘黃帝而郊嚳, 祖顓頊而宗堯; 夏后氏亦禘黃帝而郊鯀, 祖顓頊而宗禹; 殷人禘嚳而郊冥, 祖契[息列反]而宗湯; 周人禘嚳而郊稷, 祖文王而宗武王.〈001〉

제사의 법도에 있어서, 유우씨 때에는 황제에게 체제사를 지냈고 제곡에게 교제사를 지냈으며, 전욱을 조로 모셨고 요임금을 종으로 모셨다. 하후씨 때에는 황제에게 체제사를 지냈고 곤에게 교제사를 지냈으며, 전욱을 조로 모셨고 우임금을 종으로 모셨다. 은나라 때에는 제곡에게 체제사를 지냈고 명에게 교제사를 지냈으며, 설을['契'자는 '息(식)'자와 '列(렬)'자의 반절음이다.] 조로 모셨고 탕임금을 종으로 모셨다. 주나라 때에는 제곡에게 체제사를 지냈고 후직에게 교제사를 지냈으며, 문왕을 조로 모셨고 무왕을 종으로 모셨다.

集說

國語曰: 有虞氏禘黃帝而祖顓頊, 郊堯而宗舜; 夏后氏禘黃帝而祖顓頊, 郊鯀而宗禹; 商人禘嚳而祖契, 郊冥而宗湯; 周人禘嚳而郊稷, 祖文王而宗武王.

『국어』에서 말하길, 유우씨는 황제에게 체제사를 지내고 전욱을 조로 모시며, 요임금에게 교제사를 지내고 순임금을 종으로 모셨다. 하후씨는 황제에게 체제사를 지내고 전욱을 조로 모시며, 곤에게 교제사를 지내고 우임금을 종으로 모셨다. 은나라 때에는 제곡에게 체제사를 지내고 설을 조로 모시며, 명에게 교제사를 지내고 탕임금을 종으로 모셨다. 주나라 때에는 제곡에게 체제사를 지내고 후직에게 교제사를 지냈으며, 문왕을 조로 모시고 무왕을 종으로 모셨다.[1)]

石梁王氏曰: 此四代禘郊祖宗, 諸經無所見, 多有可疑, 雜以緯書, 愈紛錯矣.

석량왕씨가 말하길, 이곳에서 사대의 체·교·조·종으로 섬겼다고 한 내용은 여러 경문에는 나타나지 않으니, 의심스러운 부분이 많으며, 위서의 내용이 뒤섞여서 더욱 혼란스럽게 되었다.

劉氏曰: 虞·夏·殷·周皆出黃帝, 黃帝之曾孫曰帝嚳, 堯則帝嚳之子也. 黃帝至舜九世, 至禹五世, 以世次言, 堯·禹兄弟也. 按詩傳, 姜嫄生棄爲后稷, 簡狄生契爲司徒, 稷·契皆堯之弟. 契至冥六世, 至湯十四世, 后稷至公劉四世, 至太王十三世. 四代禘郊祖宗之說, 鄭氏謂經文差互, 今以成周之禮例而推之, 有天下者, 立始祖之廟, 百世不遷, 又推始祖所自出之帝, 祭於始祖之廟, 而以始祖配之, 則虞·夏皆當以顓頊爲始祖, 而禘黃帝於顓頊之廟, 祭天於郊, 則皆當以顓頊配也. 殷當以契爲始祖, 而禘帝嚳於契廟, 郊則當以契配也. 至於祖有功而宗有德, 則舜之曾祖句芒, 嘗有功可以爲祖, 今旣不祖之矣, 瞽瞍頑而無德, 非所得而宗者, 故當祖嚳而宗堯也. 蓋舜受天下於堯, 堯受之於嚳, 故堯授舜, 而舜受終于文祖, 蘇氏謂卽嚳廟也. 舜授禹, 禹受命于神宗, 卽堯廟也. 卽是可以知虞不祖句芒而祖嚳, 不宗瞽瞍而宗堯也明矣. 先儒謂配天必以始祖, 配帝必以父, 以此宗字卽爲宗祀明堂之宗, 故疑舜當宗瞽瞍, 不當宗堯. 竊意五帝官天下, 自虞以上, 祖功宗德, 當如鄭註尙德之說; 三王家天下, 則自當祖宗所親. 然鯀嘗治水而殛死, 有以死勤事之功, 非瞽瞍比也, 故當爲祖, 但亦不當郊耳. 冥亦然. 由是論之, 則經文當云有虞氏禘黃帝而郊頊, 祖嚳而宗堯; 夏后氏亦禘黃帝而郊頊, 祖鯀而宗禹; 殷人禘嚳而郊契, 祖冥而宗湯; 周人禘嚳而郊稷, 祖文王而宗武王. 如此

1) 『국어(國語)』「노어상(魯語上)」: 故有虞氏禘黃帝而祖顓頊, 郊堯而宗舜; 夏后氏禘黃帝而祖顓頊, 郊鯀而宗禹; 商人禘舜而祖契, 郊冥而宗湯; 周人禘嚳而郊稷, 祖文王而宗武王.

則庶乎其無疑矣. 大抵祖功宗德之宗, 與宗祀明堂之宗不同. 祖其有功者, 宗其有德者, 百世不遷之廟也; 宗祀父於明堂以配上帝者, 一世而一易, 不計其功德之有無也. 有虞氏宗祀之禮未聞, 借使有之, 則宗祀瞽瞍以配帝, 自與宗堯之廟不相妨. 但虞不傳子, 亦無百世不遷之義耳.

유씨가 말하길, 우 · 하 · 은 · 주 네 왕조는 모두 황제에게서 비롯되었으니, 황제의 증손자를 '제곡(帝嚳)'이라 부르고, 요임금은 제곡의 자식이 된다. 황제로부터 순임금에 이르기까지는 9세대가 되고, 우임금까지는 5세대가 되는데, 세대의 순서에 따라 말을 해본다면 요임금과 우임금은 형제 항렬이 된다. 『시전』을 살펴보니 강원은 기를 낳았으니 이 자가 후직이 되었고, 간적은 설을 낳았으니 사도가 되었는데, 후직과 설은 모두 요임금의 동생 항렬이 된다. 설로부터 명에 이르기까지는 6세대이고, 탕임금에 이르기까지는 14세대가 되며, 후직으로부터 공유에 이르기까지는 4세대가 되며, 태왕에게 이르기까지는 13세대가 된다. 네 왕조에서 체 · 교 · 조 · 종으로 섬겼다고 하는 주장에 대해서, 정현은 경문을 착간하여 보았는데, 현재 주나라의 예법에 따라 추론해보면, 천하를 소유한 자는 시조의 묘를 세우고, 100세대가 지나더라도 체천시키지 않고, 또 시조를 파생시킨 상제를 추존하여, 시조의 묘에서 제사를 지내고 시조를 배향하니, 우와 하 때에는 모두 마땅히 전욱을 시조로 삼아야 하고, 전욱의 묘에서 황제에게 체제사를 지내며, 교에서 하늘에 대한 제사를 지낸다면 모두 전욱을 배향해야 한다. 또 은나라 때에는 마땅히 설을 시조로 삼아야 하고, 설의 묘에서 제곡에게 체제사를 지내야 하며, 교제사에서는 마땅히 설을 배향해야 한다. 그리고 공덕을 세운 자를 조로 삼고 덕을 갖춘 자를 종으로 삼게 되니, 순임금의 증조인 구망은 일찍이 공덕을 세웠으므로 조로 삼을 수 있는데, 현재는 그를 조로 삼지 않았고, 고수는 아둔하고 덕이 없어서, 종으로 삼을 수 있는 자가 아니다. 그렇기 때문에 마땅히 제곡을 조로 삼고 요임금을 종으로 삼아야 한다. 무릇 순임금은 요임금에게 천하를 선양받았고, 요임금은 제곡에게서 천하를 선양받았다. 그렇기 때문에 요임금은 순임금에게 천하를 선양하고, 순임금은 문조에게서 제위를 받았다고 했는데,[2] 소씨는 제곡의 묘에 나아가서 받은 것이라고 했다. 또 순임금은 우임금에게 선양을 했고, 우임금은 신종에게서 명을 받았다고 했는데,[3] 곧 요임금의 묘에 나아가서 받은 것이다. 이것을 통해서 우 때에는 구망을 조로 삼지 않았고 제곡을 조로 삼았으며, 고수를 종으로 삼지 않았고 요임금을 종으로 삼았다는 사실을 명확히 알 수 있다. 선대 학자들은 하늘에 배향할 때에는 반드시 시조를 배향하고, 상제에게 배향할 때에는 반드시 부친을 배향한다고 하여, 이곳의 '종(宗)'자를 곧 명당에서 종주로 삼아 제사를 지낸다고 할 때의 종(宗)자로 여겼다. 그렇기 때문에 순임금은 고수를 종(宗)으로 삼아야 하며 요임금을 종(宗)으로 삼아서는 안 된다고 의심을 품었다. 내가 생각하기에, 오제(五帝)가 천하를 다스림에 우로부터 그 이상에 있어서는 공덕을 세운 자를 조(祖)로 삼았고 덕을 갖춘 자를 종(宗)으로 삼았으니, 마땅히 정현의 주에서 말한 것처럼 덕을 숭상한다는 주장과 같아야 한다. 그러나 삼왕이 천하를 다스렸을 때라면 그들에게 있어서 친근한 자를 조(祖)와 종(宗)으로 삼아야 한다. 그러므로 곤은 일찍이 치수를 담당했지만 사형을 받아 죽었는데, 맡은 일에 목숨을 바친 공덕이 있으니, 고수가 미칠 수 있는 것이 아니다. 그렇기 때문에 마땅히 조(祖)로 여겨야 하지만, 또한 교제사를 지낼 수 없을 따름이다. 명 또한 이와 같다. 이를 통해 논의해본다면, 경문에서는 마땅히 "유우씨는 황제에게 체제사를 지냈고 전욱에게 교제사를 지냈으며, 제곡을 조로 모셨고 요임금을 종으로 모셨다. 하후씨 또한 황제에게 체제사를 지냈고 전욱에게 교제사를 지냈으며, 곤을 조로 모셨고 우임금을 종으로 모셨다. 은나라 때에는 제곡에게 체제사를 지냈고 설에게 교제사를 지냈으며, 명을 조로 모셨고 탕임금을 종으로 모셨다. 주나라 때에는 제

2) 『서』「우서(虞書) · 순전(舜典)」 : 正月上日, 受終于文祖, 在璿璣玉衡, 以齊七政, 肆類于上帝, 禋于六宗, 望于山川, 徧于群神, 輯五瑞, 旣月, 乃日覲四岳群牧, 班瑞于群后.

3) 『서』「우서(虞書) · 대우모(大禹謨)」 : 正月朔旦, 受命于神宗. 率百官若帝之初.

곡에게 체제사를 지냈고 후직에게 교제사를 지냈으며, 문왕을 조로 모셨고 무왕을 종으로 모셨다."라고 해야 한다. 이처럼 한다면 의심할 것이 거의 없게 된다. 대체로 공덕을 세운 자를 조로 모시고 덕을 갖춘 자를 종으로 모신다고 했을 때의 '종(宗)'은 명당에서 종주로 삼아 제사를 지낸다고 할 때의 종(宗)과는 다르다. 공덕을 세운 자를 조로 섬기고 덕을 갖춘 자를 종으로 섬긴다고 했는데, 이들은 100세대가 지나더라도 체천되지 않는 묘에 안치된다. 반면 명당에서 종주로 삼아 부친에게 제사를 지내고 상제에게 배향할 때에는 한 세대가 지나면 한 차례 바뀌게 되니, 공덕의 유무를 따지지 않는다. 유우씨 때에도 종주로 삼아 제사를 지내는 예법이 있었다는 사실은 들어보지 못했지만, 만약 그러한 예법이 있었다면, 고수를 종주로 삼아 제사를 지내며 상제에게 배향을 하더라도, 요임금을 종으로 삼아서 체천되지 않는 묘에 안치시킨 것과 서로 간여되지 않는다. 다만 우 때에는 자식에게 제위를 물려주지 않았으니, 또한 100세대가 지나더라도 체천되지 않는다는 뜻이 없을 따름이다.

今按: 以此章之宗, 爲宗其有德者, 自無可疑. 但殷有三宗, 不惟言宗湯, 則未能究其說也.

현재 살펴보니, 이곳 문장에서 말한 '종(宗)'자는 덕을 갖춘 자를 종으로 삼는다는 뜻임을 의심할 것이 없다. 다만 은나라 때에는 '삼종(三宗)'이 있어서, 탕임금만을 종으로 모셨다고는 말할 수 없을 따름이니, 그 주장을 완전히 헤아릴 수는 없다.

淺見

近按: 先儒謂舜當宗瞽瞍, 不當宗堯. 愚謂堯舜皆是黃帝之後, 則舜之繼堯, 是猶後世旁支入承大統之類, 爲之後者爲之子, 則舜不宗堯而誰哉? 但妻二女, 似若異族, 故有先儒之說, 然不取同姓, 自周而始, 則二帝雖皆黃帝之後, 而族屬疎遠, 故取之也. 若瞽瞍則當別立廟, 使象主之, 舜亦當以天子禮樂而就祭, 中庸言舜之大孝曰: "宗廟饗之", 是也. 書所謂 "祖考來格, 虞賓在位"者, 亦是言舜祀於瞽瞍之廟, 而丹朱助祭也. 若祀堯廟, 則丹朱當居子姓之列, 不可謂之賓也, 又不可以此而謂舜爲不宗堯也. 禹之繼舜, 是亦黃帝之後, 其當宗舜, 亦猶舜之宗堯. 今不言舜而曰宗禹者, 禹在之時, 是必宗舜而自啓以後, 乃始宗禹爾. 若使商均繼舜之位, 則有虞亦必宗舜而不宗堯矣. 以是而言, 則舜受堯之天下, 當以宗堯, 及商均之世, 則當使丹朱用天子禮樂, 而別祀堯, 以前日使象主祭瞽瞍之廟, 爲有虞之廟而宗舜矣. 禹受舜之天下, 當以宗舜, 及啓之世, 亦使商均用天子禮樂, 而別祀舜, 以前日祀鯀之廟, 爲有夏之廟而宗禹也, 無疑矣. 先儒又謂夏郊鯀而虞不郊瞽者, 鯀嘗治水有勤事之功, 非瞽瞍比也. 愚恐未然, 以瞽鯀而論, 則誠有不同, 以舜禹而論, 則皆父也, 豈議其可祀與否哉? 郊鯀而宗禹, 在啓之後, 則商均繼舜, 亦必郊瞽矣. 但無其事, 故不言爾. 或曰: "稷與文王有配天之德, 故可配祀也. 以瞽鯀而配天, 天亦饗之也與?" 曰: "父者子之天, 不以聖愚而有異, 故子之祀天, 必以父配, 况舜禹之德, 足以格天乎?"

내가 살펴보니, 선대 유학자들은 순임금은 마땅히 고수를 종으로 삼아야 하고 요임금을 종으로 삼아서는 안 된다고 했다. 내가 생각하기에, 요임금과 순임금은 모두 황제의 후손이니, 순임금이 요임금을 계승한 것은 후세의 방계 지류의 자식이 입적하여 대통을 계승하는 부류와 같은 것으로, 그의 후계자가 된 자를 그의 자식으로 여긴다면, 순임금이 요임금을 종으로 삼지 않는다면 누구를 삼겠는가? 다만 두 딸을 아내로 들여서, 마치 다른 종족인 것처럼 보이기 때문에, 선대 유학자들의 주장이 발생한 것이다. 그러나 동성에서 아내를 들이지 않는 것은 주나라 때로부터 시작되었다면, 두 제왕이 비록 모두 황제의 후손이라고 하지만, 족속의 관계가 소원하고 멀기 때문에 아내로 들인 것이다. 고수와 같은 경우에는 마땅히 별도의 묘를 세워서 상으로 하여금 그 제사를 주관하도록 해야 하고, 순임금은 또한 마땅히 천자의 예악에 따라 나아가 제사를 지내야 하니, 『중용』에서 순임금의 대효를 언급하며, "종묘에서 흠향을 하셨다."[4]고 한 말이 이러한 사실을 나타낸다. 『서』에서 이른바 "조고께서 와서 이르시며 우빈이 자리에 있었다."[5]고 한 것은 또한 순임금이 고수의 묘에서 제사를 지내고 단주가 제사를 도왔다는 것을 말한다. 만약 요임금의 묘에서 제사를 지냈다면, 단주는 마땅히 자손들의 대열에 있어야 하며 그를 '빈(賓)'이라고 부를 수 없고, 또 이를 통해서 순임금은 요임금을 종으로 삼지 않았다고 말할 수 없다. 우임금은 순임금을 계승하였는데, 이 또한 황제의 후손으로, 그는 마땅히 순임금을 종으로 삼아야 하니, 이것은 또한 순임금이 요임금올 종으로 삼은 것과 같다. 현재 순임금에 대해 말하지 않고 우임금을 종으로 삼았다고 한 것은 우임금이 생존해 있을 때에는 분명 순임금을 종으로 삼았을 것인데, 계로부터 그 이후가 되어서야 비로소 우임금을 종으로 삼았을 따름이다. 만약 상균으로 하여금 순임금의 지위를 계승하게 했다면, 유우씨 또한 반드시 순임금을 종주로 삼고 요임금을 종주로 삼지 않았을 것이다. 이를 통해 말해보자면, 순임금은 요임금의 천하를 받았으니 마땅히 요임금을 종주로 삼아야 하고, 상균의 세대에 이르게 되면 마땅히 단주로 하여금 천자의 예악을 사용하게 해서 별도로 요임금에게 제사를 지내게 하고, 이전에 상으로 하여금 고수의 제사를 주관하게 했던 묘를 유우의 묘로 삼아서 순을 종주로 삼아야 한다. 우임금은 순임금의 천하를 받았으니, 마땅히 순임금을 종으로 삼아야 하고, 계의 세대에 이르게 되면 또한 상균으로 하여금 천자의 예악을 사용하여 별도로 순임금에게 제사를 지내게 하고, 이전에 곤에게 제사를 지내던 묘를 유하의 묘로 삼아서 우임금을 종으로 삼아야 함에는 의심할 것이 없다. 선대 유학자들은 또한 하는 곤에게 교제사를 지내고 우는 고수에게 교제사를 지내지 않는

4) 『중용』「17장」 : 子曰, 舜其大孝也與! 德爲聖人, 尊爲天子, 富有四海之內, 宗廟饗之, 子孫保之.

5) 『서』「우서(虞書) · 익직(益稷)」 : 夔曰, 戛擊鳴球, 搏拊琴瑟以詠, 祖考來格, 虞賓在位, 群后德讓, 下管鼗鼓, 合止柷敔, 笙鏞以間, 鳥獸蹌蹌, 簫韶九成, 鳳皇來儀.

것은 곤은 일찍이 치수사업을 하여 맡은 임무에 노력을 했던 공이 있으므로, 고수가 비할 바가 아니기 때문이라고 했다. 내가 보기에는 아마도 그렇지 않을 것 같으니, 고수와 곤의 입장에서 논의한다면, 진실로 같지 않은 점이 있지만, 순임금과 우임금의 입장에서 논의한다면 둘 모두는 그들의 부친인데, 어찌 제사를 지낼 수 있고 없고를 의논하겠는가? 곤에게 교제사를 지내고 우임금을 종으로 섬긴 것이 계 이후의 일이라면 상균은 순을 이었으므로 또한 반드시 고수에게 교제사를 지내야 한다. 다만 그러한 일이 없기 때문에 언급하지 않은 것일 뿐이다. 혹자가 말하길, "후직과 문왕에게는 하늘에 짝하는 덕이 있었기 때문에 배향하여 제사를 지낼 수 있다. 그런데 고수와 곤을 하늘에 배향하면 하늘이 또한 그 제사를 흠향하겠느냐?"라고 하니, 대답해보자면 "부친은 자식에게는 하늘이며, 여기에는 성인이나 우인에 따른 차이가 없다. 그렇기 때문에 자식이 하늘에 제사를 지낼 때에는 반드시 자신의 부친을 배향하는데, 하물며 순임금과 우임금의 덕처럼 족히 하늘에 이르게 할 수 있음에서랴?"라고 했다.

經文

燔[煩]柴於泰壇, 祭天也; 瘞[於滯反]埋於泰折, 祭地也, 用騂犢. 〈002〉

태단에서 땔감을 쌓고 그 위에 희생물이나 옥을 올려두고 태우는['燔'자의 음은 '煩(번)'이다.] 것은 하늘에 제사지내는 방법이다. 태절에서 희생물이나 폐물을 매장하는['瘞'자는 '於(어)'자와 '滯(체)'자의 반절음이다.] 것은 땅에 제사지내는 방법이다. 두 제사에서는 모두 붉은 색의 송아지를 희생물로 사용한다.

集說

燔, 燎也, 積柴於壇上, 加牲玉於柴上, 乃燎之, 使氣達於天, 此祭天之禮也. 泰壇, 卽圓丘, 泰者, 尊之之辭. 瘞埋牲幣, 祭地之禮也. 泰折, 卽方丘, 折, 如磬折折旋之義, 喩方也. 周禮陽祀用騂牲, 陰祀用黝牲. 此幷言騂犢者, 以周人尙赤, 而所謂陰祀者, 或是他祀歟.

'번(燔)'자는 "태우다."는 뜻이니, 제단 위에 땔나무를 쌓고 그 위에 희생물 및 옥을 올려두고서 태우고, 연기가 하늘까지 도달하도록 하는 것이니, 이것은 하늘에 제사지내는 예법이다. '태단(泰壇)'은 곧 원구에 해당하니, '태(泰)'자를 붙여서 부르는 것은 존귀하게 여기는 말이기 때문이다. 희생물과 폐물을 파묻는 것은 땅에 제사지내는 예법이다. '태절(泰折)'은 곧 방구에 해당하니, '절(折)'자를 붙여서 부르는 것은 경(磬)이 꺾인 것처럼 몸을 숙여 행동하는 뜻과 같으며, 방형을 비유한다. 『주례』에서는 양사에 성생(騂牲)[1]을 사용하고, 음사에서는 유생(黝牲)[2]을 사

1) 성생(騂牲)은 제사에 사용되는 적색의 희생물을 뜻한다.

2) 유생(黝牲)은 제사에 사용되는 흑색의 희생물을 뜻한다. '유생'의 '유(黝)'자는 '유(幽)'자로 풀이하는데, '유(幽)'자는 흑색을 뜻한다. 『주례』「지관(地官)·목인(牧人)」편에는 "凡陽祀, 用騂牲毛之; 陰祀, 用黝牲毛."라는 기록이 있는데, 정

용한다고 했다.[3] 그런데 이곳에서 둘 모두에 대해서 적색의 송아지를 사용한다고 말한 것은 주나라 때에는 적색을 숭상했기 때문인데, '음사(陰祀)'라는 것은 혹은 다른 제사를 뜻할 수도 있을 것이다.

經文

埋少牢於泰昭, 祭時也. 相[祖]近[迎]於坎壇, 祭寒暑也. 王宮, 祭日也. 夜明, 祭月也. 幽宗[如字], 祭星也. 雩宗, 祭受旱也. 四坎壇, 祭四方也. 山林·川谷·丘陵能出雲, 爲風雨, 見[現]怪物, 皆曰神. 有天下者祭百神. 諸侯在其地則祭之, 亡其地則不祭. 〈003〉

태소에서 소뢰를 매장하는 것은 사계절에게 제사지내는 방법이다. 감단에서 전송하고['相'자의 음은 '祖(조)'이다.] 맞이하는['近'자의 음은 '迎(영)'이다.] 것은 추위와 더위에게 제사지내는 방법이다. 왕궁에서 제사를 지내는 것은 태양에게 제사지내는 방법이다. 야명에서 제사를 지내는 것은 달에게 제사지내는 방법이다. 유종에서['宗'자는 글자대로 읽는다.] 제사를 지내는 것은 별에게 제사지내는 방법이다. 우종에서 제사를 지내는 것은 물과 가뭄의 신에게 제사지내는 방법이다. 4개의 구덩이와 4개의 제단에서 제사를 지내는 것은 사방의 모든 하위 신들에게 제사지내는 방법이다. 산림·하천과 계곡·구릉 지역은 구름을 발생시켜서 바람과 비를 만들고 괴이한 현상을 일으킬['見'자의 음은 '現(현)'이다.] 수 있으니, 이들을 모두 '신(神)'이라 부른다. 천하를 소유한 자는 모든 신들에게 제사를

현의 주에서는 정사농(鄭司農)의 주장을 인용하여, "黝讀爲幽. 幽, 黑也."라고 풀이했다.

3) 『주례』「지관(地官)·목인(牧人)」: <u>凡陽祀, 用騂牲</u>毛之; <u>陰祀, 用黝牲</u>毛之; 望祀, 各以其方之色牲毛之.

지낸다. 제후가 자신의 봉지를 소유하고 있다면, 해당 봉지의 신들에게 제사를 지내지만, 봉지를 삭탈당했다면 제사를 지내지 않는다.

集說

泰昭, 壇名也. 祭時, 祭四時也. 相近, 當爲祖迎, 字之誤也, 寒暑一往一來, 往者祖送之, 來者迎逆之. 周禮仲春晝逆暑, 仲秋夜迎寒, 則送之亦必有其禮也. 坎以祭寒, 壇以祭暑. 亡其地, 謂見削奪也.

'태소(泰昭)'는 제단 이름이다. '제시(祭時)'는 사계절에 대해 제사를 지낸다는 뜻이다. '상근(相近)'은 마땅히 '조영(祖迎)'이 되어야 하니, 글자가 비슷해서 생긴 오류이며, 추위와 더위가 한 차례 가고 찾아오게 되는데, 떠나는 것에 대해서는 전송하고, 찾아오는 것에 대해서는 맞이한다. 『주례』에서는 중춘의 한낮에 더위를 맞이하고, 중추의 밤에 추위를 맞이한다고 했으니,[4] 전송할 때에도 반드시 그에 해당하는 예법이 있다. 구덩이에서는 추위에 대해 제사를 지내고, 제단에서는 더위에 대해 제사를 지낸다. '망기지(亡其地)'는 분봉받은 땅을 빼앗겼다는 뜻이다.

方氏曰: 天無二日, 土無二王, 則王有日之象, 而宮乃其居也, 故祭日之壇曰王宮. 日出於晝, 月出於夜, 則夜爲月之時, 而明乃其用也, 故祭月之坎曰夜明. 幽以言其隱而小也, 揚子曰: "視日月而知衆星之蔑", 故祭星之所則謂之幽宗焉. 吁而求雨之謂雩, 主祭旱言之耳. 兼制水者, 雨以時至, 則亦無水患也. 幽·雩皆謂之宗者, 宗之爲言尊也, 書曰: "禋于六宗", 詩曰: "靡神不宗", 無所不用其尊之謂也. 泰壇·泰折不謂之宗者, 天地之大, 不嫌於不尊也. 四方, 百物之神也, 方有四而位則八, 若乾位西北·艮位東北·坎位正北·震位正東, 皆陽也; 坤西南·巽東南·離正南·兌正西, 皆陰也. 故有坎有壇, 而

4) 『주례』「춘관(春官)·약장(籥章)」: 中春晝擊土鼓, 龡豳詩以逆暑. 中秋夜迎寒, 亦如之.

各以四焉.

방씨가 말하길, 하늘에는 2개의 태양이 없고 땅에는 2명의 천자가 없으니, 천자에게는 태양의 형상이 있고 '궁(宮)'은 그가 거주하는 곳이다. 그렇기 때문에 태양에게 제사지내는 제단을 '왕궁(王宮)'이라고 부른다. 태양은 낮에 떠오르고 달은 밤에 떠오르니, 밤은 달의 시간이 되고 달의 밝음은 그것의 작용이 된다. 그렇기 때문에 달에게 제사지내는 구덩이를 '야명(夜明)'이라고 부른다. '유(幽)'는 그윽하고 작은 것을 가리켜서 한 말인데, 양자[5]는 "해와 달에 견주면 뭇 별들이 어둡다는 사실을 알 수 있다."고 했다. 그렇기 때문에 별에게 제사지내는 장소를 '유종(幽宗)'이라고 부른다. 부르짖으며 비를 내려달라고 구하는 의식을 '우(雩)'라고 부르는데, 가뭄 신에게 제사지낸다는 것을 위주로 말한 것일 뿐이다. 물에게 제사지내는 것도 겸하는 것은 비가 때에 알맞게 내리게 되면 또한 수재가 발생하지 않기 때문이다. '유(幽)'와 '우(雩)'에 대해서 모두 '종(宗)'자를 붙여서 부르는 이유는 '종(宗)'자는 존귀하다는 뜻이니, 『서』에서 "육종(六宗)[6]에게 인제사를 지낸다."[7]라 했고, 『시』에서 "신을 높

5) 양웅(楊雄, B.C.53~A.D.18) : =양웅(揚雄)・양자(揚子). 전한(前漢) 때의 학자이다. 자(字)는 자운(子雲)이다. 사부작가(辭賦作家)로도 명성이 높았다. 왕망(王莽)에게 동조했다는 이유로 송(宋)나라 이후부터는 배척을 당하였다. 만년에는 경학(經學)에 전념하여, 자신을 성현(聖賢)이라고 자처하였다. 참위설(讖緯說) 등을 배척하고, 유가(儒家)와 도가(道家)의 사상을 절충하였다. 저서로는 『법언(法言)』, 『태현경(太玄經)』 등이 있다.

6) 육종(六宗)은 고대에 제사를 지냈던 여섯 신들을 뜻하는데, 구체적인 신들에 대해서는 이견이 많다. 『서』「우서(虞書)・요전(堯典)」편에는 "肆類於上帝, 禋於六宗, 望於山川, 遍於群神."이라는 기록이 있는데, 한(漢)나라 때 복승(伏勝)과 마융(馬融)은 천(天)・지(地)・춘(春)・하(夏)・추(秋)・동(冬)이라고 여겼다. 한나라 때 구양(歐陽) 및 대・소 하후(夏侯)와 왕충(王充)은 천지(天地)와 사방(四方) 사이에서 음양(陰陽)의 변화를 돕는 신들이라고 여겼다. 한나라 때 공광(孔光)과 유흠(劉歆)은 건곤(乾坤)의 육자(六子)로 여겼으니, 수(水)・화(火)・뇌(雷)・풍(風)・산(山)・택(澤)을 가리킨다. 한나라 때 가규(賈逵)는 천종(天宗)의 셋인 일(日)・월(月)・성(星)과 지종(地宗)의 셋인 하(河)・해(海)・대

이지 않음이 없다."[8]라 했으니, 존귀하게 여긴다는 뜻을 사용하지 않는 경우가 없다. 태단(泰壇)과 태절(泰折)에 대해서는 '종(宗)'자를 붙여서 부르지 않았는데, 천지는 위대하므로 존귀하게 높이지 않는다는 혐의를 받지 않기 때문이다. '사방(四方)'은 백물(百物)[9]의 신을 뜻하며, 방(方)에는 4가지가 있고 위(位)는 8가지이니, 마치 건괘(乾卦)는 서북쪽에 자리하고, 간괘(艮卦)는 동북쪽에 자리하며, 감괘(坎卦)는 정북쪽에 자리하고, 진괘(震卦)는 정동쪽에 자리하는데, 이들은 모두 양(陽)에 해당하고, 곤괘(坤卦)는 서남쪽에 자리하고, 손괘(巽卦)는 동남쪽에 자리하며, 리괘(離卦)는 정남쪽에 자리하고, 태괘(兌卦)는 정서쪽에 자리하는데, 이들은 모두 음(陰)에 해당하는 것과 같다. 그렇기 때문에 구덩이와 제단이 있는데, 각각 4개씩 두는 것이다.

淺見

近按: 此因上言四代禘郊祖宗, 更立之制, 而又言其所不變者也. 亡其地, 陳氏謂見削奪. 愚謂是對上文在其地而言, 則亡其地者, 是不在其境內者也.

내가 살펴보니, 이것은 앞에서 사대 때 체·교·조·종에서 고쳐서 세운 제도를 언급한 것으로 인해서, 또한 불변하는 것에 대해서도 언급한

(岱)로 여겼다. 한나라 때 정현(鄭玄)은 성(星)·신(辰)·사중(司中)·사명(司命)·풍사(風師)·우사(雨師)라고 여겼다. 한나라 이후에도 여러 학자들이 다양한 의견을 제시했다.

7) 『서』「우서(虞書)·순전(舜典)」: 正月上日, 受終于文祖, 在璿璣玉衡, 以齊七政, 肆類于上帝, 禋于六宗, 望于山川, 徧于群神, 輯五瑞, 旣月, 乃日覲四岳群牧, 班瑞于群后.

8) 『시』「대아(大雅)·운한(雲漢)」: 旱旣大甚, 蘊隆蟲蟲. 不殄禋祀, 自郊徂宮. 上下奠瘞, 靡神不宗. 后稷不克, 上帝不臨. 耗斁下土, 寧丁我躬.

9) 백물(百物)은 사방의 백신(百神)들을 지칭한다. 백신은 온갖 신들을 총칭하는 말인데, 주요 신들은 제외되고, 주로 하위 신들을 가리킨다. 또한 고대에는 백신들에게 지내는 제사를 사(蜡)라고 부르기도 했다.

것이다. '망기지(亡其地)'에 대해서, 진씨는 삭탈을 당한 것이라고 했다. 내가 생각하기에는 이것은 앞 문장에서 '재기지(在其地)'라고 한 말과 대비를 해서 말한 것이니, '망기지(亡其地)'는 그 경내에 있지 않다는 뜻이다.

經文

大凡生於天地之間者皆曰命. 其萬物死皆曰折, 人死曰鬼. 此五代之所不變也. 七代之所更[平聲]立者, 禘郊祖宗, 其餘不變也.〈004〉

무릇 천지 사이에 태어난 것들에 대해서는 모두 '명(命)'이라 부른다. 만물이 죽게 되면 모두 '절(折)'이라 부르는데, 사람이 죽게 되면 '귀(鬼)'라 부른다. 이것은 다섯 왕조에서 바꾸지 않았던 점이다. 일곱 왕조에서 고쳐서['更'자는 평성으로 읽는다.] 세웠던 것은 체 · 교 · 조 · 종에서 섬기는 대상이며, 그 나머지는 바뀌지 않았다.

集說

五代, 唐 · 虞 · 三代也. 加顓頊 · 帝嚳爲七代. 舊說五代始黃帝, 然未聞黃帝禘郊祖宗之制, 恐未然.

'오대(五代)'는 당(唐) · 우(虞)와 삼대(三代)를 합한 것이다. 거기에 전욱(顓頊)과 제곡(帝嚳)의 시대를 합하면 '칠대(七代)'가 된다. 옛 학설에서는 오대가 황제로부터 시작된다고 했는데, 황제가 체 · 교 · 조 · 종의 제도를 만들었다는 말은 들어보지 못했으니, 아마도 그렇지 않은 것 같다.

方氏曰: 人物之生, 數有長短, 分有小大, 莫不受制於天地, 故大凡生者曰命. 及其死也, 物謂之折, 言其有所毁也; 人謂之鬼, 言其有所歸也. 不變者, 不改所命之名也. 更立者, 更立所祭之人也. 名旣當於實, 故無事乎變; 人旣異於世, 故必更而立焉. 名之不變, 止自堯而下者, 蓋法成於堯而已, 由堯以前, 其法未成, 其名容有變更也. 更立不及於黃帝者, 七代同出於黃帝而已, 黃帝垂統於上, 七代更立於下故也. 其餘不變者, 謂禘郊祖宗之外不變也, 若天地日月之類, 其庸可變乎?

방씨가 말하길, 사람과 사물이 태어날 때에는 수명에 길고 짧은 차이가 있고, 본분에도 크고 작은 차이가 있지만, 천지에게서 법식을 부여받지 않은 것이 없기 때문에 "무릇 태어난 것에 대해서는 '명(命)'이라 부른다."고 했다. 그것들의 죽음에 있어서, 사물에 대해서는 '절(折)'이라 부르니, 훼손된 점이 있다는 뜻이며, 사람에 대해서는 '귀(鬼)'라 부르니, 회귀하는 점이 있다는 뜻이다. '불변(不變)'은 부여받은 명의 명칭을 바꾸지 않았다는 뜻이다. '경립(更立)'은 제사를 지내는 대상을 고쳐서 세웠다는 뜻이다. 명칭은 본질에 해당하기 때문에 변화되는 점이 없지만, 사람은 세대에 따라 달라지기 때문에 반드시 고쳐서 세우게 된다. 명칭이 바뀌지 않은 것은 단지 요임금으로부터 그 이하의 세대에 해당하는데, 그 법도가 요임금 때 완성되었기 때문이며, 요임금 이전에는 그 법도가 아직 완성되지 못하여, 명칭에 있어서 바뀌거나 고쳐지는 점이 있었다. 고쳐서 다시 세우는 것은 황제까지 미치지 않는데, 칠대(七代)는 모두 황제로부터 비롯되었을 따름이며, 황제는 위로 그 계통을 드리우고, 칠대는 그 밑으로 고쳐서 다시 세웠기 때문이다. "나머지는 바뀌지 않았다."는 말은 체 · 교 · 조 · 종 이외에는 바뀌지 않았다는 뜻이니, 천 · 지 · 일 · 월 등의 부류에 있어서 변화가 있을 수 있겠는가?

淺見

近按: 此總結上文兩節之義, 篇首只言四代, 而此言五代七代者, 未詳.

내가 살펴보니, 이것은 앞 문장의 두 절에 대한 뜻을 총괄적으로 결론 맺은 것으로, 편의 첫 번째에서는 단지 사대만을 언급했는데, 이곳에서 오대와 칠대에 대해 언급한 것은 자세히 모르겠다.

經文

天下有王, 分地建國, 置都立邑, 設廟祧壇墠而祭之, 乃爲親疏多少之數.〈005〉

천하에는 천자가 있으니, 천자는 땅을 나눠주고 제후국을 세워주며, 도읍을 세우게 하고 읍을 건립하게 하며, 그런 뒤에는 묘·조·단·선을 설치하여 제사를 지내게 하니, 친소관계에 따른 수치와 등급에 따른 많고 적은 수치로 삼는다.

集說

方氏曰: 分地建國, 置都立邑, 所以尊賢也; 設廟祧壇墠而祭之, 所以親親也. 親親不可以無殺, 故爲親疏之數焉; 尊賢不可以無等, 故爲多少之數焉. 有昭有穆, 有祖有考, 親疏之數也; 以七以五, 以三以二, 多少之數也.

방씨가 말하길, 땅을 나누어주고 나라를 세우며, 도읍을 세우고 읍을 건립하는 것은 현명한 자를 존귀하게 대하는 방법이다. 묘(廟)·조(祧)·단(壇)·선(墠)을 설치하여 제사를 지내는 것은 친근한 자를 친근하게 대하는 방법이다. 친근한 자를 친근하게 대할 때에는 줄임이 없을 수 없다. 그렇기 때문에 친소 관계에 따른 수치로 삼는다. 현명한 자를 존귀하게 대할 때에는 등급이 없을 수 없다. 그렇기 때문에 많고 적은 수치로 삼는다. 소목(昭穆)의 차이가 있고 조고(祖考)의 차이가 있으니, 이것은 친소 관계에 따른 수치에 해당한다. 7개로 만들고 5개로 만들며 또 3개로 만들고 2개로 만드는 것은 많고 적은 수치에 해당한다.

淺見

近按: 上言天地百神之祀, 此下專言宗廟之法.

내가 살펴보니, 앞에서는 천지와 백신들에 대한 제사를 언급하였고, 이곳 구문으로부터 그 이하에서는 전적으로 종묘의 예법만을 언급하였다.

經文

是故王立七廟, 一壇一墠, 曰考廟, 曰王考廟, 曰皇考廟, 曰顯考廟, 曰祖考廟, 皆月祭之; 遠廟爲祧, 有二祧, 享嘗乃止; 去祧爲壇, 去壇爲墠, 壇墠有禱焉祭之, 無禱乃止; 去墠曰鬼. 〈006〉

이러한 까닭으로 천자는 7개의 묘를 세우고, 1개의 단과 1개의 선을 두니, 7개의 묘 중에서도 대수가 가까운 5개의 묘는 고묘, 왕고묘, 황고묘, 현고묘, 조고묘이며, 이들에 대해서는 모두 달마다 제사를 지낸다. 대수가 먼 나머지 2개의 묘는 조묘가 되니, 2개의 조묘가 있게 되며, 이들에 대해서는 사계절마다 제사를 지낼 뿐이다. 또 조묘의 대상보다도 대수가 더 멀어지게 되면 단에 모셔서 제사를 지내고, 단에 모시는 대상보다도 대수가 더 멀어지면 선에 모셔서 제사를 지내는데, 단과 선에 모시는 대상에 대해서는 기원을 해야 할 일이 있을 때에만 제사를 지내고, 기원할 일이 없다면 제사를 지내지 않는다. 또 선에 모시는 대상보다도 대수가 더 멀어지면 그러한 조상들은 '귀(鬼)'라고 부른다.

集說

七廟, 三昭三穆, 與太祖爲七也. 一壇一墠者, 七廟之外, 又立壇墠各一, 起土爲壇, 除地曰墠也. 考廟, 父廟也. 王考, 祖也. 皇考, 曾祖也. 顯考, 高祖也. 祖考, 始祖也. 始祖百世不遷, 而高曾祖禰以親, 故此五廟, 皆每月一祭也; 遠廟爲祧, 言三昭三穆之當遞遷者, 其主藏於二祧也. 古者祧主藏於太祖廟之東西夾室, 至周則昭之遷主皆藏文王之廟, 穆之遷主皆藏武王之廟也. 此不在月祭之例, 但得四時祭之耳, 故云享嘗乃止. 去祧爲壇者, 言世數遠, 不得於祧處受祭, 故云去祧也. 祭之則爲壇. 其又遠者, 亦不得於壇受祭, 故云去壇也. 祭之則爲墠. 然此壇墠者, 必須有祈禱之事則行此祭, 無祈禱則止, 終不祭之也. 去壇則又遠矣. 雖有祈禱, 亦不及之, 故泛然名之曰鬼而已.

'칠묘(七廟)'는 3개의 소묘(昭廟)와 3개의 목묘(穆廟)에 태조의 묘를 합하면 7개가 된다. '일단일선(一壇一墠)'은 7개의 묘 외에 재차 제단과 터를 각각 1개씩 만드는데, 흙을 쌓아서 올리면 '단(壇)'이 되고, 땅바닥을 쓸어서 정돈하면 '선(墠)'이라 부른다. '고묘(考廟)'는 부친의 묘이다. '왕고(王考)'는 조부를 뜻한다. '황고(皇考)'는 증조부를 뜻한다. '현고(顯考)'는 고조부를 뜻한다. '조고(祖考)'는 시조를 뜻한다. 시조의 묘는 100세대가 지나더라도 체천시키지 않고, 고조 · 증조 · 조부 · 부친은 친근한 관계에 있기 때문에 이러한 다섯 묘에 대해서는 모두 매월 한 차례 제사를 지낸다. '원묘위조(遠廟爲祧)'는 3개의 소묘와 3개의 목묘에서 체천을 시켜야 하는 자는 그의 신주를 2개의 조묘(祧廟)에 보관한다. 그러나 고대에는 조묘의 신주를 태조의 묘 중 동서쪽에 있는 협실에 보관하였고, 주나라 때가 되어서야 소묘의 신주 중 체천된 것은 모두 문왕의 묘에 보관하였고, 목묘의 신주 중 체천된 것은 모두 무왕의 묘에 보관하였다. 이들은 달마다 지내는 제사 대상에는 포함되지 않고, 단지 사계절마다 제사지낼 수 있을 따름이다. 그렇기 때문에 향상(享嘗)[1]하고서 그친다고 했다. '거조위단(去祧爲壇)'은 대수가 멀어져서 조묘에서 제사를 지낼 수 없기 때문에, "조묘에서 제거한다."라고 했다. 그에게 제사를 지내게 되면 제단에서 시행한다. 또 그보다도 대수가 더욱 멀어진 대상에 대해서는 또한 제단에서도 제사를 지낼 수 없다. 그렇기 때문에 "제단에서 제거한다."라고 했다. 그에게 제사를 지내게 되면 터에서 시행한다. 그러나 제단과 터에서 지내는 제사는 반드시 기원해야 할 일이 있어야만 제사를 시행하고, 기원할 일이 없다면 그쳐서 결국 제사를 지내지 않는다. 터에서도 제거된다면 대수가 더욱 멀어진 것이다. 따라서 비록 기원해야 할 일이 있더라도, 그에게까지 제사를 지내지 않는다. 그렇기 때

1) 향상(享嘗)은 계절마다 지내는 시제(時祭)를 뜻한다. 『예기』「제법(祭法)」편에는 "遠廟爲祧, 有二祧, 享嘗乃止."라는 기록이 있고, 이에 대한 정현의 주에서는 "享嘗, 謂四時之祭."라고 했다.

문에 범범하게 '귀(鬼)'라고 부를 따름이다.

陳氏曰: 此章曰王立七庾, 而以文武不遷之廟, 爲二祧以足其數, 則其實五廟而已. 若商有三宗, 則爲四廟乎. 壇墠之主, 藏於祧而祭於壇墠, 猶之可也, 直謂有禱則祭, 無禱則止, 則大祫升毁廟之文何用乎? 又宗廟之制, 先儒講之甚詳, 未有擧壇墠爲言者, 周公三壇同墠, 非此義也. 又諸儒以周之七廟, 始於共王之時, 夫以周公制作如此其盛, 而宗廟之制, 顧乃下同列國, 吾知其必不然矣! 然則朱子然劉歆之說, 豈無見乎? 鄭註此章, 謂祫乃祭之, 蓋亦覺記者之失矣.

진호가 말하길, 이곳에서는 "천자는 7개의 묘를 세운다."라 했지만, 문왕과 무왕의 묘는 체천시키지 않는 묘에 해당하고, 2개의 조묘를 세워서 그 수치를 채우게 되니, 실제로는 5개의 묘만 있을 따름이다. 은나라처럼 삼종(三宗)이 있었던 경우라면, 아마도 4개의 묘를 세웠을 것이다. 제단과 터에 세우는 신주는 조묘에 보관하고, 제사를 지낼 때 그것을 꺼내서 제단과 터에 두고 제사를 지낸다면 가능한 일이지만, 단지 "기도를 드릴 때에만 제사를 지내고, 기도를 드릴 일이 없다면 그친다."고 한다면, 성대한 협제사를 지낼 때 훼철된 묘의 신주를 모신다고 한 제도를 어떻게 시행할 수 있겠는가? 또 종묘의 제도에 있어서 선대 학자들은 매우 자세히 강론을 했는데, 제단과 터를 말한 자는 없었으니, 주공이 3개의 제단을 만들며 터를 동일하게 했다는 말은 여기에서 말하는 뜻이 아닐 것이다. 또 여러 학자들은 주나라의 7개 묘는 공왕 때 시작되었는데, 주공이 이처럼 융성하게 제도를 만들었기 때문이라고 여겼지만, 종묘의 제도에 있어서 아래 문장에서 기술한 것처럼 제후국에 대해서도 동일하게 한 것을 살펴보면, 나는 반드시 그렇지만은 않을 것이라고 확신한다. 그러므로 주자도 유흠[2]의 설이라고 여겼던 것인데, 어찌 살펴

2) 유흠(劉歆, B.C.53~A.D.23) : 전한(前漢) 때의 경학자이다. 자(字)는 자준(子駿)이다. 후에 이름을 수(秀), 자(字)를 영숙(潁叔)으로 고쳤다. 유향(劉向)의 아들이다. 저서에는 『삼통력보(三統曆譜)』 등이 있다.

본 것이 없어서 이처럼 말했겠는가? 정현의 이곳 문장에 대한 주에서도 협제사를 지내게 되면 제사를 지낸다고 했으니, 이 또한 『예기』를 기록한 자의 실수를 깨달았기 때문일 것이다.

淺見

近按: 七廟以二祧足其數, 而月祭者, 止五廟, 此是記者之失, 無疑矣.

내가 살펴보니, 7개 묘에 있어서는 2개의 조묘로 그 수를 채우게 되는데, 달마다 지내는 제사에서는 단지 5개 묘에 그친다고 하니, 이것은 『예기』를 기록한 자의 잘못임에 의심할 바가 없다.

經文

諸侯立五廟, 一壇一墠, 曰考廟, 曰王考廟, 曰皇考廟, 皆月祭之; 顯考廟, 祖考廟, 享嘗乃止; 去祖爲壇, 去壇爲墠, 壇墠有禱焉祭之, 無禱乃止; 去墠爲鬼.〈007〉

제후는 5개의 묘를 세우고, 1개의 단과 1개의 선을 두니, 5개의 묘 중에서도 대수가 가까운 3개의 묘는 고묘, 왕고묘, 황고묘이며, 이들에 대해서는 모두 달마다 제사를 지낸다. 대수가 먼 나머지 2개의 묘인 현고묘와 조고묘에 대해서는 사계절마다 제사를 지낼 뿐이다. 또 조고묘보다도 대수가 더 멀어지게 되면 단에 모셔서 제사를 지내고, 단에 모시는 대상보다도 대수가 더 멀어지면 선에 모셔서 제사를 지내는데, 단과 선에 모시는 대상에 대해서는 기원을 해야 할 일이 있을 때에만 제사를 지내고, 기원할 일이 없다면 제사를 지내지 않는다. 또 선에 모시는 대상보다도 대수가 더 멀어지면 그러한 조상들은 '귀(鬼)'라고 한다.

集說

諸侯太祖之廟, 始封之君也. 月祭三廟, 下於天子也. 顯考·祖考, 四時之祭而已. 去祖爲壇者, 高祖之父, 雖遷主寄太祖之廟, 而不得於此受祭, 若有祈禱, 則去太祖之廟而受祭於壇也. 去壇而受祭於墠, 則高祖之祖也.

제후에게 있는 태조의 묘는 처음 분봉을 받은 군주의 묘이다. 달마다 지내는 제사를 3개의 묘에서만 하는 것은 천자보다 낮추기 때문이다. 현고(顯考)와 조고(祖考)에 대해서는 사계절마다 제사를 지낼 뿐이다. '거조위단(去祖爲壇)'은 고조부의 부친은 비록 체천되어 그 신주가 태조의 묘에 의탁해 있더라도 이 장소에서 제사를 받을 수 없고, 만약 기원할 일이 생기면 태조의 묘에서 신주를 꺼내 제단에서 제사를 받게 된다. 제단에서도 밀려나면 터에서 제사를 지내게 되니, 고조부의 조부를 뜻한다.

經文

大夫立三廟二壇, 曰考廟, 曰王考廟, 曰皇考廟, 享嘗乃止; 顯考·祖考無廟, 有禱焉, 爲壇祭之; 去壇爲鬼.〈008〉

대부는 3개의 묘를 세우고, 2개의 단을 두니, 3개의 묘는 고묘, 왕고묘, 황고묘이며, 이들에 대해서는 사계절마다 제사를 지낼 뿐이다. 현고와 조고에 대해서는 해당하는 묘가 없고, 기원해야 할 일이 있을 때에는 단에 모셔서 제사를 지낸다. 단에 모시는 대상보다도 대수가 더 멀어지면 그러한 조상들은 '귀(鬼)'라고 한다.

集說

大夫三廟, 有廟而無主, 其當遷者, 亦無可遷之廟, 故有禱則祭於壇而已. 然墠輕於壇, 今二壇而無墠者, 以太祖雖無廟, 猶重之也. 去壇爲鬼, 謂高祖若在遷去之數, 則亦不得受祭於壇, 祈禱亦不得及也.

대부는 3개의 묘를 세우는데, 묘만 있고 신주는 없으며, 체천을 시켜야 하는 대상에 대해서도 체천시킬 수 있는 묘가 없다. 그렇기 때문에 기원할 일이 생기면 제단에서 제사를 지낼 따름이다. 그런데 터는 제단보다 상대적으로 덜 중요한데, 현재 이곳에서는 2개의 제단을 마련하고 터는 마련하지 않는다고 했다. 그 이유는 태조에 대해서는 비록 묘를 세우지 않지만 여전히 중시여기기 때문이다. '거단위귀(去壇爲鬼)'는 고조부가 만약 체천시켜야 하는 대수에 해당한다면, 또한 제단에서도 제사를 지낼 수 없으니, 기원을 할 때에도 그 대상까지는 제사를 지낼 수 없다는 뜻이다.

經文

適[的]士二廟一壇, 曰考廟, 曰王考廟, 享嘗乃止; 皇考無廟, 有禱焉, 爲壇祭之; 去壇爲鬼.〈009〉

적사는['適'자의 음은 '的(적)'이다.] 2개의 묘를 세우고 1개의 단을 두니, 2개의 묘는 고묘, 왕고묘이며, 이들에 대해서는 사계절마다 제사를 지낼 뿐이다. 황고에 대해서는 해당하는 묘가 없고, 기원해야 할 일이 있을 때에는 단에 모셔서 제사를 지낸다. 단에 모시는 대상보다도 대수가 더 멀어지면 그러한 조상들은 '귀(鬼)'라고 한다.

集說

適士, 上士也. 天子上 · 中 · 下之士及諸侯之上士, 皆得立二廟.

'적사(適士)'는 상사이다. 천자에게 소속된 상사 · 중사 · 하사와 제후에게 소속된 상사는 모두 2개의 묘를 세울 수 있다.

經文

官師一廟, 曰考廟, 王考無廟而祭之, 去王考爲鬼.〈010〉

관사는 1개의 묘를 세우니, 고묘이며, 왕고에 대해서는 해당하는 묘가 없지만 제사를 지내며, 왕고보다 대수가 멀어지면 그러한 조상들은 '귀(鬼)'라고 한다.

集說

官師者, 諸侯之中士 · 下士爲一官之長者, 得立一廟, 祖禰共之. 曾祖以上, 若有所禱, 則就廟薦之而已, 以其無壇也.

'관사(官師)'는 제후에게 소속된 중사와 하사 중 한 관부의 수장을 맡고 있는 자이니, 이들은 1개의 묘를 세워서 조부와 부친을 함께 모실 수 있다. 증조부로부터 그 이상의 조상에 대해서 만약 기원할 일이 생기면 묘에 나아가 음식을 바칠 따름이니, 제단이 없기 때문이다.

經文

庶士·庶人無廟, 死曰鬼.〈011〉

서사와 서인들은 묘가 없으니, 그 조상이 죽게 되면 '귀(鬼)'라고 부르며 침(寢)에서 천(薦)을 한다.

集說

庶士, 府史之屬. 死曰鬼者, 謂雖無廟, 亦得薦之於寢也, 王制云: "庶人祭於寢."

'서사(庶士)'는 부(府)[1]나 사(史)[2] 등의 부류이다. '사왈귀(死曰鬼)'는 비록 묘가 없더라도 또한 침(寢)에서 천(薦)[3]을 할 수 있다는 뜻이니, 『예

---

1) 부(府)는 각 관부에 소속된 하급 관리 중 하나이다. 각 관부의 창고에 부관된 재화나 물건 등을 담당했던 관리이다. 『주례』「천관총재(天官冢宰)」편에는 "府, 六人; 史, 十有二人."이라는 기록이 있는데, 이에 대한 정현의 주에서는 "府, 治藏."이라고 풀이했고, 손이양(孫詒讓)의 『정의(正義)』에서는 "凡治藏之吏亦通謂之府也."라고 풀이했다.

2) 사(史)는 각 관부에 소속된 하급 관리 중 하나이다. 각 관부의 문서기록 및 보관, 그리고 문서기록과 관련된 각종 부수자재 등을 담당했던 관리이다. 『주례』「천관(天官)·재부(宰夫)」편에는 "六曰史, 掌官書以贊治."라는 기록이 있는데, 이에 대한 정현의 주에서는 "贊治, 若今起文書草也."라고 풀이했다.

3) 천(薦)은 제사의 일종이다. 정식 제사에 비해서 각종 형식과 제수들이 생략되어

기』「왕제(王制)」편에서는 "서인은 침에서 제사를 지낸다."고 했다.

淺見

近按: 此以上言宗廟之制多少之數也.

내가 살펴보니, 여기까지는 종묘의 제도에 있어서 많고 적은 수치를 언급하였다.

간소하게만 지내니, 각 계절별로 생산되는 음식들을 바친다는 뜻에서 '천'이라고 부르는 것이다.

經文

王下祭殤五: 適子, 適孫, 適曾孫, 適玄孫, 適來孫. 諸侯下祭三, 大夫下祭二, 適士及庶人祭子而止. 〈014〉 [舊在"或立竈"之下.]

천자는 자신보다 후대가 되는 자들 중 요절한 자에 대해서 제사를 지낼 때, 그 대상은 5명이다. 즉 적자 · 적손 · 적증손 · 적현손 · 적래손이다. 제후는 요절한 자에 대해서 제사를 지내는데, 그 대상은 3명이다. 대부는 요절한 자에 대해서 제사를 지내는데, 그 대상은 2명이다. 적사와 서인은 자식을 제사지내는데 그친다. [옛 판본에는 "또는 조를 세운다."[1]라고 한 문장 뒤에 수록되어 있었다.]

集說

方氏曰: 玄孫之子爲來者, 以其世數雖遠, 方來而未已也. 以尊祭卑, 故曰下祭也.

방씨가 말하길, 현손의 자식을 '내(來)'라고 부르는 것은 대수가 비록 멀어졌지만 앞으로 찾아와서 끝나지 않기 때문이다. 존귀한 자가 미천한 자를 제사지내기 때문에 '하제(下祭)'라고 부른다.

石梁王氏曰: 庶殤全不祭, 恐非.

석량왕씨가 말하길, 서자 중 요절한 자에 대해서는 모두 제사를 지내지 않는다고 했는데, 아마도 잘못된 기록인 것 같다.

---

1) 『예기』「제법」 013장 : 王爲群姓立七祀, 曰司命, 曰中霤, 曰國門, 曰國行, 曰泰厲, 曰戶, 曰竈. 王自爲立七祀. 諸侯爲國立五祀, 曰司命, 曰中霤, 曰國門, 曰國行, 曰公厲. 諸侯自爲立五祀. 大夫立三祀, 曰族厲, 曰門, 曰行. 適士立二祀, 曰門, 曰行. 庶士 · 庶人立一祀, 或立戶, 或立竈.

淺見

近安: 此因上祭祖考, 而幷下祭子孫也, 故其序當在此.

내가 살펴보니, 이것은 앞에서 조고에게 제사를 지낸다고 한 것에 따라서 아울러 자손들에게 하제하는 것까지 언급한 것이다. 그렇기 때문에 그 순서는 마땅히 여기에 있어야 한다.

經文

王爲群姓立社, 曰大[泰]社. 王自爲立社, 曰王社. 諸侯爲百姓立社, 曰國社. 諸侯自爲立社, 曰侯社. 大夫以下成群立社, 曰置社. 〈012〉 [舊在"無廟死曰鬼"之下.]

천자는 관리들과 백성들을 위해서 사에게 제사지내는 제단을 설치하니, 그 제단을 '태사(大社)'라고['大'자의 음은 '泰(태)'이다.] 부른다. 천자 스스로 사에게 제사지내기 위해 만든 제단은 '왕사(王社)'라고 부른다. 제후는 백성들을 위해서 사에게 제사지내는 제단을 설치하니, 그 제단을 '국사(國社)'라고 부른다. 제후 스스로 사에게 제사지내기 위해 만든 제단은 '후사(侯社)'라고 부른다. 대부로부터 그 이하의 무리들은 100가(家) 이상의 규모가 되면, 사에게 제사지내기 위한 제단을 설치하니, 그 제단을 '치사(置社)'라고 부른다. [옛 판본에는 "묘가 없고 죽으면 귀라고 부른다."[1] 라고 한 문장 뒤에 수록되어 있었다.]

集說

疏曰: 太社在庫門之內右. 王社所在, 書傳無文, 崔氏云: "王杜在籍田, 王所自祭以供粢盛." 國社亦在公宮之右. 侯社在籍田. 置社者, 大夫以下包士庶, 成群聚而居滿百家以上得立社, 爲衆特置, 故曰置社.

소에서 말하길, '태사(太社)'는 고문 안쪽 우측에 있다. '왕사(王社)'의 위치에 대해서는 『서전』에 관련 기록이 없는데, 최영은은 "왕사는 적전(藉田)[2]에 있으니, 천자가 직접 제사를 지낼 때 자성을 공급하기 위해서이

1) 『예기』「제법」 011장 : 庶士·庶人無廟, 死曰鬼.

2) 적전(藉田)은 적전(籍田)이라고도 부른다. 천자와 제후가 백성들을 동원해서 경작하는 땅이다. 처음 농사일을 시작할 때, 천자와 제후는 이곳에서 직접 경작에 참여함으로써, 농업을 중시한다는 뜻을 보이게 된다.

다.”라고 했다. ‘국사(國社)’ 또한 궁궐의 우측에 있다. ‘후사(侯社)’는 적전에 있다. ‘치사(置社)’는 대부로부터 그 이하로 사 및 서인을 포함하여, 무리를 이루어 100가(家) 이상의 규모를 이루게 되면 사를 세울 수 있으니, 무리를 위해서 특별히 설치한 것이다. 그렇기 때문에 ‘치사(置社)’라고 부른다.

方氏曰: 王有天下, 故曰群姓; 諸侯有一國, 故曰百姓而已. 天子曰兆民, 諸侯曰萬民, 亦此之意.

방씨가 말하길, 천자는 천하를 소유하기 때문에 백성들을 ‘군성(群姓)’이라고 부른다. 제후는 한 나라를 소유하고 있기 때문에 백성들을 ‘백성(百姓)’이라고 부를 따름이다. 천자의 백성을 ‘조민(兆民)’이라 부르고, 제후의 백성을 ‘만민(萬民)’이라 부르는 것 또한 이러한 의미이다.

經文

王爲群姓立七祀, 曰司命, 曰中霤, 曰國門, 曰國行, 曰泰厲, 曰戶, 曰竈. 王自爲立七祀. 諸侯爲國立五祀, 曰司命, 曰中霤, 曰國門, 曰國行, 曰公厲. 諸侯自爲立五祀. 大夫立三祀, 曰族厲, 曰門, 曰行. 適士立二祀, 曰門, 曰行. 庶士·庶人立一祀, 或立戶, 或立竈.〈013〉 [舊聯上文.]

천자는 관리들과 백성들을 위하여 7가지의 제사를 지내니, 그 대상은 사명·중류·국문·국행·태려·호·조이다. 천자는 또한 자신을 위해서도 이러한 7대상에 대해 제사를 지낸다. 제후는 나라를 위하여 5가지의 제사를 지내니, 그 대상은 사명·중류·국문·국행·공려이다. 제후는 또한 자신을 위해서도 이러한 5대상에 대해 제사를 지낸다. 대부는 3가지 대상에게 제사를 지내니, 그 대상은 족려·문·행이다. 적사는 2

가지 대상에게 제사를 지내니, 그 대상은 문·행이다. 서사와 서인들은 1가지 대상에게 제사를 지내니, 그 대상은 호 또는 조이다. [옛 판본에는 앞 문장의 뒤에 수록되어 있었다.]

集說

司命, 見周禮. 中霤·門·行·戶·竈, 見月令. 泰厲, 古帝王之無後. 公厲, 古諸侯之無後者. 族厲, 古大夫之無後者. 左傳云: "其有所歸, 乃不爲厲", 以其無所歸, 或爲人害, 故祀之. 又按五祀之文, 散見經傳者非一, 此言七祀·三祀·二祀·一祀之說, 殊爲可疑. 曲禮"大夫祭五祀", 註言殷禮; 王制"大夫祭五祀", 註謂有地之大夫, 皆未可詳.

'사명(司命)'은 『주례』에 나온다.[3] 중류(中霤)·문(門)·행(行)·호(戶)·조(竈)는 『예기』「월령(月令)」편에 나온다. '태려(泰厲)'는 고대의 제왕 중 후손이 없는 자를 뜻한다. '공려(公厲)'는 고대의 제후 중 후손이 없는 자를 뜻한다. '족려(族厲)'는 고대의 대부 중 후손이 없는 자를 뜻한다. 『좌전』에서는 "귀(鬼)는 회귀할 곳이 있어야만 곧 여귀(厲鬼)[4]가 되지 않는다."[5]라고 했는데, 그들은 회귀할 곳이 없기 때문에 간혹 사람들에게 피해를 입힌다. 그러므로 그들에게 제사를 지내는 것이다. 또 오사(五祀)에 대한 기록을 살펴보면, 경전에 여기 저기 흩어져 나오며 동일하지 않은데, 이곳에서 칠사(七祀)·삼사(三祀)·이사(二祀)·일사(一祀)라고 한 주장은 자못 의심스럽다. 『예기』「곡례(曲禮)」편에서는 "대부는 오사에게 제사를 지낸다."라 했는데, 정현의 주에서는 은나라 때의

3) 『주례』「춘관(春官)·대종백(大宗伯)」: 以禋祀祀昊天上帝, 以實柴祀日·月·星·辰, 以槱燎祀司中·司命·飌師·雨師.

4) 여귀(厲鬼)는 악귀(惡鬼)라는 뜻이다. 『춘추좌씨전』「소공(昭公) 7년」편에는 "今夢黃熊入于寢門, 其何厲鬼也."라는 용례가 있다.

5) 『춘추좌씨전』「소공(昭公) 7년」: 子產曰, "鬼有所歸, 乃不爲厲, 吾爲之歸也."

예법이라고 했고, 『예기』「왕제(王制)」편에서는 "대부는 오사에게 제사를 지낸다."라 했는데, 정현의 주에서는 토지를 소유한 대부를 뜻한다고 했지만, 이 모든 주장에 대해서는 자세히 알 수 없다.

淺見

近按: 此因立廟, 而兼言立社以及七祀也.

내가 살펴보니, 이것은 묘를 세운다는 것에 따라서 사를 세운다는 것을 함께 말하여 칠사에 대한 내용까지 언급하였다.

經文

夫聖王之制祭祀也, 法施於民則祀之, 以死勤事則祀之, 以勞定國則祀之, 能禦大菑則祀之, 能捍大患則祀之. 〈015〉 [舊在"祭子而止"之下.]

무릇 성왕이 제사의 법칙을 제정했을 때, 그 대상은 다섯 부류가 된다. 첫 번째 백성들에게 올바른 법도를 시행한 자라면 그가 죽은 이후 대대로 제사를 지낸다. 두 번째 죽음을 무릅쓰고 자신의 본분에 최선을 다한 자라면 그가 죽은 이후 대대로 제사를 지낸다. 세 번째 수고로움을 무릅쓰고 나라를 안정시킨 자라면 그가 죽은 이후 대대로 제사를 지낸다. 네 번째 큰 재앙을 막았던 자라면 그가 죽은 이후 대대로 제사를 지낸다. 다섯 번째 큰 환란을 막았던 자라면 그가 죽은 이후 대대로 제사를 지낸다. [옛 판본에는 "자식을 제사지내는데 그친다."[1]라고 한 문장 뒤에 수록되어 있었다.]

集說

此五者, 所當祭祀也, 下文可見.

이 다섯 가지에 해당하는 자에 대해서는 마땅히 제사를 지내야 하니, 아래문장에서 확인할 수 있다.

淺見

近按: 此言祭有功之人, 其法有五者之異也.

내가 살펴보니, 이것은 공덕이 있는 사람에게 제사를 지내는데, 그 법도에는 다섯 가지 차이점이 있음을 말한 것이다.

---

1) 『예기』「제법」 014장 : 王下祭殤五, 適子, 適孫, 適曾孫, 適玄孫, 適來孫. 諸侯下祭三, 大夫下祭二, 適士及庶人祭子而止.

經文

是故厲山氏之有天下也, 其子曰農, 能殖百穀; 夏之衰也, 周棄繼之, 故祀以爲稷.〈016〉 [舊聯上文.]

이러한 까닭으로 여산씨(가 천하를 소유했을 때, 그의 자손 중에는 '농(農)'이라고 불렀던 자가 있었으니, 그는 모든 곡식을 경작할 수 있었다. 하나라가 쇠약해지고, 주나라의 기가 그 자리를 이어받았기 때문에, 그에게 제사를 지내며 '직(稷)'으로 삼았다. [옛 판본에는 앞 문장의 뒤에 수록되어 있었다.]

集說

厲山氏, 一云烈山氏, 炎帝神農也. 其後世子孫有名柱者, 能殖百穀, 作農官, 因名農, 見國語. 棄見舜典, 稷穀神也.

'여산씨(厲山氏)'는 열산씨(烈山氏)라고도 부르는데, 염제인 신농을 가리킨다. 그의 후세 자손들 중에는 '주(柱)'라는 이름을 가진 자가 있었는데, 그는 모든 곡식을 경작할 수 있었으므로, 농업을 담당하는 관리로 세웠고, 또 그에 따라 '농(農)'이라고 불렀으니, 『국어』에 관련 기록이 나온다.[1] '기(棄)'에 대한 사안은 『서』「순전(舜典)」편에 나온다.[2] '직(稷)'은 곡식신이다.

淺見

近按: 上言其法, 此以下實之以其人也. 然棄之爲稷, 在帝舜之世, 與禹之作司空竝列, 今言夏之衰也, 周棄繼之者, 妄也. 若曰祀稷, 自夏之衰, 則庶幾矣.

1) 『국어(國語)』「노어상(魯語上)」: 昔烈山氏之有天下也, 其子曰柱, 能殖百穀百蔬; 夏之興也, 周棄繼之, 故祀以爲稷.

2) 『서』「우서(虞書)·순전(舜典)」: 帝曰, 棄, 黎民阻飢, 汝后稷, 播時百穀.

내가 살펴보니, 앞에서는 그 법도를 언급하였고, 이곳 문장으로부터 그 이하에서는 그에 해당하는 사람으로 실증을 하였다. 그런데 기가 직이 된 것은 순임금이 통치하던 때이고, 우임금을 사공으로 삼았던 것과 병렬되어 있다. 그런데 이곳에서는 하나라가 쇠약해졌을 때 주나라의 기가 그 자리를 이어받았다고 했으니, 망령된 말이다. 만약 직에게 제사를 지냈던 것이 하나라가 쇠약해졌을 때부터 시작되었다고 말한다면 거의 가깝게 될 것이다.

經文

共[恭]工氏之霸九州也, 其子曰后土, 能平九州, 故祀以爲社. 〈017〉

공공씨가[‘共’자의 음은 ‘恭(공)’이다.] 천하에 군주 노릇을 했을 때, 그의 자손 중에는 ‘후토(后土)’라고 불렀던 자가 있었으니, 그는 구주를 편안하게 다스릴 수 있었다. 그렇기 때문에 그에게 제사를 지내며 ‘사(社)’로 삼았다.

集說

左傳言共工氏以水紀官, 在炎帝之前, 大昊之後. 社, 土神也.

『좌전』에서는 공공씨(共工氏)가 수(水)에 따라 관직명을 정했다고 했고,[1] 염제 이전과 태호 이후에 기록하였다. ‘사(社)’는 토지신이다.

經文

帝嚳能序星辰以著衆. 〈018〉

제곡은 하늘의 운행을 계산하여 별자리를 관측할 수 있었으니, 이를 통해 백성들이 시기를 계산할 수 있게끔 했다.

集說

序星辰, 知推步之法也. 著衆, 謂使民占星象而知休作之侯也.

---

1) 『춘추좌씨전』「소공(昭公) 17년」: 昔者黃帝氏以雲紀, 故爲雲師而雲名; 炎帝氏以火紀, 故爲火師而火名; 共工氏以水紀, 故爲水師而水名; 大皞氏以龍紀, 故爲龍師而龍名.

'서성진(序星辰)'은 천상의 역법을 계산하는 법칙을 알았다는 뜻이다. '저중(著衆)'은 백성들로 하여금 별의 모습을 점치게 하여 휴식을 취하거나 일을 해야 할 시기를 알게 했다는 뜻이다.

經文

堯能賞[句], **均刑法**[句], **以義終**.〈019〉

요(堯)임금은 공적에 알맞게 상을 내렸으며['賞'자에서 구문을 끊는다.] 죄목에 알맞게 형법을 부과하여 균등하게 시행했고['法'자에서 구문을 끊는다.] 제왕의 지위를 선양하여 의로써 끝맺었다.

集說

能賞, 當其功也. 均刑法, 當其罪也. 以義終, 禪位得人也.

상을 잘 주었다는 말은 해당 공적에 알맞도록 했다는 뜻이다. 형법을 균등하게 했다는 말은 해당 죄에 알맞도록 했다는 뜻이다. 의로써 끝맺었다는 말은 제왕의 지위를 선양하여 알맞은 사람을 얻었다는 뜻이다.

淺見

近按: 舊讀堯能賞爲句, 均刑法爲句, 愚謂賞均, 賞之能平均也, 刑法, 刑之可畏法也.

내가 살펴보니, 옛 주석에서는 '요능상(堯能賞)'에서 구문을 끊고, '균형법(均刑法)'에서 구문을 끊었는데, 내가 생각하기에 '상균(賞均)'은 상을 균평하게 내릴 수 있다는 뜻이고, '형법(刑法)'은 형벌이 법도를 두려워할 만하다는 뜻인 것 같다.

經文

舜勤衆事而野死.〈020〉

순(舜)임금은 모든 일에 최선을 다하여, 결국 순수를 하다가 길에서 죽었다.

集說

巡守而崩也.

순수를 하다가 죽었다는 뜻이다.

石梁王氏曰: 舜死蒼梧之說不可信, 鄭氏謂因征有苗, 尤不可信.

석량왕씨가 말하길, 순임금이 창오의 땅에서 죽었다고 하는 주장은 믿을 수 없는데, 정현은 유묘를 정벌하다가 죽었다고 했으니, 더욱 믿을 수 없는 말이다.

經文

鮌鄣[章]鴻水而殛死, 禹能脩鮌之功.〈021〉

곤은 홍수를 막았는데['鄣'자의 음은 '章(장)'이다.] 그 일을 끝내지 못하고 죽었다. 그래서 우임금이 그 일을 이어받아서 곤의 공적을 올바르게 마무리했다.

集說

鄣, 壅塞之也. 脩者, 繼其事而改正之.

'장(鄣)'자는 막았다는 뜻이다. '수(修)'는 그 일을 이어받아서 고쳐서 올바르게 했다는 뜻이다.

石梁王氏曰: 祀禹, 非祀鯀也.

석량왕씨가 말하길, 우임금에게 제사를 지낸 것이지 곤에게 제사를 지낸 것이 아니다.

經文

黃帝正名百物, 以明民共[恭]財, 顓頊能脩之. 〈022〉

황제는 모든 사물의 명칭을 바르게 정하여 이것을 통해 백성들을 밝게 깨우쳐주었고 백성들이 재물을 공급하도록['共'자의 음은 '恭(공)'이다.] 했다. 전욱은 그것을 잘 정비할 수 있었다.

集說

正名百物者, 立定百物之名也. 明民, 使民不惑也. 共財, 供給公上之賦斂也.

'정명백물(正名百物)'은 모든 사물의 명칭을 바르게 정했다는 뜻이다. '명민(明民)'은 백성들로 하여금 의혹을 품지 않도록 했다는 뜻이다. '공재(共財)'는 조정에서 부여하는 세금에 공급했다는 뜻이다.

經文

契爲司徒而民成. 〈023〉

설은 사도가 되어 백성들을 교화하여 풍속을 완성시켰다.

集說

司徒, 教官之長. 民成, 化民成俗也.

'사도(司徒)'는 교화를 담당하는 관부의 수장이다. '민성(民成)'은 백성들을 교화하여 풍속을 완성시켰다는 뜻이다.

經文

冥勤其官而水死.〈024〉

명은 치수를 담당하는 관부의 일을 열심히 하다가 물에 빠져 죽었다.

集說

冥, 卽玄冥也, 月令冬之神, 水死未聞.

'명(冥)'은 곧 현명을 뜻하는데, 『예기』「월령(月令)편에서는 겨울에 해당하는 신이라고 했지만, 물에서 죽었다는 말은 들어보지 못했다.

經文

湯以寬治民而除其虐.〈025〉

탕임금은 너그러움으로 백성들을 통치하여 사나움을 제거했다.

集說

書曰: "克寬克仁", 又言: "代虐以寬."

『서』에서는 "능히 너그럽고 능히 인자하다."[1]라 했고, 또 "사나움을 대신하여 너그럽게 하시다."[2]라 했다.

經文

文王以文治, 武王以武功去民之菑[災], 此皆有功烈於民者也. 〈026〉

문왕은 문덕으로 백성들을 다스렸고, 무왕은 무공으로 백성들의 재앙을 ['菑'자의 음은 '災(재)'이다.] 제거했으니, 이들은 모두 공덕을 세워서 백성들에게 큰 보탬을 주었던 자들이다.

集說

陳氏曰: 自農·棄至堯, 自黃帝至契, 法施於民者也; 舜·鯀與冥, 以死勤事者也; 禹脩鯀功, 以勞定國者也; 湯除其虐, 文·武之去民菑, 能禦大菑, 能捍大患者也.

진씨가 말하길, 농과 기로부터 요에 이르기까지, 또 황제로부터 설에 이르기까지는 법도를 백성들에게 베푼 자들이다. 순·곤·명은 죽음을 무릅쓰고 맡은 일에 열심히 했던 자들이다. 우는 곤의 공적을 이어받아 완성했으니, 수고로움으로써 나라를 안정시킨 자이다. 탕은 사나움을 제거했고, 문왕과 무왕은 백성들의 재앙을 제거했으니, 큰 재앙을 막을 수 있었고 큰 환란을 막을 수 있었던 자들이다.

---

1) 『서』「상서(商書)·중훼지고(仲虺之誥)」: 德懋懋官, 功懋懋賞, 用人惟己, 改過不吝, 克寬克仁, 彰信兆民.

2) 『서』「상서(商書)·이훈(伊訓)」: 惟我商王, 布昭聖武, 代虐以寬, 兆民允懷.

淺見

近按: 舜野死之說, 先儒非之, 是也. 且其當祀, 豈以勤事野死而已哉?

내가 살펴보니, 순임금이 야지에서 죽었다는 설에 대해서 선대 학자들은 비판을 했는데, 비판하는 것이 옳다. 또 그가 제사를 받게 되는 것이 어찌 일에 열심히 하다가 야지에서 죽은 것에 그치겠는가?

經文

及夫日月星辰, 民所瞻仰也; 山林·川谷·丘陵, 民所取財用也. 非此族也, 不在祀典.〈027〉

그리고 해·달·별은 백성들이 우러러 보는 대상이다. 그리고 산림·하천과 계곡·구릉지대는 백성들이 재물을 취하는 곳이다. 따라서 이러한 부류들이 아니라면, 제사의 법도를 기록한 문헌에 수록되지 않는다.

集說

族, 類也. 祀典, 祭祀之典籍.

'족(族)'자는 부류를 뜻한다. '사전(祀典)'은 제사의 법도를 기록한 전적이다.

淺見

近按: 此又擧百神之祀, 而總結之也.

내가 살펴보니, 이것은 또한 백신에 대한 제사를 거론하여 총괄적으로 결론을 맺은 것이다.

「제의(祭義)」

淺見

近按: 上篇主言所祭之神, 則曰祭法, 此篇主言致祭之意, 則曰祭義. 蓋法有制作因革之不同, 而義則仁孝誠敬之道所當, 各盡其宜者也.

내가 살펴보니, 앞 편에서는 주로 제사를 받게 되는 신을 언급하여 '제법(祭法)'이라고 불렀는데, 이 편에서는 주로 제사를 지내는 의미를 언급하여 '제의(祭義)'라고 부른다. 무릇 법에 있어서는 제작하고 그에 따르거나 바꾸는 것에 차이가 있지만, 의미에 있어서는 인 · 효 · 성 · 경의 도에 해당하는 바에 대해 각각 그 마땅함을 다하는 것이다.

「제의」편 문장 순서 비교

『예기집설』	『예기천견록』	
	구분	문장
001	1절	001
002		002
003		003
004		004
005		005
006		006
007		007
008		008
009		009
010		010
011		011
012		012
013		013
014		014
015		015
016	2절	016
017		017
018		018
019		019
020		020
021	3절	021
022		022
023		023
024		024
025		025
026		026
027		027
028		028
029		029
030		030
031		031
032	4절	032
033		033
034		034

『예기집설』	『예기천견록』	
	구분	문장
035	4절	035
036		036
037		037
038		038
039		039
040		040
041		041
042		042
043		043
044		044
045		045
046		046
047		047
048		048
049		049
050		050
051		051
052		052
053	무분류	053
054		054

제1절

經文

祭不欲數[朔], 數則煩, 煩則不敬. 祭不欲疏, 疏則怠, 怠則忘. 是故君子合諸天道, 春禘[禴]秋嘗. 霜露旣降, 君子履之, 必有悽愴[初亮反]之心, 非其寒之謂也. 春雨露旣濡, 君子履之, 必有怵惕之心, 如將見之. 樂以迎來, 哀以送往, 故禘[禴]有樂而嘗無樂. 〈001〉

제사는 자주['數'자의 음은 '朔(삭)'이다.] 지내고자 하지 않으니, 자주 지내게 된다면 번잡하게 되고, 번잡해지면 공경스럽지 못하다. 제사는 너무 뜸하게 지내고자 하지 않으니, 뜸하게 지내면 태만하게 되고, 태만해지면 부모에 대한 마음을 잊는다. 그렇기 때문에 군자는 천도에 합치시켜서, 봄에는 약제사를['禘'자의 음은 '禴(약)'이다.] 지내고 가을에는 상제사를 지낸다. 가을에 서리와 이슬을 내렸는데, 군자가 그것을 밟게 되면 반드시 슬프고 애달픈['愴'자는 '初(초)'자와 '亮(량)'자의 반절음이다.] 마음이 들게 되니, 그것은 추위 때문이 아니며, 부모의 혼령이 떠나가게 됨을 생각해서이다. 또 봄에 비와 이슬이 내려 땅을 적셨는데, 군자가 그것을 밟게 되면 반드시 조심스러운 마음이 들게 되니, 그것은 따뜻함 때문이 아니며, 부모의 혼령을 보게 됨을 생각해서이다. 따라서 봄에는 즐거운 마음으로 혼령이 찾아오는 것을 맞이하고, 가을에는 슬픈 마음으로 혼령이 떠나는 것을 전송한다. 그렇기 때문에 약제사에서는['禘'자의 음은 '禴(약)'이다.] 음악을 사용하지만, 상제사에서는 음악을 사용하지 않는다.

集說

王制言: "天子諸侯宗廟之祭, 春礿, 夏禘, 秋嘗, 冬烝." 註云: "夏·殷之祭名. 周則春祠·夏禴·秋嘗·冬烝也." 郊特牲: "饗禘有樂, 而食嘗無樂." 禘, 讀爲禴. 然則此章二禘字, 亦皆當讀爲禴也. 但祭統言"大嘗禘, 升歌淸廟, 下管象", 與那詩言"庸鼓有斁, 萬武有變", 下云"顧予烝嘗", 是殷·周秋冬之祭. 不可言無樂也. 此與郊特牲皆云無樂, 未詳.

『예기』「왕제(王制)」편에서는 "천자와 제후의 종묘 제사는 봄에 지내는 것을 '약(礿)'이라 부르고, 여름에 지내는 것을 '체(禘)'라 부르며, 가을에 지내는 것을 '상(嘗)'이라 부르고, 겨울에 지내는 것을 '증(烝)'이라 부른다."고 했다. 그리고 정현의 주에서는 "이것은 하나라나 은나라 때의 제사 명칭이다. 주나라의 경우라면 봄제사를 '사(祠)'라 불렀고, 여름제사를 '약(禴)'이라 불렀으며, 가을제사를 '상(嘗)'이라 불렀고, 겨울제사를 '증(烝)'이라 불렀다."고 했다. 『예기』「교특생(郊特牲)」편에서는 "봄에 고아들에게 향연을 베풀거나 약제사를 지낼 때에는 음악이 포함되고, 가을에 노인들에게 밥을 대접하거나 상제사를 지낼 때에는 음악이 포함되지 않는다."고 했다. 이때의 '체(禘)'자는 약(禴)자로 풀이한다. 그렇다면 이곳에서 말하는 2개의 '체(禘)'자 또한 모두 약(禴)자로 풀이해야 한다. 다만 『예기』「제통(祭統)」편에서는 "성대한 상과 체제사 때에는 악공들이 당상으로 올라가서 청묘라는 시가를 노래 부르고, 당하에서는 관악기로 상의 시가를 연주한다."라 했고, 『시』「나(那)」편에서는 "징과 북이 성대하게 울려 퍼지고 만무가 질서정연하구나."라고 했고, 그 뒤에서는 "내 증제사와 상제사를 돌아본다."라고 했는데,[1] 여기에서 말하는 제사들은 은나라와 주나라 때 가을과 겨울에 지낸 제사를 뜻하므로, 음악이 없다고 말할 수 없다. 하지만 이곳 기록과 「교특생」편에서는 모두 음악이 없다고 했으니, 그 이유를 모르겠다.

1) 『시』「주송(周頌)·나(那)」: 庸鼓有斁, 萬舞有奕. 我有嘉客, 亦不夷懌. 自古在昔, 先民有作. 溫恭朝夕, 執事有恪. 顧予烝嘗, 湯孫之將.

鄭氏曰: 迎來而樂, 樂親之將來也; 送去而哀, 哀其享否不可知也.

정현이 말하길, 찾아오는 것을 맞이하며 즐거워하는 것은 부모의 혼령이 도래하게 됨을 즐거워하는 것이다. 떠나가는 것을 전송하며 슬퍼하는 것은 흠향을 했는지 아닌지를 알 수 없다는 사실을 슬퍼하는 것이다.

方氏曰: 於雨露言春, 則知霜露之爲秋矣; 霜露言非其寒, 則雨露爲非其溫之謂矣; 雨露言如將見之, 則霜露爲如將失之矣. 蓋春夏所以迎其來, 秋冬所以送其往也.

방씨가 말하길, 비와 이슬에 대해서는 봄이라고 말했으니, 서리와 이슬이 가을을 뜻함을 알 수 있다. 서리와 이슬에 대해서 추위 때문이 아니라고 했으니, 비와 이슬의 경우에 있어서도 따뜻함 때문이 아니다. 비와 이슬에 대해서 장차 보게 되는 것과 같다고 했다면, 서리와 이슬에 대해서도 장차 보이지 않게 됨과 같다. 무릇 봄과 여름에는 혼령이 찾아오는 것을 맞이하는 것이고, 가을과 겨울에는 혼령이 떠나는 것을 전송하는 것이다.

淺見

近按: 此言祭祀疏數之節·哀樂之情, 蓋擧全體而言也. 合諸天道者, 天道每三月而小變, 因天道之變而益致其慕親之感也. 言春禘秋嘗而不及夏冬者, 春者陽來之始, 故樂以迎. 秋者, 陰往之始, 故哀以送, 各擧其始以包之也. 禘有樂而嘗無樂者, 陳氏引祭統及那頌謂殷周秋冬之祭不可言無樂, 此與郊特牲皆云無樂, 未詳. 愚謂祭於廟中以事神, 則當如事生, 雖烝嘗之祭, 不可無樂. 祭統及那頌所言者, 是也. 祭畢而後宴於寢中, 則春夏之祭, 孝子樂迎神氣之來, 故得用樂. 秋冬之祭, 孝子感神氣之歸而悲, 故不用樂. 郊特牲及此篇所言者, 是也. 先言樂迎哀送, 而繼言禘嘗樂之有無, 其非爲事神之禮而全言, 主祭者之情意可見矣.

내가 살펴보니, 이것은 제사에서 성글게 하거나 빈번하게 하는 절도와 애통함과 즐거워하는 감정에 대해 언급한 것인데, 전체를 들어서 말한 것이다. '합저천도(合諸天道)'는 하늘의 도는 매 3개월마다 조금 변화하는데, 하늘의 도가 변화하는 것에 따라서 부모를 그리워하는 생각을 더욱 지극히 하게 된다. 춘약(春禘)와 추상(秋嘗)이라고만 언급하여 여름과 겨울에 대해서는 언급하지 않았는데, 봄은 양기가 찾아오는 시작이 된다. 그렇기 때문에 즐거워하며 맞이하는 것이다. 가을은 음기가 가는 시작이 된다. 그렇기 때문에 슬퍼하며 전송하는 것이니, 각각 그 시작을 들어서 나머지 것들도 포괄한 것이다. 약제사 때에는 음악이 포함되지만 상제사에 음악이 포함되지 않는 것에 대해, 진호는 「제통」편 및 「나」편의 주송을 인용하여, 은나라와 주나라의 가을과 겨울 제사 때에는 음악이 없다고 말할 수 없다고 했고, 이 편의 기록과 「교특생」편의 기록에서 모두 음악이 없다고 했는데, 그 이유에 대해서는 모르겠다고 했다. 내가 생각하기에 묘 안에서 제사를 지내며 신을 섬기게 된다면 마땅히 살아계셨을 때처럼 지내야 하니, 증이나 상과 같은 제사라 하더라도 음악이 없을 수 없다. 「제통」편 및 「나」편의 주송에서 언급한 것이 바로 여기에 해당한다. 제사가 끝난 뒤에 침에서 연회를 하게 되면 봄과 여름의 제사 때에는 자식이 즐거운 마음으로 신령의 기운이 도래한 것을 맞이한다. 그렇기 때문에 음악을 사용할 수 있다. 반면 가을과 겨울의 제사에서는 자식이 신령의 기운이 되돌아가는 것을 느껴서 슬퍼하게 된다. 그렇기 때문에 음악을 사용할 수 없다. 「교특생」편 및 이 편에서 언급한 내용이 여기에 해당한다. 먼저 즐거워하며 맞이하고 슬퍼하며 전송하는 내용을 언급했고, 이어서 약과 상제사에서 음악을 사용하는 유무를 언급했는데, 이것은 신을 섬기는 예법에 대해 전반적인 것을 언급한 것은 아니지만, 제사를 주관하는 자의 정감과 뜻에 대해서는 확인할 수 있다.

經文

致齊[齋]於內, 散[上聲]齊於外, 齊之日, 思其居處, 思其笑語, 思其志意, 思其所樂[五敎反], 思其所嗜. 齊三日, 乃見其所爲[去聲]齊者.〈002〉

내적으로는 치재를['齊'자의 음은 '齋(재)'이다.] 하고, 외적으로는 산재를['散'자는 상성으로 읽는다.] 하니, 재계를 하는 기간에는 부모가 거처하던 모습을 떠올리고, 부모가 웃고 말하던 것을 떠올리며, 부모가 생각했던 뜻을 떠올리고, 부모가 좋아하던['樂'자는 '五(오)'자와 '敎(교)'자의 반절음이다.] 것을 떠올리며, 부모가 즐기던 것을 떠올린다. 따라서 재계를 3일 동안 지속하게 되면, 재계를 올리는['爲'자는 거성으로 읽는다.] 대상이 눈앞에 아른거린다.

集說

五其字, 及下文所爲, 皆指親而言.

다섯 개의 '기(其)'자 및 아래문장에서 '소위(所爲)'라고 한 말은 모두 부모를 가리켜서 한 말이다.

疏曰: 先思其粗, 漸思其精, 故居處在前, 樂嗜居後.

소에서 말하길, 먼저 범범한 것을 생각하고, 점진적으로 세부적인 것을 생각한다. 그렇기 때문에 거처에 대한 것이 앞에 있고, 좋아하고 즐기던 것이 뒤에 있다.

淺見

近按: 上言祭之全體, 而此下各擧一節而言, 此則言齊時之事也.

내가 살펴보니, 앞에서는 제사의 전체적인 것을 언급하였고, 이곳 문장으로부터 그 이하의 기록에서는 각각 하나의 절차를 들어서 언급을 했는데, 이곳의 문장은 재계를 할 때의 사안을 언급한 것이다.

經文

祭之日, 入室, 僾[愛]然必柾見[如字]乎其位; 周還[旋]出戶, 肅然必有聞乎其容聲; 出戶而聽, 愾[苦代反]然必有聞乎其歎息之聲. 〈003〉

제사를 지내는 당일 묘실로 들어서면, 신주의 자리에 부모가 있는 것을 어렴풋하게['僾'자의 음은 '愛(애)'이다.] 보게['見'자는 글자대로 읽는다.] 된다. 또 음식을 올리고 술잔을 바칠 때 간혹 몸을 돌려['還'자의 음은 '旋(선)'이다.] 방문 밖으로 나가게 되는데, 그 시기에는 부모가 움직일 때 나는 소리를 엄숙한 가운데 듣게 된다. 또 방문 밖으로 나가서 안에서 들리는 소리에 귀를 기울이면, 크게 탄식하게['愾'자는 '苦(고)'자와 '代(대)'자의 반절음이다.] 되어 부모가 탄식하는 소리를 듣게 된다.

集說

入室, 入廟室也. 僾然, 髣髴之貌. 見乎其位, 如見親之在神位也. 周旋出戶, 謂薦俎酌獻之時, 行步周旋之間, 或自戶內而出也. 肅然, 儆惕之貌. 容聲, 擧動容止之聲也. 愾然, 太息之聲也.

'입실(入室)'은 묘실로 들어간다는 뜻이다. '애연(僾然)'은 어렴풋한 모습을 뜻한다. '견호기위(見乎其位)'는 부모가 신주의 자리에 있는 것을 보는 것과 같다는 뜻이다. '주선출호(周旋出戶)'는 도마에 음식을 올리고 술을 따라서 바칠 때, 행동하며 몸을 돌리는 중간에 간혹 방문 안쪽으로부터 밖으로 나가게 되는 것을 뜻한다. '숙연(肅然)'은 조심하고 두려워하는 모습을 뜻한다. '용성(容聲)'은 행동을 취할 때 나는 소리이다. '개연(愾然)'은 크게 탄식하는 소리이다.

淺見

近按: 此言祭時之事也. 齊則未接於事, 故其心專於思, 而後若有所見, 祭則已接於事, 故隨其所接, 而每若有所聞, 皆誠之至也. 其所見聞, 卽詩所謂思成也.

내가 살펴보니, 이것은 제사를 지낼 때의 사안을 언급한 것이다. 재계를 하게 된다면 아직 그 사안에 접한 것이 아니기 때문에 그 마음은 생각하는데 전념하게 되고, 그런 뒤에는 마치 보는 것처럼 느끼게 되며, 제사를 지내게 되면 이미 그 사안에 접한 것이기 때문에 접한 것에 따라서 매번 마치 들리는 것처럼 느끼게 되는데, 이 모두는 정성이 지극한 것이다. 보고 듣는다는 것은 곧 『시』에서 말한 '사성(思成)'[1]에 해당한다.

1) 『시』「상송(商頌) · 나(那)」: 猗與那與, 置我鞉鼓. 奏鼓簡簡, 衎我烈祖. 湯孫奏假, 綏我思成. 鞉鼓淵淵, 嘒嘒管聲. 旣和且平, 依我磬聲. 於赫湯孫, 穆穆厥聲. 庸鼓有斁, 萬舞有奕. 我有嘉客, 亦不夷懌. 自古在昔, 先民有作. 溫恭朝夕, 執事有恪. 顧予烝嘗, 湯孫之將.

經文

是故先王之孝也, 色不忘乎目, 聲不絶乎耳, 心志嗜欲不忘乎心; 致愛則存, 致慤則著, 著存不忘乎心, 夫安得不敬乎? 君子生則敬養[去聲], 死則敬享, 思終身弗辱也.〈004〉

이러한 까닭으로 선왕의 효라는 것은 부모의 얼굴이 눈에서 사라지지 않고, 부모의 음성이 귀에서 떠나지 않으며, 부모의 마음과 뜻 또 즐기고 바라는 것들을 마음에서 잊지 않는 것이다. 그러므로 친애하는 마음을 지극히 하면 이러한 것들이 보존되고, 정성을 다하면 부모의 모습과 소리가 드러나게 되니, 부모의 모습이 드러나고 부모에 대한 생각을 보존하여 마음에서 잊지 않고 있는데, 어떻게 공경스럽게 치르지 않을 수 있겠는가? 따라서 군자는 부모가 생존해 계실 때에는 공경스럽게 봉양하고['養'자는 거성으로 읽는다.] 부모가 돌아가시게 되면 공경스럽게 흠향을 드리니, 종신토록 부모를 욕되지 않게 함을 항상 염두에 두어야 한다.

集說

致愛, 極其愛親之心也. 致慤, 極其敬親之誠也. 存, 以上文三者不忘而言. 著, 以上文見乎其位以下三者而言. 不能敬, 則養與享, 秖以辱親而已.

'치애(致愛)'는 부모를 친애하는 마음을 지극히 한다는 뜻이다. '치각(致慤)'은 부모를 공경하는 정성을 지극히 한다는 뜻이다. '존(存)'은 앞에 나온 세 가지 사안에 대해서 잊지 않는다는 뜻으로 한 말이다. '저(著)'는 앞에서 "그 신위에 나타난다."라고 한 구문으로부터 그 이하의 세 사안을 기준으로 한 말이다. 공경하게 치를 수 없다면, 봉양과 흠향을 하더라도 그것은 단지 부모를 욕되게 하는 것일 뿐이다.

淺見

近按: 此極言孝子誠敬之情.

내가 살펴보니, 이것은 자식의 정성과 공경의 정감을 지극히 말한 것이다.

經文

君子有終身之喪, 忌日之謂也. 忌日不用, 非不祥也, 言夫日志有所至, 而不敢盡其私也.〈005〉

군자에게는 자신의 생이 끝날 때까지 치르는 상사가 있으니, 바로 부모의 기일을 뜻한다. 부모의 기일에는 다른 일을 하지 않는데, 그것은 부모가 돌아가신 날을 상서롭지 않다고 여겨서가 아니며, 그 날에는 마음이 부모에 대한 생각으로 가득하여, 감히 사적인 일에 마음을 쏟을 수 없기 때문이다.

集說

忌日, 親之死日也. 不用, 不以此日爲他事也. 非不祥, 言非以死爲不祥而避之也. 夫日, 猶此日也. 志有所至者, 此心極於念親也. 不敢盡其私, 此私字, 如不有私財之私, 言不敢盡心於己之私事也.

'기일(忌日)'은 부모가 돌아가신 날을 뜻한다. '불용(不用)'은 이러한 날에 다른 일을 하지 않는다는 뜻이다. '비불상(非不祥)'은 돌아가신 것이 상서롭지 못하다고 여겨 피한다는 뜻이 아니라는 의미이다. '부일(夫日)'은 '이러한 날'이라는 뜻이다. 뜻에 지극한 바가 있다는 것은 그 마음은 부모를 그리워하는데 지극하다는 뜻이다. "감히 사적인 것을 다하지 않는다."고 했는데, 이때의 '사(私)'자는 "사사롭게 재물을 축적하지 않는다."라고 할 때의 사(私)자와 같으니, 감히 자기 개인적인 일에 마음을 다할 수 없다는 뜻이다.

淺見

近按: 此言君子誠敬之心, 非特祭時爲然, 至於忌日而尤爲切, 至以有終身之慕也.

내가 살펴보니, 이것은 군자의 정성과 공경의 마음은 단지 제사를 지낼 때에만 그렇게 되는 것이 아니며, 기일에 대해서는 더욱 간절하게 되어, 종신토록 사모하게 됨을 말한 것이다.

經文

唯聖人爲能饗帝, 孝子爲能饗親. 饗者, 鄕[去聲]也, 鄕之然後能饗焉. 是故孝子臨尸而不怍. 君牽牲, 夫人奠盎; 君獻尸, 夫人薦豆; 卿大夫相[去聲]君, 命婦相夫人. 齊齊[如字]乎其敬也, 愉愉乎其忠也, 勿勿諸其欲其饗之也!〈006〉

오직 성인만이 상제에게 제사를 지내 흠향을 드릴 수 있고, 효자만이 부모에게 제사를 지내 흠향을 드릴 수 있다. '향(饗)'자는 향한다는['鄕'자는 거성으로 읽는다.] 뜻이니, 향한 뒤에야 흠향을 드릴 수 있다. 이러한 까닭으로 자식은 시동을 대하고도 꺼려하지 않는다. 군주는 직접 희생물을 끌고 오고 군주의 부인은 술동이를 설치한다. 군주가 시동에게 술잔을 바치고 부인은 두에 음식을 담아 바친다. 경과 대부는 군주를 돕고['相'자는 거성으로 읽는다.] 경과 대부의 부인들은 군주의 부인을 돕는다. 정숙하구나['齊'자는 글자대로 읽는다.] 공경함이여, 화락하고 온순하구나 진실됨이여, 간절하게 흠향하시길 바라는구나.

集說

臨尸不怍, 則其鄕親之心, 致愛致慤可知矣. 奠盎, 設盎齊之奠也. 齊齊, 整肅之貌. 愉愉其忠, 有和順之實也. 勿勿, 猶切切也. 諸, 語辭, 猶然也.

시동을 대하고도 거리낌이 없다면 부모를 향한 마음이 친애함을 지극히 하고 정성을 지극히 한다는 사실을 알 수 있다. '전앙(奠盎)'은 앙제 등을 담은 술동이를 진설한다는 뜻이다. '제제(齊齊)'는 정숙한 모습을 뜻한다. '유유기충(愉愉其忠)'은 화락하고 온순한 진실됨이 있다는 뜻이다. '물물(勿勿)'은 간절함을 뜻한다. '저(諸)'자는 어조사이니, 연(然)자와 같다.

淺見

近按: 此因孝子祭親之誠, 兼引聖人饗帝之事, 以明之. 下文全言祭親之事, 鄕之然後饗者, 言吾之誠心專於向親而無貳, 然後神感其誠而能饗其祭, 所謂有其誠則有其神者也.

내가 살펴보니, 이것은 자식이 부모의 제사를 지내는 정성으로 인해서, 함께 성인이 상제를 흠향시켰던 사안을 인용하여 그 사실을 나타낸 것이다. 아래문장에서는 전적으로 부모에게 제사지내는 사안을 언급하고 있는데, '향지연후향(鄕之然後饗)'이라는 것은 내 정성된 마음이 부모를 향하는데 오로지하여 다른 마음을 품은 것이 없게 된 뒤에야 신이 그 정성에 감응하여 그 제사를 흠향할 수 있다는 뜻이니, 이른바 "정성이 있으면 그 신이 있다."는 말이다.

經文

文王之祭也, 事死者如事生, 思死者如不欲生, 忌日必哀, 稱諱如見親, 祀之忠也. 如見親之所愛, 如欲色然, 其文王與[平聲]. 詩云: "明發不寐, 有懷二人." 文王之詩也. 祭之明日, 明發不寐, 饗而致之, 又從而思之. 祭之日, 樂[洛]與哀半, 饗之必樂, 已至必哀.〈007〉

문왕이 제사를 지낼 때에는 돌아가신 부모를 섬길 때 마치 살아계셨을 때 섬기는 것처럼 했고, 돌아가신 부모를 끊임없이 생각하여 마치 부모를 따라 죽고 싶어 하는 것과 같았으며, 부모의 기일에는 반드시 슬퍼하였으며, 피휘의 글자를 입에 담을 때에는 마치 부모를 직접 뵙는 것처럼 했으니, 이것은 문왕이 제사를 지낼 때 나타났던 한결같은 마음이다. 부모가 평소에 아끼던 대상을 볼 때에는 마치 부모가 그것을 원하는 표정을 직접 본 것처럼 하니, 이처럼 할 수 있는 자는 문왕일 것이다.['與'자는 평성으로 읽는다.] 『시』에서는 "동이 틀 때까지 잠을 이루지 못하여, 부모 두 분을 생각하는구나."라고 했는데, 이것은 문왕의 덕을 기리기에 충분한 시이다. 제사를 지낸 다음날에도 동이 틀 때까지 잠을 이루지 못하고, 다시 흠향을 드리며 혼령이 찾아오도록 하고, 또 그에 따라 부모를 생각한다. 제사를 지내는 당일에는 즐거움과['樂'자의 음은 '洛(락)'이다.] 슬픔이 반반이 되니, 흠향을 드리게 되면 혼령이 찾아오므로 반드시 즐겁게 되지만, 이미 찾아왔다면 앞으로 떠나가게 되니 반드시 슬프게 된다.

集說

如不欲生, 似欲隨之死也. 宗廟之禮, 上不諱下, 故有稱諱之時, 如祭高祖, 則不諱曾祖以下也. 如欲色然, 言其想像親平生所愛之物, 如見親有欲之之色也. 詩, 小雅·小宛之篇. 明發, 自夜至光明開發之時也, 詩本謂宣王永懷文王·武王之功烈, 此借以喩文王念父母之勤耳. 文王之詩, 言此詩足以詠文王也. 饗之必樂, 迎其來也. 已至而禮畢則往矣, 故哀也.

"마치 살고 싶지 않는 것 같다."는 말은 부모를 따라서 죽고 싶어 하는 것과 같다는 뜻이다. 종묘의 예법에서 윗사람은 아랫사람에 대해 피휘를 하지 않는다. 그렇기 때문에 피휘한 글자를 부를 때가 있는 것이니, 예를 들어 고조부에게 제사를 지내게 되면 증조부로부터 그 이하의 선조에 대해서는 피휘를 하지 않는다. '여욕색연(如欲色然)'은 부모가 평소에 아끼던 대상을 생각하며, 마치 부모가 그것을 바라는 안색을 실제로 보는 것처럼 한다는 뜻이다. '시(詩)'는 『시』「소아(小雅) · 소완(小宛)」[1] 편이다. '명발(明發)'은 밤부터 동이 터오를 때까지를 뜻하니, 『시』의 내용은 본래 선왕이 문왕과 무왕의 공적을 오래도록 생각한다는 뜻인데, 이곳에서는 그 내용을 빌려와서 문왕이 부모에 대해 열심히 사모했던 것을 비유했을 따름이다. '문왕지시(文王之詩)'는 이 시는 문왕을 찬미하기에 충분하다는 뜻이다. "흠향을 드리면 반드시 기뻐하게 된다."는 말은 혼령이 찾아오는 것을 맞이하기 때문이다. 이미 찾아왔으나 해당 의례가 끝나게 되면 떠나게 된다. 그렇기 때문에 슬퍼한다.

淺見

近按: 上文泛言聖人, 此下引文王 · 仲尼, 以實之. 祭之明日, 思慕之心猶存, 而不能忘者, 以祭之日, 樂與哀半故也. 其言明日, 先於祭日之前者, 言之勢當然也.

내가 살펴보니, 앞에서는 성인에 대해 범범하게 언급했는데, 이곳 문장으로부터 그 이하의 기록에서는 문왕과 공자에 대한 일화를 인용하여 그것을 실증했다. 제사를 지낸 다음날에는 그리워하고 사모하는 마음이 여전히 남아있어서 잊을 수 없는 것은 제사를 지내는 날 즐거움과 슬픔

1) 『시』「소아(小雅) · 소완(小宛)」 : 宛彼鳴鳩, 翰飛戾天. 我心憂傷, 念昔先人. 明發不寐, 有懷二人.

이 반반이 되기 때문이다. 다음날에 대해 언급한 것을 제사를 지낸 날 앞에 먼저 기록한 것은 말의 문세상 당연한 것이다.

經文

仲尼嘗奉薦而進, 其親也慤, 其行也趨趨[促]以數[朔]. 已祭, 子贛問曰: "子之言: '祭, 濟濟[上聲]漆漆[切]然', 今子之祭, 無濟濟漆漆, 何也?" 子曰: "濟濟者, 容也, 遠也, 漆漆者, 容也, 自反也. 容以遠若容以自反也, 夫何神明之及交? 夫何濟濟漆漆之有乎? 反饋樂成, 薦其薦俎, 序其禮樂, 備其百官, 君子致其濟濟漆漆, 夫何慌[晃]惚[忽]之有乎? 夫言豈一端而已, 夫各有所當[去聲]也." 〈008〉

공자는 자신의 종묘에서 가을 제사를 지내며, 음식을 받들고 시동에게 나아갔는데, 직접 그 일을 처리함에는 전일하고 조심스러웠지만 행동에 있어서는 걸음이 급하여['趨'자의 음은 '促(촉)'이다.] 발을 빈번하게['數'자의 음은 '朔(삭)'이다.] 들어 올렸다. 제사가 끝나자 자공은 "선생님께서는 이전에 '제사를 치를 때에는 융성하고 장엄하며['濟'자는 상성으로 읽는다.] 전일하고 지극한['漆'자의 음은 '切(절)'이다.] 모습을 취해야 한다.'라고 하셨습니다. 그런데 현재 선생님께서 제사를 지내는 모습을 보니 그러한 모습이 나타나지 않는데, 어찌된 일입니까?"라고 물었다. 공자는 "융성하고 장엄하다는 것은 행동거지를 뜻하는데, 이것은 제사에 참여한 빈객들처럼 제사 대상과 관계가 소원한 자들이 취하는 태도이다. 또 전일하고 지극하다는 것도 행동거지를 뜻하는데, 스스로 가다듬고 정돈하는 것이다. 이러한 행동거지를 통해 소원하게 대하고 스스로 정돈하게 된다면 어찌 신명이 교감할 수 있겠는가? 따라서 자신이 직접 제사를 지낼 때 어찌 융성하고 장엄하며 전일하고 지극한 행동거지를 취할 수 있겠는가? 시동이 묘실로 되돌아가서 음식을 바치고 음악을 연주하여 절차를 완성하면, 주인은 궤식의 음식들과 희생물을 담은 도마를 바치고, 예악을 질서정연하게 시행하고, 또 모든 관리들이 참여하도록 하니, 이처럼 제사에 참여해서 돕는 군자들은 융성하고 장엄하며 전일하고 행동거지를 지극히 하게 되는데, 어찌 이들에게서 그리움에 사무쳐 멍하게['慌'자의 음은 '晃(황)'이다. '惚'자의 음은 '忽(홀)'이다.] 있는 모습이 있을 수 있겠는가? 따라서 말에 어찌 한 측면만 있겠는가? 말에는 각각 해당하는['當'자는 거성으로 읽는다.] 것들이 있다."라고 대답했다.

集說

嘗, 秋祭也. 奉薦而進, 進於尸也. 親, 身自執事也. 慤, 專謹貌. 趨趨, 讀爲促促, 行步迫狹也; 數, 擧足頻也, 皆不事威儀之貌. 子貢待祭畢, 以夫子所嘗言者爲問, 蓋怪其今所行與昔所言異也. 夫子言濟濟者, 衆盛之容也, 遠也, 言非所以接親親也. 漆漆者, 專致之容也. 自反, 猶言自修整也. 若, 及也. 容之疏遠及容之自反者, 夫何能交及於神明乎? 我之自祭, 何可有濟濟漆漆乎? 言以誠慤爲貴也. 若言天子諸侯之祭, 尸初在室, 後出在堂, 更反入而設饋作樂旣成, 主人薦其饋食之豆與牲體之俎, 先時則致敬以交於神明, 至此則序禮樂, 備百官, 獻酬往復, 凡助祭之君子, 各以威儀相尙, 而致其濟濟漆漆之容, 當此之際, 何能有思念慌惚交神之心乎? 各有所當, 言各有所主, 謂濟濟漆漆, 乃宗廟中賓客之容, 非主人之容也; 主人之事親, 宜慤而趨數也.

'상(嘗)'[2)]자는 가을 제사를 뜻한다. "음식을 받들고 나아간다."는 말은

2) 상제(嘗祭)는 가을에 종묘(宗廟)에서 지내는 제사를 뜻한다. 『이아』「석천(釋天)」편에는 "春祭曰祠, 夏祭曰礿, 秋祭曰嘗, 冬祭曰烝."이라는 기록이 있다. 즉 봄에 지내는 제사를 '사(祠)'라고 부르며, 여름에 지내는 제사를 '약(礿)'이라고 부르고, 가을에 지내는 제사를 '상(嘗)'이라고 부르며, 겨울에 지내는 제사를 '증(烝)'이라고 부른다. 한편 '상'제사는 성대한 규모로 거행하였기 때문에, '대상(大嘗)'이라고도 불렀으며, 가을에 지낸다는 뜻에서, '추상(秋嘗)'이라고도 불렀다. 또한 『춘추번로(春秋繁露)』「사제(四祭)」편에서는 "四祭者, 因四時之所生孰而祭其先祖父母也. 故春曰祠, 夏曰礿, 秋曰嘗, 冬曰蒸. …… 嘗者, 以七月嘗黍稷也."이라고 하여, 가을 제사인 상(嘗)제사는 7월에 시행하며, 서직(黍稷)을 흠향하도록 지낸다는 뜻에서 맛본다는 뜻의 '상'자를 붙였다고 설명한다.

시동에게 나아간다는 뜻이다. '친(親)'자는 자신이 직접 그 일을 처리한다는 뜻이다. '각(慤)'자는 전일하며 조심하는 모습을 뜻한다. '추추(趨趨)'는 촉촉(促促)으로 풀이하니, 걸음걸이가 급하고 폭이 좁다는 뜻이고, '삭(數)'은 발을 자주 들어 올린다는 뜻이니, 모두 위엄스러운 행동거지로 일을 처리하는 것이 아니다. 자공은 제사가 끝날 때까지 기다린 뒤에 공자가 평상시 자주 하던 말로 질문을 했으니, 현재 공자가 시행한 행동이 이전에 한 말과 차이를 보이는 것을 괴이하게 여겼기 때문이다. 공자는 다음과 같이 대답했다. '제제(濟濟)'라는 것은 여럿이 융성하게 행동하는 모습이며, 관계가 소원한 경우에 해당한다는 뜻이니, 친근한 자를 친근하게 대하는 방법이 아니라는 뜻이다. 그리고 '절절(漆漆)'은 전일하고 지극한 모습이다. '자반(自反)'은 스스로 가다듬고 정돈한다는 뜻이다. '약(若)'자는 '~과'라는 뜻이다. 소원하게 대하는 모습과 스스로 정돈하는 모습을 취한다면, 어떻게 신명과 교감할 수 있겠는가? 본인이 직접 제사를 지내면서 어떻게 관계를 소원하게 대하며 스스로 정돈하는 모습을 취할 수 있겠는가? 즉 진실하고 전일한 것을 존귀하게 여긴다는 뜻이다. 만약 천자와 제후의 제사로 말한다면, 시동은 최초 묘실에 있고, 이후에 밖으로 나와서 당상에 있으며, 재차 되돌아가 묘실로 들어가며, 음식을 차리고 음악을 연주하여 절차를 완성하면, 주인은 궤식에 사용하는 두와 희생물의 몸체를 담은 도마를 바치고, 앞선 시기에는 공경함을 지극히 하여 신명과 교감하고, 이 시기에 이르게 되면 예악을 차례대로 갖추고, 모든 관리들을 참여시켜서, 술을 바치고 주고받는 것을 반복하니, 무릇 제사를 돕는 군자들은 각각 위엄을 갖춘 행동거지를 숭상하여, 융성하고 정돈된 모습을 지극히 나타내니, 이러한 시기에 어떻게 그리워하는 마음에 멍하게 있으며 신과 교감하려는 마음을 가질 수 있겠는가? '각유소당(各有所當)'은 각각 담당하는 것이 있다는 뜻으로, 제제(濟濟)와 절절(漆漆)이라는 것은 곧 종묘 안에서 빈객들이 취하는 행동거지이지 주인이 취하는 행동거지가 아니라는 의미이니, 주인이 부모의 제사를 치를 때에는 마땅히 전일하고 조심하며 걸음걸이가 급하고 발을 자주 들어 올리게 된다.

淺見

近按: 此言孝子主祭之誠, 與賓客助祭者之禮不同也. 進其親也當爲句, 言進其親者, 明非祭於公所也.

내가 살펴보니, 이것은 자식이 제사를 주관할 때의 정성과 빈객이 제사를 도울 때의 예법이 다르다는 사실을 언급한 것이다. '진기친야(進其親也)'는 마땅히 하나의 구문이 되어야 하니, 부모에게 나아간다는 뜻으로, 군주가 계신 곳에서 제사를 지내는 것이 아님을 나타낸다.

經文

孝子將祭, 慮事不可以不豫; 比[卑]時具物, 不可以不備; 虛中以治之.〈009〉

자식이 부모의 제사를 지내려고 할 때, 일에 대해 생각할 때에는 미리 고려하지 않아서는 안 된다. 또 해당 시기에 미쳐서['比'자의 음은 '卑(비)'이다.] 기물과 음식들을 갖출 때에는 예법에 맞게 갖추지 않아서는 안 된다. 몸을 정갈하게 하고 마음을 비워서 처리해야 한다.

集說

比時, 及也, 謂當行禮之時. 具物, 陳設器饌之屬. 虛中, 淸明在躬, 心無雜念也.

'비시(比時)'는 "그 시기에 미치다."는 뜻이니, 해당 의례를 시행해야 할 때를 의미한다. '구물(具物)'은 진설하는 기물들과 음식 등을 뜻한다. '허중(虛中)'은 몸을 정갈하게 하여 마음에 잡념이 없다는 뜻이다.

經文

宮室旣脩, 牆屋旣設, 百物旣備, 夫婦齊戒 · 沐浴, 奉承而進之. 洞洞乎! 屬屬乎! 如弗勝[平聲], 如將失之, 其孝敬之心至也與[平聲]! 薦其薦俎, 序其禮樂, 備其百官, 奉承而進之, 於是諭其志意, 以其慌惚以與神明交, 庶或饗之, 庶或饗之! 孝子之志也!〈010〉

종묘의 건물이 갖춰지고 종묘의 담장과 지붕이 갖춰졌으며 모든 기물들이 갖춰졌다면, 주인과 주부는 재계를 하고 목욕을 하여, 제물을 받들어 나아가 바친다. 공경스럽구나! 진실되구나! 마치 그 일을 감당할['勝'자는 평성으로 읽는다.] 수 없을 것처럼 하고, 마치 잃지는 않을까 노심초사하는 것처럼 하니, 효와 공경스러운 마음이 지극하구나!['與'자는 평성으로 읽는다.] 궤식의 음식들과 희생물을 담은 도마를 바치고, 시행하는 예악을 질서정연하게 시행하고, 또 모든 관리들이 참여하도록 하여, 제사를 돕는 자들이 제물을 받들어 나아가 바치니, 이 시기에 축관은 자식의 효를 아뢰고, 자식은 그리움에 깊이 잠겨서 신명과 교감하니, 찾아오셔서 흠향하시기를 바라며, 찾아오셔서 흠향하시기를 바라는구나! 이것이 바로 자식의 마음이로다!

集說

洞洞·屬屬, 見禮器. 兩言奉承而進之, 上謂主人, 下謂助祭者. 諭其志意, 祝以孝告也.

'동동(洞洞)'과 '촉촉(屬屬)'에 대해서는 『예기』「예기(禮器)」편에 나온다. 두 차례 "받들어서 나아간다."라고 했는데, 앞의 것은 주인에 대한 내용이며, 뒤의 것은 제사를 돕는 자들에 대한 내용이다. '유기지의(諭其志意)'는 축관이 자식의 효를 아뢴다는 뜻이다.

淺見

近按: 上兩節旣引文王·孔子, 以明聖人之事, 此下又泛言孝子之事也. 孝子之祭, 旣自奉承而進之, 以致其孝敬之心, 又使百官之助祭者, 奉承而進之, 其拳拳於親而欲其饗之者, 至矣. 禮雖有終, 誠則無窮也.

내가 살펴보니, 앞의 두 절에서는 이미 문왕과 공자의 일화를 인용하여, 성인의 사안을 나타내었는데, 이곳 문장 이하에서는 또 범범히 자식에 대한 사안을 언급하였다. 자식이 제사를 지낼 때 이미 제 스스로 받들고 나아가 바쳐서 효와 공경의 마음을 지극히 하는데, 재차 백관들 중 제사를 돕는 자로 하여금 받들고 나아가 바치게 하니, 부모에 대해 정성을 다하여 그것들을 흠향하게끔 하고자 함이 지극한 것이다. 예에 있어서는 비록 마침이 있더라도, 정성에 있어서는 다함이 없다.

經文

孝子之祭也, 盡其慤而慤焉, 盡其信而信焉, 盡其敬而敬焉, 盡其禮而不過失焉. 進退必敬, 如親聽命, 則或使之也. 〈011〉

자식이 제사를 지낼 때에는 성실함을 다하여 성실을 시행하고, 신의를 다하여 신의를 시행하며, 공경함을 다하여 공경을 시행하고, 예법을 다하여 과실을 범하지 않는다. 나아가거나 물러날 때에는 반드시 공경을 다하여, 마치 직접 부모로부터 명령을 받아서 그 일을 하게 된 것처럼 한다.

集說

盡其慤而爲慤, 盡其信而爲信, 盡其敬而爲敬, 言無一毫之不致其極也. 禮有常經, 不可以私意爲降殺, 故曰盡其禮而不過失焉. 進退之間, 其敬心之所存, 如親聆父母之命而若有使之者, 亦前章著存之意.

성실함을 다하여 성실을 시행하고, 신의를 다하여 신의를 시행하며, 공경함을 다하여 공경을 시행하는 것은 한 터럭만큼이라도 지극함을 다하지 않음이 없다는 뜻이다. 예법에는 항상된 기준이 있으니, 자기 마음대로 높이거나 낮출 수 없다. 그렇기 때문에 "그 예법을 다하여 과실을 범하지 않는다."고 말한 것이다. 나아가거나 물러날 때 공경스러운 마음이 존재한다면, 마치 직접 부모로부터 명령을 받아서 그 일을 시행하도록 한 일이 있었던 것과 같게 되니, 이 또한 앞에서 드러나고 보존된다고 했던 뜻에 해당한다.

經文

孝子之祭可知也: 其立之也, 敬以詘[屈]; 其進之也, 敬以愉; 其薦之也, 敬以欲. 退而立, 如將受命; 已徹而退, 敬齊[如字]之色, 不絶於面. 孝子之祭也, 立而不詘, 固也; 進而不愉, 疏也; 薦而不欲, 不愛也; 退立而不如受命, 敖[傲]也; 已徹而退, 無敬齊之色, 而忘本也. 如是而祭, 失之矣.〈012〉

자식이 제사를 지내는 모습을 보면, 그의 마음가짐에 대해서 알 수 있다. 서 있을 때에는 공경함에 따라 몸을 굽히고['詘'자의 음은 '屈(굴)'이다.] 나아갈 때에는 공경함에 따라 얼굴에 기쁜 표정이 드러나고, 제수를 바칠 때에는 공경함에 따라 흠향하기를 바라게 된다. 또 조금 뒤로 물러나와 서 있을 때에는 마치 명령을 받게 될 것처럼 하게 되고, 이미 치우고서 물러나게 될 때에는 공경하고 엄숙한['齊'자는 글자대로 읽는다.] 표정이 얼굴에서 떠나지 않는다. 이와 반대로 자식이 제사를 지내면서, 서 있을 때 몸을 굽히지 않는 것은 고루함이고, 나아가되 기쁜 표정을 짓지 않는 것은 소원함이며, 제수를 바치되 흠향하기를 바라지 않는 것은 친애하지 않는 것이고, 물러나 서 있을 때 명령을 받는 것처럼 하지 않는 것은 오만함이며['敖'자의 음은 '傲(오)'이다.] 이미 상을 치우고서 물러났는데 얼굴에 공경하고 엄숙한 표정이 없는 것은 근본을 잊은 것이다. 이처럼 제사를 지내는 것은 제사의 도의를 버리는 일이다.

集說

方氏曰: 孝子之祭可知者, 言觀其祭, 可以知其心也. 立之者, 方待事而立也. 進之者, 旣從事而進也. 薦之者, 奉物而薦也. 退而立者, 進而復退也. 已徹而退者, 旣薦而後徹也. 蓋退而立, 則少退而立; 已徹而退, 則於是乎退焉, 此其所以異也. 立之敬以詘, 則身之詘而爲之變焉, 故立而不詘, 固也. 進之敬以愉, 則色之愉而致其親焉, 故進而不愉, 疏也. 薦之敬以欲則心之欲而冀其享焉, 故薦而不欲,不愛也. 退而立, 如將受命, 則順聽而無所忽焉, 故退立而不如受命, 敖也. 已徹而退, 敬齊之色, 不絶於面, 則愼終如始矣, 故已徹而退, 無敬齊之色, 而忘本也.

방씨가 말하길, "자식의 제사를 알 수 있다."는 말은 그 제사를 살펴보면, 그의 마음가짐을 알 수 있다는 뜻이다. '입지(立之)'는 그 일을 시행하려고 기다리며 서 있다는 뜻이다. '진지(進之)'는 이미 그 사안을 따르게 되어 나아간다는 뜻이다. '천지(薦之)'는 제물을 받들고 나아가서 바친다는 뜻이다. '퇴이립(退而立)'은 나아갔다가 다시 물러난다는 뜻이다. '이철이퇴(已徹而退)'는 제수를 바친 뒤에 치웠다는 뜻이다. 무릇 '퇴이립(退而立)'이라면 조금 뒤로 물러나 서 있는 것이며, '이철이퇴(已徹而退)'라면 이 시기에 물러난다는 뜻으로, 이것이 그 차이점이다. 서 있을 때 공경함으로 몸을 굽힌다면, 몸을 굽혀서 그 일을 위해 변화를 주는 것이다. 그렇기 때문에 서 있되 몸을 굽히지 않는 것은 고루함이 된다. 나아가서 공경함으로 기쁜 표정을 짓는다면, 얼굴에 기쁜 표정이 나타나서 친애함을 지극히 하게 된다. 그렇기 때문에 나아가되 기쁜 표정을 짓지 않는 것은 소원함이 된다. 제수를 바침에 공경함으로 바란다면, 마음에 바라는 점이 있어서 흠향하기를 기대하는 것이다. 그렇기 때문에 제수를 바치되 바라지 않는 것은 친애하지 않는 것이다. 물러나 서 있을 때 마치 명령을 받는 것처럼 한다면, 순종적으로 따르며 소홀함이 없는 것이다. 그렇기 때문에 물러나 서 있되 명령을 받는 것처럼 하지 않는 것은 오만함이 된다. 이미 치우고 물러났을 때 공경하고 엄숙한 표정이 얼굴에서 떠나지 않는다면, 마무리를 삼감이 처음과 같은 것이다. 그렇기 때문에 이미 치우고 물러나되 공경하고 엄숙한 표정이 없다면, 근본을 잊은 것이다.

淺見

近按: 慤信敬禮而如親聽命者, 存於中之心也. 立進薦退而如將受命者, 見於外之容也. 內有是心, 然後外有是容, 然心則難知, 而容則可見, 故於下四者, 乃曰孝子之祭可知也.

내가 살펴보니, 성실 · 신의 · 공경 · 예법을 다하고 마치 부모로부터 직접 명령을 듣는 것처럼 하는 것은 속에 보존된 마음에 해당한다. 서고 나아가며 바치고 물러나서 마치 명령을 받게 될 것처럼 하는 것은 겉으로 드러나는 행동거지에 해당한다. 내적으로 이러한 마음이 있은 뒤에야 외적으로 이러한 행동거지가 있는데, 그러나 마음이라는 것은 알기가 어렵고, 행동거지는 반대로 확인할 수 있기 때문에 뒤의 네 가지 것에 대해서는 곧 자식이 제사를 지내는 모습을 통해서 알 수 있다고 한 것이다.

經文

孝子之有深愛者, 必有和氣; 有和氣者, 必有愉色; 有愉色者, 必有婉容. 孝子如執玉, 如奉[上聲]盈, 洞洞屬屬然如弗勝, 如將失之. 嚴威儼恪, 非所以事親也, 成人之道也.〈013〉

자식 중 친애하는 마음이 깊은 자는 반드시 조화로운 기운이 있고, 조화로운 기운이 있는 자는 반드시 기쁜 표정을 짓게 되며, 기쁜 표정을 짓는 자는 반드시 유순한 태도를 갖추게 된다. 자식은 마치 옥을 들고 있을 때처럼 조심하고, 물이 가득 찬 그릇을 든['奉'자는 상성으로 읽는다.] 것처럼 조심하며, 공경스럽고 진실되어 마치 감당하지 못하는 것처럼 하고, 앞으로 잃게 되지는 않을까 걱정하는 것처럼 한다. 따라서 엄격한 행동거지와 공손하고 삼가는 행동거지는 부모를 섬기는 방법이 아니며, 단지 성인으로서 따라야 하는 도이다.

集說

和氣 · 愉色 · 婉容, 皆愛心之所發; 如執玉 · 如奉盈 · 如弗勝 · 如將失之, 皆敬心之所存. 愛敬兼至, 乃孝子之道; 故嚴威儼恪, 使人望而畏之, 是成人之道, 非孝子之道也.

조화로운 기운, 기쁜 표정, 유순한 태도는 모두 친애하는 마음이 나타난 것이다. 옥을 들고 있는 것과 같고, 물이 가득 찬 것을 들고 있는 것과 같으며, 감당하지 못하는 것과 같고, 앞으로 잃게 되리라 걱정하는 것과 같은 것들은 모두 공경하는 마음이 담겨 있는 것이다. 친애함과 공경함을 모두 지극히 하는 것이 자식의 도리이다. 그렇기 때문에 엄격한 행동거지와 공손하고 삼가는 행동거지는 사람들로 하여금 그를 바라보며 외경하게 만드는 것이니, 성인의 도이지 자식의 도는 아니다.

淺見

近按: 此因上言孝子主祭之事, 而并記此, 以見孝子之誠, 非特於祭爲然, 平時事親之際, 亦有是容與是心也.

내가 살펴보니, 이것은 앞에서 자식이 제사를 주관하는 사안을 언급한 것에 따라서 함께 이러한 사안을 기록하여 자식의 정성을 드러낸 것인데, 단지 제사에서만 그처럼 하는 것이 아니라, 평상시 부모를 섬길 때에도 이러한 행동거지와 이러한 마음이 있다는 뜻이다.

經文

先王之所以治天下者五: 貴有德, 貴貴, 貴老, 敬長, 慈幼. 此五者, 先王之所以定天下也. 貴有德, 何爲[去聲]也? 爲其近於道也. 貴貴, 爲其近於君也. 貴老, 爲其近於親也. 敬長, 爲其近於兄也. 慈幼, 爲其近於子也. 是故至孝近乎王[去聲], 至弟近乎霸. 至孝近乎王, 雖天子必有父. 至弟近乎霸, 雖諸侯必有兄. 先王之敎, 因而弗改, 所以領天下國家也.〈014〉

선왕이 천하를 다스렸던 방도는 다섯 가지이다. 덕을 갖춘 자를 존귀하게 대하며, 존귀한 자를 존귀하게 대하고, 노인을 존귀하게 대하며, 연장자를 공경스럽게 대하고, 어린 자를 자애롭게 대하는 것이다. 이 다섯 가지는 선왕이 천하를 안정시켰던 방도이다. 덕을 갖춘 자를 존귀하게 대하는 것은 어째서인가?['爲'자는 거성으로 읽는다.] 그는 도에 가깝기 때문이다. 존귀한 자를 존귀하게 대하는 것은 그가 군주와 가깝기 때문이다. 노인을 존귀하게 대하는 것은 그가 부모와 가깝기 때문이다. 연장자를 공경스럽게 대하는 것은 그가 형과 가깝기 때문이다. 어린 자를 자애롭게 대하는 것은 그가 자식과 가깝기 때문이다. 이러한 까닭으로 지극한 효를 갖춘 자는 천자와['王'자는 거성으로 읽는다.] 가깝고, 지극한 우애를 갖춘 자는 패자에 가깝다. 지극한 효를 갖춘 자는 천자와 가까우니, 비록 천자라 할지라도 반드시 효를 다하게 되는 부모가 있다. 또 지극한 우애를 갖춘 자는 패자에 가까우니, 비록 제후라 할지라도 반드시 우애를 다하게 되는 형이 있다. 선왕의 가르침에 대해서는 따르기만 하고 고치지 않으니, 이를 통해서 천하와 국가를 통솔한다.

集說

應氏曰: 仁以事親, 而廣其愛, 極其至, 則王者以德行仁之心也. 義以從兄, 而順其序, 極其至, 則霸者以禮明義之擧也. 孝弟之根本立乎一家, 王霸之功業周乎天下, 雖未能盡王霸之能事, 而亦近之矣.

天子至尊，內雖致睦於兄弟，而族人不敢以長幼齒之，故所尊者惟父，而諸侯特言有兄. 道渾全無迹，德純實有方，蓋以人行道而有得於身也，故曰近之矣.

응씨가 말하길, 인에 따라 부모를 섬기고, 친애함을 넓히고 지극함을 극대화한다면, 천자가 덕에 따라 인을 행하는 마음이 된다. 의에 따라 형을 따르고, 질서에 순응하고 지극함을 극대화한다면, 패자가 예법에 따라 의를 밝히는 행동이 된다. 효제의 근본은 한 가정에서 확립되고, 천자와 패자의 공업은 천하에 두루 퍼지니, 비록 천자와 패자가 할 수 있는 일을 다 할 수 없더라도 또한 그에 가깝게 된다. 천자는 지극히 존귀하여 내적으로 비록 형제에 대한 화목함을 지극히 하더라도, 족인들이 감히 자신의 나이에 따라 천자와 서열을 매길 수 없다. 그렇기 때문에 존귀하게 여기는 자로는 오직 부모만 있을 뿐이고, 또 제후에 대해서는 단지 형만 있다고 말한 것이다. 도가 완전하여 자취가 없고 덕이 순일하여 반듯함이 있으니, 무릇 사람으로서 그 도를 시행하여, 자신에게 터득함이 있었던 것이다. 그렇기 때문에 가깝다고 말했다.

石梁王氏曰: 王孝霸弟，此非孔子之言.

석량왕씨가 말하길, 천자가 효를 하고 패자가 제를 한다는 것은 공자의 말이 아니다.

劉氏曰: 道之理一而德之分殊，人之有德者，未必皆能盡道之大全也，然曰有德，則亦違道不遠矣，此德之所以近道也.

유씨가 말하길, 도의 이치는 동일하지만 덕이 나뉨에 차이가 있으니, 사람들 중 덕을 갖춘 자들이 모두 도의 전체를 다할 수 있는 것은 아니다. 그런데도 "덕이 있다."고 말했다면, 이 또한 도와의 거리가 멀지 않으니, 이것은 덕이 도에 가까운 이유이다.

淺見

近按: 此因上文言孝, 而推之於弟以及天下國家, 以見孝之功用, 其大如此也.

내가 살펴보니, 이것은 앞 문장에서 효를 언급한 것에 따라서, 그것을 우애까지 미루어 천하와 국가에 까지 이르렀으니, 이를 통해 효의 공용에 있어 그 큼이 이와 같음을 드러낸 것이다.

石梁王氏謂王孝覇弟, 非孔子之言者, 是矣. 然記者之言, 往往雖托於孔子, 而此章之文, 則記者自以爲其言, 而不敢托於孔子也, 故下文乃引子曰, 以明其意, 則是王孝覇弟者, 本非以爲孔子之言也. 王氏意謂自子贛問以下至此, 皆爲托於孔子者, 故以此爲非孔子之言, 殊不知, 孔子答子贛之問者, 至各有所當也而止, 自孝子將祭以下, 又別更端, 皆是記者之自言爾. 若記者以此果接子贛問, 皆以爲孔子之言, 則下文引立愛立敬, 又不必更加子曰也.

석량왕씨는 천자에 대해 효라 하고 패자에 대해 우애를 언급한 것은 공자의 말이 아니라고 했는데, 이 말이 옳다. 그러나 『예기』를 기록한 자의 말은 종종 공자의 말에 의탁하더라도, 이 문장의 글은 『예기』를 기록한 자가 스스로 이러한 말을 하며 감히 공자에게 의탁하지 않았다. 그렇기 때문에 아래문장에서는 곧 '자왈(子曰)'이라고 인용하여 이러한 뜻을 드러냈다면, 천자의 효와 패자의 우애라는 것을 본래부터 공자의 말로 여긴 것이 아니다. 왕씨의 생각은 '자공문(子贛問)'이라는 말로부터 그 이하로 여기에 이르기까지 모두 공자에게 의탁한 말로 여긴 것이다. 그렇기 때문에 이 문장을 공자의 말이 아니라고 해는데, 자못 알 수 없는 것은 공자가 자공의 질문에 답한 것은 '각유소당야(各有所當也)'에 이르러 그치게 되고, '효자장제(孝子將祭)'로부터 그 이하의 기록은 별도로 새로운 단락이 되며, 이 모두는 『예기』를 기록한 자가 스스로 한 말일 따름이다. 만약 『예기』를 기록한 자가 이 내용을 자공의 질문에 붙여서 모두 공자의 말로 여겼다면, 아래문장에서 입애(立愛)와 입경(立

敬)이라는 내용을 인용하며, 재차 '자왈(子曰)'이라는 말을 덧붙일 필요가 없다.

經文

子曰: “立愛自親始, 教民睦也. 立敬自長始, 教民順也. 教以慈睦, 而民貴有親. 教以敬長, 而民貴用命. 孝以事親, 順以聽命, 錯[措]諸天下, 無所不行.”〈015〉

공자는 “친애의 도리를 세울 때 자신의 부모를 친애하는 것으로부터 시작하는 것은 백성들에게 화목의 도리를 가르치는 것이다. 공경의 도리를 세울 때 자신보다 연장자를 공경하는 것으로부터 시작하는 것은 백성들에게 순종의 도리를 가르치는 것이다. 자애로움과 화목함으로 가르쳐서 백성들은 부모를 섬기는 것을 존귀하게 여긴다. 또 공경함과 어른을 따르는 것으로 가르쳐서 백성들은 윗사람의 명령 따르는 것을 존귀하게 여긴다. 효를 시행하여 부모를 섬기고, 순종함으로써 명령을 따르니, 이러한 것들을 천하에 시행하면['錯'자의 음은 '措(조)'이다.] 행하지 못할 것이 없게 된다.”라고 했다.

集說

此言愛敬二道, 爲齊家治國平天下之本. 君自愛其親以敎民睦, 則民皆貴於有親; 君自敬其長以敎民順, 則民皆貴於用上命. 愛敬盡於事親事長, 而德敎加於百姓, 擧而措之而已.

이 문장은 친애함과 공경함의 두 도리는 집안을 다스리고 국가를 다스리며 천하를 다스리는 근본이 됨을 뜻한다. 군주 본인이 자신의 부모를 친애하여 백성들에게 화목의 도리를 가르친다면, 백성들은 모두 부모를 친애하는 도리를 존귀하게 여긴다. 또 군주 본인이 자신보다 연장자를 공경하여 백성들에게 순종의 도리를 가르친다면, 백성들은 모두 윗사람의 명령에 따르는 것을 존귀하게 여긴다. 부모를 섬기고 연장자를 섬기는 일에서 친애함과 공경함을 다하고, 덕에 따른 교화를 백성들에게 베풀게 되니, 단지 이것을 들어서 저곳에 둘 따름이다.

淺見

近按: 此因孔子之言, 以明上章孝弟以領天下國家之意.

내가 살펴보니, 이것은 공자의 말을 통해서 앞 장에서 효와 우애로 천하와 국가를 통솔한다는 뜻을 드러낸 것이다.

右自篇首至此, 當爲一節, 蓋因祭而極言其孝, 又因孝而推言其功用之大, 以著其效也. 夫先王所以治天下之道, 必本於孝, 而孝莫重於祭, 故能盡孝於事親之祭, 則孝弟之至, 通于神明, 光于四海, 而天下無不治矣.

편의 첫 부분부터 이곳에 이르기까지는 마땅히 하나의 절이 되니, 제사로 인해서 그 효에 대해 지극히 언급한 것이고, 또 효로 인해서 그 공용의 큼을 미루어 말해서 그 효험을 드러낸 것이다. 선왕이 천하를 다스렸던 도는 반드시 효에 근본을 두었고, 효에서는 제사보다 중대한 것이 없다. 그렇기 때문에 부모를 섬기는 제사에서 효를 다할 수 있다면, 효와 우애의 지극함이 신명에 통하고 사해에 밝게 드러나서 천하에 다스려지지 않는 일이 없게 된다.

제 2 절

經文

郊之祭也, 喪者不敢哭, 凶服者不敢入國門, 敬之至也. 〈016〉

교제사를 지낼 때, 상을 당한 자는 감히 곡을 하지 않고, 상복을 착용한 자는 감히 나라의 문으로 들어가지 않는다. 이것은 공경함을 지극히 나타내는 행동이다.

集說

吉凶異道, 不得相干.

길사와 흉사는 도리를 달리하며, 서로 간여할 수 없기 때문이다.

淺見

近按: 前言宗廟之祭, 此下又言郊祭也.

내가 살펴보니, 앞에서는 종묘의 제사를 언급하였고, 이곳 문장과 그 이하의 내용에서는 또한 교제사를 언급하였다.

經文

祭之日, 君牽牲, 穆答君, 卿·大夫序從[去聲]. 旣入廟門, 麗于碑; 卿·大夫袒, 而毛牛尙耳. 鸞刀以刲[奎], 取膟[律]膋[刀調反], 乃退; 爓[徐廉反]祭·祭腥而退, 敬之至也.〈017〉

종묘에서 제사를 지내는 날에 군주는 직접 희생물을 끌고, 군주의 자식은 그 옆에서 함께 희생물을 끌며, 경과 대부는 그 뒤에 서열에 따라 차례대로 뒤따른다.['從'자는 거성으로 읽는다.] 종묘의 문으로 들어가게 되면 희생물을 마당에 있는 기둥에 매어둔다. 희생물을 도축하게 되면 경과 대부들은 상의의 한쪽 어깨를 드러내고, 소의 털을 자르는데, 귀의 측면에 있는 털을 숭상한다. 난도로 희생물을 가르고['刲'자의 음은 '奎(규)'이다.] 창자 사이에 있는 지방을['膟'자의 음은 '律(률)'이다. '膋'자는 '刀(도)'자와 '調(조)'자의 반절음이다.] 가져다가 바치며, 그 일이 끝나면 잠시 뒤로 물러난다. 희생물의 데친 고기와['爓'자는 '徐(서)'자와 '廉(렴)'자의 반절음이다.] 생고기로 제사지내는 일이 끝나면 물러나게 되니, 이것은 공경함을 지극히 나타내는 행동이다.

集說

祭之日, 謂祭宗廟之日也. 父爲昭, 子爲穆. 穆答君, 言君牽牲之時, 子姓對君其牽也. 卿大夫佐幣, 士奉芻, 以次序在牲之後, 故云序從也. 麗牲之碑, 廟之中庭, 麗, 猶繫也, 謂以牽牲之紖, 繫于碑之孔也. 袒衣, 示有事也. 將殺牲, 則先取耳旁毛以薦神, 毛以告全, 耳以主聽, 欲神聽之也, 以耳毛爲上, 故云尙耳也. 鸞刀·膟膋, 竝見前篇. 乃退, 謂薦毛血膟膋畢而暫退也. 爓祭, 祭湯中所爓之肉也. 祭腥, 祭牛肉也. 爓腥之祭畢, 則禮終而退矣. 此皆敬心之極至也.

'제지일(祭之日)'은 종묘에서 제사지내는 날을 뜻한다. 부친이 소(昭) 항렬에 해당하고, 자식은 목(穆) 항렬에 해당한 것이다. 그러므로 '목답군(穆答君)'이라는 말은 군주가 희생물을 끌고 올 때, 그의 자식은 군주를 마주보며 함께 희생물을 끌고 온다는 뜻이다. 경과 대부는 폐물 바치는 것을 돕고, 사는 희생물에게 먹일 꼴을 받들고 오는데, 등급에 따라서 희생물 뒤에 차례대로 나열한다. 그렇기 때문에 "순서에 따라 뒤따른다."라고 했다. 희생물을 묶어두는 기둥은 종묘의 마당에 있는데, '여(麗)'자는 "묶는다."는 뜻이니, 희생물을 끌고 올 때 사용한 끈을 기둥의 구멍에 연결해서 묶는 것이다. 상의의 옷을 걷는 것은 맡아서 처리하는 일이 있음을 드러내기 위해서이다. 희생물을 도축하려고 한다면, 먼저 귀의 측면에 있는 털을 잘라서 신에게 바치니, 희생물의 털이 온전한 순색임을 아뢰는 것이고, 귀는 듣는 것을 위주로 하니, 아뢰는 말을 신이 듣기를 바라기 때문에, 귀의 털을 상위로 여기는 것이다. 그렇기 때문에 "귀를 높인다."라고 말했다. '난도(鸞刀)'와 '율료(膟膋)'에 대해서는 그 설명이 앞에 나온다. '내퇴(乃退)'는 희생물의 털과 피 및 창자 사이의 지방 바치는 일이 끝나면 잠시 뒤로 물러난다는 뜻이다. '섬제(爓祭)'는 탕에 넣어서 데친 고기로 제사를 지낸다는 뜻이다. '제성(祭腥)'은 생고기로 제사를 지낸다는 뜻이다. 데친 고기와 생고기로 제사지내는 일이 끝나면 예법이 마무리되어 물러나게 된다. 이러한 것들은 모두 공경하는 마음이 지극한 것이다.

淺見

近按: 此章言入廟門, 故陳氏以爲宗廟之祭, 然記郊祭之後, 蓋因郊而幷及之, 以見其禮之同, 且言卿大夫從君, 而不言命婦從夫人, 則其爲郊言, 而非專爲宗廟言者, 可見矣.

내가 살펴보니, 이 문장에서는 묘로 들어가는 사안을 언급하고 있다. 그렇기 때문에 진씨는 종묘의 제사로 여긴 것이다. 그러나 이것은 교제사에 대한 내용 뒤에 기록되어 있으니, 교제사로 인하여 함께 언급을 해서, 그 예법이 동일함을 드러낸 것이다. 다만 경과 대부가 군주를 뒤따른다고 말했고, 명부가 부인을 뒤따른다고 언급하지 않았다면, 교제사를 위해서 언급한 것이며 전적으로 종묘 제사를 위해서 말한 것이 아님을 확인할 수 있다.

經文

郊之祭, 大報天而主日, 配以月. 夏后氏祭其闇[暗], 殷人祭其陽. 周人祭日以朝及闇.〈018〉

교제사를 지내는 것은 하늘에 대해 크게 보답하기 위해서이며, 그 제사에서는 해를 주된 신으로 삼고, 달을 함께 배향한다. 하후씨 때에는 어두워졌을['闇'자의 음은 '暗(암)'이다.] 때 제사를 지냈고, 은나라 때에는 한낮에 제사를 지냈다. 반면 주나라는 제사를 지내는 날 아침부터 해가 저물 때까지 지냈다.

集說

道之大原出於天, 而懸象著明, 莫大乎日月, 故郊以報天, 而日以主神, 制禮之意深遠矣.

도의 큰 본원은 하늘로부터 도출되었고, 하늘은 형상을 드러내어 밝게 나타냈는데, 그 중에는 해나 달보다 큰 것이 없다. 그렇기 때문에 교제사를 지내며 하늘에 보답하고, 해를 주된 신으로 삼으니, 예법을 제정한 뜻이 심원하다.

方氏曰: 郊雖以報天, 然天則尊而無爲, 可祀之以其道, 不可主之以其事, 故止以日爲之主焉, 猶之王燕飮則主之以大夫, 王嫁女則主之以諸侯而已. 有其祀, 必有其配, 故又配以月也, 猶祭社則配以句龍, 祭稷則配以周棄焉. 闇者, 日旣沒而黑, 夏尙黑, 故祭其闇. 陽者, 日方中而白, 殷尙白, 故祭其陽也. 日初出而赤, 將落亦赤, 周尙赤, 故祭以朝及闇. 及者, 未至於闇, 蓋日將落時也. 祭日, 謂祭之日也.

방씨가 말하길, 교제사가 비록 하늘에 보답하는 제사이지만, 하늘은 존귀하며 특별히 시행하는 것이 없으니, 그 도로써 제사는 지낼 수 있지만 시행하는 일을 위주로 삼을 수는 없다. 그렇기 때문에 단지 해를 주된 것으로 삼으니, 천자의 연회에서 대부를 주인으로 삼고, 천자가 딸을 시집보낼 때 제후를 주인으로 삼는 경우와 같을 따름이다. 제사를 지내게 되면 반드시 배향하는 대상이 있어야 한다. 그렇기 때문에 또한 달을 배향하니, 사에 제사지낼 때 구룡을 배향하고 직에 제사지낼 때 주나라의 기를 배향했던 경우와 같다. '암(闇)'은 해가 져서 어두운 때를 뜻하는데, 하나라는 흑색을 숭상했기 때문에 어두울 때 제사를 지냈다. '양(陽)'은 해가 남중하여 밝을 때를 뜻하는데, 은나라는 백색을 숭상했기 때문에 한낮에 제사를 지냈다. 해가 처음 떠오를 때에는 적색을 띠고 일몰할 때에도 적색을 띠는데, 주나라는 적색을 숭상했기 때문에 제사를 지낼 때 아침부터 저녁때까지 지냈다. '급(及)'은 아직 어두워지지는 않았다는 뜻이니, 해가 일몰하려고 하는 때이다. '제일(祭日)'은 제사를 지내는 날을 뜻한다.

經文

祭日於壇, 祭月於坎, 以別幽明, 以制上下. 制日於東, 祭月於西, 以別外內, 以端其位. 日出於東, 月生於西, 陰陽長短, 終始相巡[如字], **以致天下之和.**〈019〉

제단에서 해에게 제사지내고 구덩이에서 달에게 제사지내는 것은 어둠과 밝음을 구별하고 상하를 제정하는 것이다. 동쪽에서 해에게 제사지내고 서쪽에서 달에게 제사지내는 것은 내외를 구별하고 자리를 바로잡는 것이다. 해는 동쪽에서 떠오르고 달은 서쪽에서 나타나며, 음양에 따라 길어지고 짧아지며 끝과 시작이 순환하여['巡'자는 글자대로 읽는다.] 천하의 조화로움을 이룬다.

集說

終始相巡, 止是始終往來, 周回不息之義, 不必讀爲沿也.

'종시상순(終始相巡)'은 단지 끝과 시작이 왕래하며 순환하여 그치지 않는다는 뜻이니, '연(沿)'자로 해석할 필요는 없다.

方氏曰: 壇之形則圓而無所虧, 以象日之無所虧而盈也. 坎之形則虛而有所受, 以象月之有所受而明也. 壇高而顯, 坎深而隱, 一顯一隱, 所以別陰陽之幽明; 一高一深, 所以制陰陽之上下. 東動而出, 西靜而入, 出則在外, 入則反內, 故東西所以別陰陽之外內. 東爲陽中, 西爲陰中, 中則得位, 故東西所以端陰陽之位. 別幽明之道, 然後能制上下之分, 別外內之所, 然後能端陰陽之位, 言之序所以如此. 且壇坎者, 人爲之形; 東西者, 天然之方. 出於人爲, 故言制; 出於天然, 故言以端其位而已. 日出於東, 言其象出於天地之東也; 月生於西, 言其明生於輪郭之西也, 此又復明祭日月於東西之意也. 日言出於東, 則知爲入於西, 堯典於東曰"寅賓出日", 於西曰"寅餞納日"者, 以此. 月言生於西, 則知爲死於東, 揚雄言"未望則載魄于西, 旣望則終魄于東"者, 以此. 日之出入也, 歷朝夕晝夜而成一日; 月之死生也, 歷晦朔弦望而成一月. 日往則月來, 月往則日來, 而陰陽之義配焉. 陽道常饒, 陰道常乏, 故運而爲李氣, 賦而爲形, 凡屬乎陽者皆長, 屬乎陰者皆短, 一長一短, 終則有始, 相巡而未嘗相絶, 故足以致天下之和者, 陰陽相濟之效也. 獨陰而無陽, 獨陽而無陰, 是同而已, 又何以致和乎?

방씨가 말하길, 제단의 형태는 원형으로 되어 있고 찌그러진 부분이 없으니, 해에는 이지러진 부분이 없고 가득 차 있는 모습을 상징한다. 구덩이의 형태는 비어 있어 수용할 수 있으니, 달은 받아들여서 밝게 빛남을 상징한다. 제단은 높고 현저히 드러나며 구덩이는 깊고 숨어 있는데, 하나는 드러나고 하나는 숨어 있는 것은 음양의 어둡고 밝음을 구별하기 위해서이며, 하나는 높고 하나는 깊은 것은 음양의 위아래를 제정하기 위해서이다. 동쪽은 활동적이고 나타나며 서쪽은 고요하고 들어가며, 나타나면 밖에 있고 들어가면 안으로 되돌아간다. 그렇기 때문에 동쪽과 서쪽은 음양의 내외를 구별하는 것이다. 동쪽은 양중(陽中)에 해당하고 서쪽은 음중(陰中)에 해당하는데, 가운데 있다면 자리를 얻은 것이다. 그렇기 때문에 동쪽과 서쪽은 음양의 자리를 단정하게 만드는 것이다. 어둡고 밝은 도리를 구별한 뒤에야 상하의 구분을 제정할 수 있고, 내외의 장소를 구별한 뒤에야 음양의 자리를 단정하게 할 수 있으니, 말의 순서가 이와 같은 것이다. 또 제단과 구덩이는 사람이 인위적으로 만든 형태이고, 동쪽과 서쪽은 자연적으로 정해진 방위이다. 인위적인 것에서 나타났기 때문에 '제(制)'라 말했고, 자연적인 것에서 나타났기 때문에 "그 자리를 단정하게 만든다."라고만 말한 것이다. 해는 동쪽에서 나오는데, 이것은 천지의 동쪽에서 형상이 나타남을 뜻한다. 달은 서쪽에서 나타나는데, 이것은 전체 테두리의 서쪽에서 밝음이 생성됨을 뜻한다. 이것은 또한 동쪽과 서쪽에서 해와 달에게 제사 지내는 뜻을 재차 밝힌 것이다. 해에 대해서 동쪽에서 나온다고 말했다면 서쪽으로 들어감을 알 수 있으니, 『서』「요전(堯典)」에서 동쪽에 대해서는 "떠오르는 해를 공경스럽게 인도한다."[1]고 했고, 서쪽에 대해서는 "들어가는 해를 공경스럽게 전송한다."[2]고 했던 것도 이러한 이유 때문이다. 달에 대해서는 서쪽에서 나타난다고 말했다면 동쪽에서 사라진다는 사실을 알 수 있으니, 양웅이 "아직 보름이 되지 않았다면 백(魄)은 서쪽에 실려 있고, 이미 보름이 되었다면 백(魄)은 동쪽에서 끝난다."고 했던 것도 이러한 이유 때문이다. 해가 떠오르고 들어감에 있어서 아침과 저녁 낮과 밤을 두루 거쳐서 하루를 이룬다. 달이 없어지고 나타남에 있어서 그믐·삭일·초승·보름을 두루 거쳐서 한 달을 이룬다. 해가 가면 달이 찾아오고 달이 가면 해가 찾아오는데, 음양의 뜻에 짝한다. 양(陽)의 도는 항상 충만하고 음(陰)의 도는 항상 결핍되어 있기 때문에 운행하여 기운이 되고 부여하여 형체를 이루는데, 무릇 양에 속한 것들은 모두 길

1) 『서』「우서(虞書)·요전(堯典)」: 分命羲仲, 宅嵎夷, 曰暘谷, 寅賓出日, 平秩東作, 日中星鳥, 以殷仲春, 厥民析, 鳥獸孳尾.

2) 『서』「우서(虞書)·요전(堯典)」: 分命和仲, 宅西, 曰昧谷, 寅餞納日, 平秩西成, 宵中星虛, 以殷仲秋, 厥民夷, 鳥獸毛毨.

고, 반면 음에 속한 것들은 모두 짧으니, 어느 것은 길고 어느 것은 짧은데, 끝이 나면 시작이 생겨나고 서로 순환하여 일찍이 단절된 적이 없다. 그렇기 때문에 천하의 조화로움을 이루기에 충분하니, 이것은 음양이 서로를 구제하는 효과이다. 음만 있고 양은 없으며 양만 있고 음은 없는 것은 동일한 것일 뿐인데, 어찌 조화로움을 이룰 수 있겠는가?

淺見

近按: 已因郊天而幷及日月之祭, 蓋主日配以月者, 於郊同祭也. 祭壇坎者, 別爲日月而異祭也. 雖於郊同祭, 其位則亦日東而月西. 以祭法觀之, 祭天祭日月, 各有其所, 故知郊之主日配以月者, 是爲祭天之從祀, 而非專爲日月祭也. 於壇於坎, 是專主日月, 而各祭於其所也.

내가 살펴보니, 이미 하늘에 대한 교제사로 인해서 아울러 해와 달에 대한 제사까지도 언급을 했는데, 해를 위주로 하고 달을 배향한다는 것은 교제사를 지낼 때 함께 지내는 제사이다. 제단과 구덩이에서 제사를 지낸다는 것은 해와 달로 인해 구별하여 제사를 달리하는 것이다. 비록 교제사를 지낼 때 함께 지내는 제사이지만, 그 자리에 있어서는 또한 해에 대해서는 동쪽이 되고 달에 대해서는 서쪽이 된다. 『예기』「제법(祭法)」편의 내용을 통해 살펴보면, 하늘에 제사를 지내고 해와 달에게 제사를 지낼 때에는 각각 해당하는 장소가 있다. 그렇기 때문에 교제사를 지낼 때 해를 위주로 하고 달로 배향한다는 것이 하늘에 제사를 지낼 때 따라서 지내는 제사이며, 오로지 해와 달을 위해 단독으로 지내는 제사가 아님을 알 수 있다. 제단과 구덩이에서는 전적으로 해나 달을 위주로 하여 각각 해당하는 장소에서 제사를 지내는 것이다.

經文

天下之禮, 致反始也, 致鬼神也, 致和用也, 致義也, 致讓也. 致反始, 以厚其本也. 致鬼神, 以尊上也. 致物用, 以立民紀也. 致義, 則上下不悖逆矣. 致讓, 以去[上聲]爭也. 合此五者, 以治天下之禮也, 雖有奇[居衣反]邪而不治者, 則微矣.〈020〉

천하의 예에서는 다섯 가지 목적이 있다. 첫 번째는 시초로 되돌리는 마음을 지극히 하는 것이다. 두 번째는 귀신을 존귀하게 여기는 마음을 지극히 하는 것이다. 세 번째는 재화의 쓰임을 지극히 하는 것이다. 네 번째는 도의를 지극히 이루는 것이다. 다섯 번째는 겸양의 미덕을 지극히 하는 것이다. 시초로 되돌리는 마음을 지극히 하여 근본을 두텁게 한다. 귀신을 존귀하게 여기는 마음을 지극히 하여 윗사람을 존숭한다. 재화의 쓰임을 지극히 하여 백성들의 기강을 세운다. 도의를 지극히 하면 상하 계층이 각각 질서를 거스르지 않는다. 겸양의 미덕을 지극히 하여 다툼을 없앤다.['去'자는 상성으로 읽는다.] 이러한 다섯 가지 것들을 합하여 천하의 예법을 다스리니, 이처럼 한다면 비록 기이하고['奇'자는 '居(거)'자와 '衣(의)'자의 반절음이다.] 사벽한 행동을 하며 다스림에 따르지 않는 자가 있다할지라도 그 수는 매우 적을 것이다.

集說

疏曰: 和, 謂百姓和諧. 用, 謂財用豊足. 致物用以立民紀者, 民豊於物用則知榮辱禮節, 故可以立人紀也. 奇, 謂奇異; 邪, 謂邪惡, 皆據異行之人言, 用此五事爲治, 假令有異行不從治者, 亦當少也.

소에서 말하길, '화(和)'자는 백성들이 화목하다는 뜻이다. '용(用)'자는 재물이 풍족하다는 뜻이다. "재물을 지극히 하여 백성들의 기강을 세운다."는 말은 백성들이 재물을 사용하는데 풍족하다면, 영예와 욕됨 및 예절을 알기 때문에 사람들이 따라야 하는 기강을 세울 수 있다. '기

(奇)'자는 기이하다는 뜻이며, '사(邪)'자는 사악하다는 뜻이니, 이상한 행실을 보이는 자를 기준으로 말한 것으로, 이러한 다섯 가지 사안을 사용하여 다스리는데, 만약 기이한 행동을 보이며 다스림에 따르지 않는 자가 있더라도 또한 그러한 자들은 적게 될 것이라는 의미이다.

應氏曰: 致者, 推致其極也. 致反始, 所以極吾心報本之誠; 致鬼神, 所以極鬼神尊嚴之理.

응씨가 말하길, '치(致)'자는 지극함을 이룬다는 뜻이다. "시초로 되돌리는 것을 이룬다."는 것은 내 마음에 있는 근본에 보답하는 정성을 지극히 이룬다는 뜻이다. 또 "귀신을 이룬다."는 것은 귀신을 존엄하게 여겨야 하는 이치를 지극히 이룬다는 뜻이다.

淺見

近按: 萬物本乎天, 人本乎祖, 故祭以報本, 所以致反始也. 旣祭其祖考, 又祭乎天地, 下及群小祀, 凡有功於生民者, 靡所不祭, 所以致鬼神也. 聖王之制祭祀, 先成民而後致力於神, 水陸和氣之産, 靡所不薦, 所以致和用也. 若夫致義之所以盡其道, 致讓之所以盡其敬, 聖人所以治天下之禮, 不出乎此五者而已.

내가 살펴보니, 만물은 하늘에 근본을 두고 있고, 사람은 조상에 근본을 두고 있다. 그렇기 때문에 제사를 지내서 근본에 보답하는 것은 시초로 되돌리는 것을 이루는 방법이 된다. 이미 조고에게 제사를 지냈는데, 재차 천지에 제사를 지내고 밑으로 여러 소사까지 지내니, 백성들에게 공덕을 베푼 자에 대해서는 제사를 지내지 않는 자가 없게 하는 것으로, 귀신을 이르게 하는 방법이 된다. 선왕이 제사의 예법을 제정했을 때, 우선적으로 백성들을 이루는데 힘쓰고, 그 이후에 신에게 힘을 다하여, 물과 육지의 조화로운 기운으로 산출된 것들에 대해서는 바치지 않는 것이 없게 했으니, 화용을 이루는 방법이다. 의를 이루는 것은 그 도를 다하는 방법이고, 겸양을 이루는 것은 그 공경을 다하는 방법이니, 성인이 천하를 다스렸던 예법은 이 다섯 가지에서 벗어나지 않을 따름이다.

右自"郊之祭也"至此, 當爲一節, 蓋因郊祭, 而推言祭祀所以治天下之禮, 著其用也.

'교지제야(郊之祭也)'로부터 이곳에 이르기까지는 마땅히 하나의 절이 되니, 교제사로 인해서 제사가 천하를 다스리는 예법임을 미루어 언급하여, 그 쓰임을 드러낸 것이다.

제3절

經文

宰我曰: "吾聞鬼神之名, 不知其所謂." 子曰: "氣也者, 神之盛也. 魄也者, 鬼之盛也. 合鬼與神, 教之至也."〈021〉

재아는 "저는 귀신(鬼神)이라는 말을 들어봤지만 그것이 무엇을 뜻하는 것인지는 모르겠습니다."라고 했다. 그러자 공자는 "기(氣)라는 것은 신(神)의 융성한 상태를 뜻한다. 백(魄)이라는 것은 귀(鬼)의 융성한 상태를 뜻한다. 귀(鬼)와 신(神)을 합해야만 교화의 지극함이 된다."라고 했다.

集說

程子曰: 鬼神天地之功用, 而造化之迹也.

정자가 말하길, 귀신(鬼神)은 천지의 작용이며, 조화가 드러나는 자취이다.

張子曰: 鬼神者, 二氣之良能也.

장자가 말하길, 귀(鬼)와 신(神)은 두 기운의 양능(良能)이다.

朱子曰: 以二氣言, 則鬼者陰之靈也, 神者陽之靈也; 以一氣言, 則至而伸者爲神, 反而歸者爲鬼, 其實一物而已.

주자가 말하길, 두 기로 말을 한다면 귀(鬼)는 음(陰)의 영묘함이며 신(神)은 양(陽)의 영묘함이다. 하나의 기로 말을 한다면 지극히 이르러 펼쳐지는 것은 신(神)이고 돌아와 되돌아가는 것은 귀(鬼)이다. 그러나 실질은 한 가지 사물일 뿐이다.

陳氏曰: 如口鼻呼吸是氣, 那靈處便屬魂, 視聽是體, 那聰明處便屬魄.

진씨가 말하길, 예를 들어 입과 코로 숨 쉬는 것은 기(氣)이고 영묘한 것은 혼(魂)에 해당하며, 보고 듣는 것은 체(體)이고 총명한 것은 백(魄)에 해당한다.

方氏曰: 魂氣歸于天, 形魄歸于地, 故必合鬼與神, 然後足以爲敎之至. 中庸曰: "使天下之人, 齊明盛服以承祭祀", 此皆敎之至也.

방씨가 말하길, 혼기(魂氣)는 하늘로 되돌아가고 형백(形魄)은 땅으로 되돌아간다. 그렇기 때문에 반드시 귀(鬼)와 신(神)을 합한 뒤에야 교화의 지극함을 이룰 수 있다. 『중용』에서 "천하의 사람들로 하여금 재계하여 밝게 하고 성복하여 제사를 받들게 한다."[1]라고 한 말은 모두 교화의 지극함에 해당한다.

淺見

近按: 前旣言祭祀之事, 而此因附鬼神之說也.

내가 살펴보니, 앞에서는 이미 제사에 대한 사안을 언급했는데, 이곳에서는 그에 따라 귀신에 대한 설명을 덧붙인 것이다.

1) 『중용』「16장」: 使天下之人齊明盛服以承祭祀, 洋洋乎如在其上, 如在其左右.

經文

"衆生必死, 死必歸土, 此之謂鬼. 骨肉斃于下, 陰[去聲]爲野土. 其氣發揚于上, 爲昭明焄[熏]蒿悽愴, 此百物之精也, 神之著也."〈022〉

공자가 계속하여 말하길, "만물은 태어나면 반드시 죽게 되는데, 죽으면 반드시 땅으로 되돌아가니 이것을 '귀(鬼)'라고 부른다. 뼈와 살은 땅에 묻히고 음이['陰'자는 거성으로 읽는다.] 되어 흙이 된다. 그 기는 위로 발향하여 소명 · 훈호['焄'자의 음은 '熏(훈)'이다.] · 처창이 되니, 이것은 모든 사물의 정기이며 '신(神)'의 드러남이다."라고 했다.

集說

朱子曰: 如鬼神之露光處是昭明, 其氣蒸上處是焄蒿, 使人精神悚然是悽愴. 又曰: 昭明是光曜底, 焄蒿是袞然底, 悽愴是凜然底. 又曰: 昭明, 乃光景之屬. 焄蒿, 氣之感觸人者. 悽愴, 如漢書所謂"神君至其風肅然"之意. 又曰: 焄蒿是鬼神精氣交感處.

주자가 말하길, 귀신(鬼神)이 드러나는 것을 '소명(昭明)'이라 하며, 그 기(氣)가 피워 오르는 것을 '훈호(焄蒿)'라 하고, 사람의 정신을 오싹하게 만드는 것은 '처창(悽愴)'이다. 또 말하길, '소명(昭明)'은 밝게 빛나는 것이고, '훈호(焄蒿)'는 무성한 것이며, '처창(悽愴)'은 엄숙한 것이다. 또 말하길, '소명(昭明)'은 밝게 드러나는 것들이다. '훈호(焄蒿)'는 기(氣)가 사람을 감응시키고 촉발시키는 것들이다. '처창(悽愴)'은 『한서』에서 "신군이 바람을 재빠르게 불게 한다."고 했던 뜻과 같다. 또 말하길, '훈호(焄蒿)'는 귀신의 정기가 교감하는 것이다.

經文

"因物之精, 制爲之極, 明命鬼神, 以爲黔首則, 百象以畏, 萬民以服."〈023〉

공자가 계속하여 말하길, "사물의 정령을 가릴 수 없다는 것에 따라서 그것을 제정하여 지극한 칭호를 만들었으니, '귀신(鬼神)'이라고 현저히 드러내어 불러서, 백성들의 법칙으로 삼았다. 따라서 이를 통해 백성들은 두려워하여 태만하게 구는 일이 없게 되었고, 또 복종하여 위배하는 일이 없게 되었다."라고 했다.

集說

因其精靈之不可掩者, 制爲尊極之稱, 而顯然命之曰鬼神, 以爲天下之法則, 故民知所畏而無敢慢, 知所服而無敢違.

정령을 가릴 수 없다는 사실에 따라서 제정하여 지극히 존엄한 칭호로 삼고 현저히 드러내어 '귀신(鬼神)'이라 지칭하고, 이를 천하의 법칙으로 삼았다. 그렇기 때문에 백성들은 두려워해야 할 바를 알아서 감히 태만하게 구는 일이 없게 되었고, 복종해야 할 바를 알아서 감히 위배하는 일이 없게 되었다.

方氏曰: 極之爲言至也, 名曰鬼神, 則尊敬之至, 不可以復加, 是其所以制爲之極也. 且鬼神本無名也, 其名則人命之爾, 鬼神至幽, 不可測也, 命之以名, 則明而可則矣, 然後人得而則之, 故曰 '以爲黔首則', 是乃所以爲教之至也.

방씨가 말하길, '극(極)'자는 "이른다."는 뜻이니, '귀신(鬼神)'이라고 불렀다면 지극히 존엄하고 공경스러운 명칭이므로, 재차 더할 것이 없다. 이것이 제정하여 지극하게 만든 것이다. 또 귀신은 본래 명칭이 없는데, 귀신이라는 명칭은 사람들이 부른 것일 뿐이니, 귀신은 지극히 아득하여 헤아릴 수 없어서, 명칭을 제정하여 불렀다면 밝게 드러나서 헤아릴 수 있게 되고, 그런 뒤에야 사람들이 본받을 수 있다. 그렇기 때문에 "백성들의 법칙으로 삼았다."고 말한 것이니, 이것은 곧 지극한 가르침이 된다.

馮氏曰: 秦稱民爲黔首, 夫子時未然也, 顯是後儒竄入.

풍씨가 말하길, 진나라 때에는 백성들을 '검수(黔首)'라고 불렀는데, 공자 당시에는 이처럼 부르지 않았으니, 이것은 후대 학자들이 삽입한 글임을 드러낸다.

淺見

近按: 此言鬼神之情狀爲人之所可畏.

내가 살펴보니, 이것은 귀신의 실상은 사람들이 두려워할 만한 것임을 말한 것이다.

經文

"聖人以是爲未足也, 築爲宮室, 設爲宗祧, 以別親疏遠邇; 教民反古復始, 不忘其所由生也. 衆之服自此, 故聽且速也."〈024〉

공자가 계속하여 말하길, "그러나 성인은 이러한 것들도 부족하다고 여겼다. 그래서 궁실을 만들고 종묘를 만들어서 제사의 예법으로 친소와 멀고 가까운 관계를 구별하고, 백성들로 하여금 옛 것을 돌이켜 시초를 회복하도록 해서, 자신의 유래를 잊지 않도록 가르쳤다. 백성들이 감복했던 것은 이를 통해서이다. 그러므로 명령에 따르기를 매우 신속하게 했다."라고 했다.

集說

言聖人制宗廟祭祀之禮以敎民, 故衆民由此服從而聽之速也.

성인은 종묘에 대한 제사의 예법을 제정하여 백성들을 교화했다. 그렇기 때문에 백성들이 이를 통해 감복하여 따르고 명령 듣기를 빠르게 했다는 뜻이다.

淺見

近按: 此下又言聖人因鬼神之可畏, 而制爲宗廟祭祀之禮.

내가 살펴보니, 이곳 문장으로부터 그 이하의 내용에서는 또한 성인이 귀신은 두려워할 만한 존재임에 따라서 제정하여 종묘제사의 예법으로 삼았음을 언급한 것이다.

經文

"二端旣立, 報以二禮: 建設朝[如字]**事, 燔燎羶**[如字]**薌, 見**[澗]**以蕭光, 以報氣也. 此教衆反始也. 薦黍稷, 羞肝肺首心, 見間**[見間二字, 合爲覸.]**以俠甒**[武]**, 加以鬱鬯, 以報魄也. 教民相愛, 上下用情, 禮之至也."**〈025〉

공자가 계속하여 말하길, "기(氣)가 신(神)의 융성함이며, 백(魄)이 귀(鬼)의 융성함이라는 두 사안이 이미 수립되었다면, 이제는 두 가지 의례를 통해서 보답하게 된다. 우선 조사의['朝'자는 글자대로 읽는다.] 의례를 시행하여, 희생물의 지방을 태우되 쑥과 함께 섞어서['見'자의 음은 '澗(간)'이다.] 그 누린 냄새를['羶'자는 글자대로 읽는다.] 하늘로 피워 올리고 빛을 발하도록 하는 것은 기에 보답하고자 하기 때문이다. 이러한 것들은 백성들에게 시초를 돌이키도록 가르치는 방법이다. 또 서직 등의 곡물을 바치고 희생물의 간 · 폐 · 머리 · 심장을 바치며 2개의 술동이에['甒'자의 음은 '武(무)'이다.] 단술을 담아 진설하고['見間'이라는 두 글자는 합쳐서 '覸'자가 된다.] 또 제사 초반부에 울창주를 땅에 뿌리는 것은 백에게 보답하고자 하기 때문이다. 이러한 것들은 백성들에게 서로 친애하고 상하 계층이 정감에 따르도록 가르치는 방법이다. 따라서 이러한 것은 예의 지극함이 된다."라고 했다.

集說

二端, 謂氣者神之盛, 魄者鬼之盛也. 二禮, 謂朝踐之禮與饋熟之禮也. 朝事, 謂祭之日, 早朝所行之事也. 燔燎羶薌, 謂取膟膋燎於爐炭, 使羶薌之氣上騰也. 見, 讀爲覸, 雜也. 以蕭蒿雜膟膋而燒之, 故曰覸以蕭光, 光者, 煙上則有照暎之光采也. 此是報氣之禮, 所以教民反古復始也. 至饋熟之時, 則以黍稷爲薦, 而羞進肝肺首心四者之饌焉. 見間, 卽覸字, 誤分也. 俠甒, 兩甒也. 當此薦與羞, 而雜以兩甒醴酒, 故曰覸以俠甒也. 加以鬱鬯者, 魄降在地, 用鬱鬯之酒以灌地, 本在祭初, 而言於薦羞之下者, 謂非獨薦羞二者爲報魄, 初加鬱鬯, 亦是報魄也. 此言報魄之禮. 敎民相愛, 上下用情者, 饋熟之時, 以酬酢爲禮, 祭之酒食, 徧及上下, 情義無間, 所以爲禮之極至也.

'이단(二端)'은 기가 신의 융성함이며 백이 귀의 융성함이라는 뜻이다. '이례(二禮)'는 조천의 의례와 궤숙(饋孰)[1]의 의례를 뜻한다. '조사(朝事)'는 제사를 지내는 날 아침 일찍 시행하는 절차를 뜻한다. '번료전향(燔燎羶薌)'은 희생물의 지방을 가져다가 화톳불 위에서 태우며 누린내가 위로 올라가도록 한다는 뜻이다. '견(見)'자는 간(覵)자로 풀이하니, "섞는다."는 뜻이다. 쑥을 희생물의 지방에 섞여서 태운다. 그렇기 때문에 "쑥과 빛으로 섞는다."라고 한 것이니, '광(光)'은 불에 태우게 되면 불타면서 나는 빛을 뜻한다. 이것은 기에 보답하는 예법으로, 백성들에게 옛 것을 돌이켜서 시초를 회복하는 일들을 가르치는 방법이다. 익힌 음식을 바치는 때가 되면 서직을 바치게 되고, 음식을 차릴 때 희생물의 간 · 폐 · 머리 · 심장을 음식으로 만들어서 바친다. '견간(見間)'은 곧 '간(覵)'자에 해당하니, 잘못하여 글자를 나눠서 기록한 것이다. '협무(俠甒)'는 2개의 술단지를 뜻한다. 이처럼 곡물을 바치고 음식을 차릴 때에는 2개의 술단지에 단술을 담아서 함께 차린다. 그렇기 때문에 "2개의 술단지를 섞는다."라고 말한 것이다. '가이울창(加以鬱鬯)'은 백은 땅으로 내려가 있으니 울창주를 사용하여 땅에 붓게 되는 것으로, 이것은 본래 제사를 지내는 초기에 시행하는데도 곡물과 음식을 바치는 사안 뒤에 언급한 것은 곡물과 음식을 차리는 2가지만이 백에 보답하는 사안이 아니며, 제사를 지내는 초반부에 울창주를 뿌리는 것 또한 백에 보답하는 사안이기 때문이다. 따라서 이러한 것들은 백에 보답하는 예법이라는 뜻이다. "백성들에게 서로 친애하고 상하 계층이 서로 그 정감에 따르도록 가르친다."고 했는데, 익힌 음식을 바칠 때 술을 권하고 잔을 돌

1) 궤숙(饋孰)은 '궤숙(饋熟)'이라고도 부른다. 제례(祭禮) 의식 중 하나이다. 제사를 시행할 때에는 희생물을 잡아서 생고기를 바치고, 이후에 다시 익힌 고기를 바치는데, '궤숙'은 바로 익힌 음식을 바치는 절차를 뜻한다.

리는 것을 예법으로 정하여, 제사를 지내며 술과 음식이 상하 계층에게 골고루 돌아가서 정감과 도의에 간극이 없게 되니, 이것은 예의 지극함이 되는 이유이다.

淺見

近按: 此又言因祭神, 而有敎民之禮也.

내가 살펴보니, 이 또한 신에게 제사를 지내는 것을 통해서 백성들을 교화하는 예법이 있음을 언급한 것이다.

經文

"君子反古復始, 不忘其所由生也, 是以致其敬, 發其情, 竭力從事以報其親, 不敢弗盡也. 是故昔者天子爲藉[在亦反]千畝, 冕而朱紘[宏], 躬秉耒; 諸侯爲藉百畝, 冕而青紘, 躬秉耒. 以事天地·山川·社稷·先古, 以爲醴酪[洛]齊[咨]盛[成]於是乎取之, 敬之至也."〈026〉

공자가 계속하여 말하길, "군자가 옛 것을 돌이키고 시초를 회복하는 것은 자신의 유래를 잊지 않고자 했기 때문이다. 따라서 공경함을 지극히 하고 정감을 다 드러내며, 힘을 다해 일에 종사해서 부모에게 보답을 하는데, 감히 다하지 않는 경우가 없었다. 이러한 까닭으로 예전에 천자는 적전['藉'자는 '在(재)'자와 '亦(역)'자의 반절음이다.] 1,000이랑을 마련하여 면류관을 착용하고 주색의 끈을['紘'자의 음은 '宏(굉)'이다.] 달고서 직접 쟁기를 잡고 경작했으며, 제후는 적전 100이랑을 마련하여 면류관을 착용하고 청색의 끈을 달고서 직접 쟁기를 잡고 경작했다. 이를 통해 천지·산천·사직·선조에게 제사를 지냈고, 또 단술과 식초['酪'자의 음은 '洛(락)'이다.] 자성['齊'자의 음은 '咨(자)'이다. '盛'자의 음은 '成(성)'이다.] 등을 만들 때 바로 이 경작지에서 산출된 곡식을 사용하였으니, 공경함이 지극한 것이다."라고 했다.

集說

藉, 藉田也. 紘, 冠冕之繫, 所以爲固也. 先古, 先祖也. 於是乎取之, 言皆於此藉田中取之也.

'적(藉)'자는 적전을 뜻한다. '굉(紘)'은 관과 면류관에 매다는 끈으로, 고정시키기 위한 것이다. '선고(先古)'는 선조를 뜻한다. '어시호취지(於是乎取之)'는 모두 이러한 적전에서 취했다는 뜻이다.

淺見

近按: 此下言因祭神, 而有天子諸侯耕蠶之禮, 以供祭祀之用.

내가 살펴보니, 이 문장으로부터 그 이하의 기록에서는 신에게 제사를 지내는 것을 통해서 천자와 제후가 경작하고 누에를 치는 예법이 있어, 이를 통해 제사의 쓰임에 공급했음을 언급한 것이다.

經文

"古者天子諸侯必有養獸之宮, 及歲時, 齊戒沐浴而躬朝之, 犧牷祭牲必於是取之, 敬之至也. 君召牛, 納而視之, 擇其毛而卜之, 吉然後養之. 君皮弁素積, 朔月·月半, 君巡牲, 所以致力, 孝之至也."〈027〉

공자가 계속하여 말하길, "고대에 천자와 제후는 반드시 가축을 기르는 관리를 두었고, 각 계절이 도래하면 재계를 하고 목욕을 하고서 그들을 조회했으며, 제사에 사용하는 희생물은 반드시 이를 통해 선택했으니, 공경함이 지극한 것이다. 군주는 소를 끌고 오라고 하여, 그것을 들이게 되면 직접 살펴서, 털이 순색인 것을 골라 거북점을 쳤고, 길하다는 점괘가 나온 뒤에야 그 소를 우리에 가두어 보살피게 했다. 군주는 피변에 소적을 하고, 매월 초하루와 보름마다 군주가 직접 희생물들을 순시하니, 애써 힘을 다하는 것으로, 효가 지극한 것이다."라고 했다.

集說

色純曰犧, 體完曰牷, 牛羊豕曰牲. 周禮牧人掌牧六牲, 牛·馬·羊·豕·犬·雞也. 然後養之, 謂在滌三月也. 皮弁·素積, 見前.

털색이 순색인 것은 '희(犧)'라 부르고, 몸체가 온전한 것은 '전(牷)'이라 부르며, 소·양·돼지는 '생(牲)'이라 부른다. 『주례』「목인(牧人)」편에서는 여섯 가지 희생물 방목하는 것을 담당한다고 했으니,[1] 소·말·양·돼지·개·닭을 뜻한다. 그런 뒤에 기른다는 말은 우리에 가두어 3개월 동안 기른다는 뜻이다. 피변(皮弁)과 소적(素積)에 대해서는 앞에 그 설명이 나온다.

1) 『주례』「지관(地官)·목인(牧人)」: 牧人, 掌牧六牲而阜蕃其物, 以共祭祀之牲牷.

淺見

近按: 此因上言齊盛, 而幷及犧牲也.

내가 살펴보니, 이것은 앞에서 자성을 언급한 것에 따라서 아울러 희생물에 대해서도 언급한 것이다.

經文

"古者天子諸侯必有公桑蠶室, 近川而爲之, 築宮仞有三尺, 棘牆而外閉之. 及大昕[欣]之朝, 君皮弁素積, 卜三宮之夫人·世婦之吉者, 使入蠶于蠶室, 奉[上聲]種浴于川, 桑于公桑, 風戾以食[嗣]之."〈028〉

공자가 계속하여 말하길, "고대에 천자와 제후는 반드시 왕실에서 사용하는 뽕밭을 두었고 그 안에는 누에치는 건물을 두었는데, 반드시 하천과 가까운 곳에 설치하였고, 담장을 두르되 1인(仞)[1] 3척으로 했고, 담장 위에는 가시나무를 꼽고 문은 밖에서 잠그도록 했다. 계춘의 달 초하루['昕'자의 음은 '欣(흔)'이다.] 아침이 되면, 군주는 피변에 소적을 하고, 부인들과 세부들에 대해 점을 쳐서 길한 점괘가 나온 여자로 하여금 누에치는 곳으로 들여보내 누에를 치도록 했고, 누에를 가져다가['奉'자는 상성으로 읽는다.] 하천에서 씻기고, 공상에서 뽕잎을 따다가 바람에 건조시켜 누에에게 먹이도록['食'자의 음은 '嗣(사)'이다.] 했다."라고 했다.

集說

公桑, 公家之桑也. 蠶室, 養蠶之室也. 近川, 便於浴種也. 棘牆, 置棘於牆上也. 外閉, 戶扇在外, 而閉則向內也. 大昕之朝, 季春朔之

1) 인(仞)은 길이를 재는 단위이다. 7척(尺)이 1인(仞)이 된다. 일설에는 8척(尺)을 1인(仞)이라고도 한다. 『논어』「자장(子張)」편에서는 "夫子之牆數仞, 不得其門而入者, 不見宗廟之美, 百官之富, 得其門者或寡矣."라고 했는데, 이에 대한 하안(何晏)의 『집해(集解)』에서는 "七尺曰仞也"라고 풀이했고, 『의례』「향사(鄕射)」편에는 "杠長三仞."이라고 했는데, 이에 대한 정현의 주에서는 "七尺曰仞."이라고 풀이했다. 한편 『한서(漢書)』「식화지상(食貨志上)」편에는 "神農之敎曰: 有石城十仞, 湯池百步, 帶甲百萬而亡粟, 弗能守也."라고 했는데, 이에 대한 안사고(顔師古)의 주에서는 "應劭曰: '仞, 五尺六寸也.' 師古曰: '此說非也. 八尺曰仞, 取人申臂之一尋也.'"라고 풀이했다.

旦也. 三宮, 在天子則謂三夫人, 在諸侯之夫人, 則立三宮, 半后之六宮也. 桑, 采桑也. 戾, 乾也, 蠶惡濕, 故葉乾乃以食也.

'공상(公桑)'은 공가(에서 기르는 뽕나무이다. '잠실(蠶室)'은 누에를 치는 건물이다. 하천과 가까운 곳에 짓는 것은 누에를 씻기기에 편리하기 때문이다. '극장(棘牆)'은 담장 위에 가시나무를 꼽는다는 뜻이다. '외폐(外閉)'는 문이 바깥쪽에 있어서 닫게 되면 안쪽으로 닫힌다는 뜻이다. '대흔지조(大昕之朝)'는 계춘의 달 초하루 아침을 뜻한다. '삼궁(三宮)'은 천자에게 있어서는 3명의 부인(夫人)을 뜻하고, 제후의 부인에게 있어서는 3개의 궁을 짓게 되니, 왕후(王后)가 세우는 6개의 궁에서 반을 세우는 것이다. '상(桑)'자는 뽕잎을 딴다는 뜻이다. '여(戾)'자는 "건조시킨다."는 뜻이니, 누에는 젖어 있는 뽕잎을 싫어하기 때문에 뽕잎을 건조시킨 뒤에야 먹인다.

方氏曰: 戾, 至也, 風至則乾矣.

방씨가 말하길, '여(戾)'자는 "~에 이른다."는 뜻으로, 바람이 불어오면 건조된다는 뜻이다.

經文

"歲旣單[丹]矣, 世婦卒蠶, 奉[上聲]繭[古典反]以示于君, 遂獻繭于夫人. 夫人曰: '此所以爲君服與[平聲].' 遂副褘[揮]而受之, 因少牢以禮之. 古之獻繭者, 其率[如字]用此與."〈029〉

공자가 계속하여 말하길, "누에를 치기 시작하여 3개월의 시간이 모두 지나면['單'자의 음은 '丹(단)'이다.] 세부는 누에치는 일을 끝내고, 누에고치를['繭'자는 '古(고)'자와 '典(전)'자의 반절음이다.] 받들고서['奉'자는 상성으로 읽는다.] 군주에게 보여주며, 뒤이어 군주의 부인에게 누에고치를 헌상한다. 부인은 '이것은 군주의 의복을 만들기 위한 것이다.['與'자는 평성으로 읽는다.]'라고 말한다. 그리고 곧 머리장식을 하고 휘의를['褘'자의 음은 '揮(휘)'이다.] 착용하고서 헌상한 누에고치를 받고, 그 일을 계기로 소뢰에 해당하는 가축들로 음식을 만들어 세부들을 예우한다. 고대에 누에고치를 헌상하는 자들에 대해 대접했던 예법의 비율은['率'자는 글자대로 읽는다.] 이에 따랐을 것이다."라고 했다.

集說

單, 盡也. 副之爲言覆也, 婦人首飾, 所以覆首者. 褘, 褘衣也. 禮之, 禮待獻繭之婦人也. 率, 舊讀爲類, 今如字.

'단(單)'자는 "다한다."는 뜻이다. '부(副)'자는 "덮는다."는 뜻이니, 부인들이 하는 머리장식은 머리를 가리기 위한 것이다. '휘(褘)'자는 휘의를 뜻한다. '예지(禮之)'는 누에고치를 헌상한 부인을 예우한다는 뜻이다. '율(率)'자를 옛 주석에서는 부류를 뜻하는 유(類)자로 풀이했지만, 지금은 글자대로 읽는다.

方氏曰: 三月之盡, 非歲單之時, 然蠶成之時也, 自去歲蠶成之後, 迄今歲蠶成之時, 朞歲矣, 故謂之歲單. 若孟夏稱麥秋者, 亦此之意.

방씨가 말하길, 3개월의 시간이 다했다는 뜻이지, 한 해가 다 끝났다는 뜻이 아니니, 누에치는 일을 끝내는 시기는 이전에 누에치는 일을 끝낸 이후로부터 현재 누에치는 일을 끝낸 시간까지 1년의 시간이 된다. 그렇기 때문에 '세단(歲單)'이라고 말한 것이다. 맹하(孟夏)를 '보리에겐 가을격인 보리 익는 시기'라고 지칭하는 것도 이러한 의미이다.

經文

"及良日, 夫人繅[蘇刀反], 三盆手, 遂布于三宮夫人·世婦之吉者, 使繅. 遂朱綠之, 玄黃之, 以爲黼黻文章. 服旣成, 君服以祀先王先公, 敬之至也."〈030〉

공자가 계속하여 말하길, "길한 날이 도래하면 군주의 부인은 실을 뽑게['繅'자는 '蘇(소)'자와 '刀(도)'자의 반절음이다.] 되는데, 누에고치를 담은 동이에 세 차례 손을 담그며 실의 끄트머리를 뽑아내고, 3궁의 부인들이나 세부들 중 길한 점괘가 나온 여자들에게 일감을 나눠주어 실을 뽑도록 한다. 그리고 주색과 녹색 및 현색과 황색으로 물들여서 보나 불 등의 무늬를 만든다. 복장이 완성되면, 군주는 그 복장을 착용하고 선왕과 선공에게 제사를 지내니, 공경함이 지극한 것이다."라고 했다.

集說

良日, 吉也. 三盆手, 置繭于盆中, 而以手三次淹之, 每淹則以手振出其緖, 故云三盆手也.

'양일(良日)'은 길일을 뜻하다. '삼분수(三盆手)'는 동이 안에 누에고치를 채우고 손을 세 차례 담근다는 뜻이다. 매번 손을 담그게 되면, 손으로 실의 가닥을 뽑아내기 때문에 '삼분수(三盆手)'라고 했다.

方氏曰: 夫人之繅, 止於三盆, 猶天子之耕, 止於三推.

방씨가 말하길, 군주의 부인이 실을 뽑을 때 단지 3차례 동이에 손을 담그는 것에만 그치는 것은 천자가 경작을 할 때 3번 밭을 가는 것과 같다.

淺見

近按: 此言夫人親蠶, 以爲祭服之事.

내가 살펴보니, 이것은 부인이 직접 누에를 쳐서 제복을 만드는 사안을 언급하였다.

自"宰我問"至此下章當爲一節, 蓋因鬼神之可畏, 而制祭祀之禮, 因祭祀之禮, 而有齊牲黼黻之用, 其用旣倩, 然後必用禮樂, 以成之, 故下文乃引樂記之言.

'재아문(宰我問)'으로부터 이 아래장까지는 마땅히 하나의 절이 되니, 귀신은 두려워할 만한 존재이므로 제사의 예법을 제정하였고, 제사의 예법을 제정한 것에 따라서 자성 · 희생물 · 보 · 불 등의 쓰임이 있게 되는데, 그 쓰임이 이미 아름답고 좋게 갖춰졌다면, 그런 뒤에는 반드시 예악을 사용하여 그것을 완성해야 한다. 그렇기 때문에 아래문장에서는 곧 「악기」편의 말을 인용한 것이다.

經文

君子曰: "禮樂不可斯須去身. 致樂以治心, 則易·直·子[慈]·諒[良]之心油然生矣. 易·直·子·諒之心生, 則樂; 樂則安, 安則久, 久則天, 天則神. 天則不言而信, 神則不怒而威, 致樂以治心者也. 致禮以治躬則莊敬, 莊敬則嚴威. 心中斯須不和不樂, 而鄙詐之心入之矣; 外貌斯須不莊不敬, 而慢易之心入之矣. 樂也者, 動於內者也; 禮也者, 動於外者也. 樂極和, 禮極順, 內和而外順, 則民瞻其顏色而不與爭也, 望其容貌而衆不生慢易焉. 故德煇動乎內, 而民莫不承聽; 理發乎外, 而衆莫不承順. 故曰致禮樂之道, 而天下塞焉, 擧而措之無難矣." 樂也者, 動於內者也; 禮也者, 動於外者也. 故禮主其減, 樂主其盈. 禮減而進, 以進爲文; 樂盈而反, 以反爲文. 禮減而不進, 則銷; 樂盈而不反, 則放. 故禮有報而樂有反, 禮得其報則樂, 樂得其反則安. 禮之報, 樂之反, 其義一也.〈031〉

군자는 "예악은 자신에게서 잠시도 떨어트려 놓을 수 없다."라고 했다. 악(樂)을 지극히 연구하여 마음을 다스린다면, 온화하고 곧으며 자애롭고['子'자의 음은 '慈(자)'이다.] 참된['諒'자의 음은 '良(양)'이다.] 마음이 융성하게 생겨난다. 온화하고 곧으며 자애롭고 참된 마음이 생겨나면 즐겁게 되고, 즐거우면 편안하게 되며, 편안하면 오래할 수 있고, 오래할 수 있으면 하늘의 이치를 깨달으며, 하늘의 이치를 깨달으면 신묘하게 된다. 하늘의 이치를 깨닫게 되면 말을 하지 않아도 사람들이 믿고, 신묘하게 되면 화를 내지 않아도 저절로 위엄이 생기니, 이것이 바로 악(樂)을 지극히 연구하여 마음을 다스린다는 것이다. 예(禮)를 지극히 연구하여 몸을 다스린다면 장엄하고 공경스럽게 되고, 장엄하고 공경스럽게 되면 위엄을 갖추게 된다. 마음이 잠시라도 조화롭지 못하고 즐겁지 못하다면, 비루하고 거짓된 마음이 침입하게 된다. 모습이 잠시라도 장엄하지 못하고 공경스럽지 못하다면, 태만한 마음이 침입하게 된다. 그러므로 악(樂)이라는 것은 내적으로 움직이게 하는 것이다. 예(禮)라는 것은 외적으로 움직이게 하는 것이다. 악(樂)을 통해 조화로움을 지극히 하고, 예(禮)를 통해 순종함을 지극히 하여, 내적으로 조화롭고 외적으로 순종하게 되면, 백성들이 그의 안색을 살펴서 서로 다투지 않게 되고, 그 모습을 바라보면, 백성들에게 태만함이 생겨나지 않는다. 그렇기 때문에 덕이 마음에서 빛나게 움직이면 백성들 중에는 그의 말을 받들어 따르지 않는 자가 없게 되고, 이치가 밖으로 발현되면, 백성들 중에는 그를 받들고 순종하지 않는 자가 없게 된다. 그래서 "예악의 도리를 지극히 하여, 천하에 가득하니, 이것을 시행하는 데에는 어려움이 없다."고 했다. 악(樂)이라는 것은 내적으로 움직이게 하는 것이다. 예(禮)라는 것은 외적으로 움직이게 하는 것이다. 그러므로 예(禮)는 줄임을 위주로 하고 악(樂)은 채움을 위주로 한다. 예(禮)는 줄이되 나아가니 나아감을 형식으로 삼고, 악(樂)은 채우되 되돌리니 되돌림을 형식으로 삼는다. 예(禮)가 줄이기만 하고 나아가지 않는다면 사라지게 되고, 악(樂)이 채우기만 하고 되돌리지 않는다면 방만하게 된다. 그렇기 때문에 예(禮)에는 보답함이 있고 악(樂)에는 되돌림이 있다. 예(禮)가 보답함을 얻는다면 즐겁게 되고, 악(樂)이 되돌림을 얻는다면 편안하게 된다. 예(禮)의 보답함과 악(樂)의 되돌림은 의미가 동일하다.

集說

說見樂記.

자세한 설명은 『예기』「악기(樂記)」편에 나온다.

淺見

近按: 此一章, 乃樂記之文, 記者又引於此, 蓋幽則有鬼神, 明則有禮樂, 其理一也, 故附此於鬼神之後, 使知幽明人鬼初無二致. 必先明禮樂, 然後知鬼神之理, 而能盡事鬼之道也.

내가 살펴보니, 이 한 장은 「악기」편의 기록인데, 『예기』를 기록한 자는 재차 여기에서 인용을 했으니, 무릇 그윽한 저 세상에는 귀신이 있고, 밝은 이 세상에는 예악이 있는데, 그 이치는 동일하다. 그러므로 귀신에 대한 내용 뒤에 이 내용을 덧붙여서, 유명과 인귀는 애초부터 두 가지 지극함이 없다는 사실을 알게끔 한 것이다. 그런데 반드시 예악을 먼저 밝혀야 하니, 그런 뒤에야 귀신의 이치를 알 수 있고, 귀신을 섬기는 도를 다할 수 있다.

제4절

經文

曾子曰: "孝有三: 大孝尊親, 其次弗辱, 其下能養[去聲]." 公明儀問於曾子曰: "夫子可以爲孝乎?" 曾子曰: "是何言與? 是何言與? 君子之所謂孝者, 先[去聲]意承志, 諭父母於道. 參直養者也, 安能爲孝乎?"〈032〉

증자는 "효에는 세 단계가 있다. 가장 위대한 효는 부모를 존숭하는 것이고, 그 다음 수준은 부모를 욕되게 하지 않는 것이며, 가장 낮은 수준은 봉양만['養'자는 거성으로 읽는다.] 잘하는 것이다."라고 했다. 그러자 공명의는 증자에게 질문하며, "그렇다면 선생님께서는 효를 한다고 하실 수 있습니까?"라고 했다. 증자는 "이 무슨 말인가? 이 무슨 말인가? 군자가 말하는 효는 부모의 뜻에 앞서['先'자는 거성으로 읽는다.] 그 의지를 계승하고, 도리를 통해서 부모를 깨우치는 것이다. 나는 그저 봉양만 하는 자인데 어떻게 효를 한다고 할 수 있겠는가?"라고 대답했다.

集說

大孝尊親, 嚴父配天也. 公明儀, 曾子弟子.

"대효는 부모를 존숭한다."는 말은 부모를 존엄하게 여겨서 하늘에 배향하는 것이다.[1] '공명의(公明儀)'는 증자의 제자이다.

1) 『효경』「성치장(聖治章)」: 子曰, 天地之性人爲貴. 人之行莫大於孝, 孝莫大於嚴父. 嚴父莫大於配天, 則周公其人也.

經文

曾子曰: "身也者, 父母之遺體也. 行父母之遺體, 敢不敬乎? 居處不莊, 非孝也. 事君不忠, 非孝也. 涖官不敬, 非孝也. 朋友不信, 非孝也. 戰陳[去聲]無勇, 非孝也. 五者不遂, 烖及於親, 敢不敬乎?"〈033〉

증자는 "자신의 몸은 부모가 물려주신 몸이다. 따라서 부모가 물려주신 몸을 가지고 행동함에 있어서 어찌 감히 공경스럽지 않을 수 있겠는가? 따라서 거처할 때 장중하게 행동하지 않는 것은 효가 아니다. 군주를 섬길 때 충심을 다하지 않는 것은 효가 아니다. 관직에 임하여 공경스럽게 행동하지 않는 것은 효가 아니다. 벗 사이에서 신의를 지키지 않는 것은 효가 아니다. 전쟁에 임하여['陳'자는 거성으로 읽는다.] 용맹하게 행동함이 없는 것은 효가 아니다. 이러한 다섯 가지를 제대로 이루지 못하면, 재앙이 부모에게까지 미치니, 어찌 감히 공경스럽지 않을 수 있겠는가?"라고 했다.

集說

承上文弗辱與養而言. 此五者, 皆足以辱親, 故曰烖及於親.

앞 문장에서 욕되게 하지 않고 봉양한다고 했던 뜻을 이어서 말한 것이다. 이러한 다섯 가지는 모두 부모를 욕되게 하기에 충분하다. 그렇기 때문에 "재앙이 부모에게 미친다."라고 말한 것이다.

經文

"亨[烹]孰羶薌, 嘗而薦之, 非孝也, 養也. 君子之所謂孝也者, 國人稱願然曰: '幸哉有子如此.' 所謂孝也已. 衆之本敎曰孝,其行曰養[去聲]. 養可能也, 敬爲難. 敬可能也, 安爲難. 安可能也, 卒爲難. 父母旣沒, 愼行其身, 不遺[去聲]父母惡名, 可謂能終矣. 仁者仁此者也, 禮者履此者也, 義者宜此者也, 信者信此者也, 强者强此者也. 樂自順此生, 刑自反此作."〈034〉

증자가 계속하여 말하길, "삶고['享'자의 음은 '烹(팽)'이다.] 익힌 음식을 바치고 희생물의 지방과 곡물을 태우며, 음식을 맛보고 바치는 것은 효가 아니며 봉양이다. 군자가 말하는 효라는 것은 나라 사람들이 칭송하고 흠모하며, '그 부모는 참으로 행복하겠구나, 그와 같은 자식을 두었으니.'라고 말하게 되어야만 효라고 할 수 있을 따름이다. 백성들을 가르치는 근본을 효라고 부르며, 그것을 시행하는 것을 봉양이라고['養'자는 거성으로 읽는다.] 부른다. 봉양이라는 것은 비교적 수월하게 할 수 있지만 공경을 시행하기는 어렵다. 또 공경은 비교적 수월하게 할 수 있지만 편안하게 여기며 시행하는 것은 어렵다. 편안하게 여기며 시행하는 것은 비교적 수월하게 할 수 있지만 본인이 죽을 때까지 지속적으로 시행하는 것은 어렵다. 부모가 이미 돌아가셨더라도 자신의 행실을 신중히 하여, 부모에게 오명을 끼쳐서는['遺'자는 거성으로 읽는다.] 안 되니, 이처럼 하는 것을 끝까지 잘한다고 할 수 있다. 인(仁)이라는 것은 친애한 마음으로 효를 시행하는 것이다. 예(禮)는 효를 실천하는 것이다. 의(義)는 효를 합당하게 시행하는 것이다. 신(信)은 신의를 가지고 효를 시행하는 것이다. 강(强)은 효를 굳건하게 시행하는 것이다. 즐거움이란 이러한 것들을 따르는 것으로부터 생겨나고, 형벌은 이러한 것들을 거스르는 것으로부터 만들어진다."라고 했다.

集說

願, 猶羨也. 稱願, 稱揚羨慕也. 然, 猶而也. 孝經曰: "夫孝, 德之本也, 敎之所由生也." 衆之本敎曰孝, 亦此意, 言孝爲敎衆之本也. 其行曰養, 行, 猶用也, 言用之於奉養之間也. 安爲難者, 謂非勉强矯拂之敬也. 卒爲難者, 謂不特終父母之身, 孝子亦自終其身也. 能終, 卽說上文卒字, 仁者仁此者也以下, 凡七此字, 指孝而言也.

'원(願)'자는 "부러워한다."는 뜻이다. '칭원(稱願)'은 칭송하며 흠모한다는 뜻이다. '연(然)'자는 이(而)자와 같다. 『효경』에서는 "효는 덕의 근본이며, 가르침이 생겨나오는 바탕이다."[2]라고 했다. "백성들이 근본으로 삼는 가르침을 효(孝)라고 부른다."고 한 말도 이러한 뜻이니, 효는 백성들을 가르치는 근본이라는 의미이다. "그 행(行)을 양(養)이라고 부른다."라 했는데, '행(行)'자는 "사용한다."는 뜻이니, 봉양하는 때에 사용한다는 의미이다. "편안하게 하는 것이 어렵다."는 말은 억지로 시행하며 자신의 뜻과 상반되게 시행하는 공경이 아니라는 의미이다. "끝까지 하는 것이 어렵다."는 말은 단지 부모가 돌아가실 때까지만 하는 것이 아니라, 자식 본인이 죽을 때까지 시행한다는 뜻이다. '능종(能終)'은 앞에서 말한 '졸(卒)'자의 뜻을 설명한 것이다. '인자인차자야(仁者仁此者也)'라는 구문으로부터 그 이하의 구문에 나온 7개의 '차(此)'자는 모두 효(孝)를 가리켜서 한 말이다.

經文

曾子曰: "夫孝, 置之而塞乎天地, 溥[如字]**之而橫乎四海, 施諸後世而無朝夕, 推而放**[上聲]**諸東海而準, 推而放諸西海而準, 推而放諸南海而準, 推而放諸北海而準. 詩云: '自西自東, 自南自北, 無思不服.' 此之謂也."**〈035〉

2) 『효경』「개종명의장(開宗明義章)」: 子曰, 夫孝德之本也, 敎之所由生也. 復坐吾語汝.

증자는 "효를 수립하면 천지 사이에 가득차고, 펼치게['溥'자는 글자대로 읽는다.] 되면 사해에 두루 퍼지며, 후세에 전하게 되면 하루라도 시행되지 않는 날이 없으니, 미루어 나가면 동해 · 서해 · 남해 · 북해에 이르러['放'자는 상성으로 읽는다.] 사람들이 준칙으로 삼게 된다. 『시』에서 '서쪽으로부터 하고 동쪽으로부터 하며, 남쪽으로부터 하고 북쪽으로부터 하여, 복종하지 않는 자가 없다.'라고 했는데, 바로 이러한 뜻을 말한다."라고 했다.

集說

溥, 舊讀爲敷, 今如字. 詩, 大雅 · 文王有聲之篇.

'부(溥)'자를 옛 주석에서는 '부(敷)'자로 풀이했는데, 현재는 글자대로 읽는다. '시(詩)'는 『시』「대아(大雅) · 문왕유성(文王有聲)」편이다.[3)]

方氏曰: 置者, 直而立之. 溥者, 敷而散之. 施, 言其出無窮. 推, 言其進不已. 放, 與孟子放乎四海之放同. 準, 言人以是爲準.

방씨가 말하길, '치(置)'자는 수립한다는 뜻이다. '부(溥)'자는 펼친다는 뜻이다. '시(施)'자는 나타남에 끝이 없다는 뜻이다. '추(推)'자는 나아가길 그치지 않는다는 뜻이다. '방(放)'자는 『맹자』에서 "사해에 이른다."[4)] 라고 했을 때의 방(放)자와 같다. '준(準)'자는 사람들이 이것을 준칙으로 삼는다는 뜻이다.

---

3) 『시』「대아(大雅) · 문왕유성(文王有聲)」: 鎬京辟廱, 自西自東. 自南自北, 無思不服. 皇王烝哉.

4) 『맹자』「이루하(離婁下)」: 孟子曰, 原泉混混, 不舍晝夜, 盈科而後進, 放乎四海. 有本者如是, 是之取爾.

經文

曾子曰: "樹木以時伐焉, 禽獸以時殺焉. 夫子曰: '斷[短]一樹, 殺一獸, 不以其時, 非孝也.'"〈036〉

증자는 "나무는 때에 맞게 벌목하고, 짐승은 때에 맞게 잡는다. 공자께서는 '한 그루의 나무를 베고['斷'자의 음은 '短(단)'이다.] 한 마리의 짐승을 잡더라도, 정해진 때에 하지 않는다면 효가 아니다.'라고 하셨다."라고 했다.

集說

上言仁者人此者也, 此二者亦爲惡其不仁, 故言非孝, 曾子又引夫子之言以爲訂.

앞에서는 "인(仁)이라는 것은 효를 친애하는 마음으로 시행하는 것이다."라고 했는데, 이곳에서 말한 두 가지 것들 또한 불인(不仁)함을 실어했기 때문이다. 그래서 "효가 아니다."라고 말했는데, 증자는 또한 공자의 말을 인용하여 증명한 것이다.

經文

"孝有三: 小孝用力, 中孝用勞, 大孝不匱. 思慈愛忘勞, 可謂用力矣. 尊仁安義, 可謂用勞矣. 博施[去聲]備物, 可謂不匱矣. 父母愛之, 喜而弗忘. 父母惡之, 懼而無怨. 父母有過, 諫而不逆. 父母旣沒, 必求仁者之粟以祀之, 此之謂禮終."〈037〉

증자가 계속하여 말하길, "효에는 세 등급이 있다. 소효(小孝)는 단순히 힘만 쓰는 것이고, 중효(中孝)는 수고를 아끼지 않는 것이며, 대효(大孝)는 모자람이 없는 것이다. 부모의 자애로운 마음을 생각하여 힘든 일도 잊게 되니, 이처럼 하면 힘을 쓰는 소효라고 할 수 있다. 인(仁)을 존숭하고 의(義)를 편안히 여겨 시행하면, 수고를 아끼지 않는 중효라 할 수 있다. 은혜를 널리 베풀고['施'자는 거성으로 읽는다.] 온갖 사물을 갖추게 되면, 모자람이 없는 대효라 할 수 있다. 부모가 친애한다면 기뻐하며 그 마음을 잊지 않는다. 부모가 미워하면 두려워하되 원망하지 않는다. 부모에게 과실이 있다면 간언을 올리되 거스르지 않는다. 부모가 돌아가셨다면 반드시 인(仁)한 자에게서 곡식을 구해 이를 통해 제사를 지내니, 이처럼 하는 것을 예법에 따라 마친다고 부른다."라고 했다.

集說

庶人思父母之慈愛, 而忘己躬耕之勞, 可謂用力矣, 此其下能養之事也. 諸侯・卿・大夫・士, 尊重於仁, 安行於義, 功勞足以及物, 可謂用勞矣, 此其次弗辱之事也. 匱, 乏也; 博施, 謂德敎加於百姓, 刑于四海也; 備物, 謂四海之內, 各以其職來助祭, 可謂不匱矣; 此卽大孝尊親之事也.

서인들은 부모의 자애로운 마음을 생각하며 자신이 몸소 경작하는 수고로움을 잊게 되니, 이러한 것들은 "힘을 쓴다."라고 말할 수 있지만, 이것은 봉양만 잘하는 하등에 해당한다. 제후・경・대부・사는 인(仁)에 대해서 존중하고 의(義)에 대해서 편안하게 시행하며, 그 노력과 수고로움이 다른 대상에게까지 미치기에 충분하니, 이러한 것들은 "수고로움을 쓴다."라고 말할 수 있지만, 이것은 오명을 끼치지 않는 다음 등급에 해당한다. '궤(匱)'자는 "모자라다."는 뜻이다. '박시(博施)'는 덕행과 교화를 백성들에게 베풀고, 사해에 속한 사람들에게 모범이 되도록 한다는 뜻이다.[5] '비물(備物)'은 "천하의 모든 제후들이 각각 그들의 직무에 따라 찾아와서 제사를 돕는다."[6]라는 뜻이다. 이러한 것들은 "부족하지

5) 『효경』「천자장(天子章)」: 子曰, 愛親者, 不敢惡於人. 敬親者, 不敢慢於人. 愛敬盡於事親, 而德敎加於百姓, 刑于四海. 蓋天子之孝也.

않다."라고 말할 수 있다. 이것은 곧 대효이며 부모를 존숭하는 일에 해당한다.

經文

樂正子春下堂而傷其足, 數月不出, 猶有憂色. 門弟子曰: "夫子之足瘳[抽]矣, 數月不出, 猶有憂色, 何也?" 樂正子春曰: "善如爾之問也, 善如爾之問也. 吾聞諸曾子, 曾子聞諸夫子曰: '天之所生, 地之所養, 無人爲大. 父母全而生之, 子全而歸之, 可謂孝矣. 不虧其體, 不辱其身, 可謂全矣. 故君子頃[跬]步而弗敢忘孝也.' 今予忘孝之道, 予是以有憂色也. 壹擧足而不敢忘父母, 壹出言而不敢忘父母. 壹擧足而不敢忘父母, 是故道而不徑, 舟而不游, 不敢以先父母之遺體行殆. 壹出言而不敢忘父母, 是故惡言不出於口, 忿言不反於身. 不辱其身, 不羞其親, 可謂孝矣."〈038〉

악정자춘은 당하로 내려가다가 발을 다쳤는데, 수개월이나 지났는데도 밖으로 나가지 않았고, 여전히 근심스러운 표정을 지었다. 그의 제자는 "선생님의 발은 이미 다 나았는데도['瘳'자의 음은 '抽(추)'이다.] 수개월이나 밖으로 나가지도 않으시고 여전히 얼굴에 수심이 가득한 것은 어째서입니까?"라고 물었다. 그러자 악정자춘은 "너의 질문이 참으로 좋구나, 너의 질문이 참으로 좋구나. 나는 스승이신 증자께 들었고, 증자께서는 공자께 들었는데, '하늘이 낳아준 대상과 땅이 나아준 대상 중에는 사람만큼 존귀한 것이 없다. 부모가 온전히 자신을 낳아주었으니, 자식이

---

6) 『효경』「성치장(聖治章)」: 是以四海之內, 各以其職來祭. 夫聖人之德, 又何以加於孝乎.

자신의 몸을 온전히 하여 땅으로 되돌려주는 것을 효라고 할 수 있다. 몸을 훼손시키지 않고 자신을 욕되게 하지 않는 것을 온전히 한다고 할 수 있다. 그러므로 군자는 반걸음을['頃'자의 음은 '跬(규)'이다.] 뗄 때에도 감히 효를 잊지 않는다.'라고 하셨다. 그러므로 나는 효의 도리를 잊은 것이니, 이러한 이유로 근심스러운 표정을 지은 것이다. 한 걸음을 뗄 때라도 감히 부모를 잊지 않아야 하고, 한 마디 말을 할 때라도 감히 부모를 잊지 않아야 한다. 한 걸음을 뗄 때라도 감히 부모를 잊지 않아야 하기 때문에 올바른 길로만 다니고 지름길로 다니지 않으며, 배를 타고 강을 건너며 헤엄을 치지 않으니, 감히 부모가 물려주신 몸으로 위험한 일을 시행할 수 없기 때문이다. 한 마디 말을 할 때라도 감히 부모를 잊지 않아야 하기 때문에 나쁜 말을 내뱉지 않고, 원망하는 말도 자신에게 돌아오지 않는다. 자신을 욕되게 하지 않고 부모를 부끄럽게 하지 않는 것을 효라고 할 수 있다."라고 대답했다.

集說

無人爲大, 言無如人最爲大, 蓋天地之性, 人爲貴也. 道, 正路也. 徑, 捷出邪徑也. 游, 徒涉也. 惡言不出於口, 己不以惡言加人也. 忿言不反於身, 則人自不以忿言復我也. 如此則不辱身, 不羞親矣.

'무인위대(無人爲大)'라는 말은 사람만큼 가장 중대한 사물은 없다는 뜻이니, 천지 사이의 생명체 중에서 사람이 가장 존귀하기 때문이다. '도(道)'자는 올바른 길을 뜻한다. '경(徑)'자는 빨리 가는 샛길이다. '유(游)'자는 헤엄친다는 뜻이다. "나쁜 말이 입에서 나오지 않는다."는 말은 본인이 남에게 나쁜 말을 하지 않는다는 뜻이다. "원망하는 말이 자신에게 돌아오지 않는다."는 것은 남도 자신에게 원망하는 말을 하지 않은 것이다. 이처럼 한다면 자신을 욕되게 하지 않고 부모를 부끄럽게 하지 않는다.

淺見

近按: 右自"曾子曰"以下至此, 皆以孝言, 孝者祭之本, 而禮樂之所由行也. 自此以後, 專以人事言者, 卽孔子所謂未能事人, 焉能事鬼之意. 記者先記宰我問鬼神之說, 次之以禮樂, 又次之以孝弟, 其旨深矣.

내가 살펴보니, '증자왈(曾子曰)'로부터 그 이하로 이곳 문장에 이르기까지는 모두 효를 기준으로 말했는데, 효라는 것은 제사의 근본이 되고, 예악이 말미암아 시행하는 바이다. 이로부터 그 이후에는 전적으로 사람에 대한 사안을 기준으로 언급했으니, 공자가 이른바 "사람도 제대로 섬기지 못하는데 어떻게 귀신을 잘 섬길 수 있겠느냐?"[7]고 한 뜻에 해당한다. 『예기』를 기록한 자는 우선 재아가 귀신에 대해 질문한 말에 대해 기록하고, 그 다음에는 예악에 대한 내용을 기록하고, 또 그 다음에는 효제에 대한 내용을 기록했으니, 그 뜻이 깊다.

---

7) 『논어』「선진(先進)」: 季路問事鬼神. 子曰, "未能事人, 焉能事鬼?" 曰, "敢問死." 曰, "未知生, 焉知死?"

經文

昔者有虞氏貴德而尙齒, 夏后氏貴爵而尙齒, 殷人貴富而尙齒, 周人貴親而尙齒, 虞·夏·殷·周, 天下之盛王也, 未有遺年者. 年之貴乎天下久矣, 次乎事親也.〈039〉

예전에 유우씨 때에는 덕을 존귀하게 여겼고 나이를 숭상했으며, 하후씨 때에는 작위를 존귀하게 여겼고 나이를 숭상했으며, 은나라 때에는 부귀하게 함을 존귀하게 여겼고 나이를 숭상했으며, 주나라 때에는 친애하는 것을 존귀하게 여겼고 나이를 숭상했다. 우·하·은·주를 통치했던 자들은 천하의 성왕들이었는데, 나이가 많은 자를 챙기지 않았던 자가 없었다. 그러므로 나이가 천하에서 존귀하게 대접받은 것은 매우 오래된 일이니, 부모를 섬기는 것 다음으로 오래되었다.

集說

劉氏曰: 大舜貴以德化民, 有天下如不與, 而民化之, 幾於不知爵之爲貴矣, 故禹承之以爵爲貴, 而使民知貴貴之道也. 然貴爵之弊, 其終也, 在上者過於亢, 而澤不及下, 故湯承之以務富其民爲貴. 然富民之弊, 終也, 民各私其財, 而不知親親之道, 故武王承之以親親爲貴, 所謂周之宗盟, 異姓爲後, 是也. 四代之治, 隨時數弊, 所貴雖不同, 而尙齒則同也, 未有遺年齒而不尙者. 齒居天下之達尊久矣, 老吾老以及人之老, 故尊高年, 次於事親也. 然四者之所貴, 亦四代之所同, 記者但主於自古尙齒爲言耳, 讀者不以辭害意可也.

유씨가 말하길, 순임금은 덕으로 백성들을 교화하는 것을 존귀하게 여겼고, 천하를 소유하였음에도 관여하지 않는 것처럼 하여, 백성들이 교화되면서도 작위를 존귀하게 여겨야 한다는 사실을 거의 몰랐다. 그렇기 때문에 우임금은 순임금을 계승하며 작위를 존귀하게 여겼고, 백성들로 하여금 존귀한 자를 존귀하게 여기는 도를 알게끔 했다. 그러나 작위를 존귀하게 여기는 폐단은 그 끝에 이르러서 윗자리에 있는 자들은 높은 곳을 지나치게 추구했고 그 은택이 백성들에게까지 미치지 못했다. 그렇기 때문에 탕임금은 우임금을 계승하며 백성들을 부유하게 하는데 힘쓰는 것을 존귀하게 여겼다. 그러나 백성들을 부유하게 만드는 폐단은 그 끝에 이르러서 백성들이 각각 그들의 재산을 사유물로 여기고, 친근한 자를 친애해야 하는 도를 알지 못하게 되었다. 그렇기 때문에 무왕은 탕임금을 계승하며 친근한 자를 친애해야 하는 도를 존귀하게 여겼으니, "주나라 때 제후들과 회맹을 함에는 천자와 동성인 자를 먼저 기록하고 이성인 자를 뒤에 기록했다."[1]라고 한 뜻에 해당한다. 사대 때의 통치는 그 시기에 따라 폐단을 구제하여, 존귀하게 여기는 것이 비록 달랐지만, 나이를 존숭하는 것은 동일하여, 나이가 많은 자를 챙기지 않거나 숭상하지 않았던 자가 없었다. 따라서 나이가 천하의 모든 사람들이 공동으로 높이는 대상이 된 것은 오래된 일이니,[2] "나의 어르신을 어르신으로 모셔서 남의 어르신에게까지 미친다."[3]라고 한 것이다. 그러므로 나이가 많은 자를 존귀하게 높였던 것이고, 부모를 섬겼던 것 다음으로 존귀하게 여겼다. 그러나 존귀하게 높였던 네 가지 또한 사대 때 동일하게 여겼던 것이지만, 『예기』를 기록한 자는 고대로부터 나이를 숭상했다는 것에 주안점을 두어 말했기 때문에 이처럼 기록한 것이니, 독자들은 표면적인 기록에 의해 참된 뜻을 놓치지 말아야 한다.

1) 『춘추좌씨전』「은공(隱公) 11년」: 公使羽父請于薛侯曰, "君與滕侯辱在寡人, 周諺有之曰, '山有木, 工則度之; 賓有禮, 主則擇之.' 周之宗盟, 異姓爲後. 寡人若朝于薛, 不敢與諸任齒. 君若辱貺寡人, 則願以滕君爲請."

2) 『맹자』「공손추하(公孫丑下)」: 天下有達尊三, 爵一, 齒一, 德一.

3) 『맹자』「양혜왕상(梁惠王上)」: 老吾老, 以及人之老, 幼吾幼, 以及人之幼. 天下可運於掌.

經文

是故朝廷同爵則尙齒. 七十杖於朝, 君問則席, 八十不俟朝, 君問則就之, 而弟達乎朝廷矣.〈040〉

이러한 까닭으로 조정에서는 작위가 같으면 나이가 많은 자를 높인다. 또 70세가 된 신하는 조정에서 지팡이를 짚을 수 있고, 군주가 그에게 하문하게 되면 그를 위해 자리를 펴고 그를 자리에 앉게 한다. 또 80세가 된 신하는 조정의 일이 모두 끝날 때까지 기다리지 않고 군주에게 읍을 하면 물러가며, 군주가 그에게 하문하게 되면 그의 집으로 찾아가니, 어른을 공경함이 조정에서 두루 시행되었던 것이다.

集說

古者視朝之禮, 君臣皆立, 七十杖於朝, 據杖而立也. 君問則席, 謂君若有問, 則爲之布席於堂而使之坐也. 不俟朝, 謂見君而揖之卽退, 不待朝事畢也. 就之, 卽其家也.

고대에 조정에 참여하는 예법에서는 군주와 신하가 모두 자리에 서 있었으니, 70세인 자가 조정에서 지팡이를 잡는다고 한 것은 지팡이에 의지하여 서 있다는 뜻이다. '군문즉석(君問則席)'은 군주가 만약 하문할 일이 있다면, 그를 위해 당상에 자리를 펴고 그로 하여금 자리에 앉게 만든다는 뜻이다. '불사조(不俟朝)'는 군주를 알현하고 읍을 하면 곧 물러나며, 조정의 일이 모두 끝날 때까지 기다리지 않는다는 뜻이다. '취지(就之)'는 그의 집으로 찾아간다는 뜻이다.

經文

行肩而不併[步頂反]**, 不錯則隨, 見老者則車徒辟**[避]**, 斑白者不以其任行乎道路, 而弟達乎道路矣.**〈041〉

도로에서 나이가 어린 자와 많은 자가 함께 걸어가게 되면 나이가 어린 자는 나이가 많은 자와 어깨를 나란히['併'자는 '步(보)'자와 '頂(정)'자의 반절음이다.] 해서 걷지 않고, 상대가 자신의 형 연배에 해당한다면 대각선 방향으로 물러나서 걷고, 자신의 부친 연배에 해당한다면 바로 뒤쪽 방향으로 물러나서 걷는다. 또 도로에서 노인을 보게 된다면 수레에 탔거나 도보로 걷는 자들은 모두 그를 피해준다.['辟'자의 음은 '避(피)'이다.] 머리가 반백인 자들은 짐을 지고 도로에서 걷지 않으니, 어른을 공경함이 도로에서 두루 시행되었던 것이다.

集說

此言少者與長者同行之禮. 併, 竝也, 肩而不併, 謂少者不可以肩齊竝長者之肩, 當差退在後也. 不錯則隨, 謂此長者若是兄之輩, 則爲鴈行之差錯, 稍偏而後之; 若是父之輩, 則直隨從其後矣. 車徒辟, 言或乘車, 或徒行, 皆當避之也. 任, 所負戴之物也, 不以任行道路, 卽孟子"頒白者不負戴於道路矣."

이것은 나이가 어린 자와 많은 자가 함께 걸어갈 때의 예법을 뜻한다. '병(併)'자는 나란히라는 뜻이니, '견이불병(肩而不併)'은 나이가 어린 자는 자신의 어깨를 나이가 많은 자의 어깨와 나란히 두고 걸을 수 없으므로, 마땅히 뒤로 조금 물러나야 한다는 뜻이다. '불착즉수(不錯則隨)'는 나이가 많은 자가 만약 자신의 형과 동년배라고 한다면 기러기가 날아갈 때 삼각형으로 대열을 짜서 날아가는 것처럼 하니, 조금 측면으로 치우쳐서 뒤로 물러나서 걷고, 만약 자신의 부친과 동년배라고 한다면 그와 일직선상에서 그 뒤를 따라간다는 뜻이다. '거도피(車徒辟)'는 수레에 탔거나 도보로 걷는 자들은 모두 그를 피해주어야 한다는 뜻이다. '임(任)'은 등에 짊어지거나 머리에 얹은 물건이니, 짐을 들고 도로를 걷지 않는 것은 『맹자』에서 "머리가 반백인 자는 도로에서 짐을 짊어지거나 머리에 얹지 않는다."[4]라고 한 말에 해당한다.

經文

居鄕以齒, 而老窮不遺, 强不犯弱, 衆不暴寡, 而弟達乎州巷矣.〈042〉

향리에 있을 때에는 나이에 따라 서열을 정하고, 나이가 들거나 궁벽한 자라도 버려두지 않는다. 또 강한 자가 약한 자를 범하지 않고 다수가 소수에게 난폭하게 굴지 않으니, 어른을 공경함이 향리에서 두루 시행되었던 것이다.

集說

遺, 棄也.

'유(遺)'자는 "버린다."는 뜻이다.

鄭氏曰: 一鄕者, 五州. 巷, 猶閭也.

정현이 말하길, 1개의 향(鄕)은 5개의 주(州) 단위이다. '항(巷)'은 여(閭)라는 행정단위와 같다.

經文

古之道, 五十不爲甸徒, 頒禽隆諸長者, 而弟達乎獀[蒐]狩矣.〈043〉

고대의 도리에 있어서, 50세가 된 자는 사냥의 몰이꾼으로 동원되지 않

4) 『맹자』「양혜왕상(梁惠王上)」: 謹庠序之敎, 申之以孝悌之義, 頒白者不負戴於道路矣.

는다. 사냥을 끝내고 짐승들을 나눠줄 때에는 나이가 많은 자에게 더 많이 분배하니, 어른을 공경함이 사냥에서[‘獀’자의 음은 ‘蒐(수)’이다.] 두루 시행되었던 것이다.

集說

四井爲邑, 四邑爲丘, 四丘爲甸, 君田獵, 則起其民爲卒徒, 故曰甸徒, 五十始衰, 故不供此役也. 頒, 猶分也. 隆, 猶多也. 田畢分禽, 則長者受賜多於少者. 春獵爲獀, 冬獵爲狩, 擧此則夏秋可知.

4개의 정(井)은 1개의 읍(邑)이 되고, 4개의 읍(邑)은 1개의 구(丘)가 되며, 4개의 구(丘)는 1개의 전(甸)이 되는데, 군주가 사냥을 하게 되면 그 지역에 속한 백성들을 동원하여 몰이꾼으로 삼는다. 그렇기 때문에 ‘전도(甸徒)’라고 부른 것이며, 50세가 되면 비로소 쇠약해지기 시작하기 때문에 이러한 부역에 참여하지 않는다. ‘반(頒)’자는 “나눠준다.”는 뜻이다. ‘융(隆)’자는 “많다.”는 뜻이다. 사냥이 끝나면 포획한 짐승들을 나눠주는데, 나이가 많은 자는 나이가 어린 자보다 많이 받는다는 뜻이다. 봄의 사냥을 ‘수(獀)’라고 부르고, 겨울의 사냥을 ‘수(狩)’라고 부르니, 이 두 말을 제시하였다면, 여름과 가을의 사냥에서도 이처럼 했음을 알 수 있다.

經文

軍旅什伍, 同爵則尙齒, 而弟達乎軍旅矣. 〈044〉

군대의 대오에서 계급이 같다면 나이가 많은 자를 숭상하니, 어른을 공경함이 군대에서 두루 시행되었던 것이다.

集說

五人爲伍, 二伍爲什.

5명은 1오(伍)가 되고, 2오(伍)는 1십(什)이 된다.

經文

孝弟發諸朝廷, 行乎道路, 至乎州巷, 放[上聲]乎獀狩, 脩乎軍旅, 衆以義死之而弗敢犯也.〈045〉

효제의 도리가 조정에서 지켜지기 시작하여, 도로에서 행해지고, 향리에서 시행되며, 사냥과 군대에서까지 지켜지면['放'자는 상성으로 읽는다.] 모두가 효제의 도리에 따라 죽음을 무릅쓰고 감히 범하지 않는다.

集說

自朝廷至軍旅, 其人可謂衆矣, 然皆以通達孝弟之義, 死於孝弟而不敢干犯也.

조정으로부터 군대에 이르기까지 그 안에 포함된 사람들은 '중(衆)'이라 부를 수 있다. 그런데 모두가 효제의 도의에 통달함으로써 효제를 위해 죽음을 무릅쓰고 감히 범하지 않는다.

淺見

近按: 右自"昔者"以下至此, 皆以弟言.

내가 살펴보니, '석자(昔者)'라는 말로부터 그 이하로 이곳에 이르기까지는 모두 '제(弟)'를 기준으로 말한 것이다.

經文

祀乎明堂, 所以教諸侯之孝也. 食[嗣]三老・五更於大[泰]學, 所以教諸侯之弟也. 祀先賢於西學, 所以教諸侯之德也. 耕藉, 所以教諸侯之養[去聲]也. 朝覲, 所以教諸侯之臣也. 五者天下之大教也.〈046〉

명당에서 제사를 지내는 것은 제후들이 지녀야 할 효의 도리를 가르치는 방법이다. 태학에서['大'자의 음은 '泰(태)'이다.] 삼로와 오경에게 식사를['食'자의 음은 '嗣(사)'이다.] 대접하는 것은 제후들이 지녀야 할 공경의 도리를 가르치는 방법이다. 서학에서 선현에게 제사를 지내는 것은 제후들이 지녀야 할 덕을 가르치는 방법이다. 적전을 경작함은 제후들이 시행해야 할 봉양의['養'자는 거성으로 읽는다.] 도리를 가르치는 방법이다. 조근의 의례를 시행하는 것은 제후들이 지녀야 할 신하의 도리를 가르치는 방법이다. 이러한 다섯 가지는 천하를 다스리는 큰 교화이다.

集說

西學, 西郊之學, 周之小學也, 王制云 "虞庠在國之西郊", 是也.

'서학(西學)'은 서쪽 교외에 설치한 학교이니, 주나라 때의 소학(小學)이다. 『예기』「왕제(王制)」편에서 "우상은 수도의 서쪽 교외에 위치했다."고 한 말에 해당한다.

方氏曰: 先賢, 則樂祖是也. 西學, 則瞽宗是也. 樂祖有道德者, 故曰敎諸侯之德. 耕藉, 所以事神致養之道, 故曰敎諸侯之養. 朝覲, 所以尊天子, 故曰敎諸侯之臣. 樂記先朝覲而後耕藉者, 武王初有天下, 君臣之分, 辨之不可早也.

방씨가 말하길, '선현(先賢)'은 악조(樂祖)[1]에 해당한다. '서학(西學)'은 고종에 해당한다. 악조는 도덕을 갖춘 자이기 때문에 "제후들이 지녀야 할 덕을 가르친다."고 했다. "적전을 경작한다."는 것은 신을 섬기며 봉양을 다하는 도리이다. 그렇기 때문에 "제후들이 지녀야 할 봉양의 도리를 가르친다."고 했다. '조근(朝覲)'은 천자를 존숭하는 것이다. 그렇기 때문에 "제후들이 지녀야 할 신하의 자세를 가르친다."고 했다. 『예기』「악기(樂記)」편에서 조근을 먼저 언급하고 적전 경작하는 일을 뒤에 말한 것은 무왕이 최초 천하를 소유했을 때, 군신간의 구분에 있어서 하루 빨리 구별하지 않을 수 없었기 때문이다.

經文

食三老·五更於大學, 天子袒而割牲, 執醬而饋, 執爵而酳[以刄反], **冕而摠干, 所以教諸侯之弟也. 是故鄉里有齒, 而老窮不遺, 强不犯弱, 衆不暴寡, 此由大學來者也.**〈047〉

태학에서 삼로와 오경에게 식사를 대접할 때, 천자는 옷을 걷고 희생물을 직접 자르고, 장 등을 들고서 음식을 바쳤으며, 술잔을 들고서 입가심하는['酳'자는 '以(이)'자와 '刄(인)'자의 반절음이다.] 술을 따랐고, 면류관을 쓰고 방패를 들고서 춤을 추웠으니, 제후들이 지녀야 할 공경의 도리를 가르치는 방법이다. 이러한 까닭으로 향리에서는 나이에 따른 서열을 지키게 되어서, 나이가 들거나 궁벽한 자라도 버려두지 않았으며, 강한 자가 약한 자를 범하지 않았고, 다수가 소수에게 난폭하게 굴지 않았으니, 이러한 도리는 모두 태학의 가르침으로부터 나타난 것이다.

---

1) 악조(樂祖)는 예악(禮樂)을 가르쳤던 선사(先師)들이다. 예전에는 도덕(道德)을 갖춘 인물로 태학(太學)에 들여보내서, 국자(國子)들을 가르치도록 하였다. 그리고 그들이 죽게 되면 '악조'로 삼아서, 고종(瞽宗)에서 제사를 지냈다. 『주례』「춘관(春官)·대사악(大司樂)」편에는 "凡有道者有德者, 使教焉. 死則以爲樂祖, 祭於瞽宗."이라는 기록이 있다.

集說

袒而割牲者, 袒衣而割制牲體爲俎實也. 饋, 進食也. 酳, 食畢而以酒虛口也. 揔干, 揔持干盾以立于舞位也. 鄉里有齒, 言人皆知長少之序也.

'단이할생(袒而割牲)'은 옷을 걷고 희생물의 몸체를 갈라 도마에 올린다는 뜻이다. '궤(饋)'자는 음식을 바친다는 뜻이다. '인(酳)'은 식사를 끝내면 술로 입을 헹군다는 뜻이다. '총간(揔干)'은 방패를 들고 무용수들의 대열에 위치한다는 뜻이다. '향리유치(鄉里有齒)'는 사람들이 모두 나이에 따른 서열을 안다는 뜻이다.

經文

天子設四學, 當入學而大[泰]子齒.〈048〉

천자는 사대 때의 학교를 세우지만, 태자가['大'자의 음은 '泰(태)'이다.] 학교에 입학하게 되면 동급생들과 함께 나이에 따라 서열을 정한다.

集說

四學, 虞·夏·殷·周四代之學也. 大子齒, 謂大子與同學者序長幼之位, 不以貴加人也.

'사학(四學)'은 우·하·은·주 사대 때의 학교를 뜻한다. '태자치(大子齒)'는 태자는 동급생들과 함께 나이에 따른 서열을 정하며, 신분의 고귀함을 빌미로 남보다 위에 있지 않다는 뜻이다.

經文

天子巡守[去聲], 諸侯待于竟[境], 天子先見百年者. 八十九十者東行, 西行者弗敢過; 西行, 東行者弗敢過, 欲言政者, 君就之可也.〈049〉

천자가 순수를['守'자는 거성으로 읽는다.] 하게 되면 제후는 국경까지['竟'자의 음은 '境(경)'이다.] 마중 나와서 기다리며, 천자가 제후국에 들어가면 우선적으로 나이가 100세인 자를 만나본다. 80세나 90세인 자가 동쪽으로 가게 되면 서쪽으로 가던 일행은 감히 그를 앞질러서 가지 않는다. 또 그들이 서쪽으로 가게 되면 동쪽으로 가던 일행은 감히 그를 앞질러서 가지 않는다. 노인 중 정치적 의견을 진술하고자 하는 자가 있다면 군주는 그에게 찾아가서 그 말을 듣는 것이 옳다.

集說

應氏曰: 彼向東, 此向西; 彼西行, 此趨東. 是相違而不相值, 然必駐行反, 迂謁而見之, 不敢超越徑過也.

응씨가 말하길, 상대가 동쪽을 향해 가고 본인이 서쪽을 향해 가며, 상대가 서쪽을 향해 하고 본인이 동쪽을 향해 간다는 뜻이다. 이러한 경우에는 서로 거리를 두어서 서로 겹치지 않도록 하니, 반드시 가던 것을 멈추어 되돌아오고 우회하여 청해서 만나보며, 감히 상대를 앞질러 빨리 가서는 안 된다.

經文

一命齒于鄕里, 再命齒于族, 三命不齒, 族有七十者弗敢先. 七十者不有大故不入朝; 若有大故而入, 君必與之揖讓, 而後及孜者.〈050〉

1명의 등급을 가진 자는 향리에서 나이에 따라 서열을 정한다. 2명의 등급을 가진 자는 족인들과 나이에 따라 서열을 정한다. 3명의 등급을 가진 자는 나이에 따라 서열을 정하지 않지만, 족인들 중 70세인 자가 있다면, 감히 그보다 먼저 자리에 앉지 않는다. 70세인 자는 중대한 이유가 있지 않으면 입조하지 않는다. 만약 중대한 이유가 있어서 입조하게 되면, 군주는 조정에 참관하여 우선적으로 그와 읍을 해서 겸양의 뜻을 나타내야 하며, 그 이후에는 작위를 가진 자들에게 읍을 한다.

集說

方氏曰: 一命齒于鄕里, 非其鄕里, 則以爵而不以齒可知. 再命齒于族, 非其族, 則以爵而不以齒亦可知. 三命不齒, 雖於其族, 亦不得而齒之矣, 則鄕里又可知. 然此特貴貴之義耳, 至於老老之仁, 又不可得而廢焉, 故族有七十者弗敢先也. 先, 謂鄕飮之席, 待七十者先入而后入也. 君與之揖讓而后及爵者, 豈族之三命得以先之乎? 五州爲鄕, 五鄰爲里, 於遠擧鄕, 則近至於五比之閭可知; 於近擧里, 則遠達於五縣之遂可知. 六鄕六遂, 足以互見也. 此言族, 周官所謂父族也. 蓋有天下者謂之王族, 有國者謂之公族, 有家者則謂之官族, 以傳代言之則曰世族, 以主祭言之則曰宗族.

방씨가 말하길, "1명(命)의 등급을 가진 자는 향리에서 나이에 따라 서열을 정한다."라고 했는데, 향리가 아니라면 작위에 따라 서열을 정하며 나이에 따라 서열을 정하지 않는다는 사실을 알 수 있다. "2명(命)의 등급을 가진 자는 족인들과 나이에 따라 서열을 정한다."라고 했는데, 족인들과의 자리가 아니라면 작위에 따라 서열을 정하며 나이에 따라 서열을 정하지 않는다는 사실 또한 알 수 있다. "3명(命)의 등급을 가진 자는 나이에 따라 서열을 정하지 않는다."라고 했으니, 비록 그의 족인들과 있는 자리라도 또한 나이에 따라 서열을 정할 수 없으니, 향리에서도 나이에 따라 서열을 정하지 않는다는 사실 또한 알 수 있다. 그러나 이것은 단지 존귀한 자를 존귀하게 대하는 도의일 따름이니, 노인을 노인으로 대하는 인(仁)은 또한 폐지할 수 없다. 그렇기 때문에 족인들 중 70세인 자가 있다면 감히 그보다 먼저 자리에 앉지 않는 것이다. '선(先)'은 향음주례 등을 시행할 때의 자리이니, 70세인 자가 먼저 들어갈 때까지 기다린 뒤에야 들어간다는 뜻이다. 군주는 그와 함께 읍을 하며 겸양의 뜻을 나타내고 그 이후에 작위를 가진 자들에게 읍을 한다고 했으니, 어찌 족인들 중 3명의 등급을 가진 자가 70세인 자보다도 먼저 자리에 위치할 수 있겠는가? 5개의 주(州)는 1개의 향(鄕)이 되고, 5개의 인(鄰)은 1개의 리(里)가 되는데, 먼 지역에 대해서 향(鄕)을 거론했다면, 가까이 5개의 비(比)가 되는 1개의 여(閭)에 있어서도[2] 이처럼 하게 된다는 사실을 알 수 있고, 가까운 지역에 대해 리(里)를 거론했다면, 멀리 5개의 현(縣)이 되는 1개의 수(遂)에 있어서도[3] 이처럼 하게 된다는 사실을 알 수 있다. 따라서 육향(六鄕)과 육수(六遂)를 거론한 것은 이를 통해 상호 그 뜻을 보완적으로 나타낼 수 있다. 이곳에서 '족(族)'이라고 한 말은 『주례』에서 말한 '부족(父族)'[4]에 해당한다. 무릇 천하를 소유한 자의 친족에 대해서는 '왕족(王族)'이라 부르고, 제후국을 소유한 자의 친족에 대해서는 '공족(公族)'이라 부르며, 대부의 영지를 소유한 자의 친족에 대해서는 '관족(官族)'이라 부르고, 세대를 계승한 것을 기준으로 말한다면 '세족(世族)'이라 부르며, 제사를 주관하는 것을 기준으로 말한다면 '종족(宗族)'이라 부른다.

2) 『주례』「지관(地官) · 대사도(大司徒)」: 令五家爲比, 使之相保. 五比爲閭, 使之相受. 四閭爲族, 使之相葬. 五族爲黨, 使之相救. 五黨爲州, 使之相賙. 五州爲鄕, 使之相賓.

3) 『주례』「지관(地官) · 수인(遂人)」: 五家爲鄰, 五鄰爲里, 四里爲酇, 五酇爲鄙, 五鄙爲縣, 五縣爲遂.

4) 『주례』「지관(地官) · 당정(黨正)」: 國索鬼神而祭祀, 則以禮屬民, 而飮酒于序以正齒位: 壹命齒于鄕里, 再命齒于<u>父族</u>, 三命而不齒.

經文

天子有善, 讓德於天. 諸侯有善, 歸諸天子. 卿·大夫有善, 薦於諸侯. 士·庶人有善, 本諸父母, 存諸長老. 祿爵慶賞, 成諸宗廟, 所以示順也.〈051〉

천자에게 좋은 일이 있으면 하늘에게 그 덕을 양보한다. 제후에게 좋은 일이 있으면 천자에게 그 공을 돌린다. 경과 대부에게 좋은 일이 있으면 제후에게 그 공을 돌린다. 사와 서인에게 좋은 일이 있으면, 부모에게서 비롯되었음을 알리고, 친족 중의 연장자에게 그 공을 돌린다. 군주가 녹봉과 작위 및 상을 하사하는 것을 종묘에서 시행하는 것은 순종함을 드러내는 방법이다.

集說

成諸宗廟, 言於宗廟中命之也, 詳在祭統十倫章.

'성저종묘(成諸宗廟)'는 종묘 안에서 명령을 내린다는 뜻으로, 상세한 설명은 『예기』「제통(祭統)」편의 '십륜장(十倫章)'에 나온다.

經文

昔者, 聖人建陰陽天地之情, 立以爲易. 易抱龜南面, 天子卷[袞]冕北面, 雖有明知[去聲]之心, 必進斷其志焉, 示不敢專, 以尊天地; 善則稱人, 過則稱己, 教不伐, 以尊賢也.〈052〉

예전에 성인은 음양과 천지의 실정을 세워서 『역』을 만들었다. 역관은 거북점을 들고 남쪽을 바라보며, 천자는 곤면을['卷'자의 음은 '袞(곤)'이다.] 착용하고 북쪽을 바라보는데, 비록 밝은 지혜를['知'자는 거성으로 읽는다.] 갖추고 있더라도, 반드시 거북점을 쳐서 그 뜻을 결정하니, 이를 통해 감히 자기마음대로 한 것이 아님을 드러내어 하늘을 존귀하게 높인다. 또 좋은 일이 있으면 남에게 그 공을 돌리고, 과실이 발생하면 자신을 탓하니, 자랑하지 않음을 가르쳐서 이를 통해 현자를 존귀하게 높인다.

集說

方氏曰: 明吉凶之象者莫如易, 示吉凶之象者莫如龜. 南, 則明而有所示之方也, 故易抱龜南面焉. 天子北面, 則以臣禮自處而致其尊也. 南面, 內也; 北面, 外也. 自外至內謂之進, 故曰進斷其志.

방씨가 말하길, 길흉의 형상을 밝히는 것 중에는 『역』만한 것이 없고, 길흉의 형상을 드러내는 것 중에는 거북껍질만한 것이 없다. 남쪽을 향한다면 밝아서 드러내는 방향이 있게 된다. 그렇기 때문에 역관(易官)은 거북껍질을 들고 남쪽을 바라본다. 천자가 북쪽을 바라본다면 신하의 예법으로 자처하여 존경함을 지극히 나타내는 것이다. 남쪽을 바라보는 것은 안쪽에 해당하고 북쪽을 바라보는 것은 바깥쪽에 해당한다. 바깥쪽으로부터 안쪽으로 향하기 때문에 '진(進)'이라 했다. 그렇기 때문에 "나아가서 그 뜻을 결정한다."라고 말한 것이다.

應氏曰: 易, 書也; 抱龜者, 人也. 不曰掌易之人, 而直以爲易者, 蓋明以示天下者易也. 易之道不可屈, 故不於北而於南, 明此以北面者, 臣也, 臣之位不可踰, 故不曰人而曰易, 蓋有深意焉.

응씨가 말하길, 『역』은 책이며, 거북껍질을 들고 있는 자는 사람이다. 그런데 『역』을 담당하는 자라고 말하지 않고 단지 '역(易)'이라고만 말한 것은 천하에 드러내는 것이 『역』임을 나타내기 위해서이다. 『역』의 도는 굽힐 수 없기 때문에 북쪽을 향하도록 하지 않고 남쪽을 향하도록 하는 것이다. 이를 통해서 북쪽을 바라보는 것은 신하임을 드러내니, 신하의 자리로는 뛰어넘을 수 없다. 그렇기 때문에 사람을 언급하지 않고 『역』이라고 말한 것이니, 깊은 뜻이 숨어 있다.

石梁王氏曰: 此說卜者之位, 與儀禮不合, 亦近於張大之辭.

석량왕씨가 말하길, 이것은 거북점을 치는 자의 자리를 설명한 것인데, 『의례』의 기록과 부합되지 않으니, 아마도 과장된 말에 가까운 것 같다.

劉氏曰: 易代天地鬼神以吉凶告天子, 故南面, 如祭祀之尸, 代神之尊也. 天子北面問卜以斷其志, 蓋尊天事神之禮也.

유씨가 말하길, 『역』은 천지의 귀신을 대신하여 길흉을 통해 천자에게 알려준다. 그렇기 때문에 남쪽을 바라보니, 마치 제사의 시동이 신의 존귀함을 대신하는 것과 같다. 천자는 북쪽을 바라보며 거북점을 쳐서 묻고, 이것을 통해 그 뜻을 결정하니, 하늘을 존귀하게 높이고 귀신을 섬기는 예법에 해당한다.

淺見

近按: 右又推言孝弟之敎, 所以施於天下, 推而至於天子北面, 以進斷其志, 於易抱龜者, 則其尊賢之弟, 極其至矣.

내가 살펴보니, 이것은 또한 효제의 가르침을 천하에 베푸는 것을 미루어 언급하였는데, 이를 미루어 역관이 거북껍질을 가지고 있는 것에 대해서 천자가 북면을 하고 이를 통해 나아가 그 뜻을 결정한다고 이르렀으니, 현자를 존귀하게 여기는 제(弟)에 있어서 그 지극함을 다한 것이다.

自"曾子曰"以下至此, 當爲一節.

'증자왈(曾子曰)'로부터 그 이하로 이곳까지는 마땅히 하나의 절이 된다.

무분류

經文

孝子將祭祀, 必有齊莊之心以慮事, 以具服物, 以脩宮室, 以治百事. 及祭之日, 顔色必溫, 行必恐, 如懼不及愛然. 其奠之也, 容貌必溫, 身必詘[屈], 如語焉而未之然. 宿者皆出, 其立卑靜以正, 如將弗見然. 及祭之後, 陶陶[如字]遂遂, 如將復入然. 是故慤善不違身, 耳目不違心, 思[去聲]慮不違親; 結諸心, 形諸色, 而術省[息井反]之. 孝子之志也.〈053〉

자식이 제사를 지내려고 할 때에는 반드시 재계하고 엄숙한 마음을 지니고, 이를 통해 일들에 대해 계획하고, 의복과 사물들을 갖추며, 종묘를 수리하고, 모든 사안들을 처리한다. 제사를 치르는 당일이 되면, 안색은 반드시 온화하고 행동은 반드시 두려움이 있는 것처럼 조심스러우니, 마치 친애함에 부족함이 있을까 염려하는 것처럼 한다. 제수를 진설할 때에는 행동은 반드시 온화하게 되고 몸은 반드시 굽히게['詘'자의 음은 '屈(굴)'이다.] 되니, 마치 부모가 무언가를 말하고자 하시나 아직 말하지 않은 것처럼 한다. 중요 절차가 끝나고 머물던 자들이 모두 밖으로 나가면, 자식은 서 있으며 자세를 낮추고 고요하게 처신해서 올바르게 따르니, 마치 앞으로는 다시 볼 수 없을 것처럼 한다. 제사가 모두 끝나게 되면, 안팎으로 부모를 그리워하는['陶'자는 글자대로 읽는다.] 마음이 두루 통하니, 마치 부모가 다시 찾아올 때처럼 한다. 이러한 까닭으로 정성과 선함이 몸에서 떠나지 않아서 항상 공경스럽게 행동하고, 보고 듣는 것들도 마음을 위배하지 않아서 마음에['思'자는 거성으로 읽는다.] 보존된 친애함을 혼란스럽게 만들지 않는다. 마음에 그리워하는 마음이 맺혀 있고 형색을 통해 나타나고, 매사를 신중히 생각하고 살핀다.['省'자는 '息(식)'자와 '井(정)'자의 반절음이다.] 이것이 바로 자식의 뜻이다.

集說

慤善不違身, 周旋升降, 無非敬也. 耳目不違心, 所聞所見, 不得以亂其心之所存也. 結者, 不可解之意. 術, 與述同, 述省, 猶循省也, 謂每事思省.

'각선불위신(慤善不違身)'은 몸을 움직이고 오르고 내릴 때 공경스럽지 않은 것이 없다는 뜻이다. '이목불위심(耳目不違心)'은 듣고 보는 것이 마음에 보존된 것을 혼란스럽게 만들 수 없다는 뜻이다. '결(結)'은 풀 수 없다는 뜻이다. '술(術)'자는 술(述)자와 동일하니, '술성(述省)'은 자세히 살핀다는 의미로, 매사를 자세히 고려하고 살핀다는 뜻이다.

方氏曰: 於其來也, 如懼不及愛然; 及旣來也, 又如語而未之然. 於其往也, 如將弗見然; 及旣往也, 又如將復入然. 則是孝子之思其親, 無物足以慊其心, 無時可以絶其念. 如懼不及愛然, 卽前經所謂致愛則存, 是矣. 如語焉而未之然, 卽所謂如親聽命, 是矣. 如將弗見然, 卽所謂如將失之, 是矣. 如將復入然, 卽所謂又從而思之, 是矣. 愛者, 愛其親也; 懼不及愛者, 懼愛親之心有所未至也. 語者, 親之語也; 語而未之然, 如親欲有所語而未發也. 陶陶, 言思親之心存乎內; 遂遂, 言思親之心達乎外. 祭後猶如此者, 以其如將復入故也.

방씨가 말하길, 신령이 찾아오는 것에 대해서 마치 친애함이 미치지 못할 것을 걱정하는 것처럼 하고, 신령이 이미 도래했을 때에는 또한 말을 하려고 하나 아직 하지 않은 것처럼 한다. 또 신령이 떠나갈 때에는 마치 앞으로 보지 못할 것처럼 하고, 이미 떠나갔을 때에는 또한 다시 찾아올 것처럼 한다. 이러한 것은 자식이 부모를 그리워함에, 그 어떤 것도 그 마음을 흡족하게 만들 수 없고 또 어느 때이건 부모에 대한 생각을 끊을 수 없음을 뜻한다. "마치 친애함이 미치지 못할 것을 걱정하는 것처럼 한다."는 말은 앞의 경문에서 "친애함을 지극히 하면 보존된다."라고 한 말에 해당한다. "마치 말을 하되 아직 하지 않은 것처럼 한다."는 말은 "마치 부모로부터 직접 명령을 받는 것처럼 한다."라고 한 말에 해당한다. "마치 앞으로 보지 못할 것처럼 한다."는 말은 "마치 앞으로 잃게 되는 것처럼 한다."라고 한 말에 해당한다. "마치 다시 찾아오는 것처럼 한다."는 말은 "또 그에 따라 부모를 생각한다."라고 한 말에 해당한다. '애(愛)'는 부모를 친애한다는 뜻이며, '구불급애(懼不及愛)'는 부모를 친애하는 마음에 지극하지 못한 점이 있을까를 염려한다는 뜻이다. '어(語)'는 부모의 말이며, '어이미지연(語而未之然)'은 부모가 하고 싶은 말이 있지만 아직 하지 않은 것과 같다는 뜻이다. '도도(陶陶)'는 부모를 그리워하는 마음이 내면에 보존되어 있음을 뜻하고, '수수(遂遂)'는 부모를 그리워하는 마음이 외적으로 두루 나타난 것을 뜻한다. 제사를 지낸 이후에도 여전히 이와 같은 것은 마치 다시 찾아올 것처럼 여기기 때문이다.

淺見

近按: 此又言祭, 以終此篇之義. 蓋前言孝弟, 而又繼之以祭, 以明由孝弟而可以祀乎神明也.

내가 살펴보니, 이것은 또한 제사에 대해 언급하여 이 편의 뜻을 끝맺은 것이다. 앞에서는 효제를 언급했고, 또 그에 이어서 제사를 언급하여 효제로부터 말미암아야만 신명에게 제사를 지낼 수 있다는 뜻을 나타낸 것이다.

經文

建國之神位, 右社稷而左宗廟.〈054〉

나라의 신위를 세울 때, 사직은 궁실의 우측에 두고, 종묘는 좌측에 둔다.

集說

方氏曰: 神無方也, 無方則無位, 所謂神位者, 亦人位之耳, 故以建言之, 建之斯有矣. 王氏謂"右, 陰也, 地道所尊, 故右社稷; 左, 陽也, 人道之所鄉, 故左宗廟." 位宗廟於人道所鄉, 亦不死其親之意.

방씨가 말하길, 신령은 정해진 장소가 없는데, 정해진 장소가 없다면 신령을 모시는 자리가 없으니, 이른바 신위라는 것은 또한 사람이 그 자리를 마련한 것일 뿐이다. 그렇기 때문에 "세운다."라고 말한 것으로, 세웠으므로 생긴 것이다. 왕씨는 "우측은 음(陰)에 해당하고 땅의 도에서 존귀하게 높이는 것이기 때문에 사직(社稷)을 우측에 둔 것이다. 좌측은 양(陽)에 해당하고 사람의 도리에서 지향하는 바이기 때문에 종묘(宗廟)를 좌측에 둔다."라고 했다. 사람의 도리에서 지향하는 방위에 종묘를 세우는 것 또한 부모를 죽은 자로만 대하지 않는다는 뜻에 해당한다.

淺見

近按: 篇首先言孝子之祭, 而次言郊祭, 篇終又言孝子之祭, 而兼言社稷, 祭祀之義備矣, 一篇之旨終矣. 明乎郊社之禮, 禘嘗之義, 治國其如視諸掌乎, 故篇中又多言治及天下之事也.

내가 살펴보니, 이 편의 첫 부분에서는 먼저 자식이 제사지내는 것을 언급했고, 그 다음에는 교제를 언급했으며, 편의 끝에서는 재차 자식이 제사지내는 것을 언급하며 아울러 사직에 대해서도 언급했으니, 제사의 의미가 갖춰진 것이며, 이 한 편의 뜻이 종결된 것이다. 교사의 예법과 체상의 뜻에 밝다면 나라를 다스리는 것은 손바닥을 살펴보는 것과 같을 것이다. 그렇기 때문에 편 중에서는 다스림이 천하에 미치는 사안까지도 많이 언급한 것이다.

禮記淺見錄卷第二十一

『예기천견록』 21권

「제통(祭統)」

集說

鄭氏曰: 統, 猶本也.

정현이 말하길, '통(統)'자는 근본과 같은 뜻이다.

淺見

近按: 祭法·祭義·祭統三篇, 皆言祭祀之禮, 而名篇之意, 不同, 法以制言, 義以事言, 而統者本也, 以其理之生於心者言也.

내가 살펴보니, 「제법」·「제의」·「제통」 3편은 모두 제사의 예법을 말하고 있지만 편을 명칭한 뜻은 다르니, '법(法)'자는 제정한다는 뜻으로 말한 것이고, '의(義)'자는 사안을 중심으로 말한 것인데, '통(統)'자는 근본에 해당하니, 그 이치가 마음에서 생겨났음을 말한 것이다.

「제통」편 문장 순서 비교

『예기집설』	『예기천견록』	
	구분	문장
001	1절	001
002		002
003		003
004		004
005		005
006		006
007		007
008		008
009		009
010		010
011		011
012		012
013		013
014		014
015	2절	015
016		016
017		017
018		018
019		019
020		020
021		021
022		022
023		023
024		024
025		025
026	3절	026
027		027
028		028
029		029
030	무분류	030
031		031
032		032
033		033

『예기집설』	『예기천견록』	
	구분	문장
034	무분류	034
035		035
036		036
037		037
038		038

제 1 절

經文

凡治人之道, 莫急於禮. 禮有五經, 莫重於祭. 夫祭者, 非物自外至者也, 自中出生於心者也. 心怵[黜]而奉之以禮, 是故唯賢者能盡祭之義.〈001〉

무릇 사람을 다스리는 도리 중에서 예보다 급선무인 것은 없다. 또 예에는 오경이 있지만 제사보다 중대한 것은 없다. 제사라는 것은 사물이 외부로부터 오는 것이 아니며, 내면으로부터 나타나니, 마음에서 생겨나는 것이다. 마음이 두렵고 슬퍼지게 되어['怵'자의 음은 '黜(출)'이다.] 예법에 따라 받든다. 이러한 까닭으로 오직 현자만이 제사의 뜻을 다할 수 있다.

集說

五經, 吉·凶·軍·賓·嘉之五禮也. 心怵, 卽前篇"君子履之必有怵惕之心", 謂心有感動也.

'오경(五經)'은 길례(吉禮)[1]·흉례(凶禮)[2]·군례(軍禮)[3]·빈례(賓禮)[4]·

1) 길례(吉禮)는 오례(五禮) 중 하나로, 제사에 대한 예제(禮制)를 뜻한다. 고대에는 제사 자체를 길(吉)한 일로 여겼기 때문에, 제례(祭禮)를 '길례'로 여겼다.

2) 흉례(凶禮)는 재앙 등의 일에 봉착했을 때, 애도를 표시하거나 구휼하는 예제(禮制)를 뜻한다. 또한 '흉례'는 상례(喪禮)를 지칭하는 용어로도 사용되었다.

3) 군례(軍禮)는 오례(五禮) 중 하나로, 군대와 관련된 예제(禮制)를 뜻한다. 참고적으로 고대 중국에서는 각 계절마다 군대와 관련된 의식을 시행하였는데, 봄에 하는 것을 진려(振旅)라고 불렀고, 여름에 하는 것을 발사(拔舍)라고 불렀으며, 가을에 하는 것을 치병(治兵)이라고 불렀고, 겨울에 하는 것을 대열(大閱)이라고 불렀다. 이러한 의식들이 모두 '군례'에 포함된다.

가례(嘉禮)[5]이다. '심출(心怵)'은 앞 편에서 "군자가 그것을 밟게 되면 반드시 조심스러운 마음이 들게 된다."라고 했던 뜻과 같으니, 마음에 느껴서 움직이는 것이 있다는 의미이다.

方氏曰: 盡其心者, 祭之本, 盡其物者, 祭之末, 有本然後末從之, 故祭非物自外至, 自中出生於心也. 心怵而奉之以禮者, 心有所感於內, 故以禮奉之於外而已, 蓋以其自中出非外至者也. 奉之以禮者, 見乎物; 盡之以義者, 存乎心. 徇其物而忘其心者衆人也, 發於心而形於物者君子也, 故曰: "唯賢者能盡祭之義."

방씨가 말하길, 마음을 다하는 것은 제사의 근본이고, 제물을 모두 갖추는 것은 제사의 말단이니, 근본이 생긴 뒤에야 말단도 그에 따른다. 그렇기 때문에 제사는 그 대상이 외부로부터 오는 것이 아니라 내면으로부터 나타나니, 마음에서 생겨나는 것이다. "마음이 두렵고 슬퍼져서 예법에 따라 받든다."는 것은 마음에 내적으로 느끼는 것이 있기 때문에, 외적으로 예법에 따라 받든다는 뜻일 뿐이니, 무릇 내면으로부터 나오는 것이며 외부로부터 온 것이 아니기 때문이다. "예법에 따라 받든다."는 것은 대상을 통해 나타나고, "의로움에 따라 다한다."는 것은 마음에

4) 빈례(賓禮)는 오례(五禮) 중 하나로, 천자를 찾아뵙거나 천자가 제후들을 만나보거나, 아니면 제후들끼리 회동하는 조빙(朝聘)의 예법(禮法)을 뜻한다. 또한 '빈례'는 손님을 접대하는 예제(禮制)를 뜻하기도 한다. 참고적으로 봄에 천자를 찾아뵙는 것을 조(朝)라고 하였으며, 여름에 찾아뵙는 것을 종(宗)이라고 하였고, 가을에 찾아뵙는 것을 근(覲)이라고 하였으며, 겨울에 찾아뵙는 것을 우(遇)라고 하였다. 또한 제후들이 천자를 찾아뵐 때에는 본래 각각의 제후들마다 정해진 기간이 있었는데, 정해진 기간 외에 찾아뵙는 것을 회(會)라고 하였고, 정해진 기간에 찾아뵙는 것을 동(同)이라고 하였다. 또 천자가 순수(巡守)를 할 때에도 정해진 기간이 있었는데, 정해진 기간이 아닌 때에 제후를 찾아가 보는 것을 문(問)이라고 하였고, 정해진 기간에 찾아가 보는 것을 시(視)라고 하였다.

5) 가례(嘉禮)는 오례(五禮) 중 하나로, 결혼식을 치르거나, 잔치 등을 베풀 때의 예제(禮制)를 뜻한다. 경사스러운 일이라는 뜻에서 가(嘉)자를 붙여서 '가례'라고 부르는 것이다.

달려 있다. 외부 대상만을 따르고 마음을 잊어버리는 것은 일반인들인데, 마음을 나타내어 외부 대상으로 형상화하는 것은 군자이다. 그렇기 때문에 "오직 현자만이 제사의 뜻을 다할 수 있다."고 했다.

淺見

近按: 此言祭之理, 本於中心而生. 心怵, 即前篇怵惕之心. 然前篇則是言因履霜露而有感, 是指一端而言, 此篇則言其中心, 本有自然怵惕之誠心, 而初無所因於感觸而後有者也.

내가 살펴보니, 이것은 제사의 이치는 마음에 근본을 두고 생겨난다는 것을 말한 것이다. '심출(心怵)'은 앞 편에서 '조심스러워하는 마음'이라고 한 것에 해당한다. 그런데 앞 편에서는 이것에 대해 서리와 이슬을 밟은 것에 따라서 느끼게 된다고 했으니, 이것은 한 측면을 가리켜 말한 것이고, 이 편에서는 그 속 마음에 본래부터 자연적으로 조심스러워하는 진실된 마음이 생겨나는 것이며, 애초부터 다른 것을 느끼고 접촉을 한 이후에야 생겨나는 것이 없다고 했다.

經文

賢者之祭也, 必受其福, 非世所謂福也. 福者, 備也, 備者, 百順之名也. 無所不順者之謂備, 言內盡於己, 而外順於道也. 忠臣以事其君, 孝子以事其親, 其本一也. 上則順於鬼神, 外則順於君長, 內則以孝於親, 如此之謂備. 唯賢者能備, 能備然後能祭. 是故賢者之祭也, 致其誠信, 與其忠敬, 奉之以物, 道之以禮, 安之以樂, 參之以時, 明薦之而已矣. 不求其爲[去聲], **此孝子之心也.**〈002〉

현명한 자가 제사를 지낼 때에는 반드시 복을 받게 되는데, 이것은 세간에서 말하는 복이 아니다. 복(福)이라는 것은 비(備)라는 것이며, 비(備)라는 것은 모든 것을 따른다는 뜻이다. 즉 따르지 않음이 없는 것을 '비(備)'라고 부르는데, 이것은 내적으로 자신의 뜻을 다하고 외적으로 도리에 따르는 것을 의미한다. 충신은 이를 통해 군주를 섬기고, 자식은 이를 통해 부모를 섬기는데, 그 근본은 동일하다. 위로는 귀신에게 순종하고, 외적으로는 군주와 연장자에게 순종하며, 내적으로는 이를 통해 부모에게 효를 하니, 이처럼 하는 것을 비(備)라고 부른다. 오직 현자만이 비(備)를 할 수 있는데, 비(備)를 한 뒤에야 제사를 지낼 수 있다. 이러한 까닭으로 현자가 제사를 지내게 되면, 진실과 신의 및 충심과 공경을 다하고, 사물을 통해 받들고, 예를 통해 인도하며 음악을 통해 편안하게 하고 정해진 시기를 통해 간여하며, 청결하게 제수를 바칠 따름이다. 따라서 세속적인 복을 바라는['爲'자는 거성으로 읽는다.] 마음이 없는 것이 바로 효자의 마음이다.

集說

方氏曰: 誠·信·忠·敬, 四者祭之本, 所謂物者, 奉乎此而已; 所謂禮者, 道乎此而已; 所謂樂者, 安乎此而已; 所謂時者, 參乎此而已.

방씨가 말하길, 진실 · 신의 · 충심 · 공경이라는 네 가지는 제사의 근본이 되며, 이른바 '물(物)'이라는 것은 이러한 것들을 받드는 것일 따름이고, 이른바 '예(禮)'라는 것은 이러한 것들을 인도할 따름이며, 이른바 '악(樂)'이라는 것은 이러한 것들을 편안하게 할 따름이고, 이른바 '시(時)'라는 것은 이러한 것들에 참여할 따름이다.

應氏曰: 不求其爲, 無求福之心也, 所謂祭祀不祈也.

응씨가 말하길, '불구기위(不求其爲)'는 복을 바라는 마음이 없다는 뜻이니, "제사에서는 개인적인 복을 기원하지 않는다."는 뜻이다.

淺見

近按: 前篇每稱孝子之祭, 而此言賢者, 蓋孝者指其一端, 而賢則行其全德, 且又備擧內外以言之, 故不曰孝而曰賢, 人能盡孝之道, 則其爲人乃賢者也. 是比前篇, 則進一步而言之也. 然其本則孝而已, 故其末又以孝子之心結之也.

내가 살펴보니, 앞 편에서는 매번 '효자지제(孝子之祭)'라고 지칭했는데, 이곳에서는 '현자(賢者)'라고 지칭을 했으니, 효라는 것은 한 측면만을 가리키지만, 현명함은 온전한 덕을 시행하는 것이며, 또 내외를 갖춰 제시해서 말을 했기 때문에, 효(孝)라 말하지 않고 현(賢)이라 말한 것이니, 사람 중 효의 도를 다할 수 있다면, 그 사람은 곧 현자에 해당한다. 이것은 앞 편에 비교를 해보면 한 걸음 더 나아간 상태에서 언급을 한 것이다. 그러나 그 근본은 효일 따름이다. 그렇기 때문에 말미에서는 재차 효자의 마음이라는 것을 통해 결론을 맺었다.

經文

祭者, 所以追養[去聲]繼孝也. 孝者畜[敕六反]也. 順於道, 不逆於倫, 是之謂畜.〈003〉

제사는 봉양의['養'자는 거성으로 읽는다.] 도리를 미루어 시행하고 효의 뜻을 지속적으로 시행하는 것이다. 효는 봉양하는['畜'자는 '敕(칙)'자와 '六(륙)'자의 반절음이다.] 것이니, 천도에 순응하고 인륜을 거스르지 않는 것을 '축(畜)'이라 부른다.

集說

應氏曰: 追其不及之養, 而繼其未盡之孝也. 畜, 固爲畜養之義, 而亦有止而畜聚之意焉.

응씨가 말하길, 미치지 못하는 봉양의 도리를 미루어 따르고 미진했던 효를 계속하는 것이다. '축(畜)'은 진실로 기르고 봉양한다는 뜻이 되고, 또한 그쳐서 쌓고 모은다는 뜻도 있다.

劉氏曰: 追養其親於旣遠, 繼續其孝而不忘. 畜者, 藏也, 中心藏之而不忘, 是順乎率性之道, 而不逆天敍之倫焉. 詩曰: "心乎愛矣, 遐不謂矣, 中心藏之, 何日忘之", 此畜之意也.

유씨가 말하길, 이미 멀어진 상태에서 부모에 대해 미루어 봉양하고, 효를 지속적으로 시행하여 잊지 않는 것이다. '축(畜)'자는 "보관한다."는 뜻이니, 마음속에 간직하여 잊지 않는 것이 바로 본성에 따르는 도에 순종하고, 천도의 윤리를 거스르지 않는 것이다. 『시』에서 "마음에서 사랑하니, 어찌 말하지 않겠는가, 마음에 간직하고 있으니, 어느 날인들 잊겠는가."[1]라고 했는데, 이것이 바로 축(畜)의 의미이다.

1) 『시』「소아(小雅) · 습상(隰桑)」 : 心乎愛矣, 遐不謂矣. 中心藏之, 何日忘之.

經文

是故孝子之事親也, 有三道焉: 生則養[去聲], 沒則喪, 喪畢則祭. 養則觀其順也, 喪則觀其哀也, 祭則觀其敬而時也. 盡此三道者, 孝子之行[去聲]也. 〈004〉

이러한 까닭으로 자식이 부모를 섬길 때에는 세 가지 도리가 있다. 부모가 살아계실 때에는 봉양의['養'자는 거성으로 읽는다.] 도리를 다하고, 돌아가셨을 때에는 상장의 의례를 다하며, 상례가 끝나면 제례의 도리를 다한다. 봉양을 할 때에는 순종함을 살피고, 상례를 치를 때에는 애통함을 살피며, 제사를 치를 때에는 공경함과 때에 맞게 함을 살핀다. 이러한 세 가지 도리를 다하는 것이 효자의 행동이다.['行'자는 거성으로 읽는다.]

集說

生事之以禮, 死葬之以禮, 祭之以禮. 養以順爲主, 喪以哀爲主, 祭以敬爲主. 時者, 以時思之, 禮時爲大也.

살아계실 때에는 예에 따라 섬기고, 돌아가셔서 장례를 치를 때에는 예에 따라 지내며, 제사를 지낼 때에는 예에 따라 치른다.[2] 봉양할 때에는 순종함을 위주로 하고, 상장례를 치를 때에는 애통함을 위주로 하며, 제사를 치를 때에는 공경함을 위주로 한다. '시(時)'는 때에 맞게 부모를 생각한다는 뜻으로, 예법에서는 때가 가장 중대하다.

淺見

近按: 此篇主言祭之生於心者, 而兼以行言之, 故前章之末以心結

---

2) 『논어』「위정(爲政)」: 孟懿子問孝. 子曰, "無違." 樊遲御, 子告之曰, "孟孫問孝於我, 我對曰, 無違." 樊遲曰, "何謂也?" 子曰, "<u>生事之以禮, 死葬之以禮, 祭之以禮</u>."

之, 而此以行結之也.

내가 살펴보니, 이 편에서는 주로 제사가 마음에서 생겨남을 언급하고 있는데, 행동에 대한 것도 함께 언급을 했다. 그렇기 때문에 앞 장의 끝에서는 마음으로 결론을 맺었는데, 이곳에서는 행동으로 결론을 맺은 것이다.

經文

旣內自盡, 又外求助, 昏禮是也. 故國君取[去聲]夫人之辭曰: "請君之玉女, 與寡人共有敝邑, 事宗廟社稷." 此求助之本也. 夫祭也者, 必夫婦親之, 所以備外內之官也. 官備則具備. 水草之菹, 陸產之醢, 小物備矣. 三牲之俎, 八簋之實, 美物備矣. 昆蟲之異, 草木之實, 陰陽之物備矣. 凡天之所生, 地之所長, 苟可薦者, 莫不咸在, 示盡物也. 外則盡物, 內則盡志, 此祭之心也.〈005〉

이미 내적으로 스스로 그 마음을 다했지만 또한 외적으로 도움을 구하게 되니, 혼례가 바로 여기에 해당한다. 그러므로 군주가 부인을 얻을 ['取'자는 거성으로 읽는다.] 때 전하는 말에 있어서는 "그대의 여식이 나와 함께 우리나라를 다스리고, 종묘와 사직의 제사를 섬길 수 있도록 청합니다."라고 말한다. 이것이 바로 도움을 구하는 근본에 해당한다. 무릇 제사를 지낼 때에는 반드시 부부가 직접 시행하니, 이것이 내외의 직분을 갖추는 것이다. 또 내외의 직분이 갖춰지면 모든 것들이 갖춰지게 된다. 수초 등의 절임이나 육지에서 생산된 산물로 담근 젓갈 등은 미미한 사물들을 갖추는 것이다. 세 희생물을 도마에 담고 여덟 개의 궤에 담은 음식 등은 맛있는 사물들을 갖추는 것이다. 곤충들 중 특별한 것과 초목의 과실 등은 음양에 해당하는 사물들을 갖추는 것이다. 무릇 하늘이 낳아준 것과 땅이 길러준 것들 중에서 바칠 수 있는 것들이라면 모두 갖추지 않는 것이 없으니, 이를 통해 사물들을 모두 갖췄음을 드러낸다. 외적으로 사물들을 모두 갖추고 내적으로 자신의 뜻을 다하는 것이 제사를 지내는 자의 마음이다.

集說

按內則, 可食之物有蜩范者, 蟬與蜂也. 又如蚳醢, 是蟻子所爲. 此言昆蟲之異, 亦此類乎.

『예기』「내칙(內則)」편을 살펴보면, 먹을 수 있는 음식으로 조(蜩)와 범(范)이 포함되어 있는데, 이것은 매미와 벌을 뜻한다. 또 '지해(蚳醢)'와 같은 것은 왕개미 알로 담근 젓갈이다. 따라서 이곳에서 '곤충지이(昆蟲之異)'라고 한 말은 또한 이러한 부류를 뜻할 것이다.

淺見

近按: 篇首言祭之本生於心, 此言求助之本在於昏禮.

내가 살펴보니, 편의 첫 부분에서는 제사의 근본이 마음에서 생겨난다고 했는데, 이곳에서는 도움을 구하는 근본이 혼례에 달려 있음을 언급하였다.

經文

是故天子親耕於南郊，以共齊盛；王后蠶於北郊，以共純[緇]服；諸侯耕於東郊，亦以共齊盛；夫人蠶於北郊，以共冕服．天子·諸侯非莫耕也，王后·夫人非莫蠶也，身致其誠信，誠信之謂盡，盡之謂敬，敬盡然後可以事神明，此祭之道也．〈006〉

이러한 까닭으로 천자는 남쪽 교외에 마련된 적전에서 직접 경작하여 제성을 공급하고, 왕후는 북쪽 교외에 마련된 잠실에서 직접 누에를 쳐서 천자의 제사복장을['純'자의 음은 '緇(치)'이다.] 만든다. 제후는 동쪽 교외에 마련된 적전에서 직접 경작하여 제성을 공급하고, 제후의 부인은 북쪽 교외에 마련된 잠실에서 직접 누에를 쳐서 제후의 제사복장을 만든다. 천자와 제후에게는 경작을 할 수 있는 아랫사람이 없는 것이 아니고, 왕후와 부인에게는 누에를 칠 수 있는 아랫사람이 없는 것이 아니지만, 직접 정성과 신의를 지극히 하니, 정성과 신의를 지극히 하는 것을 '진(盡)'이라 부르고, 이처럼 다하는 것을 '경(敬)'이라 부른다. 따라서 공경을 다하고 정성과 신의를 지극히 한 뒤에야 신명을 섬길 수 있으니, 이러한 것을 제사의 도라고 한다.

集說

祭服皆上玄下纁，天子言緇服，諸侯言冕服．緇服，亦冕服也，緇以色言，冕服則顯其爲祭服耳．非莫耕，非莫蚕，言非無可耕之人，非無可蠶之人也．

제사복장은 모두 상의는 현색으로 하고 하의는 분홍색으로 하는데, 천자의 것은 '치복(緇服)'이라 부르고, 제후의 것은 '면복(冕服)'이라 부른다. 치복 또한 면복에 해당하는데, '치(緇)'자는 그 색깔에 따라 부르는 것이고, 면복은 그 복장이 제사복장이 됨을 현격히 드러낸 말일 뿐이다. '비막경(非莫耕)'과 '비막잠(非莫蠶)'은 경작을 할 수 있는 아랫사람들이 없는 것이 아니고, 양잠을 할 수 있는 아랫사람들이 없는 것이 아니라는 뜻이다.

淺見

近按: 前二節以孝子之心與行結之, 此兩節以祭之心與道結之. 於孝子則言行, 以人之所當爲者言也. 於祭則言道, 以理之所當然者言也. 道卽所當行者, 非有二也. 各以其重者言之.

내가 살펴보니, 앞의 두 절은 자식의 마음과 행실을 통해 결론을 맺었는데, 이곳의 두 절은 제사의 마음과 도로 결론을 맺었다. 자식에 대해서는 행(行)이라 했으니, 사람이 마땅히 행해야 하는 것으로 말한 것이다. 제사에 대해서는 '도(道)'라고 했으니, 이치상 마땅히 그러한 것으로 말한 것이다. 도는 마땅히 행해야 하는 것이므로, 이것은 서로 다른 둘이 아니다. 각각 중요한 것을 기준으로 말한 것이다.

經文

及時將祭, 君子乃齊. 齊之爲言齊也, 齊不齊以致齊者也. 是故君子非有大事也, 非有恭敬也, 則不齊; 不齊則於物無防也, 耆[嗜]欲無止也. 及其將齊也, 防其邪物, 訖其耆欲, 耳不聽樂, 故記曰: "齊者不樂", 言不敢散其志也. 心不苟慮, 必依於道. 手足不苟動, 必依於禮. 是故君子之齊也, 專致其精明之德也, 故散[上聲]齊七日以定之, 致齊三日以齊之. 定之之謂齊, 齊者精明之至也, 然後可以交於神明也.〈007〉

정해진 때가 되어 제사를 지내야 하면, 군자는 곧 재계를 한다. '제(齊)' 자는 정돈한다는 뜻이니, 가지런하지 않은 것을 정돈하여 재계를 지극히 하는 것이다. 이러한 까닭으로 군자는 중대한 사안이 없다면 공경을 나타내야 할 대상이 없어서 재계를 하지 않고, 재계를 하지 않는다면 외부 사안에 대해서 방비함이 없으며, 즐기고['耆'자의 음은 '嗜(기)'이다.] 바라는 것에 대해서도 금지함이 없다. 그러나 재계를 해야 할 때가 되면, 사사로운 사안에 대해 방비하고, 즐기고 바라는 것을 금하며, 귀로는 음악을 듣지 않는다. 그렇기 때문에 고대의 『기』에서는 "재계를 하는 자는 음악을 듣지 않는다."라고 한 것이니, 그 뜻을 감히 흐트러트리지 않는다는 의미이다. 마음으로는 구차한 생각을 하지 않고, 반드시 도에 따른다. 손과 발은 구차하게 움직이지 않고 반드시 예에 따른다. 이러한 까닭으로 군자가 재계를 할 때에는 전적으로 맑고 밝은 덕을 지극히 한다. 그래서 7일 동안 산재를['散'자는 상성으로 읽는다.] 하여 안정시키고, 3일 동안 치재를 하여 가지런하게 만든다. 안정시키는 것을 '제(齊)'라고 부르니, 재계를 하는 것은 맑고 밝은 덕을 지극히 하는 것이다. 이처럼 한 뒤에야 신명과 교감할 수 있다.

集說

於物無防, 物, 猶事也, 不苟慮, 不苟動, 皆所謂防也.

"물(物)에 대해서는 방비함이 없다."라 했는데, '물(物)'자는 사안을 뜻하며, "구차하게 생각하지 않는다."는 것과 "구차하게 움직이지 않는다."는 것은 모두 방비에 해당한다.

淺見

近按: 上總言祭之道備矣, 故此言齊時之事. 不齊則於物無防, 耆欲無止者, 特言齊時之所戒, 止甚於不齊之時耳, 非謂君子當不齊之時, 其於物欲蕩然實無所防止也. 觀者, 不以辭害意可也.

내가 살펴보니, 앞에서는 총괄적으로 제사의 도가 갖춰진 것을 설명하였다. 그렇기 때문에 이곳에서는 재계를 할 때의 사안을 언급하였다. 재계를 하지 않으면 물에 대해 방비함이 없고 즐기고 바라는 것에 대해서도 금지함이 없다는 것은 단지 재계를 할 때 경계해야 할 것은 다만 재계를 하지 않았을 때보다 심하다는 것을 말한 것일 뿐이니, 군자가 재계를 하지 않았을 때 사물과 바라는 것에 있어 방탕하게 하여 실제로 방비하거나 금지하는 바가 없다는 뜻이 아니다. 이를 살피는 자들은 말의 표면적인 뜻으로 인해 본래의 의미를 해치지 않아야만 한다.

經文

是故先[去聲]**期旬有一日, 宮宰宿夫人, 夫人亦散齊七日, 致齊三日. 君致齊於外, 夫人致齊於內, 然後會於大廟. 君純**[緇]**冕立於阼, 夫人副褘立於東房. 君執圭瓚祼尸, 大宗執璋瓚亞祼. 及迎牲, 君執紖**[赤軫反]**, 卿・大夫從**[去聲]**, 士執芻; 宗婦執盎從**[句]**, 夫人薦涗**[詩畏反]**水; 君執鸞刀羞嚌**[才又反]**, 夫人薦豆. 此之謂夫婦親之.**〈008〉

이러한 까닭으로 정해진 기한보다 11일 앞서['先'자는 거성으로 읽는다.] 궁재는 군주의 부인에게 재계를 해야 한다고 아뢰니, 부인 또한 7일 동안 산재를 하고 3일 동안 치재를 한다. 군주는 바깥채에서 치재를 하고, 부인은 안채에서 치재를 하는데, 치제가 끝나면 태묘에 모인다. 군주는 제복을['純'자의 음은 '緇(치)'이다.] 입고 동쪽 계단 위에 서 있게 되고, 부인은 머리장식과 휘의를 입고 동쪽 방에 서 있게 된다. 군주는 규찬을 들고 술을 따라 시동 앞에서 술을 땅에 뿌리고, 대종은 부인을 대신하여 장찬을 들고 술을 따라 군주 다음으로 땅에 술을 뿌린다. 희생물을 맞이할 때가 되면, 군주는 고삐를['紖'자는 '赤(적)'자와 '軫(진)'자의 반절음이다.] 잡고 경과 대부는 군주를 따르며['從'자는 거성으로 읽는다.] 사는 짚을 들고 따른다. 종부는 앙제를 담은 술동이를 들고 부인을 따르고['從'자에서 구문을 끊는다.] 부인은 앙제를 맑게 거른['涗'자는 '詩(시)'자와 '畏(외)'자의 반절음이다.] 술을 바친다. 군주가 난도를 들고 희생물을 갈라 폐와 간을['嚌'자는 '才(재)'자와 '又(우)'자의 반절음이다.] 잘라 바치면 부인은 두를 바친다. 이처럼 하는 것을 부부가 직접 시행한다고 부른다.

集說

宿, 讀爲肅, 猶戒也.

'숙(宿)'자는 숙(肅)자로 풀이하니, "경계를 시킨다."는 뜻이다.

鄭氏曰: 大廟, 始祖廟也. 圭瓚璋瓚, 祼器也, 以圭璋爲柄. 酌鬱鬯曰祼, 大宗亞祼, 容夫人有故攝焉. 紖, 所以牽牲. 芻, 藁也, 殺牲用以薦藉.

정현이 말하길, '태묘(大廟)'는 시조의 묘를 뜻한다. 규찬(圭瓚)과 장찬(璋瓚)은 모두 땅에 술을 뿌릴 때 사용하는 기구들인데, 규(圭)와 장(璋)으로 자루를 만든다. 울창주를 따라서 땅에 뿌리는 것을 '관(祼)'이라 부르는데, 대종(大宗)이 두 번째로 관을 하는 것은 부인에게 사정이 생겨서 대신하는 것까지를 수용하기 위해서이다. '진(紖)'은 희생물을 끌 때 사용하는 끈이다. '추(芻)'는 짚이니, 희생물을 도축할 때 이것을 이용하여 깔개로 깐다.

疏曰: 宗婦執盎從者, 謂同宗之婦, 執盎齊以從夫人也. 夫人薦涚水者, 涚卽盎齊, 以濁用淸酒以涚泲之. 涚水是明水, 宗婦執盎齊從夫人而來, 奠盎齊於位, 夫人乃就盎齊之尊, 酌此涚齊而薦之, 因盎齊有明水, 連言水耳. 君執鸞刀羞嚌者, 嚌, 肝肺也, 嚌有二時, 一是朝踐之時, 取肝以膋貫之, 入室燎於爐炭, 而出薦之主前; 二是饋熟之時, 君以鸞刀割制所羞嚌肺, 橫切之不使絶, 亦奠於俎上, 尸竝嚌之, 故云羞嚌. 一云: "羞, 進也." 夫人薦豆者, 君羞嚌時, 夫人薦此饋食之豆也. 又曰: 郊特牲云: "祭齊加明水", 天子諸侯祭禮, 先有祼尸之事.

소에서 말하길, '종부집앙종(宗婦執盎從)'이라는 말은 같은 종가의 부인들이 앙제(盎齊)를 들고서 부인을 뒤따른다는 뜻이다. '부인천세수(夫人薦涚水)'라고 했는데, '세(涚)'는 곧 앙제를 뜻하니, 술이 탁하여 맑은 술을 이용해서 맑게 걸러내기 때문이다. '세수(涚水)'는 곧 명수를 뜻하는데, 종부는 앙제를 들고 부인을 뒤따라 와서, 자리 앞에 앙제를 담은 술동이를 진열하고, 부인은 곧 앙제를 담은 술동이로 다가가 맑게 거른 술을 따라서 바치는데, 앙제에 명수가 포함된 것에 따라서 연이어 '수(水)'를 언급한 것일 뿐이다. '군집란도수주(君執鸞刀羞嚌)'라고 했는데, '주(嚌)'자는 희생물의 간과 폐를 뜻하며, 주(嚌)를 하는 것에는 두 시기가 있으니, 첫 번째는 조천의 시기에 희생물의 간을 가져다가 지방을 두르고 묘실로 들어가서 화톳불 위에서 태우고, 밖으로 나와서 신주 앞에 바치는 것이다. 두 번째는 궤숙을 할 때, 군주가 난도로 희생물을 가르고, 음식으로 바칠 폐를 잘라내어, 횡으로 저미되 끊어지지 않게 하고, 이것을 또한 도마 위에 올려서, 시동이 맛을 보게 된다. 그렇기 때문에 '수주(羞嚌)'라고 부른다. 한편에서는 "수(羞)자는 진설한다는 뜻이다."라고 했다. 부인이 두를 바친다는 것은 군주가 시동이 맛볼 제수를 바칠 때, 부인이 이러한 궤식의 두를 바친다는 뜻이다. 또 말하길, 『예기』「교특생(郊特牲)」편에서는 "오제를 가지고 제사를 지낼 때 명수를 첨가한다." 고 했는데, 천자와 제후의 제례에서는 그보다 앞서 시동 앞에서 술을 땅에 뿌리는 절차가 있다.

淺見

近按: 此言祭時之事.

내가 살펴보니, 이것은 제사를 지낼 때의 사안을 언급한 것이다.

經文

及入舞, 君執干戚就舞位. 君爲東上, 冕而摠干, 率其群臣以樂皇尸. 是故天子之祭也, 與天下樂之; 諸侯之祭也, 與竟[境]內樂之. 冕而摠干, 率其群臣以樂皇尸, 此與竟內樂之之義也. 〈009〉

종묘로 들어가서 춤을 출 때, 군주는 직접 무용도구인 방패와 도끼를 들고 무용수들의 대열로 나아간다. 군주는 동쪽 끝에 위치하며, 면복을 착용하고 방패를 쥐며, 뭇 신하들을 통솔하여 황시를 즐겁게 만든다. 이러한 까닭으로 천자가 제사를 지내는 것은 천하의 백성들과 즐거워하는 것이고, 제후가 제사를 지내는 것은 자기 영토['竟'자의 음은 '境(경)'이다.] 안의 백성들과 즐거워하는 것이다. 면복을 착용하고 방패를 쥐며 뭇 신하들을 통솔하여 황시를 즐겁게 하니, 이것이 영토 안의 백성들과 즐거워 한다는 뜻이다.

集說

東上, 近主位也. 此明祭時天子·諸侯親在舞位.

동쪽 끝은 신주와 가까운 위치이다. 이것은 제사를 지낼 때, 천자와 제후가 직접 무용수들의 대열에 있게 됨을 나타내고 있다.

淺見

近按: 此言祭時用樂之義.

내가 살펴보니, 이것은 제사를 지낼 때 음악을 사용하는 뜻을 언급한 것이다.

經文

夫祭有三重焉: 獻之屬莫重於祼, 聲莫重於升歌, 舞莫重於武宿夜, 此周道也. 凡三道者, 所以假於外, 而以增君子之志也, 故與志進退. 志輕則亦輕, 志重則亦重. 輕其志而求外之重也, 雖聖人弗能得也, 是故君子之祭也, 必身自盡也, 所以明重也. 道之以禮, 以奉三重而薦諸皇尸, 此聖人之道也.〈010〉

무릇 제사에는 세 가지 중대한 절차가 있다. 술을 바치는 것 중에는 술을 땅에 부어 신을 강림시키는 것보다 중대한 것이 없고, 음악 중에는 당상에 올라가서 노래를 부르는 것보다 중대한 것이 없으며, 춤 중에는 무숙야라는 악곡에 맞춰 무무를 추는 것보다 중대한 것이 없으니, 이것은 주나라 때의 도리이다. 이러한 세 가지 도리는 외부 사물의 힘을 빌려서 군자의 뜻을 증진시키는 것이다. 그렇기 때문에 그 뜻과 함께 나아가거나 물러나게 된다. 따라서 내면의 뜻이 가벼우면 외부 사물 또한 가볍게 되고, 내면의 뜻이 무거우면 외부 사물 또한 무겁게 된다. 내면의 뜻을 가볍게 두면서 외부 사물 중 중대한 것을 구한다면, 비록 성인일지라도 할 수 없다. 따라서 군자가 제사를 지낼 때에는 반드시 제 스스로 그 뜻을 다하니, 중대함을 드러내는 방법이다. 인도하길 예로써 하여, 세 가지 중대한 절차를 받들고 황시에게 바치니, 이것은 성인이 따르는 도이다.

集說

祼以降神, 於禮爲重, 歌者在上, 貴人聲也. 武宿夜, 武舞之曲名也, 其義未聞. 假於外者, 祼則假於鬱鬯, 歌則歌於聲音, 舞則假於干戚也. 誠敬者, 物之未將者也, 誠敬之志存於內, 而假外物以將之, 故其輕重隨志進退, 若內志輕而求外物之重, 雖聖人不可得也. 聖人固無內輕而求外重之事, 此特以明役志爲本耳.

술을 땅에 부어서 신을 강림시키는 것은 예법 중에서도 중대하고, 노래를 부르는 자가 당상에 올라가서 부르는 것은 사람의 목소리를 귀하게 여기기 때문이다. '무숙야(武宿夜)'는 무무(武舞)를 출 때 연주하는 악곡의 이름인데, 그 뜻에 대해서는 들어보지 못했다. '가어외(假於外)'는 술을 땅에 붓게 되면 울창주의 힘을 빌리게 되고, 노래를 부르게 되면 사람의 소리를 빌리게 되며, 춤을 추게 되면 방패와 도끼의 힘을 빌리게 된다는 뜻이다. 정성과 공경은 사물을 전달하기 이전의 것으로, 정성과 공경의 뜻은 내면에 존재하여, 외부 사물을 빌려 그것을 끌어내기 때문에, 경중이 뜻에 따라 나아가고 물러나니, 만약 내면의 뜻이 가벼운데도 외부 사물 중 중대한 것을 구한다면, 비록 성인일지라도 할 수 없다. 성인은 진실로 내면의 뜻이 가벼운데도 외부 사물 중 중대한 것을 구하는 일이 없으니, 이것은 단지 뜻을 부리는 것이 근본이 됨을 나타낼 따름이다.

淺見

近按: 此又擧祭時所用禮樂之重者, 而論說其義也. 祭本孝子之事, 而此篇之首以賢者言之, 至此又以聖人之道結之, 其所言愈益重矣.

내가 살펴보니, 이 또한 제사를 지낼 때 예악 중에서도 중대한 것을 사용한다는 것을 제시해서, 그 의미를 논설한 것이다. 제사는 본래 자식이 치러야 하는 일인데, 이 편의 첫 부분에서 '현자(賢者)'라 말했고, 이곳에 이르러서는 또한 '성인지도(聖人之道)'로 결론을 맺었으니, 언급한 것들이 점점 더 중대해진 것이다.

經文

夫祭有餕[俊], 餕者祭之末也, 不可不知也. 是故古之人有言曰: "善終者如始, 餕其是已." 是故古之君子曰: "尸亦餕鬼神之餘也, 惠術也, 可以觀政矣."〈011〉

무릇 제사에는 남은 음식을 먹는['餕'자의 음은 '俊(준)'이다.] 절차가 있는데, 이처럼 남은 음식을 먹는 것은 제사를 마무리 짓는 절차이므로, 그 의미에 대해서 몰라서는 안 된다. 이러한 까닭으로 고대인은 "마무리를 잘하는 것은 처음을 잘했던 것처럼 하니, 남은 음식을 먹는 것이 바로 여기에 해당한다."라고 했다. 그래서 고대의 군자는 "시동 또한 귀신이 남긴 음식을 먹으니, 이것은 은혜를 베푸는 것에 해당하므로, 이러한 예법을 살펴보면 그 나라의 정치를 확인할 수 있다."라고 했다.

集說

方氏曰: 牲旣殺, 則薦血腥於鬼神, 及熟之於俎, 而尸始食之, 是尸餕鬼神之餘也.

방씨가 말하길, 희생물을 도축했다면 피와 생고기를 귀신에게 바치고, 익힌 고기를 도마에 올려 바치게 되면 시동이 비로소 맛보게 되는데, 이것은 시동이 귀신이 남겨준 음식을 먹는 것에 해당한다.

劉氏曰: 祭畢而餕餘, 是祭之終事也. 必謹夫餕之禮者, 愼終如始也, 故引古人曰: "善終者如其始之善, 今餕餘之禮, 其是此意矣." 所以古之君子有言: "尸之飮食, 亦是餕鬼神之餘也, 此卽施惠之法也, 觀乎餕之禮, 則可以觀爲政之道矣.

유씨가 말하길, 제사가 끝나고 남은 음식을 먹는 것은 제사의 마무리에 해당한다. 반드시 남은 음식을 먹는 예법에 대해 신중히 하는 것은 끝을 신중히 하길 처음처럼 한다는 뜻이다. 그렇기 때문에 고대인의 말을 인용하여, "끝을 잘 마무리 짓는 것은 처음 시작할 때 잘하는 것처럼 하는 것이다. 현재 남은 음식을 먹는 예법이 바로 이러한 의미에 해당한다."라고 했다. 그래서 고대의 군자는 "시동이 음식을 먹는 것은 또한 귀신이 먹고 남긴 음식을 먹는 것인데, 이것은 곧 은혜를 베푸는 법도에 해당하므로, 남은 음식을 먹는 예법을 살펴본다면, 정치를 시행하는 도를 살펴볼 수 있다."라고 했다.

淺見

近按: 此言祭終之餕, 餕雖在祭終而爲末, 然亦禮之重者, 故不可以其爲末而輕忽不知也. 靡不有初, 鮮克有終. 餕者, 善終之道, 又有施惠之法焉, 故此雖非政而可以觀爲政之道矣.

내가 살펴보니, 이것은 제사를 마치고 나서 남은 음식을 먹는 것을 언급한 것인데, 남은 음식을 먹는 것이 비록 제사를 마무리 짓는 시기에 있어 말단이 되지만, 이것은 또한 예 중에서도 중대한 것이다. 그렇기 때문에 말단에 해당한다고 해서 경시하고 소홀히 하여 그 의미를 몰라서는 안 된다. 처음이 있지 않은 것은 없지만 능히 끝이 있는 것은 드물다. 남은 음식을 먹는 것은 끝을 잘 마무리하는 도이고, 또한 은혜를 베푸는 법도가 포함되어 있다. 그렇기 때문에 이것은 비록 정치에 해당하는 것은 아니지만, 이를 통해 정치를 행하는 도를 살펴볼 수 있다.

經文

是故尸謖[縮], 君與卿四人餕; 君起, 大夫六人餕, 臣餕君之餘也; 大夫起, 士八人餕, 賤餕貴之餘也; 士起, 各執其具以出, 陳于堂下, 百官進[讀爲餕], 徹之, 下餕上之餘也. 凡餕之道, 每變以衆, 所以別貴賤之等, 而興施[去聲]惠之象也. 是故以四簋黍, 見[現]其脩於廟中也. 廟中者, 竟內之象也.〈012〉

이러한 까닭으로 시동이 귀신이 남겨준 음식을 먹고 자리에서 일어나면['謖'자의 음은 '縮(축)'이다.] 군주는 3명의 경과 함께 시동이 남긴 음식을 먹는다. 군주와 경이 자리에서 일어나면, 6명의 대부가 군주가 남긴 음식을 먹는다. 이것은 신하가 군주가 남긴 음식을 먹는다는 뜻이다. 대부가 일어나면 8명의 사가 대부가 남긴 음식을 먹는다. 이것은 신분이 천한 자가 존귀한 자가 남긴 음식을 먹는다는 뜻이다. 사가 일어나서 각각 그릇을 잡고 밖으로 나가 당하에 놓아두면, 모든 관리들이 나아가서 사가 남긴 음식을 먹고['進'자는 '餕'자로 풀이한다.] 그릇을 치운다. 이것은 아랫사람이 윗사람이 남긴 음식을 먹는다는 뜻이다. 무릇 남긴 음식을 먹는 법도에 있어서 매번 변화가 생길 때마다 인원이 늘어나니, 이것은 귀천의 등급을 구별하고 은혜를 베푸는['施'자는 거성으로 읽는다.] 형상을 흥기시키는 방법이다. 이러한 까닭으로 4개의 궤에 담긴 서직을 이용해서 남은 음식을 먹고, 그것을 종묘 안에서 시행함을 드러낸다.['見'자의 음은 '現(현)'이다.] 종묘 안은 한 나라의 영역을 상징한다.

集說

謖, 起也. 天子之祭八簋, 諸侯六簋, 此言四簋者, 留二簋爲陽厭之祭, 故以四簋餕也. 簋以盛黍稷, 擧黍則稷可知矣. 自君卿至百官, 每變而人益衆, 所以別貴賤, 象施惠也. 施惠之禮, 脩擧於廟中, 則施惠之政, 必徧及於境內, 此可以觀政之謂也.

'축(謖)'자는 "일어난다."는 뜻이다. 천자의 제사에서는 8개의 궤를 차려내고, 제후의 제사에서는 6개의 궤를 차려낸다. 그런데 이곳에서 4개의 궤라고 한 것은 2개의 궤는 남겨두어서 양염의 제사에 사용하기 때문에, 4개의 궤를 이용해서 남은 음식을 먹는다. 궤에는 서직으로 지은 밥을 담는데, 서(黍)를 제시했다면 직(稷)도 포함됨을 알 수 있다. 군주와 경으로부터 모든 관리들에 이르기까지 매번 변화가 생길 때마다 사람들이 더욱 늘어나니, 이것을 통해 귀천의 등급을 구별하고 은혜를 베푼다는 것을 상징한다. 은혜를 베푸는 예법을 종묘 안에서 시행한다면, 은혜를 베푸는 정치도 분명 나라 안에서 두루 펼쳐지게 되니, 이것이 정치를 살펴볼 수 있다는 뜻이다.

淺見

近按: 此詳言餕之事, 以見其有施惠之道也.

내가 살펴보니, 이것은 남은 음식을 먹는 사안을 상세히 언급하여, 이를 통해 그 절차에는 은혜를 베푸는 도가 포함되어 있음을 드러낸 것이다.

經文

祭者, 澤之大者也. 是故上有大澤, 則惠必及下, 顧上先下後耳, 非上積重[平聲]而下有凍餒之民也. 是故上有大澤, 則民夫人待于下流, 知惠之必將至也, 由餕見之矣. 故曰: "可以觀政矣." 夫祭之爲物大矣, 其興物備矣, 順以備者也, 其教之本與. 是故君子之敎也, 外則敎之以尊其君長, 內則敎之以孝於其親. 是故明君在上, 則諸臣服從; 崇事宗廟社稷, 則子孫順孝. 盡其道, 端其義, 而敎生焉.〈013〉

제사는 은택이 크게 베풀어지는 것이다. 이러한 까닭으로 윗사람에게 큰 은택이 내려지면, 그 은택은 반드시 아랫사람에게까지 미치니, 살펴보면 이것은 단지 윗사람에게 먼저 베풀고 아랫사람에게 이후에 베푸는 것일 뿐이며, 윗사람이 중대한['重'자는 평성으로 읽는다.] 은택을 쌓아두기만 하여 아랫사람 중 굶어죽고 얼어 죽는 백성이 생긴다는 뜻이 아니다. 이러한 까닭으로 윗사람에게 큰 은택이 내려지면, 백성들은 은택이 밑으로 흐르기를 기다리니, 은택이 반드시 자신들에게까지 미치게 됨을 알기 때문이며, 이것은 남은 밥을 먹는 것을 통해 나타난다. 그러므로 "이로써 정치를 살필 수 있다."고 말한 것이다. 무릇 제사에서는 제물을 성대하게 갖추고, 그 제수들을 빠짐없이 갖추는데, 예법에 따름으로써 갖추는 것으로, 이것은 교화의 근본일 것이다. 이러한 까닭으로 군자의 교화는 외적으로는 백성들을 가르쳐서 그들의 군주와 연장자를 존경하게 만들고, 내적으로는 백성들을 가르쳐서 그들의 부모에게 효를 하도록 한다. 이러한 까닭으로 현명한 군주가 윗자리에 있다면 신하들이 복종하게 되고, 종묘와 사직을 존숭하며 섬긴다면, 자손들이 순응하고 효를 다하게 된다. 그 도를 다하고 그 의를 바르게 하여, 교화가 생기는 것이다.

集說

爲物, 以事言也; 興物, 以具言也. 興擧牲羞之具, 凡以順於禮而致其備焉耳, 聖人立敎, 其本在此.

"사물을 마련한다."는 말은 사안을 기준으로 말한 것이며, "만물을 융성하게 한다."는 말은 갖춘 것을 기준으로 말한 것이다. 희생물과 음식 등을 융성하게 갖추는 것은 모두 예법에 따라서 지극히 갖춘 것일 뿐인데, 성인이 교화를 세울 때 그 근본도 여기에 달려 있다.

淺見

近按: 前旣言祭時始末之義備矣. 此又申言篇首順備之義, 以見祭所以爲敎人之本也.

내가 살펴보니, 앞에서는 이미 제사를 지낼 때 시작과 말미의 뜻을 자세히 언급했다. 이곳에서는 재차 편의 첫 부분에 나오는 순비(順備)의 뜻을 거듭 설명하여, 이를 통해 제사가 사람들을 교화시키는 근본이 됨을 나타낸 것이다.

經文

是故君子之事君也, 必身行之; 所不安於上, 則不以使下; 所惡於下, 則不以事上. 非諸人, 行諸己, 非教之道也. 是故君子之教也, 必由其本, 順之至也, 祭其是與. 故曰: "祭者, 教之本也已."〈014〉

이러한 까닭으로 군자가 군주를 섬길 때에는 반드시 몸소 시행하니, 윗사람에게 편치 않은 것으로는 아랫사람에게 시키지 않고, 아랫사람들이 싫어하는 것으로는 윗사람을 섬기지 않는다. 남을 비난하면서 자신이 그러한 짓을 하는 것은 교화의 도리가 아니다. 이러한 까닭으로 군자의 교화는 반드시 그 근본을 따라야 하니, 순종함이 지극하게 되며, 제사가 바로 여기에 해당할 것이다. 그러므로 "제사는 교화의 근본일 따름이다."라고 했다.

集說

以己之心, 度人之心, 卽大學絜矩之道, 如此而後能盡其道, 端其義也. 申言敎之本, 以結上文之意.

자신의 마음을 기준으로 남의 마음을 헤아리는 것은 곧 『대학』에서 말한 '혈구지도(絜矩之道)'이니, 이처럼 한 뒤에야 도를 다하고 의를 바르게 할 수 있다. 이것은 교화의 근본을 거듭 말하여, 앞 문장의 뜻을 결론 맺은 것이다.

淺見

近按: 此申釋敎之本之意, 以結之. 前篇言祭而終言孝子之事親, 此篇亦言祭而終言君子之事君, 其義一也.

내가 살펴보니, 이것은 교화의 근본에 대한 뜻을 거듭 풀이하여 결론을 맺은 것이다. 앞 편에서는 제사를 언급하고 끝에서는 자식이 부모를 섬기는 것을 언급하였는데, 이 편에서는 또한 제사를 언급하고 끝에서는 군자가 군주를 섬기는 것을 언급했으니, 그 의미는 동일하다.

自篇首至此, 論祭之內外始末, 而推及於政敎, 文義相承, 當爲一節.

편의 첫 부분부터 이곳 문장까지는 제사의 내외와 시작과 끝에 대해 논의하고, 이를 미루어 정치와 교화까지도 언급했는데, 문장의 뜻이 서로 연결되어 있으니, 마땅히 하나의 절이 되어야 한다.

제2절

經文

夫祭有十倫焉: 見[現]事鬼神之道焉, 見君臣之義焉, 見父子之倫焉, 見貴賤之等焉, 見親疏之殺[色介反]焉, 見爵賞之施焉, 見夫婦之別焉, 見政事之均焉, 見長幼之序焉, 見上下之際焉. 此之謂十倫. 〈015〉

무릇 제사에는 10가지 도의가 포함된다. 첫 번째는 귀신을 섬기는 도가 나타난다.['見'자의 음은 '現(현)'이다.] 두 번째는 군신관계에서 지켜야 하는 의가 나타난다. 세 번째는 부자관계에서 지켜야 하는 윤리가 나타난다. 네 번째는 신분의 귀천에 따른 등급이 나타난다. 다섯 번째는 친하고 소원한 관계에 따른 차등이['殺'자는 '色(색)'자와 '介(개)'자의 반절음이다.] 나타난다. 여섯 번째는 작위와 상을 하사하는 것이 나타난다. 일곱 번째는 부부의 유별함이 나타난다. 여덟 번째는 정치의 균등한 시행이 나타난다. 아홉 번째는 장유관계의 질서가 나타난다. 열 번째는 상하계층의 사귐이 나타난다. 이것을 바로 '십륜(十倫)'이라고 부른다.

集說

鄭氏曰: 倫, 猶義也.

정현이 말하길, '윤(倫)'자는 의(義)자와 같다.

淺見

近按: 此下推衍祭祀之大節, 其類有十, 以見其功用之廣也.

내가 살펴보니, 이곳 문장 이하에서는 제사의 큰 규범들은 그 부류에 10가지가 있음을 미루어 폭넓게 설명하여, 이를 통해 그 공용의 광대함을 나타낸 것이다.

經文

鋪筵設同几, 爲[去聲]**依神也. 詔祝於室而出于祊**[伯更反]**, 此交神明之道也.**〈016〉

십륜(十倫) 중 첫 번째는 다음과 같다. 자리를 깔고 공동으로 사용하는 한 개의 안석을 설치하는데, 이것은 신이 기대어 편안히 있도록 하기 위함이다.['爲'자는 거성으로 읽는다.] 묘실에서 축관이 시동에게 제사를 지낸다고 아뢰고, 다음날 묘문 밖 측면에서 역제를['祊'자는 '伯(백)'자와 '갱(更)'자의 반절음이다.] 지내니, 이것은 신명과 교감하는 도이다.

集說

筵, 席也. 几, 所馮以爲安者. 人生則形體異, 故夫婦之倫在於有別, 死則精氣無間, 共設一几, 故祝辭云: 以某妃配也. 依神, 使神馮依乎此也. 詔, 告也. 祝, 祝也. 謂祝以事告尸於室中也. 出于祊者, 謂明日繹祭, 出在廟門外之旁也, 郊特牲云: "索祭祝于祊", 是也. 祊, 說見前篇. 神之所在於彼乎, 於此乎, 故曰: "此交神明之道也."

'연(筵)'은 자리이다. '궤(几)'는 기대어서 편안하게 앉도록 하는 기구이다. 사람이 태어나게 되면 형체가 달라지기 때문에 부부관계에서 지켜야 하는 윤리는 서로 구별하는데 달려 있지만, 죽게 되면 죽은 자의 정기에는 차이가 없으니, 둘에 대해 공동으로 하나의 안석을 설치한다. 그렇기 때문에 축사에서 "아무개 비를 배향합니다."라고 말하는 것이다. '의신(依神)'은 신으로 하여금 이곳에 의지해서 기대도록 한다는 뜻이다. '조(詔)'자는 "아뢴다."는 뜻이다. '축(祝)'자는 축관이다. 즉 축관이 그 사안을 묘실 안에서 시동에게 아뢴다는 뜻이다. '출우팽(出于祊)'이라는 말은 정규 제사를 지낸 다음날 역제(繹祭)를 지내는데, 묘문 밖의 측면으로 나아가서 지내니, 『예기』「교특생(郊特牲)」편에서 "신을 찾으며 지내는 제사에서는 팽(祊)에서 축사를 아뢴다."라고 한 말이 바로 이 제사를 가리킨다. '팽(祊)'에 대한 설명은 앞 편에 나온다. 신이 계신 곳이 저기인가? 아니면 여기인가? 알 수 없기 때문에 역제를 지낸다. 그러므로 "이것이 신명과 교감하는 도이다."라고 했다.

淺見

近按: 此下釋十倫之義.

내가 살펴보니, 이 문장 이하의 기록에서는 십륜의 뜻을 풀이하고 있다.

經文

君迎牲而不迎尸, 別嫌也. 尸在廟門外則疑於臣, 在廟中則全於君. 君在廟門外則疑於君, 入廟門則全於臣·全於子, 是故不出者, 明君臣之義也.〈017〉

십륜(十倫) 중 두 번째는 다음과 같다. 군주는 제사에 사용되는 희생물은 맞이하지만 시동은 맞이하지 않는데, 이것은 혐의를 변별하기 위해서이다. 시동이 묘문 밖에 있을 때에는 신하의 신분이 되지만, 종묘 안에 있게 되면 온전히 선대 군주를 형상화하게 된다. 군주가 묘문 밖에 있을 때에는 군주의 신분이 되지만, 묘문 안으로 들어가게 되면 온전히 신하와 자식의 입장이 된다. 그렇기 때문에 묘문 밖으로 나가서 시동을 맞이하지 않는 것은 군주와 신하 관계에서 지켜야 하는 의를 나타낸다.

集說

尸本是臣, 爲尸而象神, 則尊之如君父矣, 然在廟外未入, 則猶疑是臣也; 及旣入廟, 則全其象君父之尊矣. 君祭固主於尊君父而盡臣子之道, 然未入廟, 則猶矣是君也; 及旣入廟, 則全爲臣子而事尸無嫌矣. 若君出門迎尸, 則疑以君而迎臣, 故不出者, 所以別此嫌而明君臣之義也.

시동은 본래 신하의 신분인데, 시동이 되어 신을 형상화하게 된다면 그를 군주나 부친처럼 존귀하게 대한다. 그러나 묘문 밖에 있고 아직 안으로 들어오지 않았을 때라면 여전히 신하의 신분이 아닌가라는 의심이 든다. 반면 묘문 안으로 이미 들어온 상태라면 군주와 부친의 존귀함을 형상화하고 있음을 온전히 해준다. 군주의 제사에서는 진실로 군주와 부친을 존숭하는 것을 위주로 하여 신하와 자식된 도리를 다하게 되지만, 아직 묘문으로 들어오지 않았을 때라면 여전히 군주의 신분이 아닌가라는 의심이 든다. 반면 묘문 안으로 이미 들어온 상태라면 온전히 신하와 자식의 입장이 되어 시동을 섬기더라도 혐의가 없다. 만약 군주가 묘문 밖으로 나가서 시동을 맞이하게 된다면 군주의 신분으로 신하를 맞이한다는 의심을 받게 된다. 그렇기 때문에 밖으로 나가지 않는 것은 이러한 혐의를 변별하여 군신관계에서 지켜야 하는 도의를 나타낸다.

經文

夫祭之道, 孫爲王父尸. 所使爲尸者, 於祭者子行[抗]也; 父北面而事之, 所以明子事父之道也. 此父子之倫也.〈018〉

십륜(十倫) 중 세 번째는 다음과 같다. 제사의 도에서 손자는 왕부의 시동이 된다. 시동으로 삼는 자는 제사를 지내는 자의 입장에서는 자식 항렬이['行'자의 음은 '抗(항)'이다.] 된다. 부친 항렬의 사람이 북쪽을 바라보고 자식 항렬의 시동을 섬기는 것은 자식이 부친을 섬기는 도를 나타내는 방법이다. 이것은 부자관계에서 지켜야 하는 윤리에 해당한다.

集說

行, 猶列也. 父北面而事子行之尸者, 欲子知事父之道當如是也.

'항(行)'자는 항렬과 같다. 부친이 북쪽을 바라보며 자식 항렬의 시동을 섬기는 것은 자식에게 부친을 섬기는 도는 이처럼 해야 함을 알게끔 하기 위해서이다.

方氏曰: 十倫皆倫也, 止於父子言倫者, 有父子之倫, 然后有宗廟之祭, 則祭之倫, 本於父子而已, 故止於父子爲倫焉.

방씨가 말하길, '십륜(十倫)'에 대해서는 모두 '윤(倫)'이라고 하지만, 단지 부자관계에 대해서만 '윤(倫)'이라고 말한 것은 부자관계의 윤리가 생긴 뒤에야 종묘의 제사가 생기니, 제사의 윤리는 부자관계의 윤리에 근본을 두고 있기 때문이다. 그래서 단지 부자관계에 대해서만 '윤(倫)'이라고 말한 것이다.

經文

尸飮五, 君洗玉爵獻卿; 尸飮七, 以瑤爵獻大夫; 尸飮九, 以散爵獻士及群有司. 皆以齒, 明尊卑之等也.〈019〉

십륜(十倫) 중 네 번째는 다음과 같다. 시동이 다섯 차례 술을 마시면 군주는 옥작을 씻어서 술을 따라 경에게 주고, 시동이 일곱 차례 술을 마시면 군주는 요작을 씻어서 술을 따라 대부에게 주며, 시동이 아홉 차례 술을 마시면 군주는 산작을 씻어서 술을 따라 사들과 여러 유사들에게 준다. 이들에 대해 술을 따라 줄 때에는 나이에 따라 순서를 정하니, 이것은 신분의 귀천에 따른 등급을 나타낸다.

集說

自獻卿以下至群有司, 凡同爵, 則長者必先飮, 故云皆以齒.

경에게 술을 따라준다는 것으로부터 여러 유사들에게 술을 따라준다는 것에 있어서, 무릇 작위가 동일하다면, 그 중에서도 연장자가 반드시 먼저 마시도록 해야 한다. 그렇기 때문에 "모두 나이로써 한다."라고 했다.

疏曰: 此據備九獻之禮者, 至主人酳尸, 故尸飮五也. 凡祭二獻, 祼用鬱鬯, 尸祭奠而不飮, 朝踐二獻, 饋食二獻, 及食畢, 主人酳尸, 此皆尸飮之, 故云尸飮五. 於此時以獻卿, 獻卿之後主婦酳尸, 酳尸畢, 賓長獻尸, 是尸飮七也. 乃以瑤爵獻大夫, 是正九獻禮畢. 但初二祼不飮, 故云飮七. 自此以後, 長賓長兄弟更爲加爵, 尸又飮二, 是幷前尸飮九. 主人乃以散爵獻士及群有司也, 此謂上公九獻, 故以酳尸之一獻爲尸飮五也. 若侯·伯七獻, 朝踐饋食時各一獻, 食訖酳尸, 但飮三也. 子·男五獻, 食訖酳尸, 尸飮一.

소에서 말하길, 이것은 구헌(九獻)의 예법을 갖춘 경우에 기준을 둔 것이니, 주인이 시동에게 입가심하는 술을 따라주기 때문에 시동이 다섯 차례 술을 마시게 된다. 무릇 제사 초반에 두 차례 술을 따를 때에는 울창주를 이용해서 땅에 술을 부어 신을 강림시키니, 시동은 제사를 지내며 술잔을 진설하고 마시지 않는다. 조천(朝踐)을 할 때 두 차례 따르는 술과 궤식(饋食)을 할 때 두 차례 따르는 술, 그리고 식사가 끝나면 주인이 시동에게 입가심하는 술을 따라주게 되니, 이러한 술은 모두 시동이 마시게 된다. 그렇기 때문에 "시동이 다섯 차례 술을 마신다."라고 했다. 이 시기에는 술을 따라서 경에게 주는데, 경에게 술을 따라서 준 이후에 주부는 시동에게 입가심하는 술을 따라주고, 시동에게 입가심하는 술 따라주는 절차가 끝나면, 빈객들의 수장이 시동에게 술을 따라서 바치니, 이것이 시동이 일곱 차례 술을 마신다는 뜻이다. 이러한 절차가 끝나면 곧 요작(瑤爵)을 이용해서 술을 따라 대부에게 주는데, 여기에서 정규 구헌의 예법이 모두 끝난다. 다만 두 차례 술을 따라서 신을 강림시킬 때에는 그 술을 마시지 않기 때문에 "일곱 차례 술을 마신다."라고 했다. 그리고 이러한 절차 이후로 빈객들의 수장과 장형제는 재차 가작(加爵)[1]을 하게 되고, 시동은 또한 술을 받아 두 차례 술을 마시게 되니, 앞에서 마신 술까지 합하면 시동은 아홉 차례 술을 마시게 된다. 주인은 곧 산작(散爵)을 이용해서 사와 뭇 유사(有司)들에게 술을 따라서 준다. 이러한 것들은 상공(上公)이 시행하는 구헌의 예법에 해당한다. 그렇기 때문에 시동에게 입가심하는 술을 따라주는 한 차례의 술 따름까지 합하여 시동이 다섯 차례 술을 마신다고 한 것이다. 만약 후작이나 백작의 경우처럼 칠헌(七獻)을 하게 된다면, 조천과 궤식 때 각각 한 차례 술을 따르게 되고, 식사가 끝나면 시동에게 입가심하는 술을 따라주니, 시동

1) 가작(加爵)은 술을 따라서 권한다는 뜻이다.

은 단지 세 차례 술을 마실 따름이다. 그리고 자작과 남작처럼 오헌(五獻)을 하게 된다면, 식사가 끝난 뒤에 시동에게 입가심하는 술을 따라주니, 시동은 한 차례 술을 마시게 된다.

經文

夫祭有昭穆. 昭穆者, 所以別父子·遠近·長幼·親疏之序而無亂也. 是故有事於大廟, 則群昭群穆咸在而不失其倫. 此之謂親疏之殺也.〈020〉

십륜(十倫) 중 다섯 번째는 다음과 같다. 무릇 제사에는 소목의 항렬이 있다. 소목(昭穆)이라는 것은 부모와 자식·멀고 가까움·나이가 많고 적음·친근하고 소원한 질서를 구별하여 문란함이 없도록 하는 것이다. 이러한 까닭으로 태묘에서 제사를 지내게 되면 뭇 소목 항렬에 해당하는 시동과 신주가 모두 태묘 안에 모이지만, 각각의 질서를 어기지 않게 된다. 이것을 바로 친하고 소원한 관계에 따른 차등이라고 부른다.

集說

疏曰: 祭大廟, 則群昭穆咸在; 若餘廟之祭, 唯有當廟尸主, 及所出之子孫, 不得群昭群穆咸在也.

소에서 말하길, 태묘에서 제사를 지내게 되면, 뭇 소(昭)와 목(穆)항렬에 해당하는 시동과 신주가 모두 모이게 되지만, 만약 나머지 묘에서 제사를 지내게 된다면, 단지 해당하는 묘의 시동과 신주만 있게 되고, 그에게서 파생된 자손은 뭇 소와 목 항렬의 시동과 신주를 모두 모이게 할 수 없다.

經文

古者明君爵有德而祿有功, 必賜爵祿於大廟, 示不敢專也. 故祭之日, 一獻, 君降立于阼階之南, 南鄕[去聲], 所命北面, 史由君右, 執策命之, 再拜稽首, 受書以歸, 而舍[釋]奠于其廟. 此爵賞之施也.〈021〉

십륜(十倫) 중 여섯 번째는 다음과 같다. 고대에 현명한 군주는 덕을 갖춘 자에게 작위를 하사했고, 공을 세운 자에게 녹봉을 내려주었는데, 반드시 태묘 안에서 작위와 녹봉을 하사하여, 감히 제멋대로 한 것이 아님을 드러내었다. 그러므로 제사를 지내는 날, 한 차례 술을 시동에게 바치면, 군주는 동쪽 계단으로 내려가서 계단의 남쪽에 서서 남쪽을 바라보고['鄕'자는 거성으로 읽는다.] 군주로부터 작위나 녹봉을 받는 자는 북쪽을 바라보게 된다. 사관은 군주의 우측에 위치하여 문서를 들고 작위나 녹봉을 받는 자에게 군주의 명령을 전달한다. 작위나 녹봉을 받는 자는 명령을 받은 뒤 재배를 하고 머리를 조아리고서 문서를 받고 자신의 집으로 되돌아가고, 자신의 종묘에 석전을['舍'자의 음은 '釋(석)'이다.] 치르며 그 사실을 아뢴다. 이것이 작위와 상을 하사하는 것이다.

集說

疏曰: 酳尸之前, 皆承奉鬼神, 未暇策命, 此一獻, 則上文尸飮五, 君獻卿之時也. 若天子命群臣, 則不因常祭之日, 特假於廟. 釋奠, 告以受君之命也.

소에서 말하길, 시동에게 입가심하는 술을 따르기 이전에는 모두 귀신을 받들어 섬기니, 기록을 적어 명령할 겨를이 없다. 따라서 이곳에서 한 차례 술을 따른다고 했다면, 이것은 앞 문장에서 시동이 다섯 차례 술을 마시면, 군주가 경에게 술을 따라서 준다고 했던 때에 해당한다. 만약 천자가 뭇 신하들에게 명령하는 경우라면, 정규 제사를 지내는 날에 따르지 않고, 특별히 묘로 가서 치른다. 작위나 상을 받은 자는 석전(釋奠)을 지내서, 이를 통해 군주로부터 명령 받았음을 아뢴다.

經文

君卷[袞]冕立于阼, 夫人副褘立于東房. 夫人薦豆執校[效], 執醴授之執鐙[登]; 尸酢夫人執柄, 夫人受尸執足. 夫婦相授受, 不相襲處, 酢必易爵, 明夫婦之別也. 〈022〉

십륜(十倫) 중 일곱 번째는 다음과 같다. 군주는 곤면을['卷'자의 음은 '袞(곤)'이다.] 착용하고 동쪽 계단 위에 서 있고, 군주의 부인은 머리장식과 휘의를 착용하고 동쪽 방에 서 있는다. 부인이 두를 바칠 때에는 두의 중앙 부분을['校'자의 음은 '效(효)'이다.] 잡고, 예제를 전달하는 자는 두를 전달할 때 두의 발 부분을['鐙'자의 음은 '登(등)'이다.] 잡는다. 시동이 부인에게 술잔을 돌릴 때에는 자루부분을 잡고, 부인이 시동에게서 술잔을 받을 때에는 다리부분을 잡는다. 부부가 서로 물건을 주고받을 때에는 서로 잡았던 부분을 잡지 않고, 술잔을 돌릴 때에는 반드시 술잔을 바꾸니, 이것은 부부의 유별함을 나타낸다.

集說

卷冕・副褘, 見前. 校, 豆中央直者. 執醴, 執醴齊之人也, 此人兼掌授豆. 鐙, 豆之下跗也. 爵形如雀, 柄則尾也. 襲處, 謂因其處.

'곤면(袞冕)'과 '부휘(副褘)'에 대한 설명은 앞에 나온다. '효(校)'는 두(豆) 중에서도 가운데 곧게 뻗은 부분이다. '집례(執醴)'는 예제(醴齊)를 든 사람을 뜻하는데, 이 사람은 두를 전달하는 임무도 겸하고 있다. '등(鐙)'은 두의 하단에 있는 발 부분이다. 작(爵)은 그 형태가 참새와 비슷하므로, 자루부분은 꼬리에 해당한다. '습처(襲處)'는 잡았던 부분을 잡는다는 뜻이다.

經文

凡爲俎者, 以骨爲主. 骨有貴賤. 殷人貴髀[俾], 周人貴肩. 凡前貴於後. 俎者, 所以明祭之必有惠也. 是故貴者取貴骨, 賤者取賤骨, 貴者不重[平聲], 賤者不虛, 示均也. 惠均則政行, 政行則事成, 事成則功立. 功之所以立者, 不可不知也. 俎者, 所以明惠之必均也. 善爲政者如此. 故曰見政事之均焉.〈023〉

십륜(十倫) 중 여덟 번째는 다음과 같다. 무릇 도마에 고기를 올릴 때에는 살점이 붙어 있는 뼈를 위주로 한다. 살점이 붙어 있는 뼈에는 귀천의 등급이 있다. 은나라 때에는 넓적다리['髀'자의 음은 '俾(비)'이다.] 부위를 존귀하게 여겼고, 주나라 때에는 어깨 부위를 존귀하게 여겼다. 또 주나라 때에는 희생물의 앞부분을 뒷부분보다 존귀하게 여겼다. 도마에 올린 고기라는 것은 제사를 지낼 때 반드시 은혜가 베풀어짐을 나타내는 것이다. 이러한 까닭으로 존귀한 자는 살점이 붙어 있는 뼈 중에서도 존귀한 부분을 받고, 천한 자는 상대적으로 천한 부분을 받는다. 그러나 존귀한 자라 하더라도 중복해서['重'자는 평성으로 읽는다.] 받지 않고, 천한 자라 하더라도 받지 못하는 경우가 없으니, 이것은 균등하게 돌아감을 나타낸다. 은혜가 균등하게 베풀어지면 정치가 시행되고, 정치가 시행되면 사업이 이루어지며, 사업이 이루어지면 공을 세우게 된다. 공을 세울 수 있는 방법은 이처럼 몰라서는 안 되는 것이다. 따라서 도마에 올린 고기라는 것은 은혜가 반드시 균등하게 베풀어짐을 나타내는 것이다. 이처럼 정치를 잘하기 때문에, "정치의 균등한 시행을 나타낸다."라고 했다.

集說

疏曰: 殷質, 貴髀之厚, 賤肩之薄; 周文, 貴肩之顯, 賤髀之隱. 前貴於後, 據周言之.

소에서 말하길, 은나라 때에는 질박함을 숭상하여 두터운 넓적다리 부위를 귀하게 여겼고, 얇은 어깨 부위를 상대적으로 천하게 여겼다. 주나라 때에는 화려함을 숭상하여 훤히 드러나는 어깨 부위를 귀하게 여겼고, 잘 드러나지 않는 넓적다리 부위를 상대적으로 천하게 여겼다. 앞부분이 뒷부분보다 귀하다는 것은 주나라 때를 기준으로 한 말이다.

方氏曰: 俎者, 對豆之器, 俎以骨爲主, 則豆以肉爲主可知. 骨, 陽也, 肉, 陰也. 俎之數以奇而從陽, 豆之數以偶而從陰, 爲是故也.

방씨가 말하길, 도마는 두와 대비되는 기물인데, 도마는 살점이 붙어 있는 뼈 부위 담는 것을 위주로 하니, 두에는 고기 부위 담는 것을 위주로 함을 알 수 있다. 뼈는 양(陽)에 해당하고 고기는 음(陰)에 해당한다. 도마를 진설할 때에는 홀수에 맞춰서 양에 따르고, 두는 짝수에 맞춰서 음에 따르는 것도 이러한 이유 때문이다.

經文

凡賜爵, 昭爲一, 穆爲一, 昭與昭齒, 穆與穆齒. 凡群有司皆以齒. 此之謂長幼有序.〈024〉

십륜(十倫) 중 아홉 번째는 다음과 같다. 무릇 술잔을 하사할 때에는 형제들과 자손들 중 소(昭)항렬에 해당하는 자들은 한 무리를 이루고, 목(穆)항렬에 해당하는 자들은 한 무리를 이루며, 소항렬의 사람들은 소항렬의 사람들과 나이에 따라 서열을 정하고, 목항렬의 사람들은 목항렬의 사람들과 나이에 따라 서열을 정한다. 여러 유사들도 모두 나이에 따라 서열을 정한다. 이것을 장유관계에 질서가 있다고 부른다.

集說

爵, 行酒之器也.

'작(爵)'은 음주를 할 때 사용하는 기물이다.

疏曰: 此旅酬時賜助祭者酒, 衆兄弟子孫等在昭列者則爲一色, 在穆列者自爲一色, 各自相旅, 長者在前, 少者在後, 是昭與昭齒, 穆與穆齒也.

소에서 말하길, 이것은 여수(旅酬)를 할 때 제사를 도왔던 자들에게 하사하는 술을 뜻하는데, 형제들과 자손들 중에서 소(昭)항렬에 해당하는 자들은 한 무리를 이루고, 목(穆)항렬에 해당하는 자들은 그들 자체로 한 무리를 이루는데, 각각 그들끼리 서로에게 술을 권하게 되며, 연장자가 앞에 위치하고 젊은이가 뒤에 위치한다. 이것이 소항렬의 사람들은 소항렬끼리 나이에 따라 서열을 정하고, 목항렬의 사람들은 목항렬끼리 나이에 따라 서열을 정한다는 뜻이다.

方氏曰: 宗廟之中, 授事則以爵, 至於賜爵則以齒, 何也? 蓋授事主義, 而行於旅酬之前; 賜爵主恩, 而行於旅酬之後, 以其主恩, 故皆以齒也. 司士所謂"祭祀賜爵呼昭穆而進之", 是矣. 夫齒所以序長幼, 故曰: "此之謂長幼有序."

방씨가 말하길, 종묘 안에서 임무를 전달할 때에는 작위의 등급에 따르는데, 술잔을 하사할 때에 이르러 나이에 따르는 것은 어째서인가? 무릇 임무를 전달할 때에는 의(義)를 위주로 하고 여수를 시행하기 이전에 하지만, 술잔을 하사할 때에는 은혜를 위주로 하고 여수를 시행한 이후에 하니, 은혜를 위주로 하기 때문에 모든 경우에 나이에 따르는 것이다. 『주례』「사사(司士)」편에서 "제사를 지내며 술잔을 하사할 때에는 소(昭)항렬과 목(穆)항렬의 사람들을 불러서 나오도록 한다."[2)]라고 한 말이 이러한 뜻을 나타낸다. 무릇 나이라는 것은 장유관계에 질서를 세우는 것이다. 그렇기 때문에 "이것을 장유관계에 질서가 있다고 부른다." 라고 했다.

經文

夫祭有畀煇[運]·胞[庖]·翟[狄]·閽者, 惠下之道也. 唯有德之君爲能行此, 明足以見之, 仁足以與之. 畀之爲言與也, 能以其餘畀其下者也. 煇者, 甲吏之賤者也; 胞者, 肉吏之賤者也; 翟者, 樂吏之賤者也; 閽者, 守門之賤者也, 古者不使刑人守門. 此四守者, 吏之至賤者也. 尸又至尊, 以至尊旣祭之末而不忘至賤, 而以其餘畀之, 是故明君在上, 則竟內之民無凍餒者矣. 此之謂上下之際.〈025〉

십륜(十倫) 중 열 번째는 다음과 같다. 무릇 제사에서는 운['煇'자의 음은 '運(운)'이다.]·포['胞'자의 음은 '庖(포)'이다.]·적['翟'자의 음은 '狄(적)'이다.]·혼과 같은 자들에게도 나눠줌이 있으니, 이것은 아랫사람에게도 은혜를 베푸는 도이다. 오직 덕을 갖춘 군주여야만 이처럼 시행할 수 있어서, 밝게 그들의 사정을 살피고, 인자하게 그들에게 줄 수 있는 것이다. '비(畀)'라는 말은 남에게 준다는 뜻이니, 자신에게 남는 것을 아랫사람에게 줄 수 있다는 의미이다. '운(煇)'은 가죽을 다루는 미천한 관리이다. '포(胞)'는 고기를 담당하는 미천한 관리이다. '적(翟)'은 음악을 담당하는 미천한 관리이다. '혼(閽)'은 문을 지키는 미천한 관리이다. 고대에는 형벌을 받은 자로 하여금 문을 지키도록 하지 않았다. 이처럼 네 가지

2) 『주례』「하관(夏官)·사사(司士)」: 凡祭祀, 掌士之戒令, 詔相其法事; 及賜爵, 呼昭穆而進之.

일을 담당하고 있는 자들은 하급관리들 중에서도 매우 미천한 자이다. 시동은 또한 지극히 존귀한 자인데, 지극히 존귀한 자임에도 제사의 말미에 이르면, 매우 미천한 자들까지도 잊지 않고, 남은 것들을 그들에게 주니, 이러한 까닭으로 현명한 군주가 위정자의 자리에 있어야만, 그 나라의 백성들 중 얼어 죽거나 굶어죽는 자가 없게 된다. 이것은 상하계층의 사귐이라고 부른다.

集說

不使刑人守門, 恐是周以前如此, 周則墨者使守門也. 際, 接也. 言尊者與賤者恩意相接也.

"형벌을 받은 자로 하여금 문을 지키게 하지 않는다."는 말은 아마도 주나라 이전에 이와 같이 했다는 뜻이니, 주나라 때에는 묵형(墨刑)[3]을 받은 자로 하여금 문을 지키게 했다.[4] '제(際)'자는 "접한다."는 뜻이니, 존귀한 자 및 미천한 자의 은혜와 뜻이 서로 접하게 된다는 뜻이다.

淺見

近按: 右釋十倫之義, 皆以推明祭所以爲敎本之意, 當爲一節.

내가 살펴보니, 여기까지는 십륜의 뜻을 풀이한 것으로, 이 모두는 제사가 교화의 근본이 되는 뜻을 미루어 밝힌 것이며, 마땅히 하나의 절이 된다.

---

3) 묵형(墨刑)은 묵벽(墨辟)이라고도 부르며, 오형(五刑) 중의 하나이다. 범죄자의 얼굴 및 이마에 상처를 내고, 먹물로 새겨 넣어서 죄인의 신분임을 표시하는 형벌이다. 『서』「주서(周書)·여형(呂刑)」편에는 "墨辟疑赦."라는 기록이 있고, 이에 대한 공안국(孔安國)의 전(傳)에서는 "刻其顙而涅之, 曰墨刑."이라고 풀이했다.

4) 『주례』「추관(秋官)·장륙(掌戮)」: 墨者使守門.

제3절

經文

凡祭有四時, 春祭曰礿[藥], 夏祭曰禘, 秋祭曰嘗, 冬祭曰烝.〈026〉

무릇 제사에는 고정적으로 정해진 네 시기가 있으니, 봄에 지내는 제사를 약이라['礿'자의 음은 '藥(약)'이다.] 부르고, 여름에 지내는 제사를 체라 부르며, 가을에 지내는 제사를 상이라 부르고, 겨울에 지내는 제사를 증이라 부른다.

集說

周禮, 春祠, 夏禴, 秋嘗, 冬烝. 鄭氏謂此夏·殷之禮.

『주례』의 체제에 따른다면 봄제사는 사(祠)가 되고 여름 제사는 약(禴)이 되며 가을 제사는 상(嘗)이 되고 겨울 제사는 증(烝)이 된다.[1] 정현은 이 기록이 하나라와 은나라 때의 예법이라고 했다.

淺見

近按: 此下言四時之祭, 各有名義之不同.

내가 살펴보니, 이 문장 이하의 기록에서는 사계절의 제사에는 각각에 차이나는 명칭과 뜻이 있음을 언급하였다.

1) 『주례』「춘관(春官)·사존이(司尊彝)」: 春祠夏禴, 祼用雞彝·鳥彝, 皆有舟; 其朝踐用兩獻尊, 其再獻用兩象尊, 皆有罍, 諸臣之所昨也. 秋嘗冬烝, 祼用斝彝·黃彝, 皆有舟; 其朝獻用兩著尊, 其饋獻用兩壺尊, 皆有罍, 諸臣之所昨也.

經文

礿·禘, 陽義也; 嘗·烝, 陰義也. 禘者, 陽之盛也; 嘗者, 陰之盛也. 故曰: "莫重於禘嘗."〈027〉

봄에 지내는 약제사와 여름에 지내는 체제사는 양의 뜻에 해당한다. 가을에 지내는 상제사와 겨울에 지내는 증제사는 음의 뜻에 해당한다. 체제사는 양 중에서도 왕성한 것이고, 상제사는 음 중에서도 왕성한 것이다. 그렇기 때문에 "체제사와 상제사보다 중요한 것이 없다."라고 했다.

集說

方氏曰: 陽道常饒, 陰道常乏, 饒, 故及於夏始爲盛焉; 乏, 故及於秋已爲盛矣. 此禘所以爲陽之盛, 嘗所以爲陰之盛歟. 以其陰陽之盛, 故曰: "莫重於禘嘗."

방씨가 말하길, 양(陽)의 도는 항상 풍요롭고 음(陰)의 도는 항상 결핍되어 있다. 풍요롭기 때문에 여름이 되어야 비로소 왕성해지고, 결핍되었기 때문에 가을이 되면 이미 왕성하게 된다. 이것은 체(禘)제사가 양(陽)의 왕성함이 되고, 상(嘗)제사가 음(陰)의 왕성함이 됨을 뜻한다. 음양의 왕성함이기 때문에 "체제사와 상제사보다 중요한 것이 없다."라고 했다.

經文

古者於禘也, 發爵賜服, 順陽義也; 於嘗也, 出田邑, 發秋政, 順陰義也. 故記曰: "嘗之日, 發公室, 示賞也." 草艾[乂]則墨, 未發秋政, 則民弗敢草也.〈028〉

고대에 여름의 체제사를 지낼 때에는 작위를 내리고 의복을 하사하였으니, 양의 뜻에 따르는 것이다. 또 가을의 상제사를 지낼 때에는 채읍을 나눠주고 형벌을 시행했으니, 음의 뜻에 따르는 것이다. 그러므로 고대의 『기』에서는 "상제사를 지내는 날 국가의 창고를 열어 재물을 하사하는 것은 상의 시행을 나타낸다."라고 말한 것이다. 풀을 벨['艾'자의 음은 '刈(예)'이다.] 수 있게 되면 묵형을 시행하는데, 아직 형벌을 시행하지 않았다면, 백성들은 감히 초목을 베지 않는다.

集說

方氏曰: 爵, 命之者也, 服, 勝於陰者也, 故爲順陽義; 祿, 食之者也, 田邑, 制於地者也, 故爲順陰義. 嘗之日, 發公室, 因物之成而用之以行賞也, 故曰示賞. 草刈則墨者, 因其枯槁之時, 刈之以給爨. 刈草謂之草, 猶采桑謂之桑歟. 墨, 五刑之輕者, 左氏言"賞以春夏, 刑以秋冬", 而此言嘗之日發公室何也? 蓋賞雖以春夏爲主, 而亦未始不用刑, 月令"孟夏斷薄刑, 決小罪", 是也. 刑雖以秋冬爲主, 亦未始不行賞, 此所言是也.

방씨가 말하길, 작위는 명령을 내리는 것이며, 의복은 음기를 이길 수 있는 것이다. 그렇기 때문에 양의 뜻에 따르는 것이 된다. 녹봉은 양식을 받는 것이고, 전읍은 땅을 구역화해서 나누는 것이다. 그렇기 때문에 음의 뜻에 따르는 것이 된다. 상제사를 지내는 날 공실을 연다고 했는데, 만물이 완성되는 시기에 따라서 이 시기를 이용하여 상을 내리는 것이다. 그렇기 때문에 "상을 하사함을 나타낸다."라고 했다. 풀을 벨 때가 되면 묵형을 시행한다는 것은 초목이 시들었을 시기에 따라서 풀을 베어 불을 지피는데 공급한다는 뜻이다. 풀 베는 것을 '초(草)'라 부른 것이니, 뽕잎 따는 것을 '상(桑)'이라 부르는 것과 같다. 묵형(墨刑)은 오형(五刑) 중에서도 가벼운 형벌이며, 『좌전』에서는 "상을 하사할 때에는 봄과 여름에 하고, 형벌을 내릴 때에는 가을과 겨울에 한다."[1]고 했는

1) 『춘추좌씨전』「양공(襄公) 26년」: 古之治民者, 勸賞而畏刑, 恤民不倦. <u>賞以春</u>

데, 이곳에서 상제사를 지내는 날 공실을 연다고 한 것은 어째서인가? 무릇 상은 비록 봄과 여름에 하사하는 것을 위주로 하지만, 또한 일찍이 형벌을 시행하지 않은 적이 없으니, 『예기』「월령(月令)」편에서 "맹하(孟夏)의 달에 가벼운 형벌에 해당하는 자들에 대해, 판결을 하여 형벌을 부여하고, 작은 죄를 범한 자에 대해, 판결을 내려 옥에 가두지 않고 내보낸다."고 한 말이 바로 이러한 사실을 나타낸다. 그리고 형벌은 가을과 겨울에 시행하는 것을 위주로 하지만, 또한 일찍이 상을 시행하지 않은 적이 없으니, 이곳에서 말한 내용이 이러한 사실을 나타낸다.

應氏曰: 不曰艾草而曰草艾者, 草自可艾也.

응씨가 말하길, '애초(艾草)'라 말하지 않고 '초애(草艾)'라 말한 것은 풀 자체가 벨 수 있게끔 시들기 때문이다.

經文

故曰: "禘嘗之義大矣, 治國之本也, 不可不知也. 明其義者君也, 能其事者臣也. 不明其義, 君人不全; 不能其事, 爲臣不全." 夫義者, 所以濟志也, 諸德之發也. 是故其德盛者其志厚, 其志厚者其義章, 其義章者其祭也敬; 祭敬, 則竟[境]內之子孫莫敢不敬矣. 是故君子之祭也, 必身親涖之, 有故, 則使人可也. 雖使人也, 君不失其義者, 君明其義故也. 其德薄者其志輕, 疑於其義而求祭使之必敬也, 不可得已. 祭而不敬, 何以爲民父母矣?〈029〉

夏, 刑以秋冬. 是以將賞, 爲之加膳, 加膳則飫賜, 此以知其勸賞也. 將刑, 爲之不擧, 不擧則徹樂, 此以知其畏刑也.

그러므로 "여름에 지내는 체제사와 가을에 지내는 상제사의 뜻이 크니, 나라를 다스리는 근본이 되므로, 몰라서는 안 된다. 그 뜻에 밝은 자는 군주이며, 그 일을 잘하는 자는 신하이다. 그 뜻에 밝지 못하면 남을 다스리는 온전한 군주라 할 수 없고, 그 일을 잘하지 못하면 온전한 신하라 할 수 없다."라고 했다. 무릇 제사의 뜻이라는 것은 이루고자 하는 것을 완성시키는 방법이며, 덕성을 드러내는 것이다. 그러므로 덕이 융성한 자는 그 뜻도 두터우며, 그 뜻이 두터운 자는 그 뜻이 밝게 드러나고, 그 뜻이 밝게 드러나는 자는 제사를 지낼 때에도 공경스럽다. 제사를 공경스럽게 시행한다면, 나라['竟'자의 음은 '境(경)'이다.] 안의 백성들 중 감히 공경하지 않는 자가 없게 된다. 이러한 까닭으로 군자가 제사를 지낼 때에는 반드시 직접 그 일에 임하게 되는데, 특별한 사정이 생기면 남을 시켜 제사를 지내도 괜찮다. 비록 남을 시켜 제사를 지내더라도, 군주는 그 뜻을 잃지 않으니, 군주 본인이 그 뜻을 밝게 알고 있기 때문이다. 덕이 옅은 자는 그 뜻도 가볍고, 제사의 뜻에 의혹을 품어 제대로 알지 못한다면, 비록 제사에 대해서 남들로 하여금 반드시 공경스럽게 치르게 시킨다 하더라도 할 수 없다. 제사를 지내더라도 공경스럽게 하지 않는다면, 어떻게 백성의 부모 된 자라 하겠는가?

集說

中庸言"明乎郊社之禮, 禘嘗之義, 治國如視諸掌", 此因上文陽義陰義而申言之. 濟志, 成其所欲爲也; 發德, 顯其所當爲也.

『중용』에서는 "교사(郊社)의 예법과 체상(禘嘗)의 뜻을 안다면, 나라를 다스리는 것이 손바닥을 보는 것처럼 쉬울 것이다."[2]라고 했는데, 이곳 문장은 앞에서 양(陽)과 음(陰)의 뜻이라고 한 것에 따라서 그 뜻을 거

2) 『중용』「19장」: 郊社之禮所以事上帝也. 宗廟之禮, 所以祀乎其先也. 明乎郊社之禮禘嘗之義, 治國其如示諸掌乎.

듭 밝힌 것이다. '제지(濟志)'는 바라고자 하는 것을 이룬다는 뜻이며, '발덕(發德)'은 마땅히 해야 할 것을 드러낸다는 뜻이다.

方氏曰: 大宗伯"若王不與祭祀則攝位", 先儒謂王有故, 代之行其祭事, 正謂是矣. 代之雖在乎人, 使之則出乎君, 代之雖行其事, 使之則本乎義."

방씨가 말하길, 『주례』「대종백(大宗伯)」편에서는 "만약 천자가 제사에 참여하지 못하면, 그 지위를 대신한다."[3]라 했는데, 선대 학자들은 천자에게 특별한 사정이 있기 때문에, 대신해서 제사를 시행한다고 풀이했으니, 바로 앞에서 언급한 내용을 뜻한다. 대신 시행하는 것이 비록 남에게 달린 일이더라도, 그를 시키는 것은 군주의 명령으로부터 비롯되며, 대신 시행하는 것이 비록 그 일을 절차에 따라 시행하는 것이더라도, 그처럼 시키는 것은 제사의 뜻에 근본을 두게 된다.

淺見

近按: 右推言禘嘗之義, 當爲一節.

내가 살펴보니, 여기까지는 체제사와 상제사의 뜻을 미루어 말한 것으로 마땅히 하나의 절이 된다.

3) 『주례』「춘관(春官)·대종백(大宗伯)」: 若王不與祭祀, 則攝位.

무분류

經文

夫鼎有銘, 銘者自名也, 自名以稱揚其先祖之美, 而明著之後世者也. 爲先祖者, 莫不有美焉, 莫不有惡焉. 銘之義, 稱美而不稱惡, 此孝子孝孫之心也. 唯賢者能之.〈030〉

무릇 솥에는 명이 새겨져 있다. 명(銘)이라는 것은 스스로 명성을 이루어 기록한 것이니, 스스로 자신의 명성을 이루어서, 자기 선조의 아름다운 점을 드날리고, 후세에 드러내는 것이다. 선조에게는 아름다운 일이 없을 수 없고, 반면 나쁜 점도 없을 수 없다. 그러나 명의 뜻은 아름다운 점은 드러내되 나쁜 점은 드러내지 않는 것이니, 이것은 효자와 효손의 마음이다. 오직 현명한 자여야만 이처럼 할 수 있다.

集說

自名, 下文謂 "自成其名", 是也.

'자명(自名)'은 아래문장에서 말한 "스스로 명성을 이루다."는 뜻이다.

方氏曰: 稱則稱之以言, 揚則揚其所爲. 明則使之顯而不晦, 著則使之見而不隱.

방씨가 말하길, '칭(稱)'은 말을 통해 지칭하는 것이며, '양(揚)'은 시행했던 일을 드러내는 것이다. '명(明)'은 그 대상을 밝게 하여 어둡게 만들지 않는 것이며, '저(著)'는 그 대상을 드러나게 하여 숨기지 않는 것이다.

淺見

近按: 此言子孫之於先祖, 非特敬以致祭而已, 又當稱揚其美銘於鼎彝, 以示後世也.

내가 살펴보니, 이것은 자손들이 선조에 대해서 단지 공경스럽게 제사만 지극히 치를 따름이 아니라 또한 마땅히 정과 이와 같은 제기에 그 아름다운 명을 드날려 후세에 보여주어야만 한다고 말한 것이다.

經文

銘者, 論譔[撰]其先祖之有德善·功烈·勳勞·慶賞·聲名, 列於天下, 而酌之祭器, 自成其名焉, 以祀其先祖者也. 顯揚先祖, 所以崇孝也. 身比[毗志反]焉, 順也. 明示後世, 敎也.〈031〉

명(銘)이라는 것은 선조가 갖췄던 덕과 선함, 공과 업적·훈로·하사와 상·명성 등을 서술하고 기록하여['譔'자의 음은 '撰(찬)'이다.] 천하에 드러내는데, 그것의 경중과 대소를 헤아려서 제기에 새기고, 스스로 그 명성을 이루어서, 이를 통해 선조의 제사를 지내는 것이다. 선조의 명성을 선양하는 것은 효를 숭상하는 방법이다. 자신의 이름을 그 다음에['比'자는 '毗(비)'자와 '志(지)'자의 반절음이다.] 새기는 것은 순종함에 해당한다. 이를 통해 후세의 자손들에게 밝게 드러내는 것은 가르침이 된다.

集說

論, 說; 譔, 錄也. 王功曰勳, 事功曰勞. 酌, 斟酌其輕重大小也. 祭器, 鼎彝之屬. 自成其名者, 自成其顯揚先祖之孝也. 比, 次也. 謂己名次於先祖之下也. 順, 無所違於禮也. 示後世而使子孫效其所爲, 則是敎也.

'논(論)'자는 "설명한다."는 뜻이며, '선(譔)'자는 "기록한다."는 뜻이다. 천자의 공업을 도운 것을 '훈(勳)'이라 부르고, 국가를 안정시킨 공을 '노(勞)'라 부른다.[1] '작(酌)'자는 경중과 대소를 헤아린다는 뜻이다. '제기(祭器)'는 솥이나 술병 등을 뜻한다. '자성기명(自成其名)'은 선조의 효 드날리는 일을 스스로 완성한다는 뜻이다. '비(比)'자는 다음이라는 뜻이니, 자신의 이름을 선조 다음에 기록한다는 뜻이다. '순(順)'자는 예법에 위배되는 점이 없다는 뜻이다. 후세에 보여주어 자손들로 하여금 선조

1) 『주례』「하관(夏官)·사훈(司勳)」: <u>王功曰勳</u>. 國功曰功. 民功曰庸. <u>事功曰勞</u>. 治功曰力. 戰功曰多.

의 행동거지를 본받도록 한다면, 이것은 가르침이 된다.

經文

夫銘者, 壹稱而上下皆得焉耳矣. 是故君子之觀於銘也, 旣美其所稱, 又美其所爲. 爲之者, 明足以見之, 仁足以與之, 知[去聲]足以利之, 可謂賢矣. 賢而勿伐, 可謂恭矣.〈032〉

무릇 명(銘)이라는 것은 한 차례 읽게 되면 선조와 본인 모두 후세에 그 명성을 기릴 수 있다. 이러한 까닭으로 군자가 명을 보게 되면, 명에서 일컫는 내용을 아름답게 칭찬하고, 또 그의 행적을 아름답고 칭송한다. 명을 만든 자가 그 밝음이 선조의 선행을 드러낼 수 있고, 인자함이 군주가 명을 칭송하도록 할 수 있으며, 지혜가['知'자는 거성으로 읽는다.] 자신의 이름을 선조 밑에 새길 수 있음을 이롭게 여길 수 있다면, 현명하다고 평할 수 있다. 또 현명하면서도 자랑하지 않는다면, 공손하다고 평할 수 있다.

集說

上, 謂先祖. 下, 謂己身也. 見之, 見其先祖之善也, 非明不能; 與之, 使君上與己銘也, 非仁莫致; 利之, 利己之得次名於下也, 非知莫及.

'상(上)'은 선조를 뜻한다. '하(下)'는 자신을 뜻한다. '현지(見之)'는 선조의 선함을 드러낸다는 뜻이니, 밝음이 아니라면 할 수 없다. '여지(與之)'는 군주로 하여금 선조와 자신의 명(銘)을 읽게끔 한다는 뜻이니, 인자함이 아니라면 지극히 할 수 없다. '이지(利之)'는 선조 밑에 자신의 이름을 새길 수 있는 것을 이롭게 여긴다는 뜻이니, 지혜로움이 아니라면 미칠 수 없다.

淺見

近按: 此推言銘鼎之義.

내가 살펴보니, 이것은 솥에 명을 새기는 뜻을 미루어 말한 것이다.

經文

故衛孔悝[恢]之鼎銘曰: "六月丁亥, 公假[格]于大廟, 公曰: '叔舅, 乃祖莊叔, 左右[竝去聲]成公, 成公乃命莊叔隨難[去聲]于漢陽, 卽宮于宗周, 奔走無射[亦].'"〈033〉

예전 위나라 공회에['悝'자의 음은 '恢(회)'이다.] 대한 솥의 명(銘)에서는 "6월 정해일에, 장공(莊公)이 태묘에 가서['假'자의 음은 '格(격)'이다.] 제사를 지내며, 공회에게 명을 새기도록 하사를 해주었는데, 장공은 '그대 공회여, 그대의 선조 장숙은 성공(成公)을 보좌하였고['左'자와 '右'자는 모두 거성으로 읽는다.] 성공은 장숙에게 명하여, 결국 초나라 땅인 한양까지 난리를['難'자는 거성으로 읽는다.] 피해 따라갔으며, 결국 주나라 수도에 있는 감옥에 갇혔는데, 신속히 명령을 수행하였음에도 싫어하는['射'자의 음은 '亦(역)'이다.] 기색이 없었다.'"라고 했다.

集說

孔悝, 衛大夫. 周六月, 夏四月也. 公, 衛莊公蒯聵也. 假, 至也, 至廟禘祭也. 因祭而賜之銘, 蓋德悝之立己, 故褒顯其先世也. 異姓大夫而年幼, 故稱叔舅, 莊叔, 悝七世祖孔達也. 成公爲晋所伐而奔楚, 故云: "隨難于漢陽." 後雖反國, 又以殺弟叔武, 晋人執之歸干京師, 寘諸深室, 故云: "卽宮于宗周"也. 射, 厭也.

'공회(孔悝)'는 위나라의 대부이다. 주나라의 6월은 하나라 때의 4월에 해당한다. '공(公)'은 위나라 장공(莊公)인 괴외(蒯聵)이다. '격(假)'자는 "~에 이르다."는 뜻이니, 종묘에 가서 체제사를 지냈다는 의미이다. 제사를 지내는 것에 따라서 명(銘)을 새기도록 하사해준 것인데, 아마도 공회가 자신의 명성을 수립할 정도로 덕을 지닌 것을 기렸기 때문에 그의 선조도 기려서 드날리게 한 것이다. 군주와 이성인 대부이며 나이가 어리기 때문에, '숙구(叔舅)'라고 지칭한 것이다. '장숙(莊叔)'은 공회의 7대조 조상인 공달(孔達)이다. 성공은 진나라에 의해 정벌을 당해서 초나라로 달아났다. 그렇기 때문에 "초나라의 한양까지 어려움을 무릅쓰고 따라갔다."라고 말한 것이다. 이후 비록 본국으로 되돌아왔지만, 또한 동생인 숙무(叔武)를 죽여서, 진나라에 붙잡혀 주나라의 경사(京師)[1]로 끌려갔고 감옥에 갇혔다. 그렇기 때문에 "종주에 갇혔다."라 말한 것이다. '역(射)'자는 "싫어하다."는 뜻이다.

石梁王氏曰: 悝乃蒯聵姊之子, 蒯聵, 悝之舅, 而悝則甥, 今反謂之舅, 其放周禮同姓之臣稱伯叔父·異姓之臣稱伯叔舅歟!

석량왕씨가 말하길, '회(悝)'는 괴외(蒯聵) 누이의 자식이니, 괴외는 공회의 외삼촌이므로, 공회는 곧 생질이 된다. 그런데도 오히려 '구(舅)'라고 불렀으니, 주나라 예법에서 동성의 신하에 대해 백부(伯父)나 숙부(叔父)라 지칭하고, 이성의 신하에 대해 백구(伯舅)나 숙구(叔舅)라 지칭했던 예법에 따른 것이다.

經文

"'啓右獻公, 獻公乃命成叔纂乃祖服.'" 〈034〉

계속하여 예전 위나라 공회에 대한 솥의 명(銘)에서 "장공(莊公)은 '장숙은 헌공(獻公)을 인도하고 도왔기 때문에, 헌공은 장숙의 손자인 성숙에게 명령하여 너의 조부가 맡았던 임무를 계승하라.'"라고 했다.

1) 경사(京師)는 그 나라의 수도를 뜻한다. 『시』「대아(大雅)·공유(公劉)」편에는 "京師之野, 于時處處."라는 기록이 있고, 이에 대해 마서신(馬瑞辰)의 『통석(通釋)』에서는 오두남(吳斗南)의 주석을 인용해서, "京者, 地名. 師者, 都邑之稱. 如洛邑, 亦稱洛師之類."라고 풀이했다. 즉 '경(京)'자는 단순한 지명이었고, '사(師)'자가 수도를 뜻하는 단어였다. 이후에는 '경사'라는 단어를 그 나라의 수도를 가리키는 용어로 사용하였다.

集說

獻公, 成公之曾孫, 名衎. 啓, 開; 右, 助也. 魯襄十四年, 衛孫文子·甯惠子逐衛侯, 衛侯奔齊. 言莊叔餘功流於後世, 能右助獻公, 使之亦得反國也. 成叔, 莊叔之孫烝鉏也. 其時成叔事獻公, 故公命其纂繼爾祖舊所服行之事也.

헌공(獻公)은 성공의 증손자로 이름은 간(衎)이다. '계(啓)'자는 "깨우치다."는 뜻이며, '우(右)'자는 "돕다."는 뜻이다. 노나라 양공(襄公) 14년에, 위나라 손문자와 영혜자가 위나라 후작을 쫓아내서, 위나라 후작은 제나라로 도망갔다. 즉 장숙이 남긴 공업이 후세에 전해져서 헌공을 도와 그로 하여금 본국으로 되돌아올 수 있게 했다는데 있다는 뜻이다. 성숙(成叔)은 장숙의 손자인 증서(烝鉏)이다. 그 시기 성숙은 헌공을 섬겼기 때문에 헌공이 그에게 명령하여 조부가 이전에 맡았던 일을 계승하도록 한 것이다.

疏曰: 按左傳, 無孔達之事, 獻公反國, 亦非成叔之功.

소에서 말하길, 『좌전』을 살펴보면 공달의 일화는 기록되어 있지 않으니, 헌공이 본국으로 되돌아올 수 있었던 것은 또한 성숙의 공은 아닐 것이다.

經文

"'乃考文叔, 興舊耆[嗜]欲, 作率慶士, 躬恤衛國. 其勤公家, 夙夜不解[邂], 民咸曰休哉.' 公曰: '叔舅! 予[上聲]女[汝]銘, 若纂乃考服.'"〈035〉

계속하여 예전 위나라 공회에 대한 솥의 명(銘)에서 "장공(莊公)은 '너의 부친인 문숙은 이전 선조들이 군주를 친애하고 나라를 걱정했던 마음을['耆'자의 음은 '嗜(기)'이다.] 숭상하여, 경과 사들을 분기시키고 인솔하여 직접 위나라를 구휼했다. 그가 공실을 위해 노력함에 하루 종일 그치지['解'자의 음은 '邂(해)'이다.] 않았으니, 백성들은 모두 훌륭하다고 칭송하였다.'라고 했다. 그런 뒤에 장공은 재차 '그대 공회여, 내가['予'자는 상성으로 읽는다.] 너에게['女'자의 음은 '汝(여)'이다.] 명(銘)을 새길 수 있도록 허락을 해주겠으니, 너의 부친이 맡았던 임무를 계승하라.'"라고 했다.

集說

應氏曰: 嗜欲者, 心志之所存, 言其先世之忠, 皆以愛君憂國爲嗜欲, 文叔孔圉慕尙而能興起之也. 作率, 奮起而倡率之也. 慶, 卿也, 古卿慶同音, 字亦同用, 故慶雲亦言卿雲.

응씨가 말하길, '기욕(嗜欲)'은 심지에 보존되어 있는 것을 뜻하니, 이전 세대의 충절은 모두 군주를 친애하고 나라를 근심하는 것을 바라는 점으로 삼았다는 뜻이다. 따라서 문숙인 공어는 그것을 사모하고 숭상하여 흥기시킬 수 있었다는 의미이다. '작솔(作率)'은 분기시키고 인솔한다는 뜻이다. '경(慶)'자는 경(卿)을 뜻하니, 고대에는 경(卿)자와 경(慶)자의 음이 같았으므로, 그 글자를 또한 통용해서 사용했다. 그렇기 때문에 경운(慶雲)을 경운(卿雲)이라고도 말하는 것이다.

經文

"悝拜稽首曰: '對揚以辟[璧]之勤大命施于烝彝鼎.'" 此衛孔悝之鼎銘也. 〈036〉

계속하여 예전 위나라 공회에 대한 솥의 명(銘)에서 "공회는 절을 하고 머리를 조아리며, '군주의 명령에 응하고 그 뜻을 드날려서, 제사에 사용하는 술동이와 솥에 군주께서['辟'자의 음은 '璧(벽)'이다.] 내려주신 깊고도 큰 명령을 새겨두겠습니다.'"라고 했다. 이것은 위나라 공회의 솥에 새겨진 명(銘)이다.

集說

對揚至彝鼎十三字, 止作一句讀, 言對答揚擧, 用吾君殷勤之大命, 施勒于烝祭之彝尊及鼎也.

'대양(對揚)'으로부터 '이정(彝鼎)'까지의 13글자는 하나의 구문으로 읽으니, 군주의 명령에 응하고 드날려서 군주께서 내려주신 깊고도 큰 명령에 따르며, 겨울제사인 증 때 사용하는 술동이와 솥에 새겨두겠다는 뜻이다.

淺見

近按: 此引孔悝之鼎, 以證前章之意.

내가 살펴보니, 이것은 공회의 솥에 대한 일화를 인용하여, 앞 장의 뜻을 증명한 것이다.

經文

古之君子，論譔其先祖之美，而明著之後世者也，以比其身，以重其國家如此．子孫之守宗廟社稷者，其先祖無美而稱之，是誣也；有善而弗知，不明也；知而弗傳，不仁也．此三者，君子之所恥也．〈037〉

고대의 군자는 선조들의 아름다운 미덕을 서술하고 기록하여 후세에 드러내는 자이다. 또한 이를 통해 선조의 행적 뒤에 자신의 이름을 새기니, 이처럼 국가의 중대한 보물로 여기게 된다. 자손들은 종묘와 사직을 지키는데, 그들의 선조에게 미덕이 없는데도 칭송하는 것은 거짓된 것이며, 선행이 있는데 알지 못하는 것은 밝지 못한 것이고, 알지만 전하지 못하는 것은 인자하지 못한 것이다. 이러한 세 가지 것들은 군자가 치욕으로 여기는 것이다.

集說

勳在鼎彝，是國有賢臣也，故足爲國家之重．

선조의 훈공이 솥과 술동이에 새겨져 있는 것은 국가에 현명한 신하가 있다는 뜻이다. 그렇기 때문에 국가의 중대한 보물로 삼기에 충분하다.

淺見

近按：此又申言銘鼎之義，以結之．

내가 살펴보니, 이것은 또한 솥에 명을 새기는 뜻을 거듭 언급하여 결론을 맺은 것이다.

經文

昔者周公旦有勳勞於天下, 周公旣沒, 成王·康王追念周公之所以勳勞者, 而欲尊魯, 故賜之以重祭, 外祭則郊·社是也, 內祭則大嘗·禘. 是也. 夫大嘗·禘, 升歌淸廟, 下而管象, 朱干玉戚以舞大武, 八佾以舞大夏, 此天子之樂也. 康周公, 故以賜魯也. 子孫纂之, 至于今不廢, 所以明周公之德, 而又以重其國也.〈038〉

옛날에 주공 단은 천하에 대해 공로를 세웠으므로, 주공이 죽자 성왕과 강왕은 주공이 세운 업적을 추념하여, 노나라를 높이고자 했다. 그렇기 때문에 중대한 제사를 지낼 수 있도록 하사를 해주었으니, 외제(外祭)[1]로는 교제사와 사제사가 여기에 해당하며, 내제(內祭)[2]로는 성대한 가을제사와 체제사가 여기에 해당한다. 무릇 성대한 가을제사와 체제사에서는 악공이 당상에 올라가서 청묘라는 시가를 노래로 부르고, 당하에서는 악공들이 관악기로 상이라는 시가를 연주하며, 무용수는 주색의 방패와 옥으로 장식한 도끼를 들고 대무라는 악무를 추고, 팔일무에 맞춰서 대하라는 악무를 추는데, 이것은 본래 천자가 사용하는 음악이다. 그런데도 주공을 기리고자 했기 때문에 이러한 것들을 노나라에 하사한 것이다. 노나라의 자손들은 그것을 계승하여 지금까지도 폐지하지 않았

1) 외제(外祭)는 내제(內祭)와 상대되는 말이다. 교사(郊祀)를 가리키기도 하며, 왕이 사냥이나 출정 등으로 밖으로 나갔을 때 지내는 제사인 표맥(表貉)과 순수(巡守)를 시행할 때 산천(山川)에 지내는 제사 등을 가리킨다. 『주례』「지관(地官)·목인(牧人)」편에 기록된 '외제'에 대해, 정현의 주에서는 "外祭, 謂表貉及王行所過山川用事者."라고 풀이했고, 또 『예기』「제통(祭統)」편에는 "<u>外祭</u>則郊社是也."라는 기록이 있다.

2) 내제(內祭)는 외제(外祭)와 상대되는 말이다. 선조(先祖)에 대한 종묘(宗廟)의 제사를 뜻한다. 체(禘)제사 및 대상(大嘗) 등이 여기에 포함된다. 종묘에서는 각 시기와 목적에 따라 각종 제사들이 시행되었는데, 이것들을 통칭하여 '내제'라고 부른다. 『예기』「제통(祭統)」편에는 "<u>內祭</u>則大嘗禘是也."라는 기록이 있다.

으니, 주공의 덕을 밝히고, 또 이를 통해 국가의 중대한 보물로 여긴 것이다.

集說

詩維淸, 奏象舞. 嚴氏云: "文王之舞謂之象, 文舞也. 大武, 武舞也. 管象, 以管播其聲也." 餘見前.

『시』「유청(維淸)」편에서는 상(象)이라는 악무에 연주한다고 했다.[3] 엄씨는 "문왕에 대한 악무를 '상(象)'이라고 부르니, 문무(文舞)에 해당한다. '대무(大武)'는 무무(武舞)이다. '관상(管象)'은 관악기로 그 소리를 연주한다는 뜻이다."라고 했다. 나머지 설명은 앞에 나온다.

淺見

近按: 此因衛侯褒寵孔悝之事, 而又引成王所以尊周公之事, 且明子孫世守其祭而不廢也. 然成王賜魯重祭者, 記者以爲"康周公", 夫非天子而祭以天子之禮, 周公在天之靈於心安乎? 成王之賜旣非, 而記者引而誇大之, 亦非也. 況悝之於公不可同世而語者, 今乃比擬而言之, 其失抑又甚矣.

내가 살펴보니, 이것은 위나라 후작이 공회를 총애했던 일화에 따라서 재차 성왕이 주공을 존숭했던 사안을 인용하고, 또 자손이 대대로 그 제사를 지켜 폐지하지 않았다는 것을 밝힌 것이다. 그런데 성왕이 노나라에 중대한 제사를 지낼 수 있도록 하사를 해준 것에 대해 『예기』를 기록한 자는 이것을 '강주공(康周公)'이라고 여겼는데, 천자가 아니면서도 천자의 예법에 따라 제사를 지내는 것에 있어 하늘에 있는 주공의 신령이 마음으로 편안하게 여겼겠는가? 성왕이 하사를 해준 것 자체가 이미 잘못된 것인데, 『예기』를 기록한 자는 이를 인용하여 과대포장을 하였

3) 『시』「주송(周頌)·유청(維淸)」의 「모서(毛序)」: 維淸, 奏象舞也.

으니 이 또한 잘못된 것이다. 하물며 공회는 주공에 대해서 같은 세대로 여겨 말할 수 있는 것이 아닌데, 지금 이를 비견하여 언급했으니, 그 잘못이 또한 매우 심하다.

「경해(經解)」

「경해」편 문장 순서 비교

『예기집설』	『예기천견록』	
	구분	문장
001	무분류	001
002		002
003		003
004		004
005		005
006		006
007		007

무분류

經文

孔子曰: "入其國, 其敎可知也. 其爲人也, 溫柔敦厚, 詩敎也; 疏通知遠, 書敎也; 廣博易[異]良, 樂敎也; 絜靜精微, 易敎也; 恭儉莊敬, 禮敎也; 屬[燭]辭比[毗志反]事, 春秋敎也. 故詩之失愚, 書之失誣, 樂之失奢, 易之失賊, 禮之失煩, 春秋之失亂. 其爲人也, 溫柔敦厚而不愚, 則深於詩者也; 疏通知遠而不誣, 則深於書者也; 廣博易良而不奢, 則深於樂者也; 絜靜精微而不賊, 則深於易者也; 恭儉莊敬而不煩, 則深於禮者也; 屬辭比事而不亂, 則深於春秋者也."〈001〉

공자는 "그 나라에 들어서게 되면, 그 나라에서 시행된 가르침을 알 수 있다. 그 나라의 사람들이 온화하고 부드러우며 돈독하고 두텁다면 『시』의 가르침이 시행된 것이다. 소통하고 앎이 깊다면 『서』의 가르침이 시행된 것이다. 광대하고 넓으며 평이하고['易'자의 음은 '異(이)'이다.] 선량하다면 『악』의 가르침이 시행된 것이다. 청결하고 정미하다면 『역』의 가르침이 시행된 것이다. 공손하고 검소하며 장엄하고 공경하다면 『예』의 가르침이 시행된 것이다. 말을 연결하여['屬'자의 음은 '燭(촉)'이다.] 비유를['比'자는 '毗(비)'자와 '志(지)'자의 반절음이다.] 든다면 『춘추』의 가르침이 시행된 것이다. 그러므로 『시』의 가르침을 잘못 터득하면 어리석게 되고, 『서』의 가르침을 잘못 터득하면 속이게 되며, 『악』의 가르침을 잘못 터득하면 사치를 부리고, 『역』의 가르침을 잘못 터득하면 무너트리게 되며, 『예』의 가르침을 잘못 터득하면 번잡하게 되고, 『춘추』의 가르침을 잘못 터득하면 문란하게 된다. 따라서 그 사람됨이 온화하고 부드러우며 돈독하고 두터우면서도 어리석지 않다면, 『시』에 조예가 깊은 자이다. 소통하고 앎이 깊으면서도 속이지 않는다면 『서』에 조예가 깊은 자이다. 광대하고 넓으며 평이하고 선량하면서도 사치를 부리지 않는다면 『악』에 조예가 깊은 자이다. 청결하고 정미하면서도 법도를 무너트리지 않는다면 『역』에 조예가 깊은 자이다. 공손하고 검소하며 장엄하고 공경하면서도 번잡하지 않다면 『예』에 조예가 깊은 자이다. 말을 연결하여 비유를 들면서도 문란하지 않다면 『춘추』에 조예가 깊은 자이다."라고 했다.

集說

方氏曰: 六經之敎善矣, 然務溫柔敦厚而溺其志, 則失於自用矣, 故詩之失愚; 務疏通知遠而趨於事, 則失於無實矣, 故書之失誣; 務廣博易良而徇其情, 則失於好大矣, 故樂之失奢; 務絜靜精微而蔽於道, 則失於毁則矣, 故易之失賊; 務恭儉莊敬而亡其體, 則失於過當矣, 故禮之失煩; 務屬辭比事而作其法, 則失於犯上矣, 故春秋之失亂. 夫六經之敎, 先王所以載道也, 其敎豈有失哉? 由其所得有淺深之異耳.

방씨가 말하길, 육경(六經)의 가르침은 좋은데, 온화하고 부드러우며 돈독하고 두터움에 힘쓰지만 그 뜻에 함몰된다면 자기 마음대로 하는 잘못을 범한다. 그렇기 때문에 『시』의 잘못은 어리석음이 된다. 소통하고 앎이 깊어지는데 힘쓰지만 일만을 쫓는다면 실질이 없는 잘못을 범한다. 그렇기 때문에 『서』의 잘못은 속임이 된다. 광대하고 넓으며 평이하고 선량함에 힘쓰지만 정감에만 따른다면 크게 부풀리기만 좋아하는 잘못을 범한다. 그렇기 때문에 『악』의 잘못은 사치가 된다. 청결하고 정미함에 힘쓰지만 도에 어둡게 되면 법칙을 무너트리는 잘못을 범한다. 그렇기 때문에 『역』의 잘못은 그르침이 된다. 공손하고 검소하며 장엄하고 공경함에 힘쓰지만 본체를 잃으면 마땅함에 지나친 잘못을 범한다. 그렇기 때문에 『예』의 잘못은 번잡함이 된다. 말을 연결하고 비유를 드는 것에 힘쓰지만 법칙을 지어내면 윗사람을 침범하는 잘못을 범한다. 그렇기 때문에 『춘추』의 잘못은 문란함이 된다. 육경의 가르침은 선왕이 도를 적재하는 것인데, 그 가르침에 어찌 이러한 잘못이 있겠는가? 그것을 터득하는 자에게 있어 얕고 깊은 차이가 있는 데에서 비롯된 것일 뿐이다.

應氏曰: 淳厚者, 未必深察情僞, 故失之愚; 通達者, 未必篤確誠實, 故失之誣; 寬博者, 未必嚴立繩撿, 故失之奢; 沉潛思索, 多自耗蠹, 且或害道, 故失之賊; (缺文) 故失之煩; 弄筆褒貶, 易紊是非, 且或召亂, 故失之亂. 惟得之深, 則養之固, 有以見天地之純全. 古人之大體, 而安有所謂失哉?

응씨가 말하길, 돈독하고 두터운 자는 실정과 허위에 대해서 반드시 깊이 살피는 것은 아니기 때문에 어리석은 잘못에 빠지게 된다. 소통하고 두루 통한 자는 진실에 대해 반드시 독실하게 확신하는 것은 아니기 때문에 속이는 잘못에 빠지게 된다. 관대하고 두터운 자는 규제에 대해 반드시 엄격히 지키는 것은 아니기 때문에 사치하는 잘못에 빠지게 된다. 깊이 침잠하여 사색하는 자들은 제 스스로 기력을 소진하는 일이 많고 또한 간혹 도를 해치기 때문에 그르치는 잘못에 빠지게 된다. (궐문)[1] 때문에 번잡한 잘못에 빠지게 된다. 글에 멋을 부려서 기리거나 깎아내리는 자들은 옳고 그름을 바꾸거나 문란하게 하고 또한 간혹 혼란을 초래하기 때문에 문란하게 되는 잘못에 빠지게 된다. 오직 터득한 것이 깊어야만 배양하는 것도 확고하여 천지의 완전함을 볼 수 있다. 이것이 고대인들이 터득한 큰 바탕인데, 어찌 잘못이라는 것이 있었겠는가?

1) 『예기집설(禮記集說)』과 『예기천견록(禮記淺見錄)』에는 결문(缺文)으로 표시되어 있는데, 『사고전서(四庫全書)』에는 "등차에 따른 절제가 분명하지 않고 덕성이 확정되지 않다면 격식에 맞게 꾸며서 올바르게 행동할 수 없다(品節未明, 德性未定, 無以飾貌正行.)"로 기록되어 있다.

石梁王氏曰: 孔子時, 春秋之筆削者未出. 又曰: 加我數年, 卒以學易, 性與天道, 不可得聞, 豈遽以此教人哉? 所以教者, 多言詩·書·禮·樂, 且有愚誣奢賊煩亂之失, 豈詩·書·樂·易·禮·春秋使之然哉? 此決非孔子之言也.

석량왕씨가 말하길, 공자 당시에 『춘추』의 필법이라는 것은 아직 나타나지 않았다. 또 말하길, 공자는 "나에게 몇 년의 수명을 빌려주어 마침내 『역』을 배우게 한다면"[2]이라고 했고, 공자가 본성과 천도를 말한 것을 들어보지 못했다고 했는데,[3] 어떻게 갑작스럽게 이것을 통해 사람들을 가르쳤다고 할 수 있는가? 이른바 가르침이라는 것은 대체로 『시』·『서』·『예』·『악』을 뜻하는데, 어리석음·속임·사치·그르침·번잡함·문란함 등의 잘못이 생기는 것이 어찌 『시』·『서』·『악』·『역』·『예』·『춘추』가 그처럼 만든 것이겠는가? 이것은 결코 공자의 말이 아니다.

淺見

近按: 六敎之失, 方氏之說不若應氏之切. 愚謂六經之敎, 聖人所以垂範百王以救後世之失者也. 今乃言其所失有如此者何哉? 蓋非六經之失而學之者有所失也. 徒習其章句·聲音·度數之末, 而不能明其理故也. 詩之失愚者, 如咸丘蒙以率土莫非王臣, 而疑瞽瞍之不爲臣, 及高叟之爲詩, 是也. 書之失誣者, 如孟子所謂盡信書者, 及漢仗以觀政爲觀兵, 復子明辟爲還政, 燕噲讓國而慕堯舜, 王莽居攝而稱宰衡之類, 是也. 樂之失奢, 如季氏八佾舞於庭, 三家以雍徹之類, 是也. 易之失賊者, 如京房言災變, 郭璞占吉凶, 而皆自害其身之類, 是也. 禮之失煩者, 如書所謂黷于祭祀, 及漢諺所謂會禮之

2) 『논어』「술이(述而)」: 子曰, "加我數年, 五十以學易, 可以無大過矣."

3) 『논어』「공야장(公冶長)」: 子貢曰, "夫子之文章, 可得而聞也, 夫子之言性與天道, 不可得而聞也."

家名爲聚訟之類, 是也. 春秋之失亂者, 如崔浩作史暴揚國惡, 而致赤族, 是也. 是皆人之所致, 而非經之使然, 能深造而明其理, 則有其德而無是失矣.

내가 살펴보니, 여섯 가르침의 잘못에 대해 방씨의 주장은 응씨의 적절한 설명만 못하다. 내가 생각하기에 육경의 가르침이라는 것은 성인이 모든 제왕에게 모범으로 내려주어 후세의 잘못을 구원하기 위한 것이다. 그런데 이곳에서 그 잘못된 바에 대해 이와 같은 것이 있다고 말한 것은 어째서인가? 아마도 이것은 육경 자체의 잘못이 아니라 그것을 배우는 자가 이러한 잘못을 범한다는 뜻인 것 같다. 즉 단지 장구 · 성음 · 도수 등의 말단만 익히고 그 이치를 밝힐 수 없었기 때문이다. '시지실우(詩之失愚)'라는 것은 마치 함구몽이 온 땅 안의 사람들이 왕의 신하가 아닌 자가 없다는 구절을 가지고 고수를 신하로 삼지 않은 것을 의심한 것[4]과 고수가 시를 해석한 것[5] 등이 여기에 해당한다. '서지실무(書之失誣)'라는 것은 맹자가 이른바 "『서』의 내용을 모두 믿는다."라고 한 것[6]과 한나라 의장이 관정(觀政)을 관병(觀兵)으로 여기고 복자명벽(復子明辟)을 환정(還政)으로 여긴 것과 연쾌가 나라를 사양했다고 해서 요순을 사모한다고 한 것과 왕망이 섭정의 자리에 있었다고 하여 재형이라 칭송했던 부류가 여기에 해당한다. '악지실사(樂之失奢)'라는 것은 계씨가 자신의 집 마당에서 팔일무를 추게 했던 것[7]과 삼가에서 옹이라는 시로 철상을 했던[8] 부류가 여기에 해당한다. '역지실적(易之失賊)'이

4) 『맹자』「만장상(萬章上)」: 咸丘蒙曰, "舜之不臣堯, 則吾旣得聞命矣. 詩云, '普天之下, 莫非王土, 率土之濱, 莫非王臣.' 而舜旣爲天子矣, 敢問瞽瞍之非臣, 如何?"

5) 『맹자』「고자하(告子下)」: 曰, "固哉! 高叟之爲詩也! 有人於此, 越人關弓而射之, 則己談笑而道之, 無他, 疏之也."

6) 『맹자』「진심하(盡心下)」: 孟子曰, "盡信書, 則不如無書. 吾於武成, 取二三策而已矣. 仁人無敵於天下, 以至仁伐至不仁, 而何其血之流杵也?"

7) 『논어』「팔일(八佾)」: 孔子謂季氏, "八佾舞於庭, 是可忍也, 孰不可忍也?"

8) 『논어』「팔일(八佾)」: 三家者以雍徹. 子曰, "'相維辟公, 天子穆穆', 奚取於三

라는 것은 경방이 재이와 변이를 말하고 곽복이 길흉을 점쳤으나 둘 모두 스스로 그 자신을 해한 부류가 여기에 해당한다. '예지실번(禮之失煩)'이라는 것은 『서』에서 "제사에 함부로 하다."고 한 것[9]과 한나라 속담에서 이른바 예학자들이 모인 것을 취송이라 한다고 했던 부류가 여기에 해당한다. '춘추지실란(春秋之失亂)'이라는 것은 최호가 사서를 기록하며 나라의 추악함을 적나라하게 드러내다가 결국 멸족이 된 것이 여기에 해당한다. 이것들은 모두 사람이 일으킨 것이지 경전이 그처럼 만든 것이 아니므로, 깊이 이룩하여 그 이지를 밝힌다면 그 덕을 갖추게 되어 이러한 잘못이 없게 된다.

家之堂?"

9) 『서』「상서(商書)·열명중(說命中)」: 黷于祭祀, 時謂弗欽, 禮煩則亂, 事神則難.

經文

天子者, 與天地參, 故德配天地, 兼利萬物, 與日月竝明, 明照四海而不遺微小. 其在朝廷, 則道仁聖禮義之序; 燕處, 則聽雅·頌之音; 行步, 則有環佩之聲; 升車, 則有鸞和之音. 居處有禮, 進退有度, 百官得其宜, 萬事得其序. 詩云: "淑人君子, 其儀不忒, 其儀不忒, 正是四國." 此之謂也.〈002〉

천자는 천지와 더불어 참여하는 자이다. 그렇기 때문에 그의 덕은 천지에 짝하고, 만물을 모두 이롭게 하며, 해 및 달과 더불어서 함께 밝으니, 그의 밝음은 사해를 비춰주되 미물이라도 빠트리지 않는다. 그가 조정에 있게 되면 인함과 성스러움, 예와 의의 질서를 말하고, 한가롭게 머물 때라면 아와 송의 음악을 들으며, 걸어 다닐 때에는 차고 있던 패옥의 소리가 들리고, 수레에 타게 되면 수레의 방울소리가 들린다. 따라서 그가 거처할 때에는 예가 있고 나아가고 물러남에는 법도가 있으니, 모든 관리들이 그것을 보고 합당함을 얻고, 모든 일들이 질서를 얻는다. 『시』에서 "선한 군자여, 그의 위엄스러운 행동이 어긋나지 않았으니, 위엄스러운 행동이 어긋나지 않아서 사방의 나라들을 바르게 하는구나."라고 했으니, 바로 이러한 뜻을 나타낸다.

集說

鸞·和, 皆鈴也, 鸞在衡, 和在軾前. 詩, 曹風·鳲鳩篇.

'난(鸞)'과 '화(和)'는 모두 방울이니, 난은 수레의 형(衡)에 달고, 화는 수레의 식(軾) 앞에 단다. 시는 『시』「조풍(曹風)·시구(鳲鳩)」편이다.[1)]

1) 『시』「조풍(曹風)·시구(鳲鳩)」: 鳲鳩在桑, 其子在棘. 淑人君子, 其儀不忒, 其儀不忒, 正是四國.

石梁王氏曰: 此段最粹.

석량왕씨가 말하길, 이 단락이 「경해」편의 핵심이다.

淺見

近按: 此與篇首解經之言意不相蒙, 自此以至篇終, 別是一意.

내가 살펴보니, 이것은 편의 첫 부분에서 경을 풀이한 말의 뜻과 서로 연결되지 않으니, 이 문장으로부터 이 편의 끝까지는 별도의 뜻이 된다.

經文

發號出令而民說[悅], 謂之和; 上下相親, 謂之仁; 民不求其所欲而得之, 謂之信; 除去[上聲]天地之害, 謂之義. 義與信, 和與仁, 霸王[去聲]之器也. 有治民之意而無其器, 則不成.〈003〉

호령하고 명령을 내렸는데 백성들이 기뻐한다면['說'자의 음은 '悅(열)'이다.] 이것을 화(和)라 부른다. 상하계층이 서로 친애하는 것을 인(仁)이라 부른다. 백성들이 하고자 하는 것을 바라지 않더라도 얻게 되면 이것을 신(信)이라 부른다. 천지의 해악을 제거하면['去'자는 상성으로 읽는다.] 이것을 의(義)라 부른다. 의(義)·신(信)·화(和)·인(仁)은 패왕의['王'자는 거성으로 읽는다.] 도구이다. 백성들을 다스리려는 뜻이 있더라도 그 도구가 없다면 완성되지 않는다.

集說

馮氏曰: 論義·信·和·仁之道, 而以王霸竝言之, 豈孔子之言?

풍씨[1]가 말하길, 의(義)·신(信)·화(和)·인(仁)의 도를 논하면서 패왕을 함께 언급했으니, 어찌 공자의 말이겠는가?

淺見

近按: 前章稱德配天地, 以帝道言, 而此降言王霸之道. 然以義信和仁竝言王霸者, 馮氏非之, 是矣. 蓋不知誠僞之不同也.

내가 살펴보니, 앞 장에서는 덕이 천지에 짝한다고 지칭하여 제왕의 도로써 말한 것인데, 이곳에서는 낮춰서 왕자와 패자의 도를 말했다. 그런데 의·신·화·인으로 왕자와 패자를 함께 언급한 것을 풍씨가 비판을 했는데, 그 말이 옳다. 아마도 진실과 거짓의 차이를 모른 것이다.

1) 양헌풍씨(亮軒馮氏, ?~?) : =풍씨(馮氏). 자세한 행적이 남아 있지 않다.

經文

禮之於正國也, 猶衡之於輕重也, 繩墨之於曲直也, 規矩之於方圜也. 故衡誠縣[玄], 不可欺以輕重; 繩墨誠陳, 不可欺以曲直; 規矩誠設, 不可欺以方圜; 君子審禮, 不可誣以姦詐. 〈004〉

예가 나라를 바르게 하는 것은 저울이 경중을 헤아리고, 먹줄이 굽은 것과 곧은 깃을 정하며, 원형자와 굽은자가 사각형과 원형을 가려내는 것과 같다. 그러므로 저울이 분명하다면['縣'자의 음은 '玄(현)'이다.] 경중을 가지고 속일 수 없으며, 먹줄이 분명하다면 굽은 것과 곧은 것으로 속일 수 없고, 원형자와 굽은자가 분명하다면 사각형과 원형으로 속일 수 없으니, 군자가 예를 잘 살피면 간사함으로 속일 수 없다.

集說

方氏曰: 輕者禮之小, 重者禮之大, 若大者不可損, 小者不可益, 是矣. 曲者, 禮之煩, 直者, 禮之簡, 若易則易, 于則于, 是矣. 方者, 禮之常, 圜者, 禮之變, 若以禮爲體者, 禮之常也; 以義起禮者, 禮之變也. 禮之用如是, 故君子審禮, 不可誣以姦詐也.

방씨가 말하길, '경(輕)'은 예 중에서도 작은 것이고, '중(重)'은 예 중에서도 큰 것이니, "본래부터 커야 하는 것은 덜어내서는 안 되고, 본래부터 작아야 하는 것은 보태서는 안 된다."는 말이 바로 이러한 뜻에 해당한다. '곡(曲)'은 예 중에서도 번잡한 것이고, '직(直)'은 예 중에서도 간략한 것이니, "그 사안이 간이한 경우라면, 간이한 예법을 시행하게 되고, 군주께서 찾아오셔서 그 사안이 커진 경우라면, 융성한 예법을 시행하게 된다."는 말이 바로 이러한 뜻에 해당한다. '방(方)'은 예 중에서도 상례(常禮)에 해당하고, '환(圜)'은 예 중에서도 변례(變禮)에 해당하는 것이니, 예를 본체로 삼는 것은 예 중에서도 상례가 되고, 의(義)에 따라 예를 일으킨 것은 예 중에서도 변례가 되는 것과 같다. 예의 운용이 이와 같기 때문에 군자가 예를 잘 살피면, 간사함으로 속일 수 없다.

淺見

近按: 此因王覇, 而言君子以禮正國之事.

내가 살펴보니, 이것은 왕자와 패자에 대한 언급으로 인해서 군자가 예를 통해 나라를 바르게 하는 사안을 언급한 것이다.

經文

是故隆禮由禮, 謂之有方之士; 不隆禮不由禮, 謂之無方之民, 敬讓之道也. 故以奉宗廟, 則敬; 以入朝廷, 則貴賤有位; 以處室家, 則父子親·兄弟和; 以處鄕里, 則長幼有序. 孔子曰: "安上治民, 莫善於禮." 此之謂也.〈005〉

이러한 까닭으로 예를 융성하게 높이고 예에 따르는 자를 도를 갖춘 사라 부르고, 예를 융성하게 높이지 않고 예에 따르지 않는 자를 도가 없는 백성이라 부르니, 공경히 처신하며 겸양하는 도를 뜻한다. 그러므로 이를 통해 종묘의 제사를 받들게 되면 공경하게 되고, 이를 통해 조정에 들어가서 행동하게 되면 귀천의 등급에 합당한 지위가 생기며, 이를 통해 집에서 처신하게 되면 부자관계에서 친애하게 되고 형제관계에서 화목하게 되고, 이를 통해 마을에서 처신하게 되면 장유관계에 질서가 생긴다. 공자는 "위정자를 편안하게 만들고 백성들을 다스리는 것 중에서 예보다 좋은 것이 없다."라고 했으니, 바로 이러한 뜻을 나타낸다.

集說

篇首"孔子曰", 記者述孔子之言也. 是故以下, 疑是記者之言, 故引孝經孔子之言以結之也.

「경해」편의 첫 머리에서는 '공자왈(孔子曰)'이라고 했는데, 이것은 『예기』를 기록한 자가 공자의 말을 조술한 것이다. '시고(是故)' 이하의 말은 아마도 『예기』를 기록한 자의 말일 것이다. 그렇기 때문에 『효경』에 나오는 공자의 말을 인용하여 결론을 맺은 것이다.[1)]

方氏曰: 隆, 言隆之而高. 由, 言由乎其中. 隆禮所以極高明, 由禮所

1) 『효경』「광요도장(廣要道章)」: 安上治民, 莫善於禮. 禮者, 敬而已矣.

以道中庸; 極高明所以立本, 道中庸所以趨時. 立本趨時雖若不同, 要之不離於道而已, 故謂之有方之士也. 道無方也, 體之於禮則爲有方, 此以禮爲主, 故謂之方焉. 士志於道, 故於有方曰士; 民無常心, 故於無方曰民.

방씨가 말하길, '융(隆)'자는 융성하게 해서 높인다는 뜻이다. '유(由)'자는 그 안에서 따른다는 뜻이다. 예를 높이는 것은 높고 밝음을 지극히 하는 것이며, 예에 따르는 것은 중용에 따르는 것이다.[2] 높고 밝음을 지극히 하는 것은 근본을 세우는 것이며, 중용에 따르는 것은 시의를 좇는 것이다. 근본을 세우고 시의를 좇는 것이 비록 동일하지 않은 것처럼 보이지만, 요약해보면 모두 도에서 벗어나지 않을 따름이다. 그렇기 때문에 방(方)을 갖춘 선비라고 부른다. 도에는 본래 고정된 방소가 없지만, 그것을 예로 체현하게 되면 방소가 생긴다. 이곳의 기록은 예를 위주로 삼은 것이기 때문에 도(道)를 방(方)이라고 부른 것이다. 사는 도에 뜻을 두었기 때문에[3] 방소를 갖춘 자에 대해서 '사(士)'라고 말한 것이며, 백성들은 항상된 마음이 없기 때문에 방소가 없는 자에 대해서 '민(民)'이라고 말한 것이다.

淺見

近按: 此言非特君子之正國, 至於士民之賤, 莫不皆由於禮也.

내가 살펴보니, 이것은 단지 군자가 나라를 바르게 하는 것 뿐만 아니라, 사나 백성과 같이 천한 자들에 있어서 모두 예에 따르지 않음이 없음을 언급한 것이다.

---

2) 『중용』「27장」: 故君子尊德性而道問學, 致廣大而盡精微, <u>極高明而道中庸</u>, 溫故而知新, 敦厚以崇禮.

3) 『논어』「이인(里仁)」: 子曰, "<u>士志於道</u>, 而恥惡衣惡食者, 未足與議也."

經文

故朝覲之禮, 所以明君臣之義也; 聘問之禮, 所以使諸侯相尊敬也; 喪祭之禮, 所以明臣子之恩也; 鄕飮酒之禮, 所以明長幼之序也; 昏姻之禮, 所以明男女之別也. 夫禮, 禁亂之所由生, 猶坊[防]止水之所自來也. 故以舊坊爲無所用而壞[怪]之者, 必有水敗; 以舊禮爲無所用而去[上聲]之者, 必有亂患. 〈006〉

그러므로 조근의 의례는 군신관계의 도의를 밝히는 방법이다. 빙문의 의례는 제후들끼리 서로 존경하도록 만드는 방법이다. 상례와 제례는 신하와 자식에게 있는 은정을 밝히는 방법이다. 향음주례는 장유관계의 질서를 밝히는 방법이다. 혼인의 의례는 남녀의 유별함을 밝히는 방법이다. 무릇 예라는 것은 혼란이 생겨나는 원인을 금지하는 것이니, 물이 넘치는 것을 제방이['坊'자의 음은 '防(방)'이다.] 방지함과 같다. 그러므로 예전의 제방을 쓸데없는 것이라 여겨서 무너트리는['壞'자의 음은 '怪(괴)'이다.] 자에게는 반드시 수재가 발생할 것이고, 예전의 예법을 쓸데없는 것이라 여겨서 없애는['去'자는 상성으로 읽는다.] 자에게는 반드시 혼란과 우환이 발생할 것이다.

集說

壻於婦家曰昏, 婦於壻家曰姻.

혼인에 있어서 아내 집안의 사위가 되는 것은 '혼(昏)'이라 부르고, 남편 집안의 며느리가 되는 것은 '인(姻)'이라 부른다.

方氏曰: 君臣之亂, 生於無義, 故以朝覲之禮禁之; 諸侯之亂, 生於不和, 故以聘問之禮禁之; 臣子之亂, 生於無恩, 故以喪祭之禮禁之. 以至鄕飮之施於長幼, 昏姻之施於男女, 其義亦若是而已.

방씨가 말하길, 군신관계가 문란하게 되는 것은 의로움이 없는 데에서 생겨난다. 그렇기 때문에 조근(朝覲)의 예법으로 금지한다. 제후들이 문란하게 되는 것은 조화롭지 못한 데에서 생겨난다. 그렇기 때문에 빙문(聘問)의 예법으로 금지한다. 신하와 자식이 문란하게 되는 것은 은정이 없는 데에서 생겨난다. 그렇기 때문에 상례와 제례로 금지한다. 향음주례를 장유관계에 적용하고, 혼인의 예법을 남녀관계에 적용하는 것에 있어서도 그 의미가 또한 이와 같을 따름이다.

淺見

近按: 此言禮之功用至大, 而不可不由之意.

내가 살펴보니, 이것은 예의 공용이 지극히 커서 그에 따르지 않을 수 없다는 뜻을 언급한 것이다.

經文

故昏姻之禮廢, 則夫婦之道苦, 而淫辟[僻]之罪多矣; 鄉飮酒之禮廢, 則長幼之序失, 而爭鬪之獄繁矣; 喪祭之禮廢, 則臣子之恩薄, 而倍死忘生者衆矣; 聘覲之禮廢, 則君臣之位失, 諸侯之行[去聲]惡, 而倍畔侵陵之敗起矣. 故禮之敎化也微, 其止邪也於未形, 使人日徙善遠[去聲]罪而不自知也, 是以先王隆之也. 易曰: "君子愼始. 差若豪氂, 繆以千里." 此之謂也.〈007〉

그러므로 혼인의 의례가 폐지되면 부부의 도리가 고달프게 되고 음란하고 사벽한['辟'자의 음은 '僻(벽)'이다.] 죄악들이 많아진다. 향음주례가 폐지되면 장유관계의 질서가 없어지고 서로 다투는 송사들이 많아진다. 상례와 제례가 폐지되면 신하와 자식의 은정이 옅어지고 죽은 자를 배반하고 살아있는 자들이 부모를 잊는 일이 많아진다. 빙문과 조근의 의례가 폐지되면 군주와 신하의 지위가 어그러져서 제후는 나쁜 짓을 시행하고['行'자는 거성으로 읽는다.] 배반하고 침탈하며 업신여기는 폐단들이 발생한다. 그러므로 예의 교화는 은미하니, 아직 구체적으로 드러나지 않은 상태에서 사벽한 것을 금지하여, 사람들로 하여금 날마다 선으로 옮겨가고 죄를 멀리하도록['遠'자는 거성으로 읽는다.] 하면서도 스스로 그에 따르고 있는지도 알아차리지 못하게 한다. 이러한 까닭으로 선왕은 예를 융성하게 높였던 것이다. 『역』에서는 "군자는 시작을 신중히 한다. 그 차이가 처음에는 한 터럭 정도였지만, 결국 천리나 되는 차이로 뒤틀리게 된다."라고 했으니, 바로 이러한 뜻을 나타낸다.

集說

此又自昏姻覆說至聘問朝覲, 以明上文之義. 所引易曰, 緯書之言也. 若, 如也.

이 또한 혼인으로부터 재차 설명하여 빙문과 조근에까지 이르렀으니,

이를 통해 앞 문장의 뜻을 나타낸 것이다. '역왈(易曰)'이라고 인용한 말은 위서(緯書)의 내용이다. '약(若)'자는 "~와 같다."는 뜻이다.

鄭氏曰: 苦, 謂不至・不答之屬.

정현이 말하길, '고(苦)'자는 여자가 찾아오지 않고 남자가 답례를 하지 않는 부류들을 뜻한다.

淺見

近按: 苦謂艱苦而不易也. 婚姻之禮廢而不行, 則男女成夫婦之道, 艱苦而不得遂, 必有過時不嫁, 踰墻鑽穴, 而相從者矣, 故淫辟之罪多也. 此覆解前章之意, 而申結之.

내가 살펴보니, '고(苦)'자는 어렵고 고생스러워서 쉽지 않다는 뜻이다. 혼인의 예가 폐지되어 시행되지 않으면, 남녀는 부부의 도를 완성할 때 어렵고 고생스러워서 이룰 수가 없게 되니, 분명 시기를 넘겨서 시집을 가지 못하거나 담장을 넘고 구멍을 뚫어서 서로 따르게 되는 일이 발생한다. 그렇기 때문에 음란하고 사벽한 죄가 많아지는 것이다. 이것은 앞장의 뜻을 재차 풀이하여 거듭 결론을 맺은 것이다.

「애공문(哀公問)」

淺見

近按: 此篇答問相承, 以明禮之所以大, 自篇首至莫爲禮以上, 其間恐有闕文誤字.

내가 살펴보니, 이 편은 문답이 서로 이어지며 예가 중대한 이유를 밝히고 있는데, 편의 첫 부분부터 "예를 시행하지 않는다."[1]라고 한 구문까지, 그 사이에는 아마도 궐문과 오자가 있는 것 같다.

1) 『예기』「애공문」 006장 : 公曰, "今之君子胡莫之行也?" 孔子曰, "今之君子好實無厭, 淫德不倦, 荒怠敖慢, 固民是盡, 午其衆以伐有道, 求得當欲, 不以其所. 昔之用民者由前, 今之用民者由後, 今之君子莫爲禮也."

「애공문」편 문장 순서 비교

『예기집설』	『예기천견록』	
	구분	문장
001	무분류	001
002		002
003		003
004		004
005		005
006		006
007		007
008		008
009		009
010		010
011		011
012		012
013		013
014		014
015		015
016		016
017		017
018		018

무분류

經文

哀公問於孔子曰: "大禮何如? 君子之言禮, 何其尊也?" 孔子曰: "丘也小人, 不足以知禮." 君曰: "否. 吾子言之也."〈001〉

노나라 애공이 공자에게 묻기를 "성대한 예는 어떤 것입니까? 군자가 예를 말하며 어찌 그리 칭송하고 찬양하는 것입니까?"라고 하자, 공자는 "저는 소인이라 예를 안다고 할 수 없습니다."라고 대답했다. 그러자 애공은 재차 "아닙니다. 그대가 말씀해주시오."라고 했다.

集說

哀公, 魯君, 名蔣. 大禮, 謂禮之大者. 何其尊, 言稱揚之甚.

'애공(哀公)'은 노나라 군주로, 이름은 장(蔣)이다. '대례(大禮)'는 예 중에서도 성대한 것을 뜻한다. '하기존(何其尊)'은 칭송하고 찬양함이 깊다는 뜻이다.

經文

孔子曰: "丘聞之, 民之所由生, 禮爲大, 非禮無以節事天地之神也, 非禮無以辨君臣·上下·長幼之位也, 非禮無以別男女·父子·兄弟之親, 昏姻·疏數[朔]之交也. 君子以此之爲尊敬然."〈002〉

공자가 말하길, "제가 듣기로, 백성들은 예를 통해 삶을 영위하므로, 이러한 까닭으로 예는 성대한 것이 됩니다. 예가 아니라면 천지의 귀신을 섬기는 일에 있어서 절제할 수 없습니다. 예가 아니라면 군주와 신하, 상하계층, 장유관계의 지위를 변별할 수 없습니다. 예가 아니라면 남녀관계, 부자관계, 형제관계에서의 친함과 혼인관계, 소원하고 친한['數'자의 음은 '朔(삭)'이다.] 관계에서의 사귐을 구별할 수 없습니다. 따라서 군자는 이러한 것들을 존경의 이유로 삼아 높이는 것입니다."라고 했다.

集說

此皆禮之大者, 故不得不尊敬之也.

이러한 것들은 모두 예 중에서도 큰 것에 해당한다. 그렇기 때문에 존경하지 않을 수 없다.

經文

"然後以其所能教百姓, 不廢其會節." 〈003〉

공자가 계속하여 말하길, "이처럼 한 뒤에야 잘 할 수 있는 것으로 백성들을 가르치고, 정해진 기한을 폐지하지 않습니다."라고 했다.

集說

禮本天秩, 聖人因人情而爲之節文, 非强之以甚高難行之事也, 故曰: "以其所能敎百姓." 會節, 謂行禮之期節, 如葬祭有葬祭之時, 冠昏有冠昏之時, 不可廢也.

예는 하늘의 질서에 근본을 두고 있고, 성인은 사람의 정감에 따라서 그것에 절차와 격식을 제정하니, 심원하고 시행하기 어려운 일을 억지로 시킨 것이 아니다. 그렇기 때문에 "잘 할 수 있는 것으로 백성들을 가르쳤다."고 했다. '회절(會節)'은 예를 시행하는 기한을 뜻하니, 예를 들어

장례나 제례에는 장례와 제례를 지내는 특정한 때가 있고, 관례나 혼례에는 관례와 혼례를 치르는 정해진 때가 있는 것과 같으니, 이러한 것들은 폐지할 수 없다.

經文

"有成事, 然後治其雕鏤·文章·黼黻以嗣." 〈004〉

공자가 계속하여 말하길, "제사를 성사시킬 수 있은 뒤에라야 제기의 장식 및 제복의 장식들을 다스려서 예가 끊어지지 않도록 할 수 있습니다."라고 했다.

集說

有成事, 謂諏日而得卜筮之吉, 事可成也. 雕鏤, 祭器之飾. 文章·黼黻, 祭服之飾也. 嗣者, 傳續不絶之義. 此器服常存, 則此禮必不泯絶矣.

'유성사(有成事)'는 날짜를 상의하여 거북점과 시초점을 통해 길한 점괘를 얻어 그 사안을 이룰 수 있다는 뜻이다. '조루(雕鏤)'는 제기의 장식을 뜻한다. '문장(文章)'과 '보불(黼黻)'은 제복의 장식을 뜻한다. '사(嗣)'자는 전수하여 연속되게 해서 끊어지지 않게 한다는 뜻이다. 제기나 제복들이 항상 보존된다면, 예는 반드시 없어지지 않게 된다.

經文

"其順之, 然後言其喪筭, 備其鼎俎, 設其豕腊, 脩其宗廟, 歲時以敬祭祀, 以序宗族, 卽安其居, 節醜其衣服, 卑其宮室, 車不雕幾[析], 器不刻鏤, 食不貳味, 以與民同利. 昔之君子之行禮者如此."〈005〉

공자가 계속하여 말하길, "상하 계층이 모두 순종한 뒤에야 상장례의 기한을 드러내고, 솥이나 도마 등의 제기들을 갖추며, 돼지고기나 육포 등을 준비하고, 종묘 건물을 보수하여, 각 시기마다 이를 통해 제사를 공경스럽게 시행하고, 종족에 대해서는 서열에 따라 질서를 정하며, 처한 곳에 따라 편안하게 여기고, 의복을 검소하게 하며, 궁실의 건물을 낮게 하고, 수레에는 조각 장식을['幾'자의 음은 '析(석)'이다.] 하지 않으며, 음식을 먹을 때 사용하는 기물들에도 조각을 새기지 않고, 음식에 대해서는 맛을 두 가지 이상으로 내지 않음으로써 백성들과 이로움을 함께 나눕니다. 예전의 군자가 예를 시행했던 것은 이와 같습니다."라고 했다.

集說

順之, 謂上下皆無違心也. 言, 猶明也. 喪筭, 五服歲月之數, 殯葬久近之期也. 卽安其居者, 隨其所處而安之也. 節, 儉也. 醜, 猶惡也. 雕幾, 見郊特牲. 器, 養器也. 自奉如此其薄者, 蓋欲不傷財不害民, 而與民同其利也.

'순지(順之)'는 상하계층 모두 어기는 마음이 없다는 뜻이다. '언(言)'자는 "밝힌다."는 뜻이다. '상산(喪筭)'은 오복(五服)에 따른 기한의 수치와 빈소를 차리고 장례를 치를 때 적용되는 기한의 멀고 가까운 수치를 뜻한다. '즉안기거(卽安其居)'는 머무는 곳에 따라서 편안하게 여긴다는 뜻이다. '절(節)'자는 "검소하다."는 뜻이다. '추(醜)'자는 "조악하다."는 뜻이다. '조석(雕幾)'에 대한 설명은 『예기』「교특생(郊特牲)」편에 나온다. '기(器)'자는 음식을 먹을 때 사용하는 기물이다. 제 스스로를 이처럼 척

박하게 받드는 것은 재물을 축내지 않고 백성들에게 해를 끼치지 않으며, 백성들과 이로움을 함께 누리고자 하기 때문이다.

經文

公曰: "今之君子胡莫之行也?" 孔子曰: "今之君子好實無厭[去聲], 淫德不倦, 荒怠敖[去聲]慢, 固民是盡, 午[去聲]其衆以伐有道, 求得當[去聲]欲, 不以其所. 昔之用民者由前, 今之用民者由後, 今之君子莫爲禮也."〈006〉

애공이 "오늘날의 군자들은 어찌하여 그러한 예를 시행하지 않는 것입니까?"라고 묻자, 공자는 "오늘날의 군자들은 재물을 좋아함에 끝이['厭'자는 거성으로 읽는다.] 없고, 방탕한 행실을 하면서도 싫증을 내지 않으며, 방만하고 나태하게['敖'자는 거성으로 읽는다.] 행동하고, 백성들의 재물을 모두 고갈시키며, 백성들의 뜻을 어겨서['午'자는 거성으로 읽는다.] 도를 갖춘 자를 공격하고, 제 욕심 채우기만을['當'자는 거성으로 읽는다.] 구하며, 도리를 따지지 않습니다. 예전에 백성들을 부리던 군주는 앞서 언급한 대로 따랐지만, 오늘날의 군주들은 후자에 해당합니다. 이러한 까닭으로 오늘날의 군자들은 예를 시행하지 않는 것입니다."라고 했다.

集說

實, 貨財也. 淫德, 放蕩之行也. 固, 如固獲之固, 言取之力也. 盡, 謂竭其所有也. 午, 與迕同, 午其衆, 違逆衆心也. 求得當欲, 言不過求以稱其私欲而已. 不以其所, 不問其理之所在也. 由前, 由古之道. 由後, 由今之道也.

'실(實)'자는 재화를 뜻한다. '음덕(淫德)'은 방탕한 행실을 뜻한다. '고(固)'자는 "반드시 차지하려고 한다."고 했을 때의 고(固)자와 같으니, 빼으려는 힘을 뜻한다. '진(盡)'자는 가지고 있는 것을 모두 소진한다는 뜻이다. '오(午)'자는 "거스른다."는 뜻의 오(迕)자와 같으니, '오기중(午其衆)'은 백성들의 마음을 거스른다는 의미이다. '구득당욕(求得當欲)'은 삿된 욕심을 채우고자 구하는 데에서 벗어나지 않는다는 뜻이다. '불이기소(不以其所)'는 이치가 있는 곳을 따지지 않는다는 뜻이다. '유전(由前)'은 고대의 도리를 따른다는 뜻이다. '유후(由後)'는 현재의 실태를 따른다는 뜻이다.

經文

孔子侍坐於哀公. 哀公曰: "敢問人道誰爲大?" 孔子愀[七小反]**然作色而對曰: "君之及此言也, 百姓之德也, 固臣敢無辭而對, 人道政爲大."**〈007〉

공자가 애공을 모시고 앉아 있었다. 애공은 "감히 묻겠으니, 사람의 도리 중 그 무엇이 큰 것이 됩니까?"라고 물었다. 그러자 공자는 송구스럽게 ['愀'자는 '七(칠)'자와 '小(소)'자의 반절음이다.] 생각하며 낯빛을 고치고 "군주께서 이러한 말까지 하신 것은 백성들에게 있어서는 참으로 행복한 일이 됩니다. 진실로 신이 감히 사양하지 않을 수 있겠습니까마는 대답을 드리겠으니, 사람의 도리 중에서는 정치가 큼이 됩니다."라고 대답했다.

集說

愀然, 悚動之貌. 作色, 變色也. 百姓之德, 猶言百姓之幸也. 敢無辭, 言豈敢無辭.

'초연(愀然)'은 송구스러워하는 모습이다. '작색(作色)'은 낯빛을 바꾼다는 뜻이다. '백성지덕(百姓之德)'은 백성들의 행복이라고 한 말과 같다. '감무사(敢無辭)'는 어찌 감히 사양함이 없을 수 있느냐는 뜻이다.

經文

公曰: "敢問何謂爲政?" 孔子對曰: "政者, 正也. 君爲正, 則百姓從政矣. 君之所爲, 百姓之所從也. 君所不爲, 百姓何從?" 公曰: "敢問爲政如之何?" 孔子對曰: "夫婦別, 父子親, 君臣嚴, 三者正, 則庶物從之矣." 公曰: "寡人雖無似也, 願聞所以行三言之道, 可得聞乎?"〈008〉

애공이 "감히 묻겠으니, 무엇을 두고 정치를 시행한다고 말합니까?"라고 묻자 공자는 "정치라는 것은 바르게 한다는 뜻입니다. 군주가 바름을 시행한다면 백성들은 정치를 따를 것입니다. 군주가 행동하는 바는 백성들이 따르는 대상입니다. 군주가 시행하지 않은 것을 백성들이 어떻게 따르겠습니까?"라고 대답했다. 애공은 "감히 묻겠으니, 정치를 시행하려면 어떻게 해야 합니까?"라고 묻자 공자는 "부부관계에 유별함이 있고, 부자관계에 친애함이 있으며, 군신관계에 엄격함이 있어야 하니, 이 세 가지 관계가 바르다면, 모든 사안이 그에 따를 것입니다."라고 대답했다. 애공은 "과인은 비록 부덕한 자이지만, 세 가지 말을 시행하는 도리에 대해서 듣고자 원하니, 들을 수 있겠습니까?"라고 물어보았다.

集說

夫婦 · 父子 · 君臣, 三綱也. 庶物, 衆事也. 無似, 無所肖似, 言無德也.

부부 · 부자 · 군신관계는 삼강령에 해당한다. '서물(庶物)'은 뭇 사안들을 뜻한다. '무사(無似)'는 닮은 점이 없다는 뜻이니, 덕이 없다는 의미이다.

經文

孔子對曰: "古之爲政, 愛人爲大. 所以治愛人, 禮爲大. 所以治禮, 敬爲大. 敬之至矣, 大昏爲大, 大昏至矣. 大昏旣至, 冕而親迎[去聲], 親之也. 親之也者, 親之也. 是故君子興敬爲親, 舍敬是遺親也. 弗愛不親, 弗敬不正. 愛與敬, 其政之本與!"〈009〉

애공의 질문에 대해 공자는 "고대에 정치를 시행했을 때에는 사람을 사랑하는 것을 큼으로 삼았습니다. 사람을 사랑하는 일을 다스릴 때에는 예를 큼으로 삼았습니다. 예를 다스릴 때에는 공경함을 큼으로 삼았습니다. 공경함이 지극한 것 중에서는 성대한 혼례를 큼으로 삼았으니, 성대한 혼례는 지극한 것입니다. 성대한 혼례가 이미 지극한 것이므로, 천자나 제후도 면복을 착용하고 친영을['迎'자는 거성으로 읽는다.] 했으니, 친애하기 때문입니다. 친애한다는 것은 상대로 하여금 나를 친애하게 하는 것입니다. 그렇기 때문에 군자는 공경함을 일으켜서 친애함으로 삼았으니, 공경을 버린다는 것은 곧 친애함을 버리는 것입니다. 사랑하지 않는다면 친애하지 않게 되고, 공경하지 않는다면 바르지 않게 됩니다. 따라서 사랑함과 공경함은 정치의 근본일 것입니다."라고 대답했다.

集說

方氏曰: 夫婦有內外之位, 故曰別; 父子有慈孝之恩, 故曰親; 君臣有上下之分, 故曰嚴. 易曰: "有夫婦, 然後有父子; 有父子, 然後有君臣." 故先後之序如此. 三者之正, 一以夫婦爲之本, 故後言"大昏爲大也." 政在養人, 故古之爲政, 愛人爲大. 然而愛之無節, 則墨氏之兼愛矣, 安能無亂乎? 故曰: "所以治愛人禮爲大." 禮止於敬而已, 故曰: "所以治禮敬爲大." 禮以敬爲主, 而大昏又爲至焉, 故曰: "敬之至矣, 大昏爲大." 大昏旣爲敬之至, 故雖天子諸侯之尊, 亦必冕而親迎也. 己親其人, 乃所以使人之親己而已, 故曰: "親之也者親之也." 冕而親迎, 可謂敬矣, 故曰: "興敬爲親, 舍敬是遺親也." 弗愛則無以相合, 而其情疎, 故曰: "弗愛不親." 弗敬則無以相別, 而其情褻, 故曰: "弗敬不正." 愛敬之道, 其始本於閨門之內, 及擴而充之, 其愛至於不敢惡於人, 其敬至於不敢慢於人, 而德教加於百姓, 刑于四海, 故曰: "愛與敬其政之本與."

방씨가 말하길, 부부 사이에는 내외의 구분에 따른 자리가 있다. 그렇기 때문에 구별이라고 했다. 부자관계에는 자애로움과 효의 은정이 있다. 그렇기 때문에 친애함이라고 했다. 군신관계에는 상하에 따른 구분이 있다. 그렇기 때문에 엄격함이라고 했다. 『역』에서는 "부부가 있은 뒤에야 부자관계가 생기고, 부자관계가 생긴 뒤에야 군신관계가 생긴다."[1]라 했기 때문에, 선후의 순서가 이와 같다. 세 가지의 올바름은 모두 부부관계를 근본으로 삼는다. 그렇기 때문에 그 뒤에서는 "성대한 혼례가 큼이 된다."라 말했다. 정치의 성패는 사람을 길러주는데 달려있다. 그렇기 때문에 고대에 정치를 시행할 때에는 사람을 사랑하는 것을 큼으로 삼았다. 그러나 사랑함에 절제가 없다면 묵자가 말한 겸애(兼愛)가 되는데, 어찌 혼란이 없을 수 있겠는가? 그러므로 "사람을 사랑함을 다스리는 것에서는 예를 큼으로 삼는다."라 말했다. 예는 공경일 따름이다. 그렇기 때문에 "예를 다스리는 것에서는 공경을 큼으로 삼는다."라고 말했다. 예는 공경을 위주로 삼는데, 성대한 혼례 또한 지극함이 된다. 그렇기 때문에 "공경이 지극한 것에서는 성대한 혼례를 큼으로 삼는다."라 했다. 성대한 혼례는 이미 공경함이 지극한 것이 되기 때문에, 비록 천자나 제후처럼 존귀한 자라 하더라도 반드시 면복을 갖춰 입고서 직접 부인을 맞이한다. 본인이 다른 사람을 친애한다면, 이것은 곧 다른 사람으로 하여금 본인을 친애하게 하는 방법일 따름이다. 그렇기 때문에 "친애한다는 것은 친애하도록 하는 것이다."라 했다. 면복을 착용하고 직접 맞이하는 것은 공경이라고 부를 수 있다. 그렇기 때문에 "공경을 일으켜

1) 『역』「서괘전(序卦傳)」: 有天地然後有萬物, 有萬物然後有男女, 有男女然後有夫婦, <u>有夫婦然後有父子, 有父子然後有君臣</u>, 有君臣然後有上下, 有上下然後禮義有所錯.

서 친애함으로 삼으니, 공경을 버린다면 친애함을 버리는 것이다."라 했다. 사랑하지 않는다면 서로 합치될 수 없고 정감도 소원하게 된다. 그렇기 때문에 "사랑하지 않는다면 친애하지 않는 것이다."라 했다. 공경하지 않는다면 서로 구별할 수 없고 정감도 버릇없게 된다. 그렇기 때문에 "공경하지 않는다면 바르지 않은 것이다."라 했다. 사랑함과 공경함의 도리는 시작에 있어서 집안의 도리에 근본을 두고 있으며, 그것이 확장되면 사랑함이 함부로 남을 미워하지 않는 경지에 도달하게 되고, 공경함은 함부로 남에게 태만하게 굴지 않는 경지에 도달하게 되어, 덕과 교화를 백성들에게 베풀고 천하에 모범이 된다.[2] 그렇기 때문에 "사랑함과 공경함은 정치의 근본일 것이다."라고 했다.

經文

公曰: "寡人願有言然. 冕而親迎, 不已重乎?" 孔子愀然作色而對曰: "合二姓之好, 以繼先聖之後, 以爲天地 · 宗廟 · 社稷之主, 君何謂已重乎?" 公曰: "寡人固[句]. 不固, 焉得聞此言也? 寡人欲問, 不得其辭, 請少進."〈010〉

애공이 "과인은 그에 대한 설명을 듣고자 원합니다. 그러나 면복을 입고 친영을 하는 것은 지나치게 중시 여기는 것이 아닙니까?"라고 묻자, 공자는 송구스럽게 생각하며 낯빛을 고치고 "두 성씨의 우호를 합하여, 선성의 후사를 잇고, 이를 통해 천지 · 종묘 · 사직의 제사를 지내는 주인으로 삼는 일인데, 군주께서는 어찌 지나치게 중시 여긴다고 하십니까?"라고 대답했다. 애공이 "과인은 고루한 사람입니다.['固'자에서 구문을

2) 『효경』「천자장(天子章)」: 子曰, 愛親者, 不敢惡於人. 敬親者, 不敢慢於人. 愛敬盡於事親, 而德教加於百姓, 刑于四海. 蓋天子之孝也. 甫刑云, 一人有慶, 兆民賴之.

끊는다.] 만약 고루하지 않았다면 어찌 이러한 말을 들을 수 있었겠습니까? 과인은 묻고자 했는데 아직 그 말을 이해하지 못했으니, 청컨대 나를 가르쳐서 조금이라도 진척이 되도록 해주시오."라고 했다.

集說

已重, 大重也. 寡人固, 自言其固陋也. 不固焉得聞此言者, 言若不固陋, 則不以此爲問, 安得聞此言乎? 請少進者, 幸孔子更略有以進教我也.

'이중(已重)'은 너무 중시한다는 뜻이다. '과인고(寡人固)'는 스스로 자신이 고루하다고 말한 것이다. "고루하지 않다면 어찌 이러한 말을 들을 수 있었겠는가."라는 말은 만약 본인이 고루하지 않았다면, 이러한 질문을 하지 않았을 것이니, 어찌 이에 대한 말을 들을 수 있었겠느냐는 뜻이다. '청소진(請少進)'은 공자가 재차 나를 가르쳐주길 바란다는 뜻이다.

石梁王氏曰: 併言天地, 非止諸侯之禮也.

석량왕씨가 말하길, '천지(天地)'에 대해서도 함께 언급했으니, 제후에게만 한정된 예법이 아니다.

經文

孔子曰: "天地不合, 萬物不生. 大昏, 萬世之嗣也, 君何謂已重焉?" 孔子遂言曰: "內以治宗廟之禮, 足以配天地之神明. 出以治直言之禮, 足以立上下之敬. 物恥足以振之, 國恥足以興之, 爲政先禮, 禮其政之本與!"〈011〉

애공의 질문에 대해 공자는 "천지가 합치되지 않으면 만물이 생겨나지 않습니다. 따라서 천지를 상징하는 남녀는 성대한 혼례를 치름으로써 만세를 잇게 되는데, 군주께서는 어찌하여 너무 중시 여긴다고 하십니까?"라고 대답했다. 그리고 공자는 "안으로 종묘의 예를 다스리면 천지의 신명과 짝할 수 있습니다. 또 밖으로 조정의 예를 다스리면 상하계층의 공경함을 세울 수 있습니다. 사물의 치욕은 이를 통해 진작시켜 없앨 수 있으며, 나라의 치욕은 이를 통해 흥기시켜 없앨 수 있으니, 정치를 시행할 때에는 예가 급선무입니다. 따라서 예는 정치의 근본일 것입니다."라고 말했다.

集說

直言二字未詳, 或云當作朝廷.

'직언(直言)'이라는 두 글자의 뜻에 대해서는 잘 모르겠는데, 어떤 자는 마땅히 '조정(朝廷)'으로 기록해야 한다고 했다.

陸氏曰: 物以不振爲恥, 國以不興爲恥.

육씨가 말하길, 사물은 진작되지 않음을 치욕으로 여기고, 나라는 흥성하지 않음을 치욕으로 여긴다.

應氏曰: 物恥, 謂事物之汙陋; 國恥, 謂國體之卑辱. 內外之禮交治, 則國家安富尊榮, 何恥之不伸? 是時魯微弱, 哀公欲振而興之, 而不知禮之爲急, 故夫子以是告之.

응씨가 말하길, '물치(物恥)'는 사물의 더러움과 누추함을 뜻하며, '국치(國恥)'는 국가의 본체가 낮고 욕됨을 뜻한다. 내외의 예에 따라 상호 다스리게 된다면 국가는 안정되고 부유해지며 존귀하고 영화롭게 되는데, 어찌 치욕이 펼쳐질 수 있겠는가? 당시에 노나라는 힘이 미약하여 애공은 진작시키고 흥기시키려고 했지만 예가 급선무가 됨을 알지 못했다. 그렇기 때문에 공자가 이러한 사실을 알려준 것이다.

經文

孔子遂言曰: "昔三代明王之政, 必敬其妻子也有道. 妻也者, 親之主也, 敢不敬與[平聲]? 子也者, 親之後也, 敢不敬與? 君子無不敬也, 敬身爲大. 身也者, 親之枝也, 敢不敬與? 不能敬其身, 是傷其親. 傷其親, 是傷其本. 傷其本, 枝從而亡. 三者, 百姓之象也. 身以及身, 子以及子, 妃以及妃, 君行此三者, 則愾[迄]乎天下矣, 大[泰]王之道也. 如此, 則國家順矣."〈012〉

그리고 공자는 "예전 삼대 시대처럼 현명한 천자가 정치를 시행할 때에는 반드시 자신의 처와 자식을 공경함에도 도가 있었습니다. 처는 부모를 섬기는 집안의 주인이니, 감히 공경하지 않을 수 있겠습니까?['與'자는 평성으로 읽는다.] 또 자식은 부모의 후손이 되니, 감히 공경하지 않을 수 있겠습니까? 군자는 공경하지 않는 대상이 없지만, 자신을 공경하는 것을 큰 것으로 삼습니다. 그 이유는 본인은 부모의 몸에서 나온 가지가 되는데, 감히 공경하지 않을 수 있겠습니까? 자신을 공경할 수 없다면, 이것은 부모에 대해서도 해를 끼치는 것입니다. 부모에게 해를 끼치는 것은 근본을 해치는 일입니다. 근본을 해치게 되면 그에게서 파생된 가지 또한 뒤따라 망하게 됩니다. 그리고 이 세 가지는 백성들의 상이 됩니다. 따라서 자신에게 공경스럽게 대하여 백성들까지도 공경스럽게 대하고, 자신의 자식에게 공경스럽게 대하여 백성들의 자식까지도 공경스럽게 대하며, 자신의 부인에게 공경스럽게 대하여 백성들의 부인까지도 공경스럽게 대해야 하니, 군자가 이러한 세 가지 도의를 시행한다면, 그 교화가 천하의 두루 퍼지게['愾'자의 음은 '迄(흘)'이다.] 될 것이니, 이것은 태왕이['大'자의 음은 '泰(태)'이다.] 실천했던 도입니다. 따라서 이처럼 하게 된다면, 국가의 모든 사람들이 순종하게 됩니다."라고 말했다.

集說

敬吾身以及百姓之身, 敬吾子以及百姓之子, 敬吾妻以及百姓之妻.

憹, 猶至也. 暨也, 如朔南暨聲敎之意. 太王, 愛民之君也, 嘗言不以養人者害人, 故曰太王之道也.

내 자신을 공경스럽게 대하여 백성들 자신을 공경스럽게 대하는 경지에 도달하고, 내 자식을 공경스럽게 대하여 백성의 자식들을 공경스럽게 대하는 경지에 도달하며, 내 처를 공경스럽게 대하여 백성의 처들을 공경스럽게 대하는 경지에 도달하는 것이다. '흘(憹)'자는 "~에 이르다."는 뜻이며, "~에 다다르다."는 뜻이니, "북쪽과 남쪽에 이르러 말씀과 교화가 퍼지다."[3]라고 했을 때의 뜻과 같다. 태왕은 백성들을 사랑했던 군주인데, 일찍이 사람을 길러주는 것으로 사람을 해치지 말라고 했다.[4] 그렇기 때문에 태왕의 도라고 말했다.

方氏曰: 冕而親迎, 所以敬其妻也; 冠於阼階, 所以敬其子也. 爲主於內者, 妻也, 故曰親之主. 傳後於下者, 子也, 故曰親之後. 內非有主, 則外不足以治其國家矣; 下非有後, 則上不足以承其祖考矣. 此所以不敢不敬也. 君子雖無所不敬, 又以敬身爲大焉, 非苟敬身也, 以其爲親之枝故也. 身之於親, 猶木之有枝; 親之於身, 猶木之有本, 相須而共體, 又非特爲主爲後而已, 此尤不敢不敬也.

방씨가 말하길, 면복을 착용하고 친영을 하는 것은 처를 공경스럽게 대하는 방법이다. 동쪽 계단에서 관례를 치러주는 것은 자식을 공경스럽게 대하는 방법이다. 집안의 주인으로 삼는 대상은 처이다. 그렇기 때문에 "부모를 모시는 주인이다."라고 했다. 후사를 그 뒤로 전수하는 대상은 자식이다. 그렇기 때문에 "부모의 뒤이다."라고 했다. 안으로 주인으로 삼는 대상이 없다면, 밖으로 국가를 다스리기에 부족하다. 아래로 후사로 삼는 대상이 없다면, 위로 조부와 부친을 계승하기에 부족하다. 이

3) 『서』「하서(夏書)·우공(禹貢)」: 東漸于海, 西被于流沙, 朔南暨聲敎, 訖于四海. 禹錫玄圭, 告厥成功.

4) 『맹자』「양혜왕하(梁惠王下)」: 乃屬其耆老而告之曰, "狄人之所欲者, 吾土地也. 吾聞之也, 君子不以其所以養人者害人. 二三子何患乎無君? 我將去之."

것이 바로 공경하지 않을 수 없는 이유이다. 군자는 비록 공경하지 않는 대상이 없지만, 또한 자신을 공경하는 것을 큼으로 삼는데, 단지 자신만을 공경하고자 해서가 아니며, 본인은 부모에게서 나온 가지가 되기 때문이다. 본인은 부모에 대해서 나무에 달려 있는 가지와 같고, 부모는 본인에 대해서 나무에 있는 뿌리와 같으니, 서로를 필요로 하는 공동체가 되므로, 또한 단지 부모를 섬기는 주인이 되고 후사가 되는 자만을 위해서 공경하는 것이 아니며, 자신에 대해서도 더욱 공경하지 않을 수 없다.

經文

公曰: "敢問何謂敬身?" 孔子對曰: "君子過言則民作辭, 過動則民作則. 君子言不過辭, 動不過則, 百姓不命而敬恭, 如是則能敬其身. 能敬其身, 則能成其親矣."〈013〉

애공이 "감히 묻겠으니, 무엇을 두고 자신을 공경한다고 말합니까?"라고 묻자 공자가 대답하길, "군자가 말을 지나치게 하더라도 백성들은 그것을 말에 대한 규범으로 삼고, 행동을 지나치게 하더라도 백성들은 그것을 행동에 대한 규범으로 삼습니다. 따라서 군자가 말에 있어서 규범을 벗어나지 않게 하고 행동에 있어서 규범을 벗어나지 않게 한다면, 백성들은 따로 명령을 내리지 않더라도 저절로 공경하게 될 것이니, 이처럼 한다면 자신에 대해서 공경할 수 있습니다. 자신에 대해 공경할 수 있다면, 부모의 명성을 이룰 수 있습니다."라고 했다.

集說

君子, 以位言也. 在上者言雖過, 民猶以爲辭, 辭者, 言之成文者也; 動雖過, 民猶以爲則, 則者, 動之成法也. 此所以君子之言動不敢有過, 俱無過, 則民不待命令之及, 而自知敬其上矣. 民皆敬上, 則君之身不爲人所辱, 方謂之能敬身. 成其親者, 不使親名爲人所毁也.

'군자(君子)'는 지위를 기준으로 한 말이다. 위정자가 말을 비록 지나치게 하더라도 백성들은 오히려 그것을 사(辭)로 여기는데, '사(辭)'라는 것은 말 중에서도 격식을 갖춘 것이다. 그리고 행동을 비록 지나치게 하더라도 백성들은 오히려 그것을 칙(則)으로 삼는데, '칙(則)'은 행동 중에서도 법도를 갖춘 것이다. 이것은 군자의 말과 행동에 감히 지나침이 생기지 않게 하여, 모두 허물이 없게 된다면, 백성들은 명령이 도달할 때까지 기다리지 않고 스스로 위정자를 공경해야 할 줄 알게 된다는 뜻이다. 백성들이 모두 위정자를 공경한다면, 군주 본인은 남들로부터 모욕을 당하지 않으니, 이것을 두고 자신을 공경할 수 있다고 부른다. "부모를 이룬다."는 말은 부모의 명성을 남들이 훼손시키지 못하도록 한다는 뜻이다.

經文

公曰: "敢問何謂成親?" 孔子對曰: "君子也者, 人之成名也. 百姓歸之名, 謂之君子之子, 是使其親爲君子也, 是爲成其親之名也已." 孔子遂言曰: "古之爲政, 愛人爲大. 不能愛人, 不能有其身. 不能有其身, 不能安土. 不能安土, 不能樂天. 不能樂天, 不能成其身."〈014〉

애공이 "감히 묻겠으니, 무엇을 부모의 명성을 이룬다고 말합니까?"라고 묻자 공자가 대답하길, "'군자(君子)'라는 단어는 사람들이 만들어준 명칭입니다. 따라서 백성들이 그에게 명칭을 부여하며, '그는 군자의 자식이다.'라고 말한다면, 이것은 자신의 부모를 군자로 만드는 것이니, 바로 부모의 명성을 이루는 것일 따름입니다."라고 했다. 그리고 공자는 "고대에는 정치를 시행할 때 사람들을 사랑하는 것을 큼으로 삼았습니다. 따라서 남을 사랑할 수 없다면, 자신을 보존할 수 없습니다. 자신을 보존할 수 없다면, 국토를 편안하게 유지할 수 없습니다. 국토를 편안하게 유지할 수 없다면, 천명에 대해 즐거워할 수 없습니다. 천명에 대해 즐거워할 수 없다면, 자신을 이룰 수 없습니다."라고 했다.

集說

方氏曰: 不能愛人, 則傷之者至矣, 故不能有其身. 不能有其身, 則一身無所容矣, 故不能安土. 安土則所居無所擇; 樂天則所遭無所怨. 俯能無所擇, 則仰亦無所怨矣. 故不能安土, 不能樂天. 能樂天, 則於理無所不順, 成身之道, 亦順其理而已.

방씨가 말하길, 남을 사랑할 수 없다면 해침이 지극해진다. 그렇기 때문에 자신을 보존할 수 없다. 자신을 보존할 수 없다면 자기 한 몸에 대해 받아들이는 곳이 없게 된다. 그렇기 때문에 국토를 편안하게 유지할 수 없다. 국토를 편안하게 유지한다면 머무는 곳에 대해 가릴 것이 없고, 천명을 즐거워한다면 접하는 것에 대해 원망함이 없다. 밑으로 가릴 것이 없을 수 있다면 위로도 원망할 것이 없게 된다. 그렇기 때문에 국토를 편안하게 유지할 수 없다면 천명을 즐거워할 수 없다. 천명을 즐거워할 수 있다면 이치에 대해 순응하지 못하는 것이 없는데, 자신을 이루는 도는 또한 이치에 순응하는 것일 따름이다.

經文

公曰: "敢問何謂成身?" 孔子對曰: "不過乎物." 〈015〉

애공이 "감히 묻겠으니, 무엇을 두고 자신을 이룬다고 말합니까?"라고 묻자 공자가 대답하길, "사물의 마땅한 이치에서 벗어나지 않는 것입니다."라고 했다.

集說

應氏曰: 物者, 實然之理也. 性分之內, 萬物皆備, 仁人孝子不過乎物者, 卽其身之所履, 皆在義理之內而不過焉, 猶大學之止於仁·止於孝也. 違則過之, 止則不過矣. 夫物有定理, 理有定體, 雖聖賢豈能加毫末於此哉? 亦盡其當然而止耳.

응씨가 말하길, '물(物)'자는 확실히 그러한 이치를 뜻한다. 성명의 테두리 안에는 만물이 모두 갖춰져 있으니, 인자한 자와 효자가 사물의 이치에서 벗어나지 않는 것이 바로 자신이 실천해야 할 대상이다. 그러므로 이 모두는 의리의 테두리에 있으면서 벗어나지 않는 것으로, 『대학』에서 "인에 그치다."라 말하고, "효에 그치다."라 말한 것과 같다.[5] 어기면 벗어나게 되고 그치면 벗어나지 않게 된다. 사물에게는 정해진 이치가 있고 이치에는 정해진 본체가 있으니, 비록 성현이라 하더라도 어찌 여기에 한 터럭이라고 추가할 수 있겠는가? 또한 마땅함을 다하고서 그칠 따름이다.

經文

公曰: "敢問君子何貴乎天道也?" 孔子對曰: "貴其不已, 如日月東西相從而不已也, 是天道也. 不閉其久, 是天道也. 無爲而物成, 是天道也. 已成而明, 是天道也."〈016〉

애공이 "감히 묻겠으니, 군자는 어찌하여 천도를 존귀하게 여깁니까?"

5) 『대학』「전(傳) 3장」: 詩云, "穆穆文王, 於緝熙敬止." 爲人君, 止於仁, 爲人臣, 止於敬. 爲人子, 止於孝. 爲人父, 止於慈. 與國人交, 止於信.

라고 묻자 공자가 대답하길, "그치지 않는 작용을 존귀하게 여기는 것이니, 마치 해와 달이 동과 서로 서로 뒤따라 운행하며 그치지 않는 것이 바로 천도입니다. 또 오래되도록 닫히지 않는 것이 바로 천도입니다. 또 인위적으로 행위함이 없는데도 사물이 이루어지는 것이 바로 천도입니다. 이미 이루어지고서 밝게 빛나는 것이 바로 천도입니다."라고 했다.

集說

日月相從不已, 繼明照于四方也. 不閉其久, 窮則變, 變則通也. 無爲而成, 不言而信, 不怒而威也. 已成而明, 爲法於天下, 可傳於後世也.

해와 달이 서로 뒤따라 운행하며 그치지 않는 것은 연속하여 사방에 빛을 비춰준다는 뜻이다.[6] 오래됨을 폐지하지 않는 것은 다하게 되면 변하고 변하면 통한다는 뜻이다.[7] 인위적으로 행위함이 없는데도 이루는 것은 말을 하지 않아도 믿고 성내지 않아도 위엄을 갖춘다는 뜻이다.[8] 이미 이루어져서 밝다는 것은 천하에 모범이 되어 후세에 전할 수 있다는 뜻이다.[9]

劉氏曰: 天道至誠無息, 所謂維天之命, 於穆不已也. 君子貴之, 純亦不已焉. 然其不已者, 一動一靜互爲其根, 如日往則月來, 月往則

---

6) 『역』「리괘(離卦)」 : 象曰, 明兩作, 離, 大人以, 繼明照于四方.

7) 『역』「계사하(繫辭下)」 : 易窮則變, 變則通, 通則久, 是以"自天祐之, 吉无不利".

8) 『예기』「악기(樂記)」 075장 : 君子曰, "禮樂不可斯須去身." 致樂以治心, 則易直子諒之心油然生矣. 易直子諒之心生則樂, 樂則安, 安則久, 久則天, 天則神. 天則不言而信, 神則不怒而威, 致樂以治心者也.

9) 『맹자』「이루하(離婁下)」 : 是故君子有終身之憂, 無一朝之患也. 乃若所憂則有之, 舜, 人也, 我, 亦人也. 舜爲法於天下, 可傳於後世, 我由未免爲鄉人也, 是則可憂也.

日來, 是以不窮其久. 無思無營, 而萬物自然各得其成, 及其旣成, 皆粲然可見也. 蓋其機緘密運而不已者, 雖若難名, 而成功則昭著也. 無爲而成者, 不見其爲之之迹, 而但見有成也. 此唯天爲大, 唯堯則之, 蕩蕩乎民無能名焉, 巍巍乎其有成功也, 煥乎其有文章之謂也.

유씨가 말하길, 천도는 지극히 성실하고 쉼이 없으니,[10] 바로 "하늘의 명이 오! 심원하여 그치지 않는구나."[11]라는 뜻에 해당한다. 군자가 존귀하게 여기는 것은 순수하고 또한 그치지 않기 때문이다.[12] 그런데 그치지 않는 것은 한 번 움직이고 한 번 고요하여 서로에 대해 근원이 되는 것이니, 예를 들어 해가 지면 달이 떠오르고 달이 지면 해가 떠오르는 것과 같다. 이러한 까닭으로 오래됨을 다하지 않는다. 생각함도 없고 계획함도 없지만, 만물은 자연히 각각 완성됨을 얻게 되고, 이미 이루어지게 되면 모두 찬란하게 드러날 수 있다. 숨어서 은밀하게 운행하며 그치지 않는 것은 비록 이름을 붙이기가 어렵지만 공을 이루게 된다면 밝게 드러난다. 인위적으로 행위함이 없는데도 이루어지는 것은 실제로 시행하는 자취를 보지 못하고, 단지 이룬 것만을 볼 수 있기 때문이다. 이것은 "오직 하늘만이 위대한데 오직 요임금만이 그것을 본받아 넓고도 넓어 백성들이 이름을 붙일 수 없고, 높고도 높구나 그 공적을 이룸이여, 찬란하구나 그 문장을 갖춤이여."[13]라고 한 말에 해당한다.

10) 『중용』「26장」: 故至誠無息.

11) 『시』「주송(周頌)·유천지명(維天之命)」: 維天之命, 於穆不已. 於乎不顯, 文王之德之純. 假以溢我, 我其收之. 駿惠我文王, 曾孫篤之.

12) 『중용』「26장」: 曰, "惟天之命, 於穆不已." 蓋曰天之所以爲天也. "於乎不顯! 文王之德之純." 蓋曰文王之所以爲文也, 純亦不已.

13) 『논어』「태백(泰伯)」: 子曰, "大哉堯之爲君也! 巍巍乎! 唯天爲大, 唯堯則之. 蕩蕩乎, 民無能名焉. 巍巍乎! 其有成功也, 煥乎其有文章!"

經文

公曰: "寡人惷[尸雍反]愚·冥煩, 子志[如字]之心也!"〈017〉

애공이 "과인은 기질에 가려['惷'자는 '尸(시)'자와 '雍(옹)'자의 반절음이다.] 우둔하고 이치에 어두우며 자질구레한 데에 얽매여 있어서, 그대가 가르쳐준 내용들을 깨우칠 수 없으니, 그대는 간략하고 핵심적인 말로 내 마음에 그것들을 새겨주시오.['志'자는 글자대로 읽는다.]"라고 했다.

集說

惷愚, 蔽於氣質也; 冥者, 暗於理; 煩者, 累於事. 志, 讀如字. 哀公自言其不能敏悟所教, 欲孔子以簡切之語, 志記於我心. 故孔子下文所對, 是擧其要者言之.

'송우(惷愚)'는 기질에 가려져 있다는 뜻이며, '명(冥)'자는 이치에 어둡다는 뜻이고, '번(煩)'자는 자질구레한 사안들에 얽매여 있다는 뜻이다. '지(志)'자는 글자대로 읽는다. 애공 스스로 가르쳐준 내용들에 대해서 민첩히 깨달을 수 없다고 말하여, 공자가 간략하고 핵심적인 말로 자신의 마음에 새겨주길 바란 것이다. 그렇기 때문에 공자는 아래문장에서 대답을 하며, 핵심적인 사안을 제시하여 말한 것이다.

經文

孔子蹴[戚]然辟[避]席而對曰: "仁人不過乎物, 孝子不過乎物. 是故仁人之事親也如事天, 事天如事親. 是故孝子成身." 公曰: "寡人旣聞此言也, 無如後罪何?" 孔子對曰: "君之及此言也, 是臣之福也."〈018〉

공자는 몸가짐을 고쳐 엄숙하고 공경스러운 태도를['蹴'자의 음은 '戚(척)'

이다.] 취하고 자리를 피하여['辟'자의 음은 '避(피)'이다.] 대답하길, "인한 자는 사물의 이치에서 벗어나지 않고, 효자는 사물의 이치에서 벗어나지 않습니다. 이러한 까닭으로 인한 자는 부모를 섬길 때 하늘을 섬기는 것처럼 하고, 하늘을 섬길 때 부모를 섬기는 것처럼 합니다. 그러므로 효자는 자신을 이루게 됩니다."라고 했다. 애공은 "과인은 이미 이러한 말을 들었지만, 어쩔 수 없이 이후에 죄를 범하게 된다면 어찌하면 좋단 말이오?"라고 했고, 공자는 "군주께서 이러한 말씀을 하시게 된 것은 바로 신하의 복입니다."라고 대답했다.

集說

蹴然, 變容爲肅敬貌. 無如後罪何, 言雖聞此言, 然無奈後日過乎物而有罪何? 此言是有意於寡過矣, 故孔子以爲是臣之福.

'축연(蹴然)'은 몸가짐을 바꿔서 엄숙하고 공손한 모습을 취한다는 뜻이다. '무여후죄하(無如後罪何)'는 비록 이러한 말을 들었지만, 어쩔 수 없이 이후에 사물의 이치에서 벗어나서 죄를 짓게 된다면 어떻게 하느냐는 뜻이다. 이것은 과실을 줄이고자 하는데 뜻을 둔 것이기 때문에, 공자는 신하의 복이라고 여긴 것이다.

方氏曰: 仁人者, 主事天言之也; 孝子者, 主事親言之也. 親則近而疑其不尊, 天則遠而疑其難格. 徒以近而不尊, 則父子之間, 或幾乎褻矣; 徒以遠而難格, 則天人之際, 或幾乎絶矣. 故事親如事天者, 所以致其尊而不欲其褻也; 事天如事親者, 所以求其格而不欲其疎也.

방씨가 말하길, '인인(仁人)'은 하늘을 섬기는 것을 위주로 한 말이며, '효자(孝子)'는 부모를 섬기는 것을 위주로 한 말이다. 부모에 대해서는 관계가 가까워서 존귀하게 높이지 않아도 된다는 의심을 하게 되고, 하늘에 대해서는 관계가 멀어서 이르게 하기가 어렵다는 의심을 하게 된다. 그러나 단지 가깝다는 이유로 존귀하게 높이지 않는다면, 부모와 자식의 관계는 간혹 너무 버릇없는 지경에 이르게 되고, 단지 멀다는 이유로 이르게 하기가 어렵다고 여긴다면, 하늘과 사람의 관계는 간혹 끊어지는 지경에 이르게 된다. 그렇기 때문에 부모를 섬기는 것을 하늘을 섬기는 것처럼 하는 것이 바로 존귀하게 높이는 것을 지극히 하면서도 버릇없는 지경에 이르지 않도록 하는 방법이며, 하늘을 섬기는 것을 부모를 섬기는 것처럼 하는 것이 바로 이르게 하기를 바라면서도 소원한 지경에 이르지 않고자 하는 방법이다.

石梁王氏曰: 仁人之事親也如事天, 事天如事親. 此兩句非聖人不能言.

석량왕씨가 말하길, 인한 자는 부모를 섬길 때 하늘을 섬기는 것처럼 하며, 하늘을 섬길 때 부모를 섬기는 것처럼 한다고 했다. 이 두 구문은 성인이 아니라면 할 수 없는 말이다.

禮記淺見錄卷第二十二

『예기천견록』 22권

「중니연거(仲尼燕居)」

淺見

石梁王氏曰: 文雖有首尾, 然辭旨散漫處多, 未必孔子之言.

석량왕씨가 말하길, 문장에는 비록 앞뒤의 구분이 있지만, 말 속에 함축된 의미는 산만한 곳이 많으니, 이 모두가 반드시 공자의 말일 수 없다.

近按: 此篇亦答問相承, 然既以子曰起, 答辭中間無復問辭, 而又加子曰辭, 意亦多不倫, 似非一時之言, 亦非盡夫子之言也.

내가 살펴보니, 이 편 또한 문답으로 서로 이어져 있지만, 이미 '자왈(子曰)'이라는 말로 문장을 시작했는데, 답변하는 말 중간에 재차 질문하는 말이 없는데도, 다시 '자왈(子曰)'이라는 말을 덧붙이고, 의미에 있어서도 도리에 어긋나는 것이 많으니, 아마도 일시에 한 말이 아니고 또한 이 모두가 공자의 말은 아닐 것이다.

「중니연거」편 문장 순서 비교

『예기집설』	『예기천견록』	
	구분	문장
001	무분류	001
002		002
003		003
004		004
005		005
006		006
007		007
008		008
009		009
010		010
011		011
012		012
013		013
014		014

무분류

經文

仲尼燕居, 子張 · 子貢 · 言游侍, 縱言至於禮. 子曰: "居, 女[汝]三人者! 吾語[去聲]女禮, 使女以禮周流無不徧也." 子貢越席而對曰: "敢問何如?" 子曰: "敬而不中[去聲]禮謂之野, 恭而不中禮謂之給, 勇而不中禮謂之逆." 子曰: "給奪慈仁."〈001〉

공자가 한가롭게 머물고 있는데, 자장 · 자공 · 자유가 모시고 있었다. 이런저런 말들을 하다가 그 사안이 예에 이르게 되었다. 그러자 공자는 "이리 앉아라, 너희['女'자의 음은 '汝(여)'이다.] 세 사람이여. 내가 너희들에게 예에 대해 설명하여['語'자는 거성으로 읽는다.] 너희들로 하여금 예에 따라 시행하여 알맞지 않은 일이 없게끔 하겠다."라고 했다. 그러자 자공은 본래 있던 자리를 벗어나 대답을 하며, "감히 묻습니다. 예란 어떠한 것입니까?"라고 했다. 공자는 "공경하되 예에 맞지['中'자는 거성으로 읽는다.] 않으면 '야(野)'라 부르고, 공손하되 예에 맞지 않으면 '급(給)'이라 부르며, 용맹하되 예에 맞지 않으면 '역(逆)'이라 부른다."라고 했다. 계속하여 공자는 "급(給)의 폐단은 인자함을 빼앗는다."라고 했다.

集說

縱言, 汎言諸事也. 周流無不徧者, 隨遇而施, 無不中節也. 敬以心言, 恭以容言. 禮雖以敬恭爲主, 然違於節文, 則有二者之弊. 給者, 足恭便佞之貌. 逆者, 悖戾爭鬪之事. 夫子嘗言恭而無禮則勞, 勇而無禮則亂, 給則勞, 逆則亂矣. 夫子於三者之弊, 獨言給之爲害, 何也? 蓋野與逆二者, 猶是直情徑行而然, 使習於禮, 則無此患矣. 惟足恭便給之人, 是曲意徇物, 致飾於外, 務以悅人, 貌雖類於慈仁, 而本心之德則亡矣, 故謂之 "奪慈仁", 謂 "巧言令色鮮矣仁" 而恥乎足恭, 正此意也.

‘종언(縱言)’은 여러 일들에 대해서 두루 언급한다는 뜻이다. ‘주류무불편(周流無不徧)’은 딱 맞는 것에 따라 시행하여 절도에 알맞지 않는 것이 없다는 뜻이다. 공경함은 마음을 기준으로 말한 것이고, 공손함은 행동거지를 기준으로 말한 것이다. 예가 비록 공경함과 공손함을 위주로 하더라도 예법에 위배된다면 이 두 가지에 대한 폐단이 생긴다. ‘급(給)’은 지나치고 공손하며 실제가 없이 말주변만 좋은 모습을 뜻한다. ‘역(逆)’은 이치를 어그러트리며 다투는 일을 뜻한다. 공자는 일찍이 “공손하되 예가 없으면 수고롭고, 용맹하되 예가 없으면 혼란스럽다.”[1]고 했으니, 급(給)하게 되면 수고롭게 되고 역(逆)하게 되면 혼란스럽게 된다. 공자가 세 가지 폐단에 대해서 유독 급(給)의 폐해만 언급한 것은 어째서인가? 무릇 야(野)와 역(逆)이라는 두 가지 것들은 여전히 감정에만 충실하고 경솔하게 시행하여 그처럼 된 것이므로, 예를 익히게 한다면 이러한 우환이 없게 된다. 그러나 오직 지나치게 공손하며 교묘하게 말주변을 늘어놓는 자라면, 자신의 뜻을 굽혀 외부 대상에만 따르고 겉을 치장하는데 주력하여 남을 기쁘게 만드는 일에만 힘쓰니, 그 모습이 비록 인자함과 비슷하더라도 본래의 마음에 있는 덕은 없어진 것이다. 그렇기 때문에 “인자함을 빼앗는다.”고 했으니, “말을 교묘하게 하고 낯빛을 꾸미는 자들 중에는 인한 사람이 드물다.”[2]고 말하고, “지나친 겸손을 부끄러워했다.”[3]고 말한 것은 바로 이러한 뜻을 나타낸다.

---

1) 『논어』「태백(泰伯)」: 子曰, “恭而無禮則勞, 愼而無禮則葸, 勇而無禮則亂, 直而無禮則絞. 君子篤於親, 則民興於仁, 故舊不遺, 則民不偸.”

2) 『논어』「양화(陽貨)」: 子曰, “巧言令色, 鮮矣仁.”

3) 『논어』「공야장(公冶長)」: 子曰, “巧言令色足恭, 左丘明恥之, 丘亦恥之. 匿怨而友其人, 左丘明恥之, 丘亦恥之.”

經文

子曰: "師爾過, 而商也不及. 子産猶衆人之母也, 能食[嗣]之, 不能教也." 子貢越席而對曰: "敢問將何以爲此中者也?" 子曰: "禮乎禮. 夫禮所以制中也."〈002〉

공자가 말하길, "자장아 너는 지나친데, 자하는 미치지 못한다. 정나라 자산은 백성들의 어머니와 같아서 그들을 잘 먹여['食'자의 음은 '嗣(사)'이다.] 살릴 수 있었지만 제대로 가르치지 못했다."라고 했다. 그러자 자공은 본래 있던 자리를 벗어나 대답을 하며, "감히 묻습니다. 무엇을 가지고 중도로 삼아야 합니까?"라고 했다. 공자는 "예인가? 바로 예이다. 예라는 것은 중도에 맞게끔 하는 것이다."라고 했다.

集說

能食不能敎, 亦爲不及, 故子貢幷以中爲問.

밥은 잘 먹여주었지만 가르치지 못했다는 것 또한 미치지 못한 것이 된다. 그렇기 때문에 자공은 두 경우를 아울러 중도에 대해 질문한 것이다.

經文

子貢退, 言游進曰: "敢問禮也者, 領惡而全好者與?" 子曰: "然." "然則何如?" 子曰: "郊社之義, 所以仁鬼神也. 嘗禘之禮, 所以仁昭穆也. 饋奠之禮, 所以仁死喪也. 射鄕之禮, 所以仁鄕黨也. 食[嗣]饗之禮, 所以仁賓客也."〈003〉

자공이 물러나자 자유가 앞으로 나아가 "감히 묻겠습니다. 예라는 것은 악함을 통솔하고 좋음을 온전히 하는 것입니까?"라고 묻자 공자는 "그렇다."라고 대답했다. 자유는 재차 "그렇다면 어떻게 하는 것입니까?"라고 묻자 공자는 "교사의 예의는 귀신 섬기는 것을 선하게 인도하는 방법이다. 상체의 예의는 소목에 속한 자손들을 선하게 인도하는 방법이다. 궤전의 예의는 사상례를 선하게 인도하는 방법이다. 향사례나 향음주례는 향당에 있는 자들을 선하게 인도하는 방법이다. 사향의['食'자의 음은 '嗣(사)'이다.] 예의는 빈객들을 선하게 인도하는 방법이다."라고 했다.

集說

前言禮釋回, 增美質, 此言領惡全好, 大意相類. 仁昭穆, 謂祭時則群昭·群穆咸在也. 饋奠, 喪奠也, 非吉祭. 鄕射鄕飮酒, 皆行之於鄕, 故曰: "仁鄕黨." 人而不仁如禮何? 此五者之禮, 皆發於本心之仁也.

앞에서는 예가 사벽함을 제거하고 아름다운 본바탕을 배양시킨다고 했고, 이곳에서는 악함을 다스려서 좋음을 온전히 한다고 했는데, 큰 의미에서는 그 뜻이 비슷하다. "소목(昭穆)을 인(仁)하게 한다."는 말은 제사를 지낼 때라면 뭇 소묘(昭廟)와 뭇 목묘(穆廟)에 해당하는 자손들이 모두 모여 있게 된다는 뜻이다. '궤전(饋奠)'은 상전(喪奠)을 뜻하니, 길제(吉祭)[4]가 아니다. 향사례(鄕射禮)와 향음주례(鄕飮酒禮)는 모두 향당에서 시행하는 것이다. 그렇기 때문에 "향당을 인(仁)하게 한다."라고 했다. 사람이 되고서 인(仁)하지 못하다면 예를 어떻게 하겠는가?[5] 이

---

4) 길제(吉祭)는 상례(喪禮)의 단계를 뜻한다. 우제(虞祭)를 지낸 뒤, 졸곡(卒哭)을 하며 제사를 지내게 되는데, 이 단계부터 지내는 제사를 '길제'라고 부른다. 상(喪)은 흉사(凶事)에 해당하는데, 그 이전까지는 슬픔에서 벗어나기 힘들기 때문에 흉제(凶祭) 또는 상제(喪祭)라고 부르며, 이 단계부터는 평상시처럼 길(吉)한 때로 접어들기 때문에 '길제'라고 부른다. 『예기』「단궁하(檀弓下)」편에는 "是月也, 以虞易奠, 卒哭曰成事. 是日也, 以<u>吉祭</u>易喪祭."라는 기록이 있다. 또한 평상시 정규적으로 지내는 제사를 '길제'라고도 부른다.

5) 『논어』「팔일(八佾)」: 子曰, "<u>人而不仁, 如禮何</u>? 人而不仁, 如樂何?"

러한 다섯 가지 예법은 모두 본래의 마음에 있는 인(仁)에서 나타난 것이다.

應氏曰: 領, 謂摠攬收拾之也. 好惡對立, 一長一消, 惡者收斂而無餘, 則善者渾全而無虧矣. 夫禮之制中, 非屑屑然與惡爲敵而去之也, 養其良心, 啓其善端, 而不善者自消矣. 仁者, 善之道也, 祭祀聘享, 周旋委曲焉者, 凡以全此而已. 仁心發於中, 而後禮文見於外, 及禮之旣擧而是心達焉, 則幽明之間, 咸順其序, 驩欣浹洽, 皆在吾仁之中, 是仁之周流暢達也.

응씨가 말하길, '영(領)'은 총괄하고 수습한다는 뜻이다. 좋음과 나쁨은 대립이 되는데, 어떤 것이 늘어나면 다른 것은 줄어드니, 나쁨이 수렴되어 남김이 없게 된다면 선함이 온전해져서 이지러진 것이 없게 된다. 예가 중도에 맞게 재단하는 것은 소소하게 악과 대적시켜서 그것들을 제거하는 것이 아니니, 양심을 배양하고 선한 단서를 열어주면 선하지 않은 것들은 저절로 없어지게 된다. '인(仁)'이란 선의 도리이니, 제사나 빙문 및 연회에서 행동하는 모든 것들은 무릇 이를 통해 온전히 할 따름이다. 인(仁)한 마음은 속마음에서 발현하고 그 이후에 예의 격식을 통해 겉으로 드러나는데, 예를 이미 시행한 데에 미쳐서 이 마음이 통하게 된다면 그윽한 저 세상이나 밝은 인간 세상에서 모두들 그 순서에 따르게 되고 기뻐하며 화목하게 되니, 이 모두는 내 속마음에 있는 인(仁)함에 달려 있는 것으로, 이것은 인(仁)이 두루 퍼져서 통한 것이다.

劉氏曰: 領惡, 猶言克己也, 視聽言動, 非禮則勿, 所以克去己私之惡, 而全天理之善也. 一日克己復禮, 則天下歸仁, 所以鬼神·昭穆·死喪·鄕黨·賓客之禮, . 無所往而不爲仁也.

유씨가 말하길, '영악(領惡)'은 자신을 극복한다는 뜻과 같으니, 보고·듣고·말하고·행동하는 것들은 예가 아니면 하지 말아야 하며,[6] 이것이 바로 자신의 삿된 악함을 극복하여 천리의 선함을 온전히 하는 방법이다. 하루라도 자신을 극복하여 예로 복귀할 수 있다면, 천하 사람들이 모두 인(仁)으로 회귀할 것이니, 이것이 바로 귀신·소목·사상·향당·빈객의 예에 있어서 어느 곳에 가더라도 인(仁)하지 못하는 경우가 없게 되는 방법이다.

經文

子曰 "明乎郊社之義·嘗禘之禮, 治國其如指諸掌而已乎."〈004〉

공자가 계속하여 말하길, "교사 및 상체의 예의에 해박하다면, 나라를 다스리는 것이 마치 손바닥을 가리키는 것처럼 쉬울 것이다."라고 했다.

集說

明乎郊社之義, 則事天如事親; 明乎嘗禘之禮, 則事親如事天. 仁人孝子明於此, 故能推民胞物與之心, 而天下國家, 有不難治者矣.

교사(郊社)의 예의에 해박하다면 하늘을 섬길 때 부모를 섬기는 것처럼 하고, 상체(嘗禘)의 예의에 해박하다면 부모를 섬길 때 하늘을 섬기는 것처럼 한다. 인한 자와 효자는 이러한 것에 해박하기 때문에, 백성들은 나의 동포이고 사물들은 나와 함께 한다는 마음을 미루어 볼 수 있어서, 천하와 국가를 다스림에 어려울 것이 없게 된다.

6) 『논어』「안연(顔淵)」: 顔淵問仁. 子曰, "克己復禮爲仁. 一日克己復禮, 天下歸仁焉. 爲仁由己, 而由人乎哉?" 顔淵曰, "請問其目." 子曰, "非禮勿視, 非禮勿聽, 非禮勿言, 非禮勿動." 顔淵曰, "回雖不敏, 請事斯語矣."

經文

"是故以之居處有禮, 故長幼辨也; 以之閨門之內有禮, 故三族和也; 以之朝廷有禮, 故官爵序也; 以之田獵有禮, 故戎事閑也; 以之軍旅有禮, 故武功成也."〈005〉

공자가 계속하여 말하길, "이러한 까닭으로 이를 통해 거처하게 되면 예가 있게 되므로 장유관계가 변별된다. 이를 통해 집안에서 시행하면 예가 있게 되므로 삼족이 화목하게 된다. 이를 통해 조정에서 시행하면 예가 있게 되므로 관직과 작위에 질서가 생긴다. 이를 통해 사냥을 하게 되면 예가 있게 되므로 군대와 관련된 일들이 정돈된다. 이를 통해 군대에서 시행하면 예가 있게 되므로 무공이 이루어진다."라고 했다.

集說

三族, 父·子·孫也. 上文言郊社以下五者, 此又言居處以下五事, 皆所以明禮之無乎不在也.

'삼족(三族)'은 부모·자식·손자이다. 앞에서는 교사(郊社)로부터 그 이하의 다섯 가지를 언급했고, 이곳에서는 재차 거처(居處)로부터 그 이하의 다섯 가지 사안을 언급했는데, 이 모두는 예가 있지 않은 곳이 없음을 드러내는 것이다.

經文

"是故宮室得其度, 量鼎得其象, 味得其時, 樂得其節, 車得其式, 鬼神得其饗, 喪紀得其哀, 辨說得其黨, 官得其體, 政事得其施, 加於身而錯[措]於前, 凡衆之動得其宜."〈006〉

공자가 계속하여 말하길, "이러한 까닭으로 궁실의 제도는 그 법도를 얻게 되고, 양(量)이나 정(鼎)과 같은 기물들은 그 형상을 얻게 되며, 맛은 적절한 시기를 얻게 되고, 음악은 절도를 얻게 되며, 수레는 정해진 법식을 얻게 되고, 귀신은 흠향을 얻게 되며, 상례의 규정들은 그에 알맞은 슬픔을 나타내게 되고, 변설은 때와 장소에 알맞게 되며, 관부는 자신이 담당해야 할 본체를 얻게 되고, 정사는 적절하게 시행되니, 이러한 것들을 자신에게 부여하여 앞서 그것들을 시행하므로['錯'자의 음은 '措(조)'이다.] 대중들의 행실이 그 마땅함을 얻게 된다."라고 했다.

集說

方氏曰: 奧爲尊者所居, 阼爲主者所在, 寢則無侵, 房則有方, 至是極而中者爲極, 自是衰而殺者爲榱, 楹以盈而有所任也, 檐以瞻而有所至也. 櫨, 若顱然; 楣, 若眉然, 如是則宮室得其度矣. 若魯莊公丹楹刻桷, 臧文仲上節藻棁, 蓋失其度故也. 量, 左爲升, 以象陽之所升; 右爲合, 以象陰之所合. 仰者爲斛, 以象顯而有所承; 覆者爲斗, 以象隱而有所庇. 外圜其形, 動以天也; 內方其形, 靜以地也. 鼎口在上, 以象有所安乎上; 足在下, 以象有所立乎下. 大者爲鼐, 以象氣之所仍; 揜者爲鼒, 以象才之所任. 足奇其數, 參乎天也; 耳偶其數, 兩乎地也. 非特此而已, 以兆之則有庣, 以旣之則有槪, 而量之所象又有如此者; 以貫之則有耳, 以擧之則有鉉, 而鼎之所象又有如此者. 其音足以中黃鍾, 而量又有樂之象焉; 其亨足以享上帝, 而鼎又有禮之象焉. 易曰: "以制器者尙其象", 蓋謂是矣. 然其器疏以達者所以象春, 高以粗者所以象夏, 廉以深之象秋, 閎以奄之象冬, 器固無適而非象也. 止以量·鼎爲言者, 蓋量爲器之大者, 大者得其象則小者從可知; 鼎爲器之重者, 重者得其象, 則輕者從可知. 若春多酸, 夏多苦, 秋多辛, 冬多鹹, 所謂味得其時也. 陽而不散, 陰而不密, 剛氣不怒, 柔氣不懾, 所謂樂得其節也. 車得其式者, 六等之數, 作車之式也; 五路之用, 乘車之式也. 鬼神得其饗者, 若天神皆降, 地祇皆出, 人鬼皆格, 可得而禮是矣. 喪紀得其哀者, 或發於容體, 或發於聲音, 或發於言語飮食, 或發於居處衣服, 而各得其哀也. 辨說得其黨, 君在官言官, 在府言府, 在庫言庫, 在朝言朝之類. 官得其體, 若天官掌邦治, 地官掌邦敎之類. 政事得其施, 若施典于邦國, 施則于都鄙, 施法于官府之類.

방씨가 말하길, 아랫목은 존귀한 자가 머무는 곳이고 동쪽계단은 주인이 위치하는 곳이며, 침(寢)에는 구석지고 누추한 곳이 없고 방(房)은 반듯하게 지어졌는데, 지극히 높고 가운데 알맞게 자리한 것은 대들보이고, 후미진 곳으로부터 크기가 줄어드는 것은 서까래이며, 기둥은 가득 차서 떠받들고 있는 것이 있으며, 처마는 우러러보며 점점 높아지는 점이 있다. 두공은 두개골처럼 된 것이고, 차양은 눈썹처럼 된 것이니, 이와 같다면 궁실이 그 법도를 얻은 것이다. 마치 노나라 장공처럼 기둥에 붉은색의 옻칠을 하고[7] 서까래에 조각을 하며,[8] 장무중처럼 두공에 산 모양을 조각하고 동자기둥에 수초를 그린 것[9]들은 법도를 잃어버렸기 때문이다. '양(量)'의 좌측은 승(升)이 되니 양(陽)이 상승하는 것을 상징하고, 우측은 합(合)[10]이 되니 음(陰)이 합하는 것을 상징한다. 위로 치켜든 것은 곡(斛)[11]이 되니 드러나서 받들고 있음을 상징하고, 덮

7) 『춘추』「장공(莊公) 23년」: 秋, 丹桓宮楹.

8) 『춘추』「장공(莊公) 24년」: 二十有四年, 春, 王三月, 刻桓宮桷.

9) 『논어』「공야장(公冶長)」: 子曰, "臧文仲居蔡, 山節藻梲, 何如其知也?"

10) 합(合)은 용량을 재는 단위이다. 10분의 1승(升)이다. 『손자산경(孫子算經)』에서는 "十抄爲一勺, 十勺爲一合, 十合爲一升."이라고 했다. 즉 10초(抄)는 1작(勺)이 되고, 10작(勺)은 1합(合)이 되며, 10합(合)은 1승(升)이 된다는 뜻이다. 또 유향(劉向)의 『설원(說苑)』「변물(辨物)」편에서는 "千二百黍爲一龠, 十龠爲一合, 十合爲一升."이라고 했다. 즉 서(黍) 1,250개의 알갱이는 1약(龠)이 되고, 10약(龠)은 1합(合)이 되며, 10합(合)은 1승(升)이 된다는 뜻이다.

11) 곡(斛)은 곡(穀)이라고도 기록한다. '곡'은 곡식의 양을 재는 기구이자, 그 수량을 표시하는 단위였다. 지역 및 각 시대마다 다소 차이를 보이는데, 고대에는 10두(斗)가 1곡이었다. 『의례』「빙례(聘禮)」편에는 "十斗曰斛."이라는 기록이 있다.

는 것은 두(斗)가 되니 드러나지 않고 덮어주는 것이 있음을 상징한다. 겉에 있어 그 형태를 둥글게 한 것은 움직일 때에는 하늘의 도에 따르는 것이고, 안에 있어 그 형태를 사각형으로 한 것은 고요할 때 땅의 도에 따르는 것이다. 솥의 입구는 위에 있어서 위에 있어 편안하게 하는 바가 있음을 상징하고, 다리는 아래에 있어서 아래로 서는 점이 있음을 상징한다. 큰 것은 내(鼐)가 되니 기운이 거듭되는 것을 상징하고, 작은 것은 자(鼒)가 되니 재질에 따라 맡고 있는 것을 상징한다. 다리를 홀수로 만드는 것은 하늘의 도에 참여하는 것이고, 귀를 짝수로 만드는 것은 땅의 도에 따르는 것이다. 단지 여기에만 한정된 것이 아니니, 그것에 채우면 채워지지 않고 움푹 들어간 곳이 있고, 수북하게 쌓이면 그것을 다듬는 평미레가 있으니, 양(量)이 상징하는 것에는 또한 이와 같은 점도 있는 것이다. 또 그것에 들 것을 끼우게 되면 끼우는 귀가 있는 것이고 그것을 들게 되면 현(鉉)이 있으니, 정(鼎)이 상징하는 것에는 또한 이와 같은 점이 있다. 그리고 양(量)의 소리는 충분히 황종(黃鍾)이라는 음에 알맞아서, 양(量)에는 또한 음악의 상이 있는 것이고, 정(鼎)으로 희생물을 삶으면 충분히 상제를 흠향시킬 수 있어서, 정(鼎)에는 또한 예의 상이 있는 것이다. 『역』에서 "기물을 만드는 자는 그 상을 숭상한다."[12]라고 한 말도 아마 이러한 뜻을 나타낸 것이다. 그리고 기물을 세밀하지 않은 거친 문양으로 새겨놓으면서도 곧고 매끈하게 만드는 것은 봄을 상징하는 것이고, 높게 만들면서도 거칠고 크게 만드는 것은 여름을 상징하는 것이며, 뾰족하게 만들면서도 깊게 만드는 것은 가을을 상징하는 것이고, 가운데는 넓게 만들되 윗부분은 좁게 만드는 것은 겨울을 상징하는 것이니, 기물은 그 상을 나타내지 않는 것들이 없다. 그런데 단지 양(量)과 정(鼎)으로만 말한 것은 양(量)은 기물 중에서도 큰 것이고, 큰 것이 그 상을 얻으면 작은 것들도 상을 얻게 됨을 그에 따라 알 수 있기 때문이고, 정(鼎)은 기물 중에서도 중요한 것인데, 중요한

12) 『역』「계사상(繫辭上)」: 易有聖人之道四焉, 以言者尙其辭, 以動者尙其變, <u>以制器者尙其象</u>, 以卜筮者尙其占.

것이 그 상을 얻으면 상대적으로 덜 중요한 것들도 상을 얻게 됨을 그에 따라 알 수 있기 때문이다. 예를 들어 "봄에는 신맛을 많이 내고, 여름에는 쓴맛을 많이 내며, 가을에는 매운 맛을 많이 내고, 겨울에는 짠맛을 많이 낸다."라고 한 것들이 바로 맛이 그 때를 얻었다는 뜻이다. "양(陽)에 해당하는 것들이 흩어지지 않게끔 하고, 음(陰)에 해당하는 것들이 숨지 않도록 했으며, 굳센 기운이 성냄에 이르지 않도록 했고, 부드러운 기운이 겁냄에 이르지 않도록 한다."라고 한 것들이 바로 음악이 절도를 얻는다는 뜻이다. "수레가 식(式)을 얻는다."라고 했는데, 여섯 등급이 규정에 따라 수레 만드는 법식을 지킨다는 뜻이며, 오로(五路)의 쓰임에 있어서 수레를 타는 법식을 뜻한다. "귀신이 향(饗)을 얻는다."라고 했는데, 예를 들어 천신이 모두 강림하고, 지기가 모두 나타나며, 인귀가 모두 이르러서 예에 따라 흠향시킬 수 있는 것을 가리킨다.[13] "상기(喪紀)가 애(哀)를 얻는다."라고 했는데, 어떤 때에는 용모와 몸을 통해 나타나고, 어떤 때에는 소리와 음을 통해 나타나며, 어떤 때에는 언어와 음식으로 나타나며, 어떤 때에는 거처와 의복을 통해 나타나서 각각 그 슬픔에 합당하게 됨을 뜻한다. "변설(辨說)이 당(黨)을 얻는다."라고 했는데, 예를 들어 군주의 명령이 관부[官]에 대한 내용이라면 관부에 대해서 논의하고, 부(府)에 대한 내용이라면 부(府)에 대해서 논의하며, 고(庫)에 대한 내용이라면 고(庫)에 대해서 논의하고, 조정[朝]에 대한 내용이라면 조정에 대해서 논의한다고 했던 부류에 해당한다. "관(官)이 체(體)를 얻는다."라고 했는데, 예를 들어 천관(天官)에 속한 자들이 나라의 정사를 담당하고,[14] 지관(地官)에 속한 자들이 나라의 교화를 담당

13) 『주례』「춘관(春官)·대사악(大司樂)」: 凡樂, 圜鍾爲宮, 黃鍾爲角, 大蔟爲徵, 姑洗爲羽, 雷鼓雷鼗, 孤竹之管, 雲和之琴瑟, 雲門之舞, 冬日至, 於地上之圜丘奏之, 若樂六變, 則天神皆降, 可得而禮矣. 凡樂, 函鍾爲宮, 大蔟爲角, 姑洗爲徵, 南呂爲羽, 靈鼓靈鼗, 孫竹之管, 空桑之琴瑟, 咸池之舞, 夏日至, 於澤中之方丘奏之, 若樂八變, 則地示皆出, 可得而禮矣. 凡樂, 黃鍾爲宮, 大呂爲角, 大蔟爲徵, 應鍾爲羽, 路鼓路鼗, 陰竹之管, 龍門之琴瑟, 九德之歌, 九韶之舞, 於宗廟之中奏之, 若樂九變, 則人鬼可得而禮矣.

하는 부류와 같다.[15] "정사(政事)가 시(施)를 얻는다."라고 했는데, 예를 들어 나라에 육전(六典)을 시행하고,[16] 도비(都鄙)[17]에 팔칙(八則)[18]을

14) 『주례』「천관총재(天官冢宰)」: 乃立天官冢宰, 使帥其屬而掌邦治, 以佐王均邦國.

15) 『주례』「지관사도(地官司徒)」: 乃立地官司徒, 使帥其屬而掌邦敎, 以佐王安擾邦國.

16) 『주례』「천관(天官)·대재(大宰)」: 乃施典于邦國, 而建其牧, 立其監, 設其參, 傅其伍, 陳其殷, 置其輔.

17) 도비(都鄙)는 천자의 수도에 있는 신하 및 자제들의 채지(采地)를 뜻한다. 『주례』「천관(天官)·대재(大宰)」편에는 "以八則治都鄙."라는 기록이 있는데, 이에 대한 정현의 주에서는 "都鄙, 公卿大夫之采邑, 王子弟所食邑."이라고 풀이했고, 손이양(孫詒讓)의 정의(正義)에서는 "凡公卿大夫貴戚有功德, 得世祿者, 皆頒邑以爲其祿, 是謂采邑. 在王子弟無官者, 雖無祿, 而得以恩澤食邑"이라고 풀이했다.

18) 팔칙(八則)은 제사(祭祀), 법칙(法則), 폐치(廢置), 녹위(祿位), 부공(賦貢), 예속(禮俗), 형상(刑賞), 전역(田役)을 뜻한다. 도비(都鄙)를 다스리던 여덟 가지 법령을 의미한다. '제사'는 채지(采地)에 포함된 대상들에 대해서 제사를 지냄으로써 귀신들을 좋은 쪽으로 인도하는 것이다. '법칙'은 관부에서 따르고 있는 제도이니, 제도에서 벗어나지 않게끔 하여 관부를 좋은 쪽으로 인도하는 것이다. '폐치'는 잘못을 저질렀거나 무능한 자라면 물러나게 하고 현명하고 유능한 자라면 등용하는 것으로, 이를 통해 아전들을 좋은 쪽으로 인도하는 것이다. '녹위'는 학사(學士)들 중에서 뛰어난 행실과 학문적 성취가 높은 자를 가려서 녹봉과 작위를 주는 것으로, 이를 통해 학사들을 좋은 쪽으로 인도하는 것이다. '부공'은 채지(采地)의 백성들에게서 세금을 거두고, 관부에서 재화의 쓰임을 절제함으로써 재화의 쓰임을 좋은 쪽으로 인도하는 것이다. '예속'은 예법에 따라 풍속을 변화하고, 백성들이 그에 따라 행동하도록 만들어서 백성들을 좋은 쪽으로 인도하는 것이다. '형상'은 죄를 지은 자에게는 형벌을 부여하고 공을 이룬 자에게는 상을 하사하여 백성들을 좋은 쪽으로 인도하고 위엄을 외경하게 만드는 것이다. '전역'은 사냥을 하며 백성들을 동원할 때, 그들이 농사를 지어야 할 시기를 놓치지 않게끔 하여 대중들을 좋은 쪽으로 인도하는 것이다. 『주례』「천관(天官)·대재(大宰)」편에는 "以八則治都鄙: 一曰祭祀, 以馭其神; 二曰法則, 以馭其官; 三曰廢置, 以馭其吏; 四曰祿位, 以馭其士; 五曰賦貢, 以馭其用; 六曰禮俗, 以馭其民; 七曰刑賞, 以馭其威; 八曰田役, 以馭其衆."이라

시행하며,[19] 관부에 팔법(八法)[20]을 시행하는 부류와 같다.[21]

는 기록이 있다.

19) 『주례』「천관(天官)·대재(大宰)」: 乃施則于都鄙, 而建其長, 立其兩, 設其伍, 陳其殷, 置其輔.

20) 팔법(八法)은 관속(官屬), 관직(官職), 관련(官聯), 관상(官常), 관성(官成), 관법(官法), 관형(官刑), 관계(官計)를 뜻한다. 국가를 통치하기 위해 마련된 법(法)을 뜻하는 것으로, 앞서 열거했던 여덟 가지 항목들은 국가에 소속된 관리들과 백성들에게 통상적으로 적용되는 여덟 가지 법률 가리킨다. 첫 번째 '관속(官屬)'은 『주례』에 기록된 천관(天官), 지관(地官), 춘관(春官), 하관(夏官), 추관(秋官), 동관(冬官) 등 여섯 개의 관부를 뜻하는 말이며, 각각의 관부에는 60개의 관직이 소속되어 있다. 그렇기 때문에 '관속'이라고 부르는 것으로, 이러한 '관속'을 통해서 국가의 정치를 시행하게 된다. 두 번째 '관직(官職)'은 여섯 관부에서 각자 맡고 있는 직무를 뜻한다. 직무는 또한 그 분야에 따라 치직(治職), 교직(教職), 예직(禮職), 정직(政職), 형직(刑職), 사직(事職) 등 여섯 가지로 나뉘는데, '관직'은 이러한 여섯 가지 직무를 통해 국가의 정치를 분야별로 구분하는 것이다. 세 번째 '관련(官聯)'은 국가의 큰 행사가 있을 때, 관련된 임무를 협조하여 함께 시행한다는 뜻으로, 이러한 '관련'을 통해 각 관부의 기능과 치적을 규합하게 된다. 네 번째 '관상(官常)'은 각 관부에게 고유하게 주어진 각자의 임무를 뜻한다. 이러한 임무들은 각 관부에서 일상적으로 시행하는 것들을 뜻한다. 다섯 번째 '관성(官成)'은 일종의 규범으로, 각 관부에서 업무를 처리하며 작성한 문서들이다. 각 사안마다 일을 처리하는 방식을 기록하여, 새로운 업무를 처리할 때 참고하여 따르게 된다. 여섯 번째 '관법(官法)'은 각 관부에서 따르고 있는 규율 및 법칙을 뜻한다. 즉 각 관부에서는 해당 부서의 규율 및 법칙에 따라 임무를 시행하며, 국가의 각 분야를 통치한다는 뜻이다. 일곱 번째 '관형(官刑)'은 각종 형벌 제도를 뜻한다. '관형'에 따라서 국가의 규율을 세우게 된다. 여덟 번째 '관계(官計)'는 각 관부의 치적을 평가하여 상벌을 시행하는 것이다. 『주례』「천관(天官)·대재(大宰)」편에는 "以八法治官府. 一曰官屬, 以擧邦治. 二曰官職, 以辨邦治. 三曰官聯, 以會官治. 四曰官常, 以聽官治. 五曰官成, 以經邦治. 六曰官法, 以正邦治. 七曰官刑, 以糾邦治. 八曰官計, 以弊邦治."라는 기록이 있다.

21) 『주례』「천관(天官)·대재(大宰)」: 乃施法于官府, 而建其正, 立其貳, 設其攷, 陳其殷, 置其輔.

劉氏曰: 禮以制中, 無過無不及, 克己復禮爲仁, 則溥博淵泉而時出之, 故凡衆之動, 無不得其時中之宜. 經禮三百, 曲禮三千, 無一事之非仁也.

유씨가 말하길, 예에 따라 중도에 맞게 하여 지나침도 없고 미치지 못함도 없게 하며, 자신을 극복하여 예(禮)로 복귀할 수 있어서 인(仁)을 이루게 된다면, 넓고 광대하며 깊고 근본이 있어서 때에 맞게 나오기 때문에,[22] 대중들의 행실에 시중(時中)의 마땅함을 얻지 못함이 없게 된다. 또한 경례(經禮)는 300가지이고, 곡례(曲禮)는 3000가지라고 하지만 하나라도 인(仁)하지 않은 것이 없다.

經文

子曰: "禮者何也? 卽事之治也. 君子有其事, 必有其治. 治國而無禮, 譬猶瞽之無相[去聲]與[平聲]. 倀倀[昌]乎其何之? 譬如終夜有求於幽室之中, 非燭何見? 若無禮, 則手足無所錯[措], 耳目無所加, 進退揖讓無所制. 是故以之居處, 長幼失其別, 閨門·三族失其和, 朝廷·官爵失其序, 田獵·戎事失其策, 軍旅·武功失其制, 宮室失其度, 量·鼎失其象, 味失其時, 樂失其節, 車失其式, 鬼神失其饗, 喪紀失其哀, 辨說失其黨, 官失其體, 政事失其施, 加於身而錯於前, 凡衆之動失其宜. 如此則無以祖洽於衆也."〈007〉

공자가 말하길, "그렇다면 예라는 것은 무엇인가? 곧 일을 다스리는 것이다. 군자에게 어떠한 일이 있으면, 반드시 그에 따른 다스림이 있게 된다. 나라를 다스리는데 예가 없다면, 그것은 비유컨대 장님에게 부축

22) 『중용』「31장」 : 溥博淵泉, 而時出之.

해주는['相'자는 거성으로 읽는다.] 자가 없는 경우와 같을 것이다.['與'자는 평성으로 읽는다.] 이리저리 방황하게['倀'자의 음은 '昌(창)'이다.] 되는데, 어디로 갈 수 있단 말인가? 또 비유하자면 밤새도록 어두운 방안에서 무언가를 찾는 것과 같으니, 횃불이 없다면 무엇을 찾을 수 있겠는가? 따라서 예가 없다면 손과 발을 둘['錯'자의 음은 '措(조)'이다.] 곳이 없고, 귀와 눈을 둘 곳이 없으며, 나아가고 물러나며 읍하고 사양함에 있어서도 절제할 것이 없게 된다. 이러한 까닭으로 이를 통해 거처하게 되면 장유관계가 그 구별을 잃게 되고, 가정과 삼족은 화목함을 잃게 되며, 조정과 관직 및 작위에 있어서는 그 질서를 잃게 되고, 사냥 및 군대와 관련된 일은 그 방책을 잃게 되며, 군대와 무공도 제도를 잃게 되고, 궁실은 법도를 잃게 되며, 양(量)과 정(鼎)은 형상을 잃게 되고, 맛은 적절한 시기를 잃게 되며, 음악은 절도를 잃게 되고, 수레는 정해진 법식을 잃게 되며, 귀신은 흠향을 잃게 되고, 상례의 규정들은 알맞은 슬픔을 나타내지 못하게 되며, 변설은 때와 장소에 알맞지 않게 되고, 관부는 자신이 담당해야 할 본체를 잃게 되며, 정사는 적절하게 시행되지 못하니, 이러한 것들을 자신에게 부여하여 앞서 그것들을 시행하므로, 대중들의 행실이 그 마땅함을 잃게 된다. 이처럼 한다면 대중들을 선도하여 화합시킬 수 없게 된다."라고 했다.

集說

倀倀, 無定向之貌. 祖, 始也, 洽, 合也, 言無以率先天下而使之協合也.

'창창(倀倀)'은 정해진 방향이 없이 배회하는 모습이다. '조(祖)'자는 "시작하다."는 뜻이며, '흡(洽)'자는 "화합하다."는 뜻이니, 천하의 백성들을 선도하여 그들로 하여금 서로 화합하도록 할 수 없다는 의미이다.

經文

子曰: "愼聽之, 女三人者. 吾語女禮猶有九焉, 大饗有四焉. 苟知此矣, 雖在畎畝之中, 事之, 聖人已. 兩君相見, 揖讓而入門, 入門而縣[玄]興, 揖讓而升堂, 升堂而樂闋[缺], 下管象武, 夏籥序興, 陳其薦俎, 序其禮樂, 備其百官. 如此而後君子知仁焉. 行中[去聲]規, 還[旋]中矩, 和鸞中采齊[慈], 客出以雍, 徹振羽, 是故君子無物而不在禮矣. 入門而金作, 示情也. 升歌清廟, 示德也. 下而管象, 示事也. 是故古之君子不必親相與言也, 以禮樂相示而已."〈008〉

공자가 말하길, "잘 듣거라, 너희 세 사람이여. 내가 너희들에게 예에 대해 설명하리니, 아직까지 설명하지 않은 것이 아홉 가지나 남아있고, 그 중에서도 대향에 대한 것이 네 가지이다. 진실로 이것들을 안다면 비록 들판에 있더라도 사람들이 섬겨서 성인의 경지에 오를 수 있을 것이다. 두 나라의 제후가 서로 만나볼 때 읍과 사양을 하고 문으로 들어서며, 문으로 들어서면 매달아둔['縣'자의 음은 '玄(현)'이다.] 악기를 연주하고, 읍과 사양을 하고 당상으로 올라가며, 당상으로 올라가면 음악을 그치는데['闋'자의 음은 '缺(결)'이다.] 주인이 빈객에게 술을 따라 주어 빈객이 술잔을 비우면 음악을 그치는 것이 첫 번째 절차이며 또한 대향에 해당하는 것이고, 빈객이 다시 주인에게 술을 따라 주어 주인이 술잔을 비우면 음악을 그치는 것이 두 번째 절차이며 또한 대향에 해당하는 것이다. 악공이 당상으로 올라와서 청묘(清廟)라는 시가를 노래로 부르는데 이것이 세 번째 절차이며 또한 대향에 해당하는 것이다. 그 일이 끝나면 당상으로 내려와서 상(象)과 무(武)의 악곡을 관악기로 연주하고, 또 대하(大夏)라는 악곡을 피리로 번갈아가며 연주하니, 이것이 네 번째 절차이며 또 대향에 해당하는 것이다. 고기를 담은 도마를 진설하고 예악을 차례대로 시행하며, 백관을 갖춘다. 이처럼 한 뒤에야 군자는 그 인함을 안다. 원형자에 맞춘['中'자는 거성으로 읽는다.] 것처럼 행동하니,

이것이 다섯 번째 절차이다. 곱자에 맞춘 것처럼 돌아서니['還'자의 음은 '旋(선)'이다.] 이것이 여섯 번째 절차이다. 문밖에서 빈객을 맞이할 때, 타고 있는 수레의 방울 소리를 채자의['齊'자의 음은 '慈(자)'이다.] 시가에 맞게 하니, 이것이 일곱 번째 절차이다. 빈객이 문밖으로 나갈 때에는 옹(雍)이라는 시가를 연주하니, 이것이 여덟 번째 절차이다. 의식이 모두 끝나서 기물을 치울 때에는 진로(振鷺)라는 시가를 연주하니, 이것이 아홉 번째 절차이다. 이러한 까닭으로 군자에게 있어서는 어떤 사물이건 예가 존재치 않은 것이 없다. 문으로 들어설 때 금속 악기를 연주하는 것은 그 정감을 드러내는 방법이다. 당상에 올라가서 청묘의 시가를 노래 부르는 것은 덕을 드러내는 방법이다. 당하로 내려와서 상(象)의 악곡을 관악기로 연주하는 것은 그 사안을 드러내는 방법이다. 이러한 까닭으로 고대의 군자는 반드시 직접 만나 함께 말할 필요가 없었으니, 예악을 통해 서로 드러내기 때문이다."라고 했다.

集說

知者, 知其理也. 事者, 習其儀也. 聖人已者, 言可以進於聖人禮樂之道也. 兩君相見, 諸侯相朝也. 縣, 樂器之懸於筍簴者也. 興, 作也. 升堂而樂闋者, 旣升堂, 主人獻賓酒, 賓卒爵而樂止也, 此饗禮之一節也. 賓酢主君, 又作樂, 主君飮畢則樂止, 此饗禮之二節也. 下管象·武之上, 缺升歌淸廟一句, 或記者略耳. 升堂而歌淸廟之詩, 是三節也. 堂下以管吹象·武之曲, 是四節也. 夏籥, 禹大夏之樂曲, 以籥吹之也, 與象·武次序更迭而作, 故云: "夏籥序興." 言禮而必曰君子知仁, 使三子求節文於天理之中也. 行中規, 第五節也. 還中矩, 第六節也. 采齊, 樂章名. 和鸞, 車上之鈴也. 車行整緩, 則鈴聲與樂聲相中, 蓋出門迎賓之時, 此第七節也. 客出之時, 歌雍詩以送之, 此第八節也. 振羽, 卽振鷺, 禮畢徹器, 則歌振鷺之詩, 九節也. 九者之禮, 大饗有其四, 一是賓卒爵而樂闋, 二是賓酢主卒爵則樂又闋, 三是升歌淸廟, 四是下管象·武, 餘五者則非饗禮所得專也.

'지(知)'는 그 이치를 안다는 뜻이다. '사(事)'는 해당 의례를 익힌다는 뜻이다. '성인이(聖人已)'는 성인이 제정한 예악의 도리로 나아갈 수 있다는 뜻이다. '양군상견(兩君相見)'은 제후들끼리 서로 조회하는 것이다. '현(縣)'은 받침대인 순거(筍簴)에 매달아둔 악기를 뜻한다. '흥(興)'자는 "연주한다."는 뜻이다. '승당이악결(升堂而樂闋)'은 이미 당상에 올라갔다면, 주인은 빈객에게 술을 따라서 주고, 빈객이 술잔을 비우면 음악을 그친다는 뜻이니, 이것이 향례의 첫 번째 절차이다. 빈객이 주군에게 술을 따라서 권하면 또한 음악을 연주하고, 주군이 술을 다 마시면 음악을 그치니, 이것이 향례의 두 번째 절차이다. "당하로 내려와서 상(象)과 무(武)의 악곡을 관악기로 연주한다."라는 구문 앞에는 "당상에 올라가서 청묘(淸廟)라는 시가를 노래 부른다."라는 한 구문이 빠져 있는데, 아마도 『예기』를 기록한 자가 문장을 생략했기 때문일 것이다. 당상에 올라가서 청묘의 시가를 노래로 부르는 것이 세 번째 절차이다. 당하로 내려와서 관악기로 상(象)과 무(武)의 악곡을 연주하는 것이 네 번째 절차이다. '하약(夏籥)'은 우임금에 대한 대하(大夏)[23]라는 악곡인데, 피리로 그것을 연주하기 때문에 이처럼 부르는 것이고, 상(象)·무(武)와 차례대로 번갈아가며 연주하기 때문에 "하약을 차례대로 연주한다."라고 했다. 예(禮)를 언급하며 기어코 "군자가 인(仁)을 안다."라고 말한 것은 세 제자로 하여금 천리의 중도에 따라 격식을 갖추도록 했기 때문이다. "행동함이 원형자에 맞다."는 것은 다섯 번째 절차이다. "돌아섬이 곱자에 맞다."는 것은 여섯 번째 절차이다. '채자(采齊)'는 악장의 이름이다. '화란(和鸞)'은 수레에 다는 방울이다. 수레의 이동이 정갈하고 느긋하다면 방울의 울림이 음악의 소리와 서로 맞게 되니, 무릇 문밖으로 나가서 빈객을 맞이하는 때에 해당하며, 이것은 일곱 번째 절차이다. 빈객이 밖으로 나갈 때 옹(雍)이라는 시를 노래로 불러서 그를 전송하는데, 이것은 여덟 번째 절차이다. '진우(振羽)'는 진로(振鷺)라는 시가로, 의례절

23) 대하(大夏)는 주(周)나라 때의 악무(樂舞) 중 하나이다. 하(夏)나라 우(禹)임금 때의 악무를 근간으로 삼아서 만든 악무이다.

차가 모두 끝나서 기물들을 치우게 된다면, 진로라는 시가를 노래로 부르니, 이것은 아홉 번째 절차이다. 아홉 가지의 예법 중 대향(大饗)에 해당하는 것이 그 중 네 가지이니, 첫 번째는 빈객이 술잔을 비워서 음악을 그치는 것이며, 두 번째는 빈객이 주인에게 술을 따라주어 술잔을 비우면 음악을 다시 그치는 것이고, 세 번째는 당상에 올라가서 청묘를 노래 부르는 것이며, 네 번째는 당하로 내려가서 상(象)과 무(武)의 악곡을 관악기로 연주하는 것이다. 나머지 다섯 가지는 향례(饗禮)에서만 할 수 있는 것이 아니다.

方氏曰: 雍, 禘太祖之詩也, 其用爲大, 故歌之以送客. 振鷺, 助祭之詩, 其用爲小, 故歌之以徹器而已. 二詩本主於禘太祖與助祭, 而又用之於此者, 猶鹿鳴本以燕群臣, 而又用於鄕飮也. 然論語言以雍徹其用, 與此不同, 又何也? 蓋彼言天子饗神之事, 此言諸侯饗賓之事, 重輕固可知矣. 示情者, 欲賓主以情相接也; 示德者, 欲賓主以德相讓也; 示事者, 欲賓主以事相成也.

방씨가 말하길, '옹(雍)'은 태조에게 체제사를 지낼 때 사용하는 시가인데, 그 쓰임이 성대하기 때문에 이 시가를 노래로 불러서 빈객을 전송한다. '진로(振鷺)'는 제사를 도울 때 사용하는 시가인데, 그 쓰임이 상대적으로 작기 때문에 이 시가를 노래로 불러서 기물들을 치울 따름이다. 두 시가는 본래 태조에게 체제사를 지내고 제사를 도울 때 주로 사용하지만, 또한 이러한 상황에도 사용하는 것은 녹명(鹿鳴)이라는 시가가 본래 뭇 신하들에게 연회를 베풀 때 사용하는 것이지만, 또한 향음주례에서도 사용하는 것과 같다. 그러나 『논어』에서는 "옹(雍)의 시가에 따라 철상을 한다."[24]라고 하여, 그 쓰임이 이곳의 기록과 다른데, 이것은 또한 어째서인가? 무릇 『논어』에서는 천자가 신에게 제사지내는 사안을 언급한 것이고, 이곳의 기록은 제후가 빈객에게 연회를 베푸는 사안을

24) 『논어』「팔일(八佾)」: 三家者以雍徹. 子曰, "'相維辟公, 天子穆穆', 奚取於三家之堂?"

언급한 것이니, 경중의 차이가 있음을 알 수 있다. '시정(示情)'은 빈객과 주인이 정감에 따라 서로 교류하고자 하는 것이다. '시덕(示德)'은 빈객과 주인이 덕에 따라 서로에게 양보하고자 하는 것이다. '시사(示事)'는 빈객과 주인이 해당 사안에 따라 서로 완성시키고자 하는 것이다.

劉氏曰: 仁者, 天下之正理, 禮序樂和, 天下之正理不外是矣, 故曰: "如此而後君子知仁."

유씨가 말하길, 인(仁)은 천하에 통용되는 바른 이치이며, 예(禮)는 질서를 세우고 악(樂)은 조화를 이루는데, 천하의 바른 이치는 여기에서 벗어나지 않는다. 그렇기 때문에 "이처럼 한 뒤에야 군자가 인함을 안다."라고 했다.

經文

子曰: "禮也者, 理也. 樂也者, 節也, 君子無理不動, 無節不作. 不能詩, 於禮繆. 不能樂, 於禮素. 薄於德, 於禮虛."〈009〉

공자가 말하길, "예(禮)라는 것은 이치이다. 악(樂)이라는 것은 절도이다. 군자는 이치가 없으면 행동하지 않고, 절도가 없으면 어떤 것도 일으키지 않는다. 시를 잘하지 못한다면 예에 대해 어긋나게 된다. 또 악을 잘하지 못한다면 예에 대해 너무 질박하게 된다. 또 덕이 얕은 자는 예에 대해 공허하게 만든다."라고 했다.

集說

樂記言"樂者, 天地之和也; 禮者, 天地之序也." 此言禮者理也, 樂者節也, 蓋禮得其理, 則有序而不亂; 樂得其節, 則雖和而不流. 君子無理不動, 防其亂也; 無節不作, 防其流也. 人而不爲周南召南, 猶正墻面而立, 不能詩者, 能不繆於禮乎? 禮之用, 和爲貴, 不能樂, 則無從容委曲之度, 是達於禮而不達於樂, 謂之素也. 素, 謂質朴也, 忠信之人, 可以學禮, 薄於德者, 必不能充於禮也.

『예기』「악기(樂記)」편에서는 "악(樂)이라는 것은 천지의 조화로움에 해당하며, 예(禮)라는 것은 천지의 질서에 해당한다."라 했고, 이곳에서는 "예(禮)라는 것은 이치이며, 악(樂)이라는 것은 절도이다."라 했다. 무릇 예가 이치를 얻게 되면 질서가 생겨서 문란하게 되지 않고, 악이 절도를 얻으면 조화롭게 되더라도 방탕하게 흐르지 않는다. 군자가 이치가 없을 때 움직이지 않는 것은 문란하게 됨을 방지하기 위해서이며, 절도가 없을 때 일으키지 않는 것은 방탕하게 흐르는 것을 방지하기 위해서이다. 사람이 되고서 「주남(周南)」[25]이나 「소남(召南)」[26] 등의 시편을 익히지 않는다면, 마치 담벼락을 마주하고 서 있는 것과 같으니, 시를 잘하지 못하는 자가 예를 어기지 않을 수 있겠는가? 예의 쓰임은 조화로움을 귀하게 여기는데,[27] 악을 잘하지 못한다면 모습과 행동거지에 법도가 없으니, 이것은 예에만 달통하고 악에 달통하지 못한 것을 소(素)라고 부르는 이유이다. '소(素)'는 너무 질박하다는 뜻이다. 마음이 진실되고 신의가 있는 자는 예를 배울 수 있지만 덕이 옅은 자는 분명 예를 확충할 수 없다.

---

25) 『시』「주남(周南)」에 속한 시는 「관저(關雎)」, 「갈담(葛覃)」, 「권이(卷耳)」, 「규목(樛木)」, 「종사(螽斯)」, 「도요(桃夭)」, 「토저(兔罝)」, 「부이(芣苢)」, 「한광(漢廣)」, 「여분(汝墳)」, 「인지지(麟之趾)」편이다.

26) 『시』「소남(召南)」에 속한 시는 「작소(鵲巢)」, 「채번(采蘩)」, 「초충(草蟲)」, 「채빈(采蘋)」, 「감당(甘棠)」, 「행로(行露)」, 「고양(羔羊)」, 「은기뢰(殷其雷)」, 「표유매(摽有梅)」, 「소성(小星)」, 「강유사(江有汜)」, 「야유사균(野有死麕)」, 「하피농의(何彼襛矣)」, 「추우(騶虞)」편이다.

27) 『논어』「학이(學而)」: 有子曰, "禮之用, 和爲貴. 先王之道, 斯爲美, 小大由之. 有所不行, 知和而和, 不以禮節之, 亦不可行也."

經文

子曰: "制度在禮, 文爲在禮. 行之, 其在人乎." 子貢越席而對曰: "敢問夔其窮與?" 子曰: "古之人與[平聲]? 古之人也. 達於禮而不達於樂, 謂之素; 達於樂而不達於禮, 謂之偏. 夫夔達於樂而不達於禮, 是以傳於此名也, 古之人也."〈010〉

공자가 말하길, "제도라는 것은 예에 달려 있는 것이며, 현격히 드러나는 형식과 격식은 예에 달려 있는 것이다. 그리고 예를 시행하는 것은 사람에게 달려 있다."라고 했다. 그러자 자공은 본래 있던 자리를 벗어나 대답을 하며, "감히 묻습니다. 기는 예에 달통하지 못한 자입니까?"라고 했다. 공자는 "그는 고대의 사람인가?['與'자는 평성으로 읽는다.] 고대의 사람이다. 예에는 달통했지만 악에 달통하지 못한 것을 소(素)라 부르고, 악에는 달통했지만 예에 달통하지 못한 것을 편(偏)이라 부른다. 기는 악에는 달통했지만 예에는 달통하지 못한 자이다. 이러한 까닭으로 그가 예에 달통하지 못했다는 오명이 후세에 전해진 것이지만, 그는 고대의 현자 중 한 사람이었다."라고 했다.

集說

文, 謂文章之顯設者. 苟非其人, 則禮不虛道, 是以行之在人也. 子貢之意, 謂夔以樂稱, 而不言其知禮, 其不通於禮乎? 窮, 不通也. 夫子再言古之人, 亦微示不可貶之意, 言夔以偏於知樂, 是以傳此不達禮之名於後世耳, 然而畢竟是古之賢者也, 故又終之以"古之人也"之言. 然則禮樂之道, 學者能知其相爲用之原, 則無素與偏之失矣.

'문(文)'자는 형식과 격식 중에서도 현격히 드러난 것을 뜻한다. 진실로 그에 걸맞는 자가 아니라면 예는 허황된 도리로 할 수 없으니, 이러한 까닭으로 그것의 시행이 사람에게 달려 있는 것이다. 자공의 의도는 기는 악을 잘했다고 칭해지지만 그가 예를 잘 알고 있었다고는 말하지 않는데, 그가 예에 대해 달통하지 못했느냐는 뜻이다. '궁(窮)'자는 통하지 못했다는 뜻이다. 공자는 재차 고대의 사람이라고 말했으니, 이것은 또한 폄하만 할 수 없다는 뜻을 은미하게 드러낸 것이다. 즉 기는 악을 아는 것에만 치우쳤으므로, 이를 통해 후세에 예에 달통하지 못했다는 오명이 전해진 것일 뿐이다. 그러나 그는 고대의 현자 중 한 사람이다. 그렇기 때문에 재차 말을 끝맺으며 "고대의 사람이다."라고 말한 것이다. 그렇다면 예악의 도리에 대해서, 학자는 그것이 상호 작용되는 근원을 알아야만 너무 소박하게 되거나 편향되는 잘못이 없을 수 있다.

經文

子張問政. 子曰: "師乎[句], 前吾語女乎? 君子明於禮樂, 擧而錯之而已."〈011〉

자장이 정치에 대해 물었다. 공자는 "사야['乎'자에서 구문을 끊는다.] 내가 앞서 너에게 말해주지 않았던가? 군자는 예악을 해박하게 깨우치고서, 이것들을 정사에 적용할 따름이다."라고 했다.

集說

前吾語女, 謂昔者已嘗告汝矣. 擧而錯之, 謂擧禮樂之道而施之政事也.

'전오어녀(前吾語女)'는 이전에 이미 너에게 알려주었다는 뜻이다. '거이조지(擧而錯之)'는 예악의 도리를 들어서 정사에 시행한다는 뜻이다.

經文

子張復[扶又反]問. 子曰: "師, 爾以爲必鋪几筵, 升降·酌獻·酬酢, 然後謂之禮乎? 爾以爲必行綴[拙]兆, 興羽籥, 作鍾鼓, 然後謂之樂乎? 言而履之, 禮也. 行而樂[洛]之, 樂也. 君子力此二者, 以南面而立, 夫是以天下大[泰]平也. 諸侯朝, 萬物服體, 而百官莫敢不承事矣."〈012〉

자장이 재차['復'자는 '扶(부)'자와 '又(우)'자의 반절음이다.] 질문하였다. 공자는 "사야, 너는 안석과 자리를 펼치고 오르고 내리며 술을 따르고 바치며 술을 권하고 잔을 돌리게 된 뒤에야 그것을 예라 부른다고 여기느냐? 아니면 반드시 무용수들의 대열에['綴'자의 음은 '拙(졸)'이다.] 따라 움직이고, 무용도구인 깃털이나 피리 등을 나부끼며, 종이나 북을 연주한 뒤에야 그것을 악이라 부른다고 여기느냐? 자신이 말을 했다면 그것을 실천하는 것이 예이다. 시행하고서 그것을 즐거워하는['樂'자의 음은 '洛(락)'이다.] 것이 악이다. 군자는 이 두 가지에 힘써서 남면을 하고 서 있는 것이니, 이를 통해 천하가 태평하게['大'자의 음은 '泰(태)'이다.] 되는 것이다. 이처럼 한다면 제후가 조회를 하고, 모든 사물이 자신의 굽혀 그 도리에 따르며, 모든 관리들이 감히 그 일을 받들지 않음이 없게 된다."라고 했다.

集說

筵, 席也. 綴兆, 舞者之行列也. 萬物服體, 謂萬事皆從其理.

'연(筵)'은 자리이다. '졸조(綴兆)'는 무용수들이 서는 대열과 자리이다. '만물복체(萬物服體)'는 모든 사안이 모두 그 이치에 따른다는 뜻이다.

經文

"禮之所興, 衆之所治也. 禮之所廢, 衆之所亂也. 目巧之室, 則有奧阼; 席則有上下, 車則有左右, 行則有隨, 立則有序, 古之義也."〈013〉

공자가 계속하여 말하길, "예가 흥성하게 되는 것은 백성들이 다스려지는 것이다. 반면 예가 폐지되는 것은 백성들이 혼란스럽게 되는 것이다. 눈대중으로 지은 집이라도 아랫목과 동쪽계단이 있고, 자리에는 상석과 하석이 있으며, 수레에는 좌측과 우측이 있고, 길을 갈 때에는 그 뒤를 따라가는 등의 구분이 있으며, 서 있을 때에는 각각 정해진 차례가 있으니, 이러한 것들은 모두 고대 성인이 예를 제정한 의미에 해당한다."라고 했다.

集說

衆之治亂, 由禮之興廢, 此所以爲政先禮也. 目巧, 謂不用規矩繩墨, 但據目力相視之巧也. 言雖苟簡爲之, 亦必有奧阼之處. 蓋室之有奧, 所以爲尊者所處; 堂之有阼, 所以爲主人之位也. 席或以南方爲上, 或以西方爲上, 詳見曲禮. 車之尊位在左, 父之齒隨行, 貴賤長幼, 各有所立之位, 此皆古聖人制禮之義也.

백성들이 다스려지거나 혼란스럽게 되는 것은 예가 흥성하게 되느냐 폐지되느냐에 달려 있으니, 이것이 바로 정치에서 예를 우선해야 하는 이유이다. '목교(目巧)'는 원형자나 곱자 및 먹줄 등을 사용하지 않고, 단지 눈대중으로 가늠하여 치수를 맞춘 것이다. 즉 대충 만든 것일지라도 또한 반드시 아랫목과 동쪽계단을 둔다는 뜻이다. 무릇 실에 아랫목이 있는 것은 존귀한 자가 머물도록 하기 위해 만든 장소이고, 당에 동쪽계단이 있는 것은 주인이 서 있도록 하기 위해 만든 장소이다. 자리는 간혹 남쪽 방향을 상석으로 삼는 경우도 있고 서쪽 방향을 상석으로 삼는 경우도 있는데, 자세한 설명은 『예기』「곡례(曲禮)」편에 나온다. 수레에서 존귀한 자가 타는 자리는 좌측에 있고, 부친의 연배에 해당하는 사람과 길을 갈 때에는 그 사람의 뒤를 따라가며, 귀천 및 장유의 관계에는 각각 서게 되는 위치가 있는 것이다. 이러한 것들은 모두 고대의 성인이 예를 제정한 뜻에 해당한다.

經文

"室而無奧·阼, 則亂於堂室也. 席而無上下, 則亂於席上也. 車而無左右, 則亂於車也. 行而無隨, 則亂於塗也. 立而無序, 則亂於位也. 昔聖帝·明王·諸侯, 辨貴賤·長幼·遠近·男女·外內, 莫敢相踰越, 皆由此塗出也." 三子者旣得聞此言也於夫子, 昭然若發矇矣.〈014〉

공자가 계속하여 말하길, "집에 아랫목과 동쪽계단이 없다면 당과 실의 질서가 혼란스럽게 된다. 자리에 상석과 하석의 구분이 없다면 자리 위에서 따라야 하는 질서가 혼란스럽게 된다. 수레에 좌우의 구분이 없다면 수레를 타는 법도가 혼란스럽게 된다. 길을 갈 때 뒤따르는 법도가 없다면 길 위의 예법이 혼란스럽게 된다. 서 있을 때 서열에 따른 질서가 없다면 자리에 적용되는 서열이 혼란스럽게 된다. 따라서 고대의 성왕과 명왕 및 제후들은 귀천·장유·원근·남녀·외내를 변별하여, 감히 그것을 뛰어넘지 않았으니, 이 모두는 바로 이러한 도리에 따라 도출된 것이다."라고 했다. 세 제자는 공자로부터 이러한 말을 듣고서 마치 개안을 하는 것처럼 밝아졌다.

集說

此言禮之爲用無所不在, 失之則隨事致亂, 爲政者可舍之而他求乎? 貴賤以爵言, 長幼以齒言, 遠近以親疎言, 男女以同異言, 外內以位序言也.

이 문장은 예를 운용함에 그것이 적용되지 않는 곳이 없으니, 그것을 잃게 되면 그 사안에 따라 문란하게 된다는 뜻으로, 정치를 시행하는 자가 이것을 내버리고 다른 것을 찾아서야 되겠는가? '귀천(貴賤)'은 작위를 기준으로 한 말이고, '장유(長幼)'는 나이를 기준으로 한 말이며, '원근(遠近)'은 친하고 소원한 관계에 따라 한 말이고, '남녀(男女)'는 같고 다름을 기준으로 한 말이며, '외내(外內)'는 자리의 서열에 따라 한 말이다.

方氏曰: 發矇者, 若目不明, 爲人所發而有所見也.

방씨가 말하길, '발몽(發矇)'은 마치 눈이 밝지 못하다가 남에 의해 개안되어 또렷이 보는 바가 생긴 것과 같다는 뜻이다.

石梁王氏曰: 篇末二句, 是記者自作結語.

석량왕씨가 말하길, 「중니연거」편의 마지막 두 구문은 『예기』를 기록한 자가 자신의 평가를 기록하여 결론을 맺은 말이다.

「공자한거(孔子閒居)」

淺見

近按: 哀公問 · 燕居 · 閒居三篇, 皆一類, 而閒居之文, 獨爲完備.

내가 살펴보니, 「애공문」 · 「중니연거」 · 「공자한거」 3편은 모두 같은 부류가 되는데, 「공자한거」의 문장만이 유독 완전히 갖춰져 있다.

「공자한거」편 문장 순서 비교

『예기집설』	『예기천견록』	
	구분	문장
001	무분류	001
002		002
003		003
004		004
005		005
006		006
007		007
008		008
009		009

무분류

經文

孔子閒居, 子夏侍. 子夏曰: "敢問, 詩云: '凱弟君子, 民之父母', 何如斯可謂民之父母矣?" 孔子曰: "夫民之父母乎, 必達於禮樂之原, 以致五至, 而行三無, 以橫於天下. 四方有敗, 必先知之, 此之謂民之父母矣."〈001〉

공자가 편히 머물러 있을 때 자하가 시중을 들었다. 자하는 "감히 묻겠습니다. 『시』에서는 '화락하고 간이한 군자여, 백성들의 부모로다.'라고 했는데, 어떻게 하면 백성의 부모라 할 수 있습니까?"라고 했다. 그러자 공자는 "무릇 백성의 부모란 반드시 예악(禮樂)의 근원에 통달하여, 이를 통해 오지(五至)의 도를 지극히 하고 삼무(三無)의 도를 시행하여, 이것을 천하에 두루 펼친다. 또 사방에 재앙과 실패의 조짐이 발생하려고 할 때, 반드시 누구보다 먼저 그것을 안다. 이러한 자를 바로 백성들의 부모라고 부른다."라 했다.

集說

詩, 大雅·泂酌之篇. 凱, 樂也. 弟, 易也. 橫者, 廣被之意. 言三無·五至之道, 廣被於天下也. 四方將有禍敗之釁而必能先知者, 以其切於憂民, 是以能審治亂之幾也.

'시(詩)'는 『시』「대아(大雅)·형작(泂酌)」편이다.[1] '개(凱)'자는 "화락하다."는 뜻이다. '제(弟)'자는 "간이하다."는 뜻이다. '횡(橫)'자는 널리 미친다는 뜻이다. 즉 삼무(三無)와 오지(五至)의 도가 천하에 두루 펼쳐진

1) 『시』「대아(大雅)·형작(泂酌)」: 泂酌彼行潦, 挹彼注茲, 可以饙饎. 豈弟君子, 民之父母.

다는 의미이다. 사방에 재앙과 실패의 불씨가 발생하려고 하면 반드시 먼저 그것을 알아차릴 수 있어서, 이를 통해 백성들을 구휼하는데 절실히 노력하니, 이러한 까닭으로 다스려지거나 혼란스럽게 되는 기미를 잘 살필 수 있다.

經文

子夏曰: "民之父母旣得而聞之矣, 敢問, 何謂五至?" 孔子曰: "志之所至, 詩亦至焉, 詩之所至, 禮亦至焉; 禮之所至, 樂亦至焉; 樂之所至, 哀亦至焉. 哀樂[洛]相生, 是故正明目而視之, 不可得而見也; 傾耳而聽之, 不可得而聞也. 志氣塞乎天地, 此之謂五至."〈002〉

자하가 말하길, "백성들의 부모가 된다는 말에 대해서는 이미 들어서 그 뜻을 알겠습니다. 그런데 감히 묻겠습니다. 무엇을 오지(五至)라고 합니까?"라고 했다. 그러자 공자는 "뜻이 이른 것은 시 또한 이르고, 시가 이른 것은 예 또한 이르며, 예가 이른 것은 악 또한 이르고, 악이 이른 것은 슬픔 또한 이른다. 슬픔과 즐거움은['樂'자의 음은 '洛(락)'이다.] 상생하니, 이러한 까닭으로 눈의 봄을 바르고 밝게 하더라도 볼 수 없고, 귀를 기울여도 들을 수 없다. 뜻과 기운이 천지에 충만하니, 이것을 오지라고 부른다."라고 했다.

集說

五至·三無者, 至則極盛而無以復加; 無則至微而不泥於迹之謂也. 在心爲志, 發言爲詩, 志盛則言亦盛, 故曰: "志之所至, 詩亦至焉." 詩有美刺, 可以興起好善惡惡之心, 興於詩者, 必能立於禮, 故曰: "詩之所至, 禮亦至焉." 禮貴於序, 樂貴於和, 有其序則有其和, 無其序則無其和, 故曰: "禮之所至, 樂亦至焉." 樂至則樂民之生, 而哀民之死, 故曰: "樂之所至, 哀亦至焉." 君能如此, 故民亦樂君之生, 而哀君之死, 是哀樂相生也. 樂民之樂者, 民亦樂其樂; 憂民之憂者, 民亦憂其憂. 卽下文"無聲之樂, 無服之喪", 是也. 目正視則明全, 耳傾聽則聰審, 今正視且不見, 傾聽且不聞, 是五至無體無聲, 而惟其志氣之充塞乎天地也. 塞乎天地, 卽所謂"橫於天下"也.

'오지(五至)'와 '삼무(三無)'라고 했는데, 이르렀다면 지극하고 융성하여 재차 더할 것이 없고, 없다면 지극히 은미하여 자취에 구애되지 않음을 이른다. 마음에 있어서는 지(志)가 되는데, 그것이 말로 나타나면 시가 되니, 뜻이 융성하다면 말 또한 융성하게 된다. 그렇기 때문에 "뜻이 이른 것은 시 또한 이른 것이다."라고 했다. 시에는 찬미하는 것도 있고 비판하는 것도 있어서, 선을 좋아하고 악을 싫어하는 마음을 흥기시킬 수 있으니, 시에서 흥성한 것은 반드시 예에서도 확립할 수 있다. 그렇기 때문에 "시가 이른 것은 예 또한 이른 것이다."라고 했다. 예는 질서가 있는 것을 존귀하게 여기고, 악은 조화로운 것을 존귀하게 여기는데, 질서가 생기면 조화가 생기고, 질서가 없으면 조화도 없다. 그렇기 때문에 "예가 이른 것은 악 또한 이른 것이다."라고 했다. 악이 이르게 되면 백성들이 생활하는 것을 즐겁게 여기고, 백성들이 죽는 것을 슬프게 여긴다. 그렇기 때문에 "악이 이른 것은 슬픔 또한 이른다."라고 했다. 군주가 이처럼 할 수 있기 때문에 백성들 또한 군주가 생활하는 것을 즐겁게 여기고, 군주가 죽는 것을 슬프게 여긴다. 이것은 슬픔과 즐거움이 상생하는 것이다. 백성들이 즐거워하는 것을 즐거워한다면 백성들 또한 군주의 즐거움을 즐거워하고, 백성들의 슬픔을 슬퍼한다면 백성들 또한 군주의 슬픔을 슬퍼하니, 아래문장에서 "소리가 없는 음악, 상복이 없는 상"이라고 한 말에 해당한다. 눈이 봄을 올바르게 한다면 눈의 밝음이 온전해지고, 귀를 기울여서 듣게 된다면 총명하고 자세히 듣게 되는데, 현재 봄을 바르게 했는데도 보지 못하고, 귀를 기울여도 듣지 못한다고 했으니, 오지(五至)는 형체도 없고 소리도 없으며 오직 뜻과 기운만이 천지에 충만하기 때문이다. 천지에 가득하다는 것은 바로 "천하에 두루 펼친다."는 뜻에 해당한다.

經文

子夏曰: "五至旣得而聞之矣. 敢問, 何謂三無?" 孔子曰: "無聲之樂, 無體之禮, 無服之喪, 此之謂三無." 子夏曰: "三無旣得略而聞之矣. 敢問, 何詩近之?" 孔子曰: "'夙夜其[基]命宥密', 無聲之樂也; '威儀逮逮[棣], 不可選也', 無體之禮也; '凡民有喪, 匍匐救之', 無服之喪也."〈003〉

자하가 말하길, "오지(五至)에 대해서는 이미 들어서 그 뜻을 알겠습니다. 그런데 감히 묻겠습니다. 무엇을 삼무(三無)라고 합니까?"라고 했다. 그러자 공자는 "소리가 없는 악(樂), 사물이 없는 예(禮), 상복이 없는 상(喪)이 바로 삼무이다."라고 했다. 자하는 계속하여, "삼무에 대해서는 이미 대략적인 내용을 들어서 알겠습니다. 그런데 감히 묻겠습니다. 어떠한 시가 삼무에 가깝습니까?"라고 했다. 그러자 공자는 "'밤낮으로 천명의 기틀을 세워['其'자의 음은 '基(기)'이다.] 관대하고 편안하게 한다.'라고 했는데, 이것이 바로 소리가 없는 악을 비유한다. '위엄스러운 거동이 융성하고 융성하니['逮'자의 음은 '棣(체)'이다.] 가릴 수가 없구나.'라고 했는데, 이것이 바로 사물이 없는 예를 비유한다. '백성들 중에 상사가 생기면 다급히 찾아가서 도와주는구나.'라고 했는데, 이것이 바로 상복이 없는 상을 비유한다."라고 했다.

集說

夙, 早也. 基, 始也. 宥, 寬也. 密, 寧也. 周頌·昊天有成命篇, 言文王·武王夙夜憂勤, 以肇基天命, 惟務行寬靜之政以安民, 孔子以喩無聲之樂者, 言人君政善, 則民心自然喜悅, 不在於鍾鼓管絃之聲也. 逮逮, 詩作棣棣, 盛也. 選, 擇也. 北風・栢舟之篇, 言仁人威儀之盛, 自有常度, 不容有所選擇, 初不待因物以行禮而後可見, 故以喩無體之禮也. 手行爲匍, 伏地爲匐. 北風・谷風之篇, 言凡人有死喪之禍, 必汲汲然往救助之, 此非爲有服屬之親, 特周救其急耳, 故以喩無服之喪也.

'숙(夙)'자는 아침이라는 뜻이다. '기(基)'자는 "시작하다."는 뜻이다. '유(宥)'자는 "관대하다."는 뜻이다. '밀(密)'자는 "편안하다."는 뜻이다. 『시』「주송(周頌)・호천유성명(昊天有成命)」편으로,[2] 문왕과 무왕이 밤낮으로 근심하고 노력하여 천명의 기틀을 세우고, 오직 관대하고 안정된 정사를 시행하는데 힘써서 백성들을 편안하게 했다는 뜻이니, 공자는 이를 통해 소리가 없는 음악을 비유한 것이다. 즉 군주가 시행하는 정치가 선하다면, 백성들의 마음은 자연히 기뻐하게 되니, 이러한 것들은 종이나 북 관악기나 현악기의 소리에 달려있지 않다는 의미이다. '체체(逮逮)'를 『시』에서는 체체(棣棣)라고 기록했으니, 융성하다는 뜻이다. '선(選)'자는 "가리다."는 뜻이다. 『시』「패풍(北風)・백주(栢舟)」편으로,[3] 인한 자의 위엄스러운 거동은 융성하여 그 자체로 일정한 법도가 있으니, 가려서 뽑을 것 자체가 없고, 애초에 어떤 사물에 따라 예를 시행한 이후에야 볼 수 있는 것을 기다리지 않는다. 그렇기 때문에 이를 통해 사물이 없는 예를 비유한 것이다. 손으로 기는 것은 '포(匍)'가 되고 땅에 엎드리는 것은 '복(匐)'이 된다. 『시』「패풍(北風)・곡풍(谷風)」편으로,[4] 사람에게 상사의 재앙이 발생하면 반드시 다급히 찾아가서 도와주어야 한다는 뜻이고, 이것은 상복관계에 속한 친족이 아니더라도 단지

2) 『시』「주송(周頌)・호천유성명(昊天有成命)」: 昊天有成命, 二后受之. 成王不敢康, 夙夜基命有密. 於緝熙, 單厥心. 肆其靖之.

3) 『시』「패풍(北風)・백주(栢舟)」: 我心匪石, 不可轉也. 我心匪席, 不可卷也. 威儀棣棣, 不可選也.

4) 『시』「패풍(北風)・곡풍(谷風)」: 就其深矣, 方之舟之. 就其淺矣, 泳之游之. 何有何亡, 黽勉求之. 凡民有喪, 匍匐救之.

그의 다급함을 두루 구원해야 함을 뜻한다. 그렇기 때문에 이를 통해 상복이 없는 상을 비유한 것이다.

經文

子夏曰: "言則大矣·美矣·盛矣, 言盡於此而已乎?" 孔子曰: "何爲其然也? 君子之服之也, 猶有五起焉."〈004〉

자하가 말하길, "말씀은 크고도 아름다우며 융성한데, 설명하는 말씀은 여기에서 끝날 뿐입니까?"라고 했다. 그러자 공자는 "어찌 그처럼만 하겠는가? 군자가 익혀야 할 것에는 아직도 오기(五起)가 있다."라고 했다.

集說

疏曰: 服, 習也. 言君子習此三無, 猶有五種起發其義.

소에서 말하길, '복(服)'자는 "익힌다."는 뜻이다. 즉 군자가 이러한 삼무(三無)를 익혔더라도, 여전히 그 뜻을 일으키는 다섯 가지 것들이 있다는 의미이다.

經文

子夏曰: "何如?" 孔子曰: "無聲之樂, 氣志不違; 無體之禮, 威儀遲遲, 無服之喪, 內恕孔悲. 無聲之樂, 氣志旣得; 無體之禮, 威儀翼翼; 無服之喪, 施[異]及四國. 無聲之樂, 氣志旣從; 無體之禮, 上下和同; 無服之喪, 以畜萬邦. 無聲之樂, 日聞[去聲]四方; 無體之禮, 日就月將; 無服之喪, 純德孔明. 無聲之樂, 氣志旣起; 無體之禮, 施及四海; 無服之喪, 施于孫子."〈005〉

자하가 말하길, "무엇을 오기(五起)라고 합니까?"라고 했다. 그러자 공자는 "소리가 없는 악(樂)은 뜻과 기운이 어긋나지 않고, 사물이 없는 예(禮)는 위엄스러운 거동이 느긋하고 여유로우며, 상복이 없는 상(喪)은 내적으로 관대하고 크게 슬퍼한다. 소리가 없는 악은 기운과 뜻을 이미 얻게 되고, 사물이 없는 예는 위엄스러운 거동이 엄숙하고 공경스러우며, 상복이 없는 상은 네 나라에 미치게['施'자의 음은 '異(이)'이다.] 된다. 소리가 없는 악은 기운과 뜻이 이미 따르고, 사물이 없는 예는 상하계층이 화합하며, 상복이 없는 상은 이로써 모든 나라를 기르게 된다. 소리가 없는 악은 날로 사방으로 소문이 퍼지고['聞'자는 거성으로 읽는다.] 사물이 없는 예는 날로 달로 성취되며, 상복이 없는 상은 순수한 덕이 크고도 밝게 된다. 소리가 없는 악은 기운과 뜻이 이미 일어나고, 사물이 없는 예는 사해에 두루 미치며, 상복이 없는 상은 자손들에게까지 미친다."라고 했다.

集說

方氏曰: 無聲之樂, 始之以氣志不違, 言內無所戾也. 無所戾, 則無所失, 故繼之以氣志旣得. 得之於身, 則人亦與之, 故繼之以氣志旣從. 人從之矣, 則聲聞于外, 故繼之以日聞四方. 日聞不已, 則方興而未艾, 故繼之以氣志旣起. 無體之禮, 始之以威儀遲遲者, 言緩而不迫也. 緩或失之於怠, 故繼之以威儀翼翼. 威儀得中, 則無乖離之心, 故繼之以上下和同. 和同而無乖離, 則久而愈大, 故繼之以日就月將. 愈大則不特施于近而可以及乎遠, 故終之以施及四海. 無服之喪, 始之以內恕孔悲者, 言其以仁存心也. 仁者愛人, 故繼之以施及四國. 以仁及人, 則所養者衆, 故繼之以以畜萬邦. 所養者衆則其德發揚于外, 故繼之以純德孔明. 德旣發揚于外, 則澤足以被于後世，故終之以施于孫子．其序如此，謂之五起，不亦宜乎?

방씨가 말하길, 소리가 없는 악(樂)에 대해서 “기운과 뜻이 어기지 않는다.”는 말로 시작을 한 것은 내적으로 어긋나는 점이 없다는 뜻이다. 어긋나는 것이 없게 된다면 잘못을 저지르는 것도 없게 된다. 그렇기 때문에 계속하여 “기운과 뜻을 이미 얻는다.”라고 말한 것이다. 자신이 그것들을 터득한다면 남들 또한 함께 한다. 그렇기 때문에 계속하여 “기운과 뜻이 이미 따른다.”라고 말한 것이다. 남들이 따른다면 소리가 밖에서 들려온다. 그렇기 때문에 계속하여 “날로 사방으로 소문이 퍼진다.”라고 말한 것이다. 날로 늘어나는 소문이 그치지 않는다면 지역마다 흥성하게 되어 다하지 않는다. 그렇기 때문에 계속하여 “기운과 뜻이 이미 일어난다.”라고 말한 것이다. 사물이 없는 예(禮)에 대해서 “위엄스러운 거동이 지지(遲遲)하다.”는 말로 시작을 했는데, 느긋하고 급박하지 않다는 뜻이다. 느긋하게 되면 간혹 태만하게 구는 잘못을 범하기도 한다. 그렇기 때문에 계속하여 “위엄스러운 거동이 엄숙하고 공경스럽다.”라고 말한 것이다. 위엄스러운 거동이 알맞음을 얻었다면 어긋나고 분리되는 마음이 없다. 그렇기 때문에 계속하여 “상하계층이 화합한다.”라고 말한 것이다. 화합하여 어기거나 떠나지 않다면 오래될수록 더욱 커지게 된다. 그렇기 때문에 계속하여 “날과 달로 성취한다.”라고 말한 것이다. 더욱 커지게 된다면 단지 가까운 곳에만 베풀어지는 것이 아니며 멀리까지 미칠 수 있다. 그렇기 때문에 “사해에 미친다.”라는 말로 결론을 맺었다. 상복이 없는 상(喪)에 대해서 “내적으로 관대하고 크게 슬퍼한다.”는 말로 시작을 했는데, 인(仁)함을 마음에 보존하고 있기 때문이라는 뜻이다. 인(仁)은 남을 사랑하는 것이다. 그렇기 때문에 계속하여 “네 나라에 미친다.”라고 말한 것이다. 인(仁)을 남에게 미칠 수 있다면 기를 바가 많아진다. 그렇기 때문에 계속하여 “이를 통해 모든 나라를 기른다.”라고 말한 것이다. 기르는 것이 많다면 그 덕은 겉으로 드날리게 된다. 그렇기 때문에 계속하여 “순수한 덕이 크게 밝다.”라고 말한 것이다. 덕이 이미 겉으로 드날리게 된다면 은택은 후세에까지 미치기에 충분하다. 그렇기 때문에 “자손에게까지 미친다.”라는 말로 결론을 맺었다. 그 순서가 이와 같은데, 이것을 오기(五起)라고 부르는 것 또한 마땅하지 않겠는가?

應氏曰: 大抵援詩句以發揚詠歎之, 蓋贊美之不已也.

응씨가 말하길, 대체로 『시』의 구문을 인용하여 그 뜻을 드러내고 읊조리며 탄식을 했으니, 무릇 찬미하길 그치지 않는 것이다.

劉氏曰: 志氣塞乎天地, 則是君之志動天地之氣也; 氣志不違以下, 則是君心和樂之氣感天下之志也.

유씨가 말하길, 뜻과 기운이 천지에 충만하다면, 군주의 뜻이 천지의 기운을 움직이게 하는 것이며, 뜻과 기운이 어긋나지 않는다는 것으로부터 그 이하의 경우는 군주의 마음이 화락하여 나타난 기운이 천지의 뜻을 감동시키는 것이다.

經文

子夏曰: "三王之德, 參於天地, 敢問, 何如斯可謂參天地矣?" 孔子曰: "奉三無私以勞[去聲]天下." 子夏曰: "敢問, 何謂三無私?" 孔子曰: "天無私覆, 地無私載, 日月無私照. 奉斯三者以勞天下, 此之謂三無私. 其在詩曰: '帝命不違, 至于湯齊[如字]. 湯降不遲, 聖敬日齊[躋]. 昭假[格]遲遲, 上帝是祗, 帝命式于九圍'. 是湯之德也."〈006〉

자하가 말하길, "옛 말 중에는 삼왕의 덕이 천지에 참여한다고 했는데, 감히 묻겠습니다. 어떻게 하는 것을 천지에 참여한다고 말할 수 있습니까?"라고 했다. 그러자 공자는 "삼무사(三無私)를 받들어서 천하를 위해 애쓰셨다.['勞'자는 거성으로 읽는다.]"라고 했다. 자하는 "감히 묻겠습니다.

무엇을 삼무사라고 합니까?"라고 했다. 그러자 공자는 "하늘은 사사롭게 덮어주는 것이 없으며, 땅은 사사롭게 실어주는 것이 없고, 해와 달은 사사롭게 비춰주는 것이 없다. 이러한 세 가지 뜻을 받들어서 천하를 위해 애쓰는 것을 삼무사라고 부른다. 『시』에서도 '상제의 명이 어그러지지 않아 탕임금에 이르러서 가지런히['齊'자는 글자대로 읽는다.] 되었다. 탕임금은 자신을 낮추는데 더디게 하지 않았으니 성스럽고 공경스러운 덕이 날로 높아졌다.['齊'자의 음은 '躋(제)'이다.] 그 빛남이 하늘에 이르러['假'자의 음은 '格(격)'이다.] 매우 느긋하였으며, 상제도 이에 그를 공경하게 대해, 상제의 명으로 구위(九圍)[5]에 모범이 되었다.'라고 했으니, 바로 탕임금의 덕을 나타내는 말이다."라고 했다.

集說

三王之德參於天地, 蓋古語, 故子夏擧以爲問. 詩, 商頌·長發之篇, 孔子引之以證湯無私之德.

"삼왕의 덕이 천지에 참여한다."는 말은 아마도 고대로부터 전해져 온 말일 것이다. 그렇기 때문에 자하가 이 말을 제시하여 질문한 것이다. 시는 『시』「상송(商頌)·장발(長發)」편으로,[6] 공자는 이 시를 인용하여 탕임금에게는 삿됨이 없는 덕이 있었음을 증명하였다.

嚴氏曰: 商自契以來, 天命所嚮, 未嘗去之, 然至湯而後與天齊, 謂王業至此而成, 天命至此而集, 天人適相符合也. 湯之謙抑, 所以自降下者甚敏而不遲, 故聖敬之德, 日以躋升也. 敬爲聖人之敬, 言至誠也. 日躋, 言至誠無息也. 德日新, 又日新, 是聖敬日躋之盛, 卽文

5) 구위(九圍)는 구주(九州)를 뜻한다. 천하를 아홉 권역으로 나눠서 천자의 수도를 둘러싸도록 했기 때문에 구주를 '구위'라고도 부른다.

6) 『시』「상송(商頌)·장발(長發)」: 帝命不違, 至于湯齊. 湯降不遲, 聖敬日躋. 昭假遲遲, 上帝是祗, 帝命式于九圍.

王之純亦不已也. 其昭格於天, 遲遲甚緩, 言湯無心於得天, 付之悠悠也. 湯無所覬倖, 故唯上帝是敬, 其誠專一, 然天自命之以爲法於天下, 使爲王也.

엄씨가 말하길, 은나라는 설로부터 그 이래로 천명이 전해져서 일찍이 떠난 적이 없었는데, 탕임금에 이른 이후에는 하늘과 가지런히 되었으니, 천자의 과업이 이 시기에 이르러 완성되었고, 천명 또한 이 시기에 이르러 응집되어, 하늘과 사람이 때마침 서로 부합하게 되었다는 뜻이다. 탕임금은 겸손하여, 스스로 자신을 낮추는 것이 매우 민첩하였고 더디지 않았다. 그렇기 때문에 성스럽고 공경스러운 덕은 날로 상승하였다. 공경함은 성인의 공경함이 되니, 지극히 정성스러웠음을 뜻한다. '일제(日躋)'는 지극히 정성스럽고 그침이 없었음을 뜻한다. 그 덕이 날마다 새롭고 또 날마다 새로워졌으니,[7] 성스럽고 공경스러움이 날마다 상승하여 융성하게 된 것으로, 문왕의 순수한 덕 또한 그치지 않은 것에 해당한다. 그 밝음은 하늘에 이르렀으며 느긋하여 매우 여유로웠으니, 탕임금은 천명을 얻는데 사심이 없어서 그에 따르기를 여유롭게 했던 것이다. 탕임금은 요행을 바라는 마음이 없었기 때문에, 상제도 공경스럽게 대했으니, 그 성실함이 전일하여, 하늘이 스스로 그에게 명령을 내려 천하의 모범으로 삼아 그를 천자로 만든 것이다.

經文

"天有四時, 春秋冬夏, 風雨霜露, 無非教也. 地載神氣, 神氣風霆, 風霆流形, 庶物露生, 無非教也."〈007〉

공자가 계속하여 말하길, "하늘에는 사계절이 있으니, 봄과 가을 겨울과

7) 『대학』「전(傳) 2장」: 湯之盤銘曰, "苟日新, 日日新, 又日新."

여름 및 바람과 비 서리와 이슬 중에는 하늘의 가르침이 아닌 것들이 없다. 또 땅은 신기를 받들고 있는데, 신기는 바람과 천둥을 일으키고, 바람과 천둥은 조화로운 운행을 통해 만물이 생겨나게 되니, 이것들 중에는 땅의 가르침이 아닌 것들이 없다."라고 했다.

集說

上章引詩以明王道之無私, 此言天地之無私也, 春夏之啓, 秋冬之閉, 風雨之發生, 霜露之肅殺, 無非天道至公之教也. 載, 猶承也, 由神氣之變化, 致風霆之顯設, 地順承天施, 故能發育群品; 形, 猶迹也, 流形, 所以運造化之迹, 而庶物因之以生. 此地道至公之教也. 聖人之至德, 與天道之至教, 均一無私而已.

앞의 문장에서는 시를 인용하여 왕도에는 삿됨이 없음을 나타내었다. 이곳에서는 천지에는 삿됨이 없음을 말하였는데, 봄과 여름이 열어주고 가을과 겨울이 닫아주며, 바람과 비가 발생시키고 서리와 이슬이 숙살시키는 것 등에는 천도의 지극히 공평한 가르침 아닌 것들이 없다. '재(載)'자는 "받들다."는 뜻이니, 신기의 변화에 따라서 바람과 천둥을 일으키게 하고, 땅은 하늘이 베푸는 것을 순종하고 받들기 때문에 뭇 사물들을 발생시키고 기를 수 있다. '형(形)'자는 자취를 뜻하니, '유형(流形)'은 조화로운 자취를 운행하여 만물이 그에 따라 생겨나게 하는 것이다. 이것은 땅의 도리가 지극히 공평한 가르침이 됨을 나타낸다. 성인의 지극한 덕은 천도의 지극한 가르침과 균일하여 삿됨이 없을 따름이다.

經文

"淸明在躬, 氣志如神, 耆[嗜]欲將至, 有開必先, 天降時雨, 山川出雲. 其在詩曰: '嵩高維嶽, 峻極于天. 維嶽降神, 生甫及申. 維申及甫, 爲周之翰. 四國于蕃, 四方于宣.' 此文 · 武之德也."〈008〉

공자가 계속하여 말하길, "맑고 밝음이 자신에게 있다면 그 기운과 뜻이 신과 같아지고, 바라고['耆'자의 음은 '嗜(기)'이다.] 원하던 것이 장차 이르게 되면 반드시 그보다 앞서 그것을 열어주는 조짐이 나타나며, 하늘이 때에 맞는 비를 내리고자 하면 산천은 그보다 앞서 구름을 생성한다. 『시』에서도 '높고도 높구나 저 악이여, 그 높음이 하늘에 이르렀구나. 오직 이러한 악만이 신령을 내려서 중산보와 신백이 태어나도록 했다. 신백과 중산보는 주나라의 근간이 되었고, 사방의 나라는 그들을 환란을 막는 울타리로 삼고 은택을 펼치게 했도다.'라고 했으니, 바로 문왕과 무왕의 덕을 나타내는 말이다."라고 했다.

集說

淸明在躬, 氣志如神, 卽至誠前知之謂也. 耆欲, 所願欲之事也. 有開必先, 言先有以開發其兆朕者, 如將興必有禎祥, 若時雨將降, 山川必先爲之出雲也. 國家將興, 天必爲之豫生賢佐, 故引大雅 · 嵩高之篇, 言文武有此無私之德, 故天爲之生賢佐以興周, 而文 · 武無此詩, 故取宣王詩爲喩, 而曰此文 · 武之德也.

"청명이 자신에게 있으면 기운과 뜻이 신과 같다."라고 했는데, 지극히 정성스러워서 미리 알 수 있다는 뜻이다.[8] '기욕(耆欲)'은 원하고 바라

---

8) 『중용』「24장」 : 至誠之道可以前知. 國家將興, 必有禎祥. 國家將亡, 必有妖孽. 見乎蓍龜, 動乎四體. 禍福將至, 善必先知之, 不善必先知之. 故至誠如神.

는 사안을 뜻한다. '유개필선(有開必先)'은 먼저 그 조짐을 열어주는 일이 있다는 뜻이니, 마치 앞으로 흥성하게 될 때에는 반드시 경사스러운 조짐이 나타나고, 마치 때에 맞는 비가 내리려고 할 때 산천이 반드시 그보다 앞서 구름을 내놓는 것과 같다. 국가가 흥성하려고 하면 하늘은 반드시 그를 위해 현명한 신하를 태어나게 한다. 그렇기 때문에 『시』 「대아(大雅)·숭고(嵩高)」편을 인용하였으니,[9] 문왕과 무왕에게는 이처럼 삿됨이 없는 덕이 있었기 때문에, 하늘이 그들을 위해 현명한 신하를 태어나게 하여 주나라를 흥기시켰다는 뜻이다. 그런데 문왕과 무왕 때에는 이러한 시가 없었기 때문에 선왕에 대해 읊조린 시를 가져다가 비유하고, "이것은 문왕과 무왕의 덕이다."라고 한 것이다.

嚴氏曰: 嵩然而高竦者嶽也, 其山峻大, 極至于天, 維此嶽降其神靈, 以生仲山甫及申伯. 此申伯及山甫皆爲周室之翰幹, 四國則于以蕃蔽其患難, 四方則于以宣布其德澤.

엄씨가 말하길, 높고도 높아서 우뚝 솟아 있는 것은 악(嶽)인데, 그 산은 매우 높고도 커서 그 끝이 하늘에 이른 것이니, 오직 이러한 악만이 신령을 내려서 중산보와 신백이 태어나도록 한 것이다. 신백과 중산보는 모두 주나라의 근간이 된 신하들인데, 사방의 나라가 이들을 환란을 막는 울타리로 삼았고, 사방은 이들을 통해 은덕을 펼쳤다.

經文

"三代之王也, 必先其令聞[去聲]. 詩云: '明明天子, 令聞不已', 三代之德也. '弛其文德, 協此四國', 大王之德也." 子夏蹶[蹶]然而起, 負墻而立曰: "弟子敢不承乎?"〈009〉

---

9) 『시』「대아(大雅)·숭고(崧高)」: 崧高維嶽, 駿極于天. 維嶽降神, 生甫及申. 維申及甫, 維周之翰. 四國于蕃, 四方于宣.

공자가 계속하여 말하길, "삼대 때 천자가 된 자들에게는 반드시 그보다 앞서 조상들이 쌓은 좋은 소문이['聞'자는 거성으로 읽는다.] 들렸다. 『시』에서 '밝고도 밝으신 천자여, 아름다운 소문이 그치지 않는구나.'라고 했는데, 바로 삼대 때 천자를 했던 자들의 덕이다. '그 문덕을 베풀어서 사방의 나라에 펼치셨도다.'라고 했는데, 바로 태왕의 덕에 해당한다." 라고 했다. 자하는 기뻐하며 펄쩍 뛰듯이['蹶'자의 음은 '鱖(궐)'이다.] 일어나서 뒤로 물러나 벽을 등지고 서서 말하길, "제자가 감히 그 뜻을 받들지 않을 수 있겠습니까?"라고 했다.

集說

先其令聞者, 未王之先, 其祖宗積德, 已有令善之聲聞也. 詩, 大雅·江漢之篇. 弛, 猶施也, 詩作矢, 陳也. 協, 詩作洽. 詩美宣王, 此亦取以爲喩. 子夏問三王之德, 夫子但擧殷周言之者, 禹以禪無可疑, 殷周放伐, 故特明其非私也. 蹶然, 喜躍之貌. 負墻而立者, 問竟則退後背壁而立, 以避進問之人也. 承者, 奉順不失之意.

'선기령문(先其令聞)'은 아직 천자가 되기 이전에 그의 조상들이 덕을 쌓아서 이미 좋은 소문과 평판이 들리게끔 한다는 뜻이다. 시는 『시』「대아(大雅)·강한(江漢)」편이다.[10] '이(弛)'자는 "시행하다."는 뜻인데, 『시』에서는 '시(矢)'자로 기록했으니, "진열하다."는 뜻이다. '협(協)'자를 『시』에서는 '흡(洽)'자로 기록했다. 이 시는 선왕을 찬미한 것인데, 이 또한 비슷한 시를 인용하여 비유로 삼은 것이다. 자하는 삼왕의 덕에 대해 물었고, 공자는 단지 은나라와 주나라의 경우만 제시하여 언급을 했는데, 우임금이 제위를 선양했던 것은 의심할 것이 없고, 은나라와 주나라는 정벌을 하여 제위를 얻었기 때문에, 특별히 그것은 사사로움으로 한 것이 아님을 드러낸 것이다. '궐연(蹶然)'은 기뻐하며 펄쩍 뛰는

10) 『시』「대아(大雅)·강한(江漢)」: 虎拜稽首, 對揚王休, 作召公考, 天子萬壽. 明明天子, 令聞不已, 矢其文德, 洽此四國.

모습을 뜻한다. '부장이립(負牆而立)'은 질문이 끝나자 뒤로 물러나서 벽을 등지고 서 있다는 뜻이니, 질문을 하며 앞으로 나오는 자를 위해 자리를 피해준 것이다. '승(承)'자는 받들고 순종하여 잃어버리지 않는다는 뜻이다.

應氏曰: 崧高生賢, 本於文武; 德洽四國, 始於大王, 其積累豈一日哉?

응씨가 말하길, 높고 높은 산이 현자를 태어나게 하는 것은 문왕과 무왕에 근본을 두고 있고, 덕이 사방의 나라에 퍼지게 한 것은 태왕으로부터 시작되었으니, 그 쌓임이 어찌 하루아침에 이루어지겠는가?

「방기(坊記)」

淺見

近按: 此篇記者引孔子之言, 而每章雜引詩 · 書 · 易 · 春秋, 以明之, 然其稱子云者, 未必皆孔子之言, 而其所引他書之文, 亦多泛而不切.

내가 살펴보니, 이 편은 『예기』를 기록한 자가 공자의 말을 인용하고, 매 장마다 『시』 · 『서』 · 『역』 · 『춘추』를 뒤섞어 인용하여 그 사실을 밝히고 있지만, '자운(子云)'이라고 지칭한 것들이 모두 공자의 말일 수 없으며, 인용하고 있는 다른 서적들의 글들도 대부분 범범하며 절실하지 않다.

「방기」편 문장 순서 비교

『예기집설』	『예기천견록』	
	구분	문장
001	무분류	001
002		002
003		003
004		004
005		006
006		007
007		005
008		010
009		011
010		012
011		013
012		014
013		015
014		025
015		026
016		028
017		018後
018		016
019		027
020		019
021		017
022		018前
023		020
024		023
025		024
026		022
027		031
028		037
029		032
030		034
031		035
032		036
033		033
034		029

『예기집설』	『예기천견록』	
	구분	문장
035	무분류	009
036		008
037		021
		030

무분류

經文

子言之: "君子之道, 辟[譬]則坊與[平聲]. 坊民之所不足者也. 大爲之坊, 民猶踰之, 故君子禮以坊德, 刑以坊淫, 命以坊欲." 〈001〉

공자가 말하길, "군자의 도는 비유하자면['辟'자의 음은 '譬(비)'이다.] 제방과 같을 것이다.['與'자는 평성으로 읽는다.] 백성들의 부족하게 될 점을 미리 방비하는 것이다. 그들을 위해 크게 방비대책을 세우더라도 백성들은 오히려 그것을 뛰어넘으려고 한다. 그러므로 군자는 예를 통해 덕이 부족해질 것을 방지하고, 형벌을 통해 정감이 방탕하게 흐를 것을 방지하며, 명령을 통해 욕심이 제멋대로 날뛰는 것을 방지한다."라고 했다.

集說

辟, 讀爲譬; 坊, 與防同, 言君子以道防民之失, 猶以隄防遏水之流也.

'벽(辟)'자는 "비유하다."의 '비(譬)'자로 풀이하며, '방(坊)'자는 "방비하다."의 '방(防)'자와 같으니, 군자는 도를 통해 백성들이 잘못을 저지를 것에 대해 방지하는 것으로, 마치 제방으로 물이 넘치는 것을 막는 것과 같다.

應氏曰: 理欲相爲消長, 人欲熾盛而有餘, 則天理消滅而不足, 禮則防其所不足, 而制其所有餘焉. 性之善爲德, 禮以防之而養其源; 情之蕩爲淫, 刑以防之而遏其流. 聖人防民之具至矣, 然人之欲無窮, 而非防閑之所能盡也, 聖人於是而有命之說焉. 命出於天, 各有分限, 而截然不可踰也. 天之命令, 人力莫施, 以是防之, 則覬覦者塞,羨慕者止, 而欲不得肆矣.

응씨가 말하길, 도리와 욕심은 상호 줄어들게 하거나 늘어나게도 하는데, 사람의 욕심이 번성하여 넘치게 된다면 천리는 줄어들어 부족하게 되니, 예는 부족하게 될 것을 방지하고 넘치는 것을 제어하는 것이다. 본성의 선함은 덕이 되는데, 예를 통해 방지하는 것은 본원성을 배양하는 것이며, 정감이 방탕하게 되어 음란하게 흐르면 형벌을 통해 방지하여 방탕하게 흐르는 것을 막는다. 백성들이 잘못된 길로 빠지지 않도록 성인이 방지했던 도구들이 지극한데도 사람의 욕심은 끝이 없어서 방지 대책으로 다 막을 수 있는 것이 아니니, 성인은 이에 대해 명령을 내리게 된다. 명령은 하늘로부터 도출되어 각각 경계가 있고, 경계가 매우 분명하여 뛰어넘을 수 없다. 하늘의 명령은 사람의 힘으로는 제대로 시행할 수 없지만, 이를 통해 방비한다면, 기회를 엿보는 자들은 막히게 될 것이고, 탐욕을 부리는 자들은 그치게 되어, 욕심이 제멋대로 날뛰지 못하게 된다.

淺見

近按: 此一篇之大旨, 其下諸章, 皆釋此章之義.

내가 살펴보니, 이것은 이 편의 큰 뜻에 해당하고, 그 아래 여러 장들은 모두 이 장의 뜻을 풀이하고 있다.

經文

子云: "小人貧斯約, 富斯驕. 約斯盜, 驕斯亂. 禮者, 因人之情而爲之節文, 以爲民坊者也. 故聖人之制富貴也, 使民富不足以驕, 貧不至於約, 貴不慊[口簟反]於上, 故亂益亡."〈002〉

공자가 말하길, "소인은 가난하면 인색하게 되고 부유하면 교만하게 된다. 인색하면 도적질을 하게 되고 교만하면 혼란스럽게 만든다. 예라는 것은 사람의 정감에 따라 절제하여 격식을 만든 것으로, 이것을 백성들에 대한 방지대책으로 삼는다. 그러므로 성인은 부귀를 제어하여, 백성들로 하여금 부유하더라도 교만하게 만들지 않고, 가난하더라도 인색하게 만들지 않으며, 존귀하더라도 윗사람을 꺼려하지['慊'자는 '口(구)'자와 '簟(점)'자의 반절음이다.] 않도록 만든다. 그렇기 때문에 혼란이 더욱 없어지게 된다."라고 했다.

集說

方氏曰: 小人無道以安貧, 故貧斯約; 無德以守富, 故富斯驕. 約者不獲恣, 則有羨彼之志, 故約斯盜; 驕者不能遜, 則有犯上之心, 故驕斯亂. 凡此皆人之情也, 而禮則因而爲之節文, 富者不以有餘而慢於人, 貧者不以不足而窮其身, 貴者不以在上而慊於物, 皆由有禮故也. 若家富不過百乘, 所以制富而不使之驕也; 一夫受田百畝, 所以制貧而不使之約也; 伐冰之家, 不畜牛羊, 所以制貴而不使之慊也.

방씨가 말하길, 소인은 도에 따라 가난함을 편하게 여길 수 없기 때문에 가난하면 인색해지고, 덕으로 부유함을 지킬 수 없기 때문에 부유하면 교만하게 된다. 인색한 자는 자신의 뜻대로 할 수 없어서 상대의 것을 탐내는 마음이 생긴다. 그렇기 때문에 인색하게 되면 도적질을 한다. 또 교만한 자는 겸손할 수 없어서 윗사람을 범하려는 마음이 생긴다. 그렇기 때문에 교만하면 혼란스럽게 만든다. 무릇 이러한 것들은 모두 사람의 정감에 해당하는데, 예는 정감에 따라서 그것을 절제하여 격식을 만든 것이니, 부유한 자는 자신이 여유롭다는 이유로 남에게 거만하게 굴지 않고, 가난한 자는 자신이 부족하다는 이유로 자신을 곤궁하게 내몰지 않으며, 존귀한 자는 자신이 높은 자리에 있다는 이유로 상대에 대해서 편치 않게 여기지 않으니, 이 모두는 예가 있다는 데에 말미암는 것이다. 대부의 부유함이 100승(乘)을 넘지 못하게 하는 것은 바로 부유함을 제어하여 그로 하여금 교만하게 만들지 않는 것이며, 한 명의 가장이 100무(畝)의 경작지를 받는 것[1]은 가난함을 제어하여 그로 하여금 인색하게 만들지 않는 것이고, 얼음을 쓰는 집에서 소와 양을 기르지 않는 것[2]은 존귀함을 제어하여 그로 하여금 꺼려하도록 만들지 않는 것이다.

淺見

近按: 此章兼言貧富, 而其下文言聖人之制富貴, 不及貧者, 以難制者言之也.

내가 살펴보니, 이 장에서는 가난함과 부유함에 대해 함께 언급을 했는데, 그 아래문장에서 성인이 부귀함을 제어했다고 말하며, 가난함에 대해서 언급하지 않은 것은 제어하기 힘든 것을 기준으로 말했기 때문이다.

1) 『맹자』「만장하(萬章下)」: 耕者之所獲, 一夫百畝, 百畝之糞, 上農夫食九人, 上次食八人, 中食七人, 中次食六人, 下食五人. 庶人在官者, 其祿以是爲差.

2) 『대학』「전(傳) 10장」: 孟獻子曰, "畜馬乘不察於雞豚, 伐冰之家不畜牛羊, 百乘之家不畜聚斂之臣. 與其有聚斂之臣寧有盜臣." 此謂國不以利爲利, 以義爲利也.

經文

子云: "貧而好樂[洛], 富而好禮, 衆而以寧者, 天下其幾[上聲]矣. 詩云: '民之貪亂, 寧爲荼毒.' 故制國不過千乘, 都城不過百雉, 家富不過百乘. 以此坊民, 諸侯猶有畔者."〈003〉

공자가 말하길, "가난하면서도 즐김을['樂'자의 음은 '洛(락)'이다.] 좋아하고, 부유하면서도 예를 좋아하며, 구성원이 많아지는데도 편안하게 하는 자는 천하에 몇['幾'자는 상성으로 읽는다.] 되지 않는다. 『시』에서는 '백성들이 혼란이 없어지기를 바라여, 차라리 독초나 독충처럼 행동하는구나.'라고 했다. 그렇기 때문에 제후국의 경계를 제정하며 1,000승(乘)의 규모를 넘지 못하도록 했고, 도성은 100치(雉)를 넘지 못하도록 했으며, 경이나 대부의 채지 규모는 100승을 넘지 못하도록 했다. 이를 통해 백성들의 잘못을 방지했는데도, 제후 중에는 오히려 배반을 계획하는 자가 있다."라고 했다.

集說

衆而以寧, 謂家族衆盛, 而不以悖亂致禍敗也. 天下其幾, 言此三者不多見也. 詩, 大雅·桑柔之篇. 貪, 猶欲也; 荼, 苦菜也; 毒, 螫蟲也; 刺厲王, 言民苦政亂, 欲其亂亡, 故寧爲荼苦毒螫之行以相侵暴而不之恤也. 千乘, 諸侯之國, 其地可出兵車千乘也. 都城, 卿·大夫都邑之城也. 雉, 度名也, 高一丈, 長三丈爲一雉. 家富, 卿·大夫之富也. 不過百乘, 其采地所出之兵車, 不得過此數也.

'중이이녕(衆而以寧)'은 가족과 족인들이 많아졌음에도 어그러지고 혼란스럽게 하여 재앙을 만들지 않는다는 뜻이다. '천하기기(天下其幾)'는 이러한 세 가지를 지키는 자를 많이 볼 수 없다는 뜻이다. 시는 『시』「대아(大雅)·상유(桑柔)」편이다.[1] '탐(貪)'자는 "바란다."는 뜻이며, '도

---

1) 『시』「대아(大雅)·상유(桑柔)」 : 維此良人, 弗求弗迪. 維彼忍心, 是顧是復.

(荼)'자는 씀바귀를 뜻하고, '독(毒)'자는 독충을 뜻하는데, 여왕을 풍자한 것으로, 백성들이 고통스럽고 정사가 문란해져서 혼란함이 없어지기를 바라기 때문에, 차라리 씀바귀나 독충처럼 행동하여 서로를 침탈하고 흉포하게 구는데도 구휼하지 않는다는 뜻이다. '천승(千乘)'은 제후의 나라를 뜻하니, 그의 영지에서는 전쟁용 수레 1,000대를 출자할 수 있다. '도성(都城)'은 경과 대부의 도읍에 세우는 성이다. '치(雉)'자는 치수를 뜻하는 명칭으로, 높이가 1장이고 길이가 3장인 것이 1치(雉)이다. '가부(家富)'는 경과 대부의 부유함이다. "100승을 넘지 않는다."는 말은 그들의 채지에서 출자하는 전쟁용 수레는 이 수를 넘길 수 없다는 뜻이다.

石梁王氏曰: 貧而好樂, 添一好字, 恐非孔子語.

석량왕씨가 말하길, '빈이호악(貧而好樂)'은 하나의 '호(好)'자가 첨가되었으니,[2] 아마도 공자의 말이 아닐 것이다.

淺見

近按: 好樂與好禮對, 以爲聲樂之樂, 則非矣. 此記者因論語之言, 而添一好字, 自引詩至以此坊民等語, 皆記者釋上文孔子之言者, 後皆倣此.

내가 살펴보니, '호락(好樂)'을 호례(好禮)와 대비하여, 이것을 성악(聲樂)이라고 할 때의 악(樂)으로 여긴다면 잘못된 것이다. 이것은 『예기』를 기록한 자가 『논어』의 말에 따라서 하나의 '호(好)'자를 첨가하고, 『시』를 인용한 것으로부터 이를 통해 백성들을 방지했다는 등의 말들은 모두 『예기』를 기록한 자가 앞에 나온 공자의 말을 풀이한 것이며, 뒤에

民之貪亂, 寧爲荼毒.

2) 『논어』「학이(學而)」: 子貢曰, "貧而無諂, 富而無驕, 何如?" 子曰, "可也, 未若貧而樂, 富而好禮者也." 子貢曰, "詩云, '如切如磋, 如琢如磨', 其斯之謂與?" 子曰, "賜也, 始可與言詩已矣, 告諸往而知來者."

도 모두 이와 같다.

右一節, 言驕約不制, 必至於畔亂.

여기까지는 1절이며, 교만함과 인색함을 제어하지 않으면 반드시 배반과 혼란에 이르게 됨을 말한 것이다.

經文

子云: "夫禮者, 所以章疑別微, 以爲民坊者也. 故貴賤有等, 衣服有別, 朝廷有位, 則民有所讓."〈004〉

공자가 말하길, "무릇 예라는 것은 의심나는 것을 드러내고 은미한 것을 구별하여 백성들이 잘못을 저지르지 않도록 방지하는 것이다. 그러므로 귀천에 등급이 생기고, 의복에 구별이 생기며, 조정에 지위가 생긴다면, 백성들에게는 사양하는 점이 생긴다."라고 했다.

集說

疑者, 惑而未決; 微者, 隱而不明. 惟禮足以章明之·分別之也.

'의(疑)'는 의혹이 되어 결정하지 못하는 것이며, '미(微)'는 은미하여 드러나지 않는 것이다. 오직 예만이 밝게 드러내고 분별할 수 있다.

經文

子云: "君子辭貴不辭賤, 辭富不辭貧, 則亂益亡. 故君子與其使食浮於人也, 寧使人浮於食."〈006〉

공자가 말하길, "군자가 귀한 것을 사양하고 천한 것을 사양하지 않으며, 부유함을 사양하고 가난함을 사양하지 않는다면, 혼란함이 더욱 없어지게 된다. 그러므로 군자는 남보다 녹봉이 많아지기 보다는 차라리 남의 녹봉이 나보다 많아지기를 바란다."라고 했다.

集說

食, 祿也. 浮, 在上也. 才德薄而受祿厚, 是食浮於人也.

'식(食)'자는 녹봉을 뜻한다. '부(浮)'자는 위에 뜬다는 뜻이다. 재주와 덕이 옅은데도 녹봉을 많이 받는 것이 바로 녹봉이 남보다 위에 있다는 뜻이다.

經文

子云: "觴酒·豆肉, 讓而受惡, 民猶犯齒. 衽席之上, 讓而坐下, 民猶犯貴. 朝廷之位, 讓而就賤, 民猶犯君. 詩云: '民之無良, 相怨一方. 受爵不讓, 至于己斯亡.'" 子云: "君子貴人而賤己, 先人而後己, 則民作讓. 故稱人之君曰君, 自稱其君曰寡君."〈007〉 [此兩節舊在"得同姓以弒其君"之下.]

공자가 말하길, "군자가 술과 음식에 대해 사양하여 나쁜 것을 받더라도 백성들은 오히려 연장자를 범한다. 군자가 자리에 대해 사양하여 낮은 자리에 앉더라도 백성들은 오히려 존귀한 자를 범한다. 군자가 조정의 자리에 대해 사양하여 미천한 지위로 나아가더라도 백성들은 오히려 군주를 범한다. 『시』에서 '백성들 중 양심이 없는 자는 서로 상대방만을 원망한다. 술잔을 받고도 사양을 하지 않아 자신을 망치는 지경에 이르기도 하는구나.'"라고 했다. 공자가 말하길, "군자가 남을 존귀하게 대하고 자신을 천하게 대하며, 남을 앞세우고 자신을 뒤로 물린다면, 백성들은 겸양의 도리를 시행할 것이다. 그렇기 때문에 남의 군주를 지칭할 때에는 '군(君)'이라 부르고, 자신의 군주를 지칭할 때에는 '과군(寡君)'이라 부른다."라고 했다. [이 두 절은 옛 판본에 "동성인 자를 추대하여 자신의 군주를 시해하는 자가 있다."[1]라고 한 문장 뒤에 수록되어 있었다.]

---

1) 『예기』「방기」 005장 : 子云, "天無二日, 土無二王, 家無二主, 尊無二上, 示民有君臣之別也. 春秋, 不稱楚·越之王喪, 禮, 君不稱天, 大夫不稱君, 恐民之

集說

詩, 小雅 · 角弓之篇. 爵, 酒器也. 嚴氏云: "兄弟有因杯酒得罪而怨者", 此爲持平之論以解之, 言凡人之不善者, 其相怨各執一偏, 而不能叅彼己之曲直, 故但知怨其上而不思己過. 然其端甚微, 或止因受爵失辭遜之節, 而或至於亡其身, 亦可念矣.

시는 『시』「소아(小雅) · 각궁(角弓)」 편이다.[2] '작(爵)'은 술을 따르는 잔이다. 엄씨는 "형제들 중 술을 따르다가 죄를 지어 원망하는 경우가 있다."라고 했는데, 이것은 공평하고 합리적인 논의로 풀이한 것으로, 사람들 중 불선한 자는 서로 원망하며 각각 자신의 주장만 고집하고, 상대방과 자신의 시시비비를 살필 수 없다. 그렇기 때문에 단지 윗사람만 원망할 줄 알고 자신의 과오는 생각하지 않는다. 그런데 그 단초는 매우 은미하여, 단지 술잔을 받을 때 사양의 절차를 시행하지 않은 잘못으로 인하여 자신을 망치는 지경에 이르기도 하니, 이 또한 유념할만한 일이다.

方氏曰: 禮, 六十以上, 籩豆有加, 故酒肉以犯齒言; 三命不齒, 席于尊東, 故衽席以犯貴言; 族人不得戚君位, 故朝廷以犯君言.

방씨가 말하길, 예법에 따르면 60세 이상인 자는 추가적으로 차리는 변과 두의 음식들을 받는다. 그렇기 때문에 술과 고기로 연장자를 범한다고 말했다. 또 3명의 등급을 가진 자는 나이에 따라 서열을 정하지 않고, 술동이의 동쪽에 자리를 깔고 앉는다. 그렇기 때문에 자리로 존귀한 자를 범한다고 말했다. 또 족인들의 경우에는 군주와 친족관계라 하더라도, 그 관계를 내세워 군주에게 친근하게 대할 수 없으니, 지위가 엄격히 구분되기 때문이다. 그래서 조정의 자리로 군주를 범한다고 말했다.

惑也. 詩云, '相彼盍旦, 尙猶患之.'" 子云, "君不與同姓同車, 與異姓同車不同服, 示民不嫌也. 以此坊民, 民猶得同姓以弑其君."

2) 『시』「소아(小雅) · 각궁(角弓)」 : 民之無良, 相怨一方. 受爵不讓, 至于己斯亡.

經文

子云: "天無二日, 土無二王, 家無二主, 尊無二上, 示民有君臣之別也. 春秋不稱楚·越之王喪, 禮君不稱天, 大夫不稱君, 恐民之惑也. 詩云: '相[去聲]彼盍[渴]旦, 尚猶患之.'" 子云: "君不與同姓同車, 與異姓同車不同服, 示民不嫌也. 以此坊民, 民猶得同姓以弑其君."〈005〉 [舊在"民有所讓"之下.]

공자가 말하길, "하늘에는 두 개의 태양이 없고, 땅에는 두 명의 천자가 없으며, 가정에는 두 명의 주인이 없고, 존귀함에는 두 명의 윗사람이 없으니, 백성들에게 군주와 신하의 구별이 있음을 보여주는 것이다. 『춘추』에서는 초왕이나 월왕의 상사를 장례라고 지칭하지 않았고, 『예』에 있어서는 제후에 대해 하늘을 일컫지 않았으며, 대부에 대해 제후라고 일컫지 않으니, 백성들이 의혹하게 될까 염려하기 때문이다. 『시』에서는 '저 아침이 오기를 울부짖는 새를['盍'자의 음은 '渴(갈)'이다.] 보니['相'자는 거성으로 읽는다.] 오히려 사람들이 그것을 싫어하는구나.'라고 하였는데, 신하가 어찌 군주에게 참람되게 굴겠는가?"라고 했다. 또 공자가 말하길, "군주는 동성인 자와는 수레에 함께 타지 않고, 이성인 자와는 수레에 함께 타더라도 의복을 동일하게 입지 않으니, 백성들에게 혐의로 둘 것이 없음을 보여주는 것이다. 이를 통해 백성들이 잘못을 저지르지 않도록 방지하더라도, 백성들 중에는 오히려 동성인 자를 추대하여 자신의 군주를 시해하는 자가 있다."라고 했다. [옛 판본에는 "백성들에게는 사양하는 점이 생긴다."[3]라고 한 문장 뒤에 수록되어 있었다.]

集說

楚·越之王喪, 書卒不書葬, 夷之也. 君不稱天, 避天子也; 大夫不

3) 『예기』「방기」 004장 : 子云, "夫禮者, 所以章疑別微, 以爲民坊者也. 故貴賤有等, 衣服有別, 朝廷有位, 則民有所讓."

稱君而稱主, 避國君也. 詩, 逸詩也. 盍旦, 夜鳴求旦之鳥, 患, 猶惡也. 言視彼盍旦之夜鳴以求曉, 是欲反夜作晝, 求所不當求者, 人尙且惡之, 況人臣而求犯其上乎? 不同車, 遠害也, 簒弑之禍, 常起於同姓, 故與異姓同車則不嫌.

초왕이나 월왕의 상사에 대해서 졸(卒)이라 기록하고 장(葬)을 치렀다고 기록하지 않은 것은 오랑캐로 대했기 때문이다. 제후에 대해 천(天)이라 일컫지 않은 것은 천자의 예법을 피하고자 해서이다. 대부에 대해 군(君)이라 일컫지 않고 주(主)라고 일컬은 것은 제후의 예법을 피하고자 해서이다. 여기에 인용된 시는 일실된 『시』이다. '갈단(盍旦)'은 밤에 울부짖어서 아침이 오기를 바라는 새이며, '환(患)'자는 "싫어한다."는 뜻이다. 즉 저 갈단이라는 새는 밤늦게 울어서 아침이 오기를 바라는데, 이것은 밤을 바꿔 낮을 만들고자 하는 것이니, 마땅히 구해서는 안 되는 것을 구하는 것으로, 사람들이 오히려 그것을 싫어하는데, 하물며 신하가 되어서 윗사람 범하기를 구해서야 되겠느냐는 뜻이다. 수레에 함께 타지 않는 것은 해를 멀리하고자 해서이니, 제위를 찬탈하고 시해하는 재앙은 항상 동성인 자에게서 발생되었기 때문에, 이성인 자와는 수레에 함께 타게 되더라도 혐의를 두지 않는다.

淺見

近按: 右言人無禮讓, 必至於弑逆.

내가 살펴보니, 여기까지는 사람에게 예와 사양함이 없으면 반드시 시해와 반역에 이르게 됨을 말한 것이다.

經文

子云: "上酌民言, 則下天上施[去聲]. 上不酌民言, 則犯也; 下不天上施, 則亂也. 故君子信讓以涖百姓, 則民之報禮重. 詩云: '先民有言, 詢于芻蕘.'"〈010〉 [舊在"小人先言"之下.]

공자가 말하길, "군주가 백성들의 말을 헤아린다면 백성들은 군주가 시행하는['施'자는 거성으로 읽는다.] 것들을 하늘처럼 떠받든다. 군주가 백성들의 말을 헤아리지 않는다면 백성들은 군주가 시행하는 것들을 범한다. 백성들이 군주가 시행하는 것들을 하늘처럼 여기지 않는다면 혼란스럽게 된다. 그러므로 군자가 신의와 겸양을 실천하여 백성들을 대한다면, 백성들에게는 보답하는 예가 중요하게 여겨진다. 『시』에서는 '옛 사람들이 이러한 말을 하지 않았던가, 초목을 채취하는 자에게도 묻는다고.'"라고 했다. [옛 판본에는 "소인은 말이 앞선다."[1]라고 한 문장 뒤에 수록되어 있었다.]

集說

上酌民言, 謂人君將施政教, 必斟酌參挹乎輿論之可否, 如此則政教所加, 民尊戴之如天所降下者矣, 否則民必違犯也. 民不天上之所施, 則悖慢之亂作矣. 信則不欺於民, 讓則不恃乎己, 以此臨民, 民得不親其上, 死其長乎? 故曰民之報禮重也. 詩, 大雅·板之篇. 詢于芻蕘, 問于取草取薪之賤者也, 引此以明酌民言之意.

'상작민언(上酌民言)'은 군주가 정치와 교화를 시행하고자 할 때에는 반드시 여론의 가부를 헤아리고 참고해야 하니, 이처럼 한다면 정치와 교화가 시행되더라도 백성들은 존귀하게 떠받들어 마치 하늘이 아래로 내려준 것처럼 대한다. 그러나 이처럼 하지 않는다면 백성들은 반드시 그

1) 『예기』「방기」 009장 : 子云, "有國家者, 貴人而賤祿, 則民興讓; 尙技而賤車, 則民興藝. 故君子約言, 小人先言."

것을 어기고 범한다. 백성들이 위정자가 시행하는 것들을 하늘처럼 여기지 않는다면, 어그러지고 태만하게 되는 혼란이 발생한다. 믿음이 있다면 백성들을 속이지 않고, 겸양을 한다면 자신만 믿지 않으니, 이를 통해 백성들을 임하게 된다면 백성들이 위정자를 친근하게 여겨서 연장자를 위해 목숨을 던지지 않을 수 있겠는가?[2] 그러므로 "백성들에게 보답하는 예가 중대하게 된다."고 했다. 시는 『시』「대아(大雅)·판(板)」편이다.[3] '순우추요(詢于芻蕘)'는 초목을 채취하는 미천한 자에게까지 묻는다는 뜻이니, 이 시를 인용하여 백성들의 말을 헤아린다는 뜻을 나타내었다.

經文

子云: "善則稱人, 過則稱己, 則民不争. 善則稱人, 過則稱己, 則怨益亡. 詩云: '爾卜爾筮, 履無咎言.'" 〈011〉

공자가 말하길, "선한 일을 남에게 돌리고 잘못된 일을 자신에게 돌린다면, 백성들이 다투지 않는다. 선한 일을 남에게 돌리고 잘못된 일을 자신에게 돌리면, 원망함이 더욱 없어진다. 『시』에서는 '너의 거북점과 너의 시초점에, 그 조짐에 흉함과 허물을 나타내는 말이 없구나.'"라고 했다.

集說

詩, 衛風·氓之篇. 履, 當依詩作體, 謂卜之於龜, 筮之於蓍, 其卦兆

---

2) 『맹자』「양혜왕하(梁惠王下)」: 曾子曰, '戒之戒之! 出乎爾者, 反乎爾者也.' 夫民今而後得反之也. 君無尤焉! 君行仁政, 斯民親其上, 死其長矣.

3) 『시』「대아(大雅)·판(板)」: 我雖異事, 及爾同寮. 我卽爾謀, 聽我囂囂. 我言維服, 勿以爲笑. 先民有言, 詢于芻蕘.

之體, 皆無凶咎之辭也, 以無咎明不爭不怨之意.

시는 『시』「위풍(衛風) · 맹(氓)」편이다.[4] '이(履)'자는 마땅히 『시』의 기록에 따라 체(體)자로 기록해야 하니, 거북껍질에 거북점을 치고 시초로 시초점을 쳐서 나타난 괘와 조짐에 모두 흉함과 허물의 말이 없다는 뜻으로, 허물이 없다는 것으로 다투지 않고 원망하지 않는다는 뜻을 나타내었다.

石梁王氏曰: 鄭箋詩, 旣以體爲卦. 兆之體, 何故於此曲附履字之訛?

석량왕씨가 말하길, 정현의 『시』에 대한 전문(箋文)에서는 이미 체(體)자를 괘와 조짐이 드러난 것으로 여겼는데, 어떤 까닭으로 이곳에서는 이(履)자의 뜻을 왜곡하여 잘못 해석하고 있는가?

經文

子云: "善則稱人, 過則稱己, 則民讓善. 詩云: '考卜惟王, 度[徒洛反]**是鎬京. 惟龜正之, 武王成之.'"**〈012〉

공자가 말하길, "선한 일을 남에게 돌리고 잘못된 일을 자신에게 돌린다면, 백성들이 좋은 것을 남에게 사양하게 된다. 『시』에서는 '거북점을 치는 자는 무왕이니, 호경에 도읍을 정하고자 헤아리도다.['度'자는 '徒(도)'자와 '洛(락)'자의 반절음이다.] 거북점괘가 바르다고 하고 무왕이 완성하였도다.'"라고 했다.

---

4) 『시』「위풍(衛風) · 맹(氓)」: 乘彼垝垣, 以望復關. 不見復關, 泣涕漣漣. 旣見復關, 載笑載言. 爾卜爾筮, 體無咎言. 以爾車來, 以我賄遷.

集說

詩, 大雅 · 文王有聲之篇. 言稽考龜卜者, 武王也. 謀度鎬京之居, 蓋武王之志已先定矣. 及以吉凶取正於龜, 而龜亦協從, 武王遂以龜爲正而成此都焉, 是武王不自以爲功而讓之龜卜也, 故引以爲讓善之證. 然此兩節所引詩, 意義皆不甚協.

시는 『시』「대아(大雅) · 문왕유성(文王有聲)」편이다.[5] 거북점을 살피는 자는 무왕이라는 뜻이다. 호경에 거주할 것을 헤아리니, 무왕의 뜻이 이미 그보다 앞서 결정된 것이다. 길흉에 대해 거북점의 점괘를 취해 확정했는데, 거북점 또한 그 결정에 호응하여, 무왕은 결국 거북점의 점괘를 바른 것이라고 여기고 이곳에 도읍을 완성하였다. 이것은 무왕이 스스로 한 일을 공이라 여기지 않고 거북점괘에 그것을 양보한 것이다. 그렇기 때문에 이 시를 인용하여 선함을 사양하는 일의 증거로 삼았다. 그런데 이곳 두 문단에서 인용한 시는 그 의미가 모두 본래의 뜻과는 합치되지 않는다.

經文

子云: "善則稱君, 過則稱己, 則民作忠. 君陳曰: '爾有嘉謀嘉猷, 入告爾君于內, 女乃順之于外, 曰此謀此猷, 惟君之德. 於[烏]乎[呼]! 是惟良顯哉!'" 〈013〉

공자가 말하길, "선한 일을 군주에게 돌리고 잘못된 일을 자신에게 돌린다면, 백성들은 충을 일으킬 것이다. 「군진」편에서는 '너에게 좋은 계책과 좋은 꾀가 있다면, 들어가 안에서 너의 군주에게 아뢰고, 너는 밖에

5) 『시』「대아(大雅) · 문왕유성(文王有聲)」: 考卜維王, 宅是鎬京. 維龜正之, 武王成之. 武王烝哉.

서 그것을 가르치며 다음과 같이 말한다. 이러한 계책과 꾀는 모두 우리 군주의 덕으로 인해 나타난 것이다. 오호라![‘於’자의 음은 ‘烏(오)’이다. ‘乎’자의 음은 ‘呼(호)’이다.] 이처럼 해야만 어짊이 드러날 것이다.’”라고 했다.

集說

君陳, 周書, 與今書文小異, 引以證善則稱君之義.

‘군진(君陳)’은 『서』「주서(周書)」편으로,[6] 현재의 『서』와는 문장이 조금 차이를 보이는데, 이것을 인용하여 선한 일이라면 군주에게 돌린다는 뜻을 증명하였다.

經文

子云: “善則稱親, 過則稱己, 則民作孝. 大誓曰: ‘子克紂, 非予武, 惟朕文考無罪. 紂克予, 非朕文考有罪, 惟予小子無良.’”
〈014〉

공자가 말하길, “좋은 일을 부모에게 돌리고 잘못된 일을 자신에게 돌린다면, 백성들은 효를 시행할 것이다. 「태서」편에서는 ‘내가 주임금을 이기게 된다면, 이것은 나의 무용 때문이 아니며, 오직 나의 부친인 문왕께 죄가 없으셨기 때문이다. 만약 주임금이 나를 이기게 된다면, 이것은 나의 부친인 문왕께 죄가 있으셨기 때문이 아니며, 오직 나에게 어짊이 없기 때문이다.’”라고 했다.

6) 『서』「주서(周書) · 군진(君陳)」: 爾有嘉謀嘉猷, 則入告爾后于內, 爾乃順之于外, 曰, 斯謀斯猷, 惟我后之德. 嗚呼. 臣人咸若時, 惟良顯哉.

集說

大誓, 周書, 引以證善則稱親之義.

'태서(大誓)'는 『서』「주서(周書)」편으로,[7] 이 기록을 인용하여 선한 일이라면 부모에게 돌린다는 뜻을 증명하였다.

經文

子云: "君子弛其親之過, 而敬其美. 論語曰: '三年無改於父之道, 可謂孝矣.' 高宗云: '三年其惟不言, 言乃讙.'"〈015〉

공자가 말하길, "군자는 부모의 잘못을 잊어버리고 아름다운 점만을 공경한다. 『논어』에서는 '3년 동안 부친의 도에서 고친 점이 없어야만 효라고 할 수 있다.'[8]라 했고, 「고종」에서는 '3년 동안 말을 하지 않았는데, 이윽고 말을 하자 백성들이 기뻐하였다.'"라 했다.

集說

弛, 猶棄忘也. 三年不言, 見商書·說命篇. 讙, 今周書·無逸篇作雍. 讙, 與歡同, 言天下喜悅之也. 此條引論語近之, 引書義不恊.

'이(弛)'자는 버리고 잊는다는 뜻이다. 3년 동안 말을 하지 않았다는 것은 『서』「상서(商書)·열명(說命)」편에 나온다.[9] '환(讙)'자를 현재의 『서』「주서(周書)·무일(無逸)」편에서는 '옹(雍)'자로 기록했다.[10] '환(讙)'

---

7) 『서』「주서(周書)·태서하(泰誓下)」: 予克受, 非予武, 惟朕文考無罪. 受克予, 非朕文考有罪, 惟予小子無良.

8) 『논어』「학이(學而)」: 子曰, "父在觀其志, 父沒觀其行, 三年無改於父之道, 可謂孝矣."

9) 『서』「상서(商書)·열명상(說命上)」: 王宅憂, 亮陰三祀. 旣免喪, 其惟弗言.

자는 환(歡)자와 동일하니, 천하 사람들이 기뻐했다는 뜻이다. 이곳 조목에서는 『논어』를 인용했는데, 그 내용이 문장의 뜻에 가깝고, 『서』를 인용했지만 그 의미가 합치되지 않는다.

石梁王氏曰: 既有子云, 又引論語曰, 不應孔子自言, 因知皆後人爲之, 且不應孔子發言段段引證如此齊同.

석량왕씨가 말하길, 이미 '자운(子云)'이라고 했는데 또 '논어왈(論語曰)'이라고 하여 『논어』의 기록을 인용했으니, 이것은 공자가 스스로 한 말에 해당하지 않는다. 따라서 이를 통해 이 모든 기록들이 후세 사람들이 지어냈다는 사실을 알 수 있고, 또 공자가 말을 할 때 매번 인용문을 가져다가 이처럼 통일성있게 증명하지는 않았을 것이다.

淺見

近按: 石梁謂既有子云, 又引論語曰, 不應孔子自言. 愚謂三年不言, 言乃雍, 是周公稱高宗之事, 今乃爲高宗之自言, 亦記者之失也.

내가 살펴보니, 석량왕씨는 이미 '자운(子云)'이라고 했는데 또 '논어왈(論語曰)'이라고 했으니, 이것은 공자 스스로 한 말이 아니라고 했다. 내가 생각하기에 3년 동안 말을 하지 않았고, 말을 하자 기뻐하였다는 것은 주공이 고종을 칭술했던 사안에 해당하는데, 이곳에서는 고종 스스로 말한 것처럼 했으니, 이 또한 『예기』를 기록한 자의 잘못이다.

---

10) 『서』「주서(周書)·무일(無逸)」: 其在高宗時, 舊勞于外, 爰暨小人, 作其卽位, 乃或亮陰, 三年不言. 其惟不言, 言乃雍, 不敢荒寧, 嘉靖殷邦.

經文

子云: "孝以事君, 弟以事長, 示民不貳也. 故君子有君不謀仕, 唯卜之日稱二君."〈025〉 [舊在"猶有弑其父者"之下.]

공자가 말하길, "효로써 군주를 섬기고 공손함으로써 연장자를 섬기는 것은 백성들에게 두 마음을 품지 않는 것을 보여줌이다. 그렇기 때문에 군주의 자식은 군주가 생존해 계실 때 벼슬하기를 도모하지 않고, 오직 거북점을 치는 날에만 군주를 대신한다고 부른다."라고 했다. [옛 판본에는 "오히려 자신의 부친을 시해하는 자가 있다."[1]라고 한 문장 뒤에 수록되어 있었다.]

集說

推事父之道以事君, 推事兄之道以事長, 皆誠實之至, 豈敢有副貳其上之心乎? 欲貳其君, 是與尊者相敵矣, 故云: "示民不貳也." 君子, 人君之子也. 有君, 君在也. 不謀仕, 嫌欲急於爲政也. 世子他事皆不得稱君貳, 唯命龜之時, 或君有故而己代之, 則自稱曰: "君之貳某." 左傳"卜貳圉", 正謂君之貳, 故鄭引之云: "二當爲貳也."

부친을 섬기는 도리를 미루어서 군주를 섬기고, 형을 섬기는 도리를 미루어서 연장자를 섬기는 것은 모두 성실함이 지극한 것인데, 어찌 감히 윗사람에 대해서 버금가려고 하며 두 마음을 품을 수 있겠는가? 자신의 군주에 대해서 두 마음을 품으려고 한다면, 이것은 존귀한 자와 서로 대적하려는 것이다. 그렇기 때문에 "백성들에게 두 마음을 품지 않는 것을 보여준다."라고 했다. '군자(君子)'는 군주의 자식이다. '유군(有君)'은 군주가 생존해 있다는 뜻이다. 벼슬하기를 도모하지 않는 것은 정치를 하

1) 『예기』「방기」 024장 : 子云, "升自客階, 受弔於賓位, 敎民追孝也. 未沒喪, 不稱君, 示民不爭也. 故魯春秋記晉喪曰, '殺其君之子奚齊, 及其君卓.' 以此坊民, 子猶有弑其父者."

는데 급급하다는 혐의를 받기 때문이다. 세자는 다른 일들에 대해서 모두 '군주를 대신하는 자'라고 지칭할 수 없는데, 오직 거북껍질에게 명령하여 점치는 시기에만 간혹 군주에게 변고가 있어서 자신이 대신하게 된다면, 스스로를 '군주를 대신하는 아무개'라고 부른다. 『좌전』에서는 "거북점에서 어(圉)를 대신 시켜라."[2]라고 했으니, 이것은 바로 군주를 대신하는 자를 뜻한다. 그렇기 때문에 정현은 이 문장을 인용해서, 이(二)자는 마땅히 이(貳)자가 되어야 한다고 했다.

淺見

近按: 君子, 陳氏謂人君之子, 愚恐未然. 孟子以不得於君, 爲無君, 則是有君者, 得君而仕之也, 故不更謀仕於他君. 縱非已仕於他君, 苟有謀仕之心, 而卜之, 則此日已可稱其有二君也. 人臣之罪莫重焉, 可不戒哉? 貳, 非副貳之貳.

내가 살펴보니, '군자(君子)'에 대해 진호는 군주의 자식이라고 했는데, 내가 생각하기에는 그렇지 않은 것 같다. 맹자는 군주에게 신임을 얻지 못한 것을 군주가 없는 것으로 여겼으니, 이곳에서 '유군(有君)'이라고 한 것은 군주의 신임을 얻어 벼슬살이를 하게 된 것이다. 그렇기 때문에 다시 다른 군주에게 벼슬살이를 하려는 도모를 하지 않는다. 비록 다른 군주에게 이미 벼슬살이를 하고 있는 경우가 아니더라도, 벼슬을 하고자 도모하는 마음이 있어 그것에 대해 거북점을 치게 된다면, 이 날에 이미 두 군주를 품었다고 부를 수 있다. 신하의 죄 중에 이보다 심한 것이 없으니 경계하지 않을 수 있겠는가? 따라서 '이(貳)'라는 것은 부이(副貳)라고 할 때의 이(貳)가 아니다.

---

2) 『춘추좌씨전』「희공(僖公) 15년」: 子金敎之言曰, "朝國人而以君命賞. 且告之曰, '孤雖歸, 辱社稷矣, 其<u>卜貳圉</u>也.'"

經文

"喪父三年, 喪君三年, 示民不疑也."〈026〉

공자가 계속하여 말하길, "부친의 상을 치르는 기간은 3년이고, 군주의 상을 치르는 기간도 3년이니, 백성들에게 군주의 존귀함에 대해 의심하지 않음을 보여주는 것이다."라고 했다.

集說

疏曰: 君無骨肉之親, 若不爲重服, 民則疑君不尊; 今與喪父同, 示民不疑於君之尊也.

소에서 말하길, 군주와 골육지친의 관계가 없지만, 만약 그를 위해 수위가 높은 상복을 착용하지 않는다면, 백성들은 군주가 존귀하지 않다고 의심한다. 또 현재 부친의 상을 치르는 것과 동일하게 한다면, 이것은 백성들에게 군주의 존귀함에 대해 의심하지 않음을 보여주는 것이다.

經文

"故天子四海之內無客禮, 莫敢爲主焉. 故君適其臣, 升自阼階, 卽位於堂, 示民不敢有其室也. 父母在, 饋獻不及車馬, 示民不敢專也. 以此坊民, 民猶忘其親而貳其君."〈028〉

공자가 계속하여 말하길, "그러므로 천자는 사해 이내의 땅에서 빈객으로 행동하는 예가 없으니, 나머지 사람들은 감히 자신을 주인으로 여기지 않는다. 그렇기 때문에 군주가 자신의 신하에게 찾아갈 때, 그 집에 도착하여 당상에 오르게 되면 주인이 이용하는 동쪽 계단을 사용하여, 당상의 자기 자리로 나아가니, 백성들에게 군주 이외의 사람들은 감히 그 건물을 자기 마음대로 소유할 수 없음을 보여주는 것이다. 부모가 생존해 계실 때 예물을 건넬 때에는 수레나 말까지는 보내지 못하니,

백성들에게 감히 자기마음대로 하지 않음을 보여주는 것이다. 이를 통해 백성들의 잘못을 방지했는데도, 백성 중에는 오히려 자신의 부모를 잊고 자신의 군주에 대해서 두 마음을 품는 자가 있다."라고 했다.

集說

曲禮云: "三賜不及車馬, 故州閭鄕黨稱其孝." 以上四節, 皆明事君·事親之道, 故摠結之曰: "忘其親而貳其君."

『예기』「곡례(曲禮)」편에서는 "삼명의 관리 등급을 받아도 말과 수레는 받지 않기 때문에, 마을사람들은 그의 효성을 칭송하게 된다."라 했다. 이상의 네 절은 모두 군주를 섬기고 부모를 섬기는 도를 나타내고 있다. 그렇기 때문에 총괄적으로 결론을 내리며, "자신의 부모를 잊고 군주에 대해서 두 마음을 품는다."라고 했다.

淺見

近按: 饋獻不及車馬, 註引曲禮三賜不及車馬爲證, 然彼受賜於君, 此自獻於人.

내가 살펴보니, '궤헌불급거마(饋獻不及車馬)'에 대해, 주에서는 「곡례」편에서 "3명의 등급을 받아도 말과 수레는 받지 않는다."고 한 문장을 인용하여 증명을 했는데, 「곡례」편의 내용은 군주에게서 하사품을 받는 것이고, 이곳의 내용은 제 스스로 남에게 물건을 주는 것이다.

右自上酌民言至此, 又因禮讓而推言之, 以見事君親者, 尤不可無禮讓也.

"군주가 백성들의 말을 헤아린다."고 한 말로부터 이곳에 이르기까지는 또한 예와 사양함에 따라서 이를 미루어 언급하여, 군주와 부모를 섬길 때에는 더욱 예와 사양함이 없어서는 안 된다는 사실을 나타내었다.

經文

子云: "小人皆能養其親, 君子不敬, 何以辨?" 子云: "父子不同位, 以厚敬也. 書云: '厥辟不辟, 忝厥祖.'" 〈018〉[1] [舊在"以廣孝也"之下.]

공자가 말하길, "소인들도 모두 자신의 부모를 봉양할 수 있으니, 군자가 공경하지 않는다면 무엇으로 구별하겠는가?"라고 했다. 공자가 말하길, "부친과 자식은 같은 자리에 앉지 않으니, 이를 통해 공경의 도리를 두텁게 한다. 『서』에서는 '군주가 군주노릇을 못하면 자신의 조상을 욕보이게 된다.'"라고 했다. [옛 판본에는 "이를 통해 효를 넓힌다."라고 한 문장 뒤에 수록되어 있었다.]

集說

辨, 别也. 同位則尊卑相等, 是不敬也, 故不同位者, 所以厚敬親之道. 書, 商書·大甲篇, 今書文無上厥字. 言君不君而與臣相褻, 則辱其先祖, 以踰父不自尊而與卑者同位, 亦爲忝祖也.

'변(辨)'자는 "구별하다."는 뜻이다. 같은 자리에 앉는다면, 신분의 차이가 대등하게 되니, 공경하지 않는 것이 된다. 그렇기 때문에 같은 자리에 앉지 않는 것은 부모를 공경하는 도를 두텁게 하는 방법이다. 『서』의 기록은 『서』「상서(商書)·태갑(太甲)」편인데,[2] 현재의 『서』 기록에는 앞의 궐(厥)자가 기록되어 있지 않다. 즉 군주가 군주 노릇을 하지 못하여 신하와 더불어 서로 욕되게 한다면, 자신의 선조까지도 욕되게 한다는 뜻이니, 이를 통해 부친이 스스로를 존귀하게 여기지 않고 미천

1) 『예기』「방기」 018장 : 子云, "於父之執, 可以乘其車, 不可以衣其衣. 君子以廣孝也." 子云, "小人皆能養其親, 君子不敬, 何以辨?" 子云, "父子不同位, 以厚敬也. 書云, '厥辟不辟, 忝厥祖.'"

2) 『서』「상서(商書)·태갑상(太甲上)」 : 嗣王戒哉, 祗爾厥辟. 辟不辟, 忝厥祖.

한 자와 자리를 함께 한다면, 이 또한 조상을 욕보이는 꼴이 됨을 비유하였다.

經文

子云: "從命不忿, 微諫不倦, 勞而不怨, 可謂孝矣. 詩云: '孝子不匱.'"〈016〉 [舊在"不言言乃讙"之下.]

공자가 말하길, "부모의 명령에 따르며 성내지 않고, 은미하게 간언을 올리며 게으름을 피우지 않으며, 수고롭게 일하되 원망하지 않는다면, 효라 할 수 있다. 『시』에서는 '자식이 부모를 섬길 때에는 부족하거나 그치는 때가 없다.'"라고 했다. [옛 판본에는 "말을 하지 않았는데, 이윽고 말을 하자 백성들이 기뻐하였다."[3]라고 한 문장 뒤에 수록되어 있었다.]

集說

從命不忿, 謂承受父母命令之時, 不可有忿戾之色, 蓋或以他事致忿, 而其色未平也. 一說: 忿, 當作怠, 亦通. 詩, 大雅・旣醉之篇, 言孝子事親無乏止之時.

"명령에 따르며 화를 내지 않는다."는 말은 부모의 명령을 받들어 시행하는 때 성난 기색을 낼 수 없다는 뜻이니, 간혹 다른 일로 인해 화를 내게 되어, 그 안색이 평온치 못한 경우가 있기 때문일 것이다. 일설에 '분(忿)'자는 마땅히 게으르다는 뜻의 '태(怠)'자가 되어야 한다고 했는데, 그 또한 통한다. 이 시는 『시』「대아(大雅)・기취(旣醉)」편으로,[4] 자

3) 『예기』「방기」 015장 : 子云, "君子弛其親之過, 而敬其美. 論語曰, '三年無改於父之道, 可謂孝矣.' 高宗云, '三年其惟不言, 言乃讙.'"

4) 『시』「대아(大雅)・기취(旣醉)」 : 威儀孔時, 君子有孝子. 孝子不匱, 永錫爾類.

식의 부모를 섬길 때에는 부족하거나 그치는 때가 없다는 뜻이다.

經文

"父母在, 不敢有其身, 不敢私其財, 示民有上下也."〈027〉 [舊在"示民不疑也"之下, 今當加"子云"字.]

공자가 계속하여 말하길, "부모가 생존해 계시다면, 감히 자기 몸을 제 멋대로 할 수 없고, 재물을 사사로이 처리할 수 없으니, 백성들에게 상하계층의 구분이 있음을 보여주는 것이다."라고 했다. [옛 판본에는 "백성들에게 군주의 존귀함에 대해 의심하지 않음을 보여주는 것이다."[5]라고 한 문장 뒤에 수록되어 있었는데, 지금은 마땅히 '자운(子云)'이라는 말을 덧붙여야 한다.]

集說

與曲禮"不許友以死, 不有私財"意同. 有上下, 謂卑當統於尊也.

『예기』「곡례(曲禮)」편에서 "친구를 위해서 목숨을 버리지 않으며, 사사롭게 재물을 축적하지 않는다."고 한 말과 같은 뜻이다. 상하가 있다는 말은 미천한 자는 마땅히 존귀한 자에게 통솔되어야 함을 뜻한다.

經文

子云: "父母在, 不稱老, 言孝不言慈. 閨門之內, 戲而不歎. 君子以此坊民, 民猶薄於孝而厚於慈."〈019〉 [舊在"忝厥祖"之下.]

---

5) 『예기』「방기」 026장 : "喪父三年, 喪君三年, 示民不疑也."

공자가 말하길, "부모가 생존해 계시다면 늙었다거나 노인이라는 말을 쓰지 않고, 효만을 말하며 자식에 대한 자애는 언급하지 않는다. 부모의 곁에서라면 부모를 즐겁게 만드는 것은 괜찮지만 근심하도록 만들어서는 안 된다. 군자는 이를 통해 백성들의 잘못을 방지했는데도, 백성들은 여전히 효에 대해서는 박하게 하며 자애에 대해서는 두텁게 한다."라고 했다. [옛 판본에는 "자신의 조상을 욕보이게 된다."[6]라고 한 문장 뒤에 수록되어 있었다.]

集說

曲禮云"恒言不稱老", 與此意同. 孝所以事親, 慈所以畜子, 言孝不言慈者, 慮其厚於子而薄於親故也. 可以娛人而使之樂者, 戲也; 可以感人而使之傷者, 歎也. 閨門之內, 謂父母之側, 戲而不歎, 非專事於戲也, 謂爲孺子之容止, 或足以娛親, 猶云可爾, 恨歎之聲則傷親, 不爲也.

『예기』「곡례(曲禮)」편에서는 "평상시 쓰는 말에서 자신을 지칭하며, 늙었다거나 노인이라는 말을 쓰지 않는다."라 했는데, 이곳의 뜻과 동일하다. 효는 부모를 섬기는 방법이고, 자애는 자식을 기르는 방법이다. 효만 말하고 자애를 언급하지 않는 것은 자식에게 정을 두텁게 펼치고 부모에게 박하게 됨을 염려했기 때문이다. 남을 즐겁게 하여 그로 하여금 기쁘게 만드는 것을 '희(戲)'라 한다. 남을 감응시켜 그로 하여금 근심하도록 만드는 것을 '탄(歎)'이라 한다. '규문지내(閨門之內)'는 부모의 곁을 뜻하니, 즐겁게 만들며 탄식하도록 만들지 않는다는 것은 전적으로 즐겁게 만드는 것에만 일삼는다는 뜻이 아니니, 어린아이의 행동거지는 간혹 부모를 즐겁게 만들기도 하므로, 이러한 것은 가능할 따름이지만,

---

6) 『예기』「방기」 018장 : 子云, "於父之執, 可以乘其車, 不可以衣其衣. 君子以廣孝也." 子云, "小人皆能養其親, 君子不敬, 何以辨?" 子云, "父子不同位, 以厚敬也. 書云, '厥辟不辟, 忝厥祖.'"

탄식하는 소리는 부모를 근심하게 만들기 때문에 해서는 안 된다는 뜻이다.

經文

子云: "睦於父母之黨, 可謂孝矣, 故君子因睦以合族, 詩云: '此令兄弟, 綽綽有裕. 不令兄弟, 交相爲瘉[庾].'"〈017〉 [舊在"孝子不匱"之下.]

공자가 말하길, "부모의 친족과 화목하게 지내면 효라 할 수 있다. 그러므로 군자는 화목함에 따라 종족을 화합시키니, 『시』에서는 '이 형제들에게 착하게 한다면 너그러워 여유가 있도다. 형제들을 착하게 하지 않는다면 서로 헐뜯는다.['瘉'자의 음은 '庾(유)'이다.]'"라고 했다. [옛 판본에는 "자식이 부모를 섬길 때에는 부족하거나 그치는 때가 없다."[7]라고 한 문장 뒤에 수록되어 있었다.]

集說

因睦以合族, 爲會聚宗族爲燕食之禮, 因以致其和睦之情也. 詩, 小雅 · 角弓之篇. 令, 善也. 綽綽, 寬容之貌. 瘉, 病也.

"화목함으로 인해 종족을 화합시킨다."는 말은 종족들을 모아서 연례(燕禮)[8]나 사례(食禮)[9] 등을 시행하고, 이를 통해 화목한 정감을 이룬다는

7) 『예기』「방기」 016장 : 子云, "從命不忿, 微諫不倦, 勞而不怨, 可謂孝矣. 詩云, '孝子不匱.'"

8) 연례(燕禮)는 본래 빈객(賓客)을 접대하는 연회의 한 종류를 뜻한다. 각종 연회들을 두루 지칭하기도 하며, 연회에서 사용되는 의례절차들을 두루 지칭하기도 한다. 본래의 '연례'는 연회를 시작할 때, 첫잔을 따라 바치는 절차 끝나면, 모두 자리에 앉아서 술을 마시는데, 취할 때까지 마시는 연회의 한 종류를 뜻한다.

뜻이다. 시는 『시』「소아(小雅)·각궁(角弓)」편이다.[10] '영(令)'자는 "착하게 하다."는 뜻이다. '작작(綽綽)'은 관대하게 포용하는 모습을 뜻한다. '유(瘉)'자는 "헐뜯다."는 뜻이다.

經文

子云: "於父之執, 可以乘其車, 不可以衣[去聲]其衣. 君子以廣孝也." 〈018〉[11]

공자가 말하길, "부친과 뜻을 함께 하는 자라면 그의 수레를 탈 수 있지만, 그의 의복은 입을['衣'자는 거성으로 읽는다.] 수 없다. 군자는 이를 통해 효를 넓힌다."라고 했다.

集說

父之執, 與父執志同者也. 車所同, 衣所獨, 故車可乘, 衣不可衣. 廣

'연례' 때에는 희생물로 개[狗]를 사용했으며, 유우씨(有虞氏) 때 시행되었던 제도라고 설명되기도 한다. 『예기』「왕제(王制)」편에는 "有虞氏以燕禮."라는 기록이 있고, 이에 대한 진호(陳澔)의 『집설(集說)』에서는 "燕禮者, 一獻之禮旣畢, 皆坐而飮酒, 以至於醉, 其牲用狗."라고 풀이했다.

9) 사례(食禮)는 연회의 한 종류이다. '사례'는 그 행사에 밥이 있고 반찬이 있는 것이니, 비록 술도 두었지만 마시지는 않았다. 그 예법에서는 밥을 위주로 한 것이기 때문에, '사례'라고 부른 것이다. 『예기』「왕제(王制)」편에는 "殷人以食禮."라는 기록이 있고, 이에 대한 진호(陳澔)의 주에서는 "食禮者, 有飯有殽, 雖設酒而不飮, 其禮以飯爲主, 故曰食也."라고 풀이했다. 또한 연회를 범칭하는 말로도 사용된다.

10) 『시』「소아(小雅)·각궁(角弓)」: 此令兄弟, 綽綽有裕. 不令兄弟, 交相爲瘉.

11) 『예기』「방기」018장: 子云, "於父之執, 可以乘其車, 不可以衣其衣. 君子以廣孝也." 子云, "小人皆能養其親, 君子不敬, 何以辨?" 子云, "父子不同位, 以厚敬也. 書云, '厥辟不辟, 忝厥祖.'"

孝, 謂敬之同於父, 亦錫類之義也.

'부지집(父之執)'은 뜻을 지닌 것이 부친과 동일한 자를 뜻한다. 수레는 함께 사용하는 것이고 의복은 자신만 사용하는 것이다. 그렇기 때문에 수레는 탈 수 있지만 의복은 입을 수 없다. '광효(廣孝)'는 공경함이 부친에 대한 경우와 동일하다는 뜻이니, 이 또한 족인들에게 잘한다는 의미이다.

經文

子云: "長民者, 朝廷敬老, 則民作孝." 子云: "祭祀之有尸也, 宗廟之有主也, 示民有事也. 脩宗廟, 敬祀事, 教民追孝也. 以此坊民, 民猶忘其親."〈020〉 [長民以下, 舊在"厚於慈"之下.]

공자가 말하길, "백성들을 통솔하는 자가 조정에서 노인을 공경한다면, 백성들은 효를 시행할 것이다."라고 했다. 공자가 말하길, "제사에 시동이 있고, 종묘에 신주가 있는 것은 백성들에게 섬기는 대상이 있음을 보여주는 것이다. 종묘를 수리하고, 제사를 공경스럽게 지내는 것은 백성들에게 죽은 자에게도 효를 미루어 시행해야 함을 가르치는 것이다. 이를 통해 백성들의 잘못을 방지했는데도, 백성들은 여전히 자신의 부모를 잊어버린다."라고 했다. ['장민(長民)'으로부터 그 이하는 옛 판본에 "자애에 대해서는 두텁게 한다."[12]라고 한 문장 뒤에 수록되어 있었다.]

集說

方氏曰: 爲親之死, 故爲尸以象其生; 爲神之亡, 故爲主以寓其存.

---

12) 『예기』「방기」 019장 : 子云, "父母在, 不稱老, 言孝不言慈. 閨門之內, 戲而不歎. 君子以此坊民, 民猶薄於孝而<u>厚於慈</u>."

經曰"事死如事生, 事亡如事存", 此所以言示民有事也. 追孝, 與祭統言追養繼孝同義.

방씨가 말하길, 부모가 돌아가셨기 때문에, 시동을 세워서 부모가 살아 계실 때를 형상화한다. 신령이 보이지 않기 때문에 신주를 세워서 존재하는 신령을 깃들게 한다. 경문에서는 "돌아가신 자를 마치 산 자를 섬기듯 하고, 없는 자를 마치 있는 자를 섬기듯이 한다."[13]고 했는데, 이것이 바로 백성들에게 섬김이 있음을 보여준다고 말한 이유이다. '추효(追孝)'는 『예기』「제통(祭統)」편에서 "봉양의 도리를 미루어 시행하고 효의 뜻을 지속적으로 시행하는 것이다."라 했던 뜻과 동일하다.

淺見

近按: 右專以事親之事言, 先言敬親, 次言兄弟父執, 而後言朝廷敬老, 以及祭祀, 言之序當如此, 故釐正之.

내가 살펴보니, 여기까지는 전적으로 부모를 섬기는 사안을 기준으로 언급한 것인데, 먼저 부모를 공경한다고 했고, 그 다음으로 형제와 부집에 대해서 언급했으며, 끝에서는 조정에서 노인을 공경한다고 언급하여 제사에 대한 사안까지 이르렀는데, 말의 순서가 마땅히 이와 같아야 하기 때문에 바로잡은 것이다.

---

13) 『중용』「19장」: 踐其位, 行其禮, 奏其樂, 敬其所尊, 愛其所親, 事死如事生, 事亡如事存, 孝之至也.

經文

子云: "賓禮每進以讓, 喪禮每加以遠. 浴於中霤, 飯[上聲]於牖下, 小斂於戶內, 大斂於阼, 殯於客位, 祖於庭, 葬於墓, 所以示遠也. 殷人弔於壙[上聲], 周人弔於家, 示民不偝也." 子云: "死, 民之卒事也, 吾從周. 以此坊民, 諸侯猶有薨而不葬者." 〈023〉 [舊在"笑語卒獲"之下.]

공자가 말하길, "빈객이 따르는 예법에서는 매번 나아갈 때마다 사양을 하고, 상례에서는 매번 절차가 더해질 때마다 점차 멀어진다. 중류에서 시신에게 목욕을 시키고, 들창 아래에서 반을['飯'자는 상성으로 읽는다.] 하며, 방문 안쪽에서 소렴을 하고, 동쪽 계단 위에서 대렴을 하며, 빈객의 자리에서 빈소를 차리고, 마당에서 조전을 하며, 묘에서 장례를 치르니, 점차 멀어지게 됨을 보여주는 것이다. 은나라 때에는 무덤구덩이에서 ['壙'자는 상성으로 읽는다.] 조문을 받았고, 주나라 때에는 집에서 조문을 받았으니, 백성들에게 죽은 자를 배반하지 않음을 보여주는 것이다."라고 했다. 공자가 말하길, "죽음은 백성들에게 있어서 생을 마감하는 일이므로, 나는 주나라 때의 예법에 따르겠다. 이를 통해 백성들의 잘못을 방지했는데도, 제후 중에는 오히려 죽었는데도 장례를 치르지 않는 자가 있다."라고 했다. [옛 판본에는 "웃고 말하는 것들이 모두 마땅하도다."[1]라고 한 문장 뒤에 수록되어 있었다.]

集說

賓自外而入, 其禮不可以不讓; 喪自內而出, 其禮不容於不遠. 其進

1) 『예기』「방기 022장 : 子云, "七日戒, 三日齊, 承一人焉以爲尸, 過之者趨走, 以教敬也. 醴酒在室, 醍酒在堂, 澄酒在下, 示民不淫也. 尸飮三, 衆賓飮一, 示民有上下也. 因其酒肉, 聚其宗族, 以教民睦也. 故堂上觀乎室, 堂下觀乎上. 詩云, '禮儀卒度, 笑語卒獲.'"

其加, 皆以漸致, 禮之道也. 章首賓喪竝言, 下獨言喪禮者, 重卒葬而言. 餘說見檀弓.

빈객은 밖으로부터 안으로 들어오니, 그 예법에서는 사양하지 않고서는 진행할 수 없고, 상례는 안으로부터 밖으로 나가게 되니, 그 예법에서는 멀어지지 않는 것을 용납하지 않는다. 나아가거나 절차가 더해지는 것은 모두 점진적으로 이루는 것이니, 예의 도에 해당한다. 이곳 문장의 첫 부분에서는 빈례(賓禮)와 상례(喪禮)를 함께 언급했는데, 뒤에서는 유독 상례만을 언급했다. 그 이유는 사람이 죽어 장례를 치르는 것을 중시해서 말했기 때문이다. 나머지 설명은 『예기』「단궁(檀弓)」편에 나온다.

淺見

近按: 此主言喪禮, 而首之以賓禮者, 引以證之也. 雖以諸侯言之, 卽是事親之終事, 故當在此. 薨而不葬者, 蓋因春秋書卒不書葬, 而附會之, 果以爲不葬, 則是棄其親於道路乎? 雖春秋衰亂之世, 不應有如是之甚者也.

내가 살펴보니, 이것은 상례를 위주로 언급한 것인데, 첫 부분에 '빈례(賓禮)'를 언급한 것은 그 내용을 인용해서 증명을 했기 때문이다. 비록 제후를 기준으로 언급했지만, 이것은 부모를 섬기는 마지막 일에 해당한다. 그렇기 때문에 마땅히 이곳에 수록해야 한다. 훙을 했지만 장례를 치르지 않는다는 것은 아마도 『춘추』에서 졸(卒)이라 기록하고 장(葬)이라 기록하지 않는다고 한 것에 따라서 억지로 끌어다가 덧붙인 것인데, 과연 장례를 치르지 않았다고 여긴다면, 이것은 부모를 도로에 버리는 꼴이 아니겠는가? 비록 춘추시대가 쇠퇴하고 혼란스러운 세상이었지만 이와 같이 심한 경우는 없었을 것이다.

經文

子云: "升自客階, 受弔於賓位, 教民追孝也. 未沒喪, 不稱君, 示民不爭也. 故魯春秋記晉喪曰: '殺其君之子奚齊及其君卓.' 以此坊民, 子猶有弑其父者."〈024〉

공자가 말하길, "당상으로 올라갈 때 빈객이 이용하는 서쪽 계단을 통하고, 빈객의 자리에서 조문을 받는 것은 백성들에게 효를 미루어 시행해야 함을 가르치는 것이다. 세자가 상사를 아직 끝내지 않았다면, 군이라는 칭호로 자신을 지칭하지 않으니, 백성들에게 다투지 않음을 보여주는 것이다. 그렇기 때문에 노나라 『춘추』에서는 진나라에서 발생한 상사를 기록하며, '그 군의 아들 해제와 그 군인 탁을 시해했다.'라고 했다. 이를 통해 백성들의 잘못을 방지했는데도, 자식 중에는 오히려 자신의 부친을 시해하는 자가 있다."라고 했다.

集說

魯僖公九年, 晉侯詭諸卒. 冬, 里克弑其君之子奚齊. 十年, 里克弑其君卓子.

노나라 희공 9년에 진나라 후작인 궤제가 죽었다.[1] 겨울에 이극이 그 군주의 아들인 해제를 시해했다.[2] 희공 10년에는 이극이 그 군주인 탁자를 시해했다.[3]

方氏曰: 升自客階, 而不敢由於主人之階; 受弔於賓位, 而不敢居於主人之位, 所以避父之尊, 盡爲子之孝而已. 父旣往而猶未忍升其階·居其位焉, 故曰: "教民追孝也." 居君之位而未敢稱君之號, 則

1) 『춘추』「희공(僖公) 9년」: 甲子, 晉侯詭諸卒.

2) 『춘추』「희공(僖公) 9년」: 冬, 晉里克弑其君之子奚齊.

3) 『춘추』「희공(僖公) 10년」: 晉里克弑其君卓子及其大夫荀息.

推讓之心固可見矣, 故曰: “示民不爭也.”

방씨가 말하길, 올라갈 때 빈객이 사용하는 계단을 이용하는 것은 감히 주인이 사용하는 계단으로 올라갈 수 없기 때문이며, 빈객의 자리에서 조문을 받는 것은 감히 주인이 위치하는 자리에 있을 수 없기 때문이니, 부친의 존귀함에 버금가는 것을 피하고 자식의 도리인 효를 다하기 위해서일 따름이다. 부친이 이미 세상을 떠났더라도 아직까지 차마 부친이 사용하던 계단을 오를 수 없고 그 자리에 위치하지 못한다. 그렇기 때문에 “백성들에게 효를 미루어 시행해야 함을 가르치는 것이다.”라 했다. 군주의 자리에 올랐더라도, 아직까지 감히 군(君)이라는 칭호를 사용하지 않는다면, 겸손히 낮춰서 사양하는 마음을 진실로 확인할 수 있다. 그렇기 때문에 “백성들에게 다투지 않음을 보여주는 것이다.”라 했다.

淺見

近按: 奚齊未踰年, 故稱子, 卓踰年, 故稱君. 然春秋孔子之手筆, 而此稱“魯春秋”以引之, 尤可見此非孔子之所引.

내가 살펴보니, 해제에 있어서는 그 해를 넘기지 않았기 때문에 자(子)라 지칭했던 것이고, 탁은 그 해를 넘겼기 때문에 군(君)이라 지칭했던 것이다. 그런데 『춘추』는 공자가 손으로 작성한 기록인데, 이곳에서 ‘노춘추(魯春秋)’라 지칭하여 인용을 했으니, 이를 통해 이 기록은 공자가 인용한 말이 아니라는 사실을 더욱 분명히 확인할 수 있다.

右言事親不以禮, 亦必至於弑逆.

여기까지는 부모를 섬길 때 예로써 하지 않아서 또한 기어코 시해와 반역을 일으키게 됨을 언급한 것이다.

經文

子云: "七日戒, 三日齊, 承一人焉以爲尸, 過之者趨走, 以敎敬也. 醴酒在室, 醍[體]酒在堂, 澄酒在下, 示民不淫也. 尸飮三, 衆賓飮一, 示民有上下也. 因其酒肉, 聚其宗族, 以敎民睦也. 故堂上觀乎室, 堂下觀乎上. 詩云: '禮儀卒度, 笑語卒獲.'" 〈022〉

[舊在"爭利而忘義"之下.]

공자가 말하길, "7일 동안 산재를 하고 3일 동안 치재를 하여, 한 사람을 받들어 시동으로 여기고, 그를 지나칠 때 빠른 걸음으로 가니, 이를 통해 공경함을 가르친다. 예주는 방안에 두고, 체주는['醍'자의 음은 '體(체)'이다.] 당상에 두며 징주는 당하에 두니, 백성들에게 맛을 음란하게 탐하지 않음을 보여주는 것이다. 시동이 세 차례 술을 마시고, 빈객 무리가 한 차례 술을 마시는 것은 백성들에게 상하계층의 구분이 있음을 보여주는 것이다. 술과 고기를 차린 것에 연유하여 종족들을 모으고 소목의 질서에 따라 술을 권하고 마셔서, 이를 통해 백성들에게 화목함을 가르친다. 그러므로 당상에 있는 자들은 방안에서 시행되는 의례를 살피고, 당하에 있는 자들은 당상에서 시행되는 의례를 살핀다. 『시』에서는 '예의가 모두 법도에 맞으니, 웃고 말하는 것들이 모두 마땅하도다.'" 라고 했다. [옛 판본에는 "이로움을 다투고 의로움을 잊는다."[1]라고 한 문장 뒤에 수록되어 있었다.]

集說

承, 奉事之也. 醴齊·醍齊·澄酒, 此三酒, 味薄者在上, 味厚者在

1) 『예기』「방기」 021장 : 子云, "敬則用祭器, 故君子不以菲廢禮, 不以美沒禮. 故食禮, 主人親饋則客祭, 主人不親饋則客不祭. 故君子苟無禮, 雖美不食焉. 易曰, '東鄰殺牛, 不如西鄰之禴祭, 實受其福.' 詩云, '旣醉以酒, 旣飽以德.' 以此示民, 民猶爭利而忘義."

下, 貴薄而賤厚, 示民以不貪淫於味也. 尸飮三, 主人·主婦·賓長各一獻也, 然後主人獻賓, 是衆賓一飮也. 尊上者得酒多, 卑下者少, 是示民以上下之等也. 祭禮之末, 序昭穆相獻酬, 此以和睦之道敎民也. 堂上者觀室中之禮儀, 堂下者又觀堂上之禮儀, 其容有不肅者乎? 詩, 小雅·楚茨之篇. 卒, 盡也, 言禮儀盡合於法度, 笑語盡得其宜也.

'승(承)'자는 받들어 섬긴다는 뜻이다. 예제·체제·징주(澄酒)[2]라는 세 술 중에 맛이 옅은 것은 위에 있고 맛이 진한 것은 아래에 있으니, 옅은 것을 귀하게 여기고 진한 것을 천하게 여기는 것으로, 백성들에게 맛을 지나치게 낸 것을 탐하지 않는다는 것으로 보여준 것이다. 시동이 세 차례 술을 마신다고 했는데, 주인·주부·빈객들의 수장이 각각 한 차례씩 술을 따라 바치고, 그런 뒤에 주인은 빈객에게 술을 따라서 주니, 이것이 여러 빈객무리가 한 차례 술을 마신다는 뜻이다. 존귀한 자는 술을 받는 것이 많고 미천한 자는 술을 받는 것이 적으니, 이것은 백성들에게 상하의 등급을 보여주는 것이다. 제례의 말미에는 소목에 따라 서열을 정하여 서로에게 술을 따라서 권하니, 이것은 화목의 도로 백성들을 가르치는 것이다. 당상에 있는 자들은 방안에서 시행되는 의례를 살펴보고, 당하에 있는 자들은 또한 당상에서 시행되는 의례를 살펴보니, 그 태도가 엄숙하지 않은 자가 있겠는가? 시는 『시』「소아(小雅)·초자(楚茨)」편이다.[3] '졸(卒)'자는 모두라는 뜻이니, 예의가 법도에 모두 합치되고, 웃고 말하는 것이 모두 그 마땅함을 얻었다는 의미이다.

---

2) 징주(澄酒)는 청주(淸酒)라고도 부른다. 삼주(三酒) 중 하나이다. 정사농(鄭司農)의 주장에 따르면, '청주'는 제사를 지낼 때 쓰는 술을 뜻한다. 정현의 주장에 따르면, '청주'는 중산(中山) 지역에서 겨울에 술을 담가서 여름쯤 다 익은 술을 뜻한다. 손이양(孫詒讓)의 주장에 따르면, '청주'는 더욱 맑은 술이며, 겨울에 빚어서 여름쯤에 익는 술을 뜻한다.

3) 『시』「소아(小雅)·초자(楚茨)」: 執爨踖踖, 爲俎孔碩, 或燔或炙. 君婦莫莫, 爲豆孔庶. 爲賓爲客, 獻酬交錯. 禮儀卒度, 笑語卒獲. 神保是格. 報以介福, 萬壽攸酢.

淺見

近按: 前言喪葬之禮, 而此言祭禮. 引詩之下, 必有記者斷之以後世廢祀之說, 而今亡之矣.

내가 살펴보니, 앞에서는 상례와 장례를 언급했는데, 이곳에서는 제례를 언급했다. 그리고 『시』를 인용한 문장 뒤에는 분명 『예기』를 기록한 자가 후세에 제사가 폐지된 것을 판단하는 설이 있었을 것인데 지금은 망실되었다.

自第二章以下至此, 說事君親之道, 以釋首章禮以坊德之意.

제 2장으로부터 그 이하로 이 문장까지는 군주와 부모를 섬기는 도를 설명하여, 첫 장에서 예를 통해 덕이 부족해질 것을 방지한다고 했던 뜻을 풀이했다.

經文

子云: "夫禮, 坊民所淫, 章民之別, 使民無嫌, 以爲民紀者也. 故男女無媒不交, 無幣不相見, 恐男女之無別也. 詩云: '伐柯如之何? 匪斧不克. 取[去聲]**妻如之何? 匪媒不得. 蓺麻如之何? 橫從**[玆弓反]**其畝. 取妻如之何? 必告父母.' 以此坊民, 民猶有自獻其身."**〈031〉 [舊在"爭利而亡其身"之下.]

공자가 말하길, "무릇 예라는 것은 백성들이 음란하게 되는 것을 방지하고, 백성들의 유별함을 드러내며, 백성으로 하여금 혐의스러운 행동을 하지 않게끔 하여, 이를 통해 백성들이 따라야 할 기강으로 삼는 것이다. 그렇기 때문에 남녀는 중매가 없으면 사귀지 않고, 예물이 없으면 서로 만나보지 않으니, 남녀사이에 구별이 없게 됨을 염려하기 때문이다. 『시』에서는 '자루를 베려면 어찌해야 하는가? 도끼가 아니라면 벨 수 없다. 아내를 얻으려면['取'자는 거성으로 읽는다.] 어찌해야 하는가? 중매가 아니라면 얻을 수 없다. 삼을 심으려면 어찌해야 하는가? 종횡으로['從'자는 '玆(자)'자와 '弓(궁)'자의 반절음이다.] 이랑을 내고 경작해야 한다. 아내를 얻으려면 어찌해야 하는가? 반드시 부모에게 아뢰어야 한다.'라고 했다. 이를 통해 백성들의 잘못을 방지했는데도, 백성 중에는 오히려 스스로 자신을 갖다 바치는 자가 있다."라고 했다. [옛 판본에는 "이로움을 다투어 자신을 망치는 자가 있다."[1]라고 한 문장 뒤에 수록되어 있었다.]

集說

章, 明也. 無嫌, 無可嫌之行也. 詩, 齊風·南山之篇, 今詩作"析薪如

---

1) 『예기』「방기」 030장 : 子云, "君子不盡利以遺民. 詩云, '彼有遺秉, 此有不斂穧, 伊寡婦之利.' 故君子仕則不稼, 田則不漁, 食時不力珍, 大夫不坐羊, 士不坐犬. 詩云, '采葑采菲, 無以下體. 德音莫違, 及爾同死.' 以此坊民, 民猶忘義而爭利以亡其身."

之何”, 而豳風 · 伐柯篇言“伐柯如何, 匪斧不克.” 克, 能也. 橫從其畝, 言從橫耕治其田畝也. 自獻其身, 謂女自進其身於男子也. 以此坊民以下十一字, 舊本在“詩云”之上, 今以類推之, 當在所引詩下.

‘장(章)’자는 “밝히다.”는 뜻이다. ‘무혐(無嫌)’은 혐의로 삼을 만한 행동이 없게 한다는 뜻이다. 이 시는 『시』「제풍(齊風) · 남산(南山)」편인데,[2] 현재의 『시』에는 “땔감을 베려면 어찌해야 하는가?”라 기록하고, 『시』「빈풍(豳風) · 벌가(伐柯)」편에는 “자루를 베려면 어째해야 하는가? 도끼가 아니라면 벨 수 없다.”[3]라 했다. ‘극(克)’자는 “능하다.”는 뜻이다. ‘횡종기무(橫從其畝)’는 세로나 가로의 방향에 따라서 밭을 경작하고 이랑을 낸다는 뜻이다. ‘자헌기신(自獻其身)’은 여자 스스로 자신의 몸을 남자에게 바친다는 뜻이다. ‘이차방민(以此坊民)’으로부터 그 이하의 11개 글자를 옛 판본에서는 ‘시운(詩云)’ 앞에 기록하였는데, 현재 앞의 예시를 통해 미루어보니, 마땅히 인용한 시의 뒤에 두어야 한다.

經文

子云: “昏禮, 壻親迎[去聲], 見[現]於舅姑, 舅姑承子以授壻, 恐事之違也. 以此坊民, 婦猶有不至者.”〈037〉 [舊在此篇之末.]

공자가 말하길, “혼례에 있어서 사위가 친영을[‘迎’자는 거성으로 읽는다.] 하여 장인과 장모를 뵙게[‘見’자의 음은 ‘現(현)’이다.] 되면, 장인과 장모는 딸자식을 앞으로 나오게 하여 사위에게 전달하니, 섬기는 일에 있어서 위배됨이 있을까를 염려한 것이다. 이를 통해 백성들의 잘못을 방지했

2) 『시』「제풍(齊風) · 남산(南山)」: 蓺麻如之何, 衡從其畝. 取妻如之何, 必告父母. 旣曰告止, 曷又鞠止. 析薪如之何, 匪斧不克. 取妻如之何, 匪媒不得. 旣曰得止, 曷又極止.

3) 『시』「빈풍(豳風) · 벌가(伐柯)」: 伐柯如何, 匪斧不克. 取妻如何, 匪媒不得.

는데도, 부인 중에는 오히려 따르지 않는 자가 있다."라고 했다. [옛 판본에는 「방기」편의 마지막에 수록되어 있었다.]

集說

舅姑, 女之父母也. 承, 進也. 子, 女也. 論語註云: "送與之也", 儀禮 "父戒女曰: '夙夜無違命', 母戒女曰: '無違宮事'", 皆恐事之違也. 末世禮壞, 故有男行而女不隨者, 亦有親迎而女不至者.

'구고(舅姑)'는 여자의 부모를 뜻한다. '승(承)'자는 "나아가게 하다."는 뜻이다. '자(子)'자는 딸을 뜻한다. 『논어』의 주에서는 "전송하여 그에게 보낸다."라 했고, 『의례』에서는 "부친은 딸에게 주의를 주며, '밤낮으로 시부모의 명령을 위배하는 일이 없어야 한다.'라 말하고, 모친은 딸에게 주의를 주며, '집안일을 어김이 없어야 한다.'라 말한다."[4]라고 했으니, 이 모두는 섬기는 일에 있어서 어기는 일이 있을까 염려한 것이다. 말세가 되어 예법이 무너졌기 때문에 남자가 시행하는데도 여자가 따르지 않았던 경우가 발생했고, 또 친영을 했는데도 여자가 이르지 않는 경우도 발생했다.

成氏曰: 婦人謂夫之父母曰舅姑, 男子亦謂妻之父母曰舅姑, 但加外字耳. 夫婦齊體, 父母互相敬也.

성씨가 말하길, 부인은 남편의 부모에 대해서 '구고(舅姑)'라 부르고, 사위 또한 아내의 부모에 대해서 '구고(舅姑)'라 부르는데, 단지 '외(外)'자만 덧붙일 따름이다. 부부는 한 몸이니, 부모에 대해서는 상호 공경하게 된다.

---

4) 『의례』「사혼례(士昏禮)」: <u>父送女命之曰, "戒之敬之, 夙夜毋違命." 母施衿結帨曰, "勉之敬之, 夙夜無違宮事."</u> 庶母及門內施鞶, 申之以父母之命, 命之曰, "敬恭聽宗爾父母之言, 夙夜無愆, 視諸衿鞶."

經文

子云: "取妻不取同姓, 以厚別也. 故買妾不知其姓則卜之. 以此坊民, 魯春秋猶去[上聲]夫人之姓曰吳, 其死曰孟子卒."〈032〉
[舊在"自獻其身"之下.]

공자가 말하길, "아내를 들일 때에는 동성인 여자를 들이지 않으니, 이를 통해 남녀유별의 예를 두텁게 한다. 그러므로 첩을 들일 때 만약 그녀의 성을 알 수 없다면 길흉을 판별하기 위해 거북점을 친다. 이를 통해 백성들의 잘못을 방지했는데도, 노나라 『춘추』에서는 소공의 부인 성을 삭제하여['去'자는 상성으로 읽는다.] '오(吳)'라 했고, 그녀가 죽었을 때에는 '맹자졸(孟子卒)'이라 기록했다."라고 했다. [옛 판본에는 "스스로 자신을 갖다 바치는 자가 있다."[5]라고 한 문장 뒤에 수록되어 있었다.]

集說

厚別, 厚其有別之禮也. 卜之, 卜其吉凶也. 吳, 太伯之後, 魯同姓也. 昭公取吳女, 又見論語.

'후별(厚別)'은 유별의 예법을 두텁게 한다는 뜻이다. '복지(卜之)'는 그녀의 길흉에 대해 거북점을 쳤다는 뜻이다. 오나라는 태백의 후손이니, 노나라와 동성이다. 노나라 소공은 오나라의 여식을 아내로 들였으니, 이것은 또한 『논어』에 보인다.[6]

5) 『예기』「방기」 031장 : 子云, "夫禮, 坊民所淫, 章民之別, 使民無嫌, 以爲民紀者也. 故男女無媒不交, 無幣不相見, 恐男女之無別也. 詩云, '伐柯如之何? 匪斧不克. 取妻如之何? 匪媒不得. 蓺麻如之何? 橫從其畝. 取妻如之何? 必告父母.' 以此坊民, 民猶有自獻其身."

6) 『논어』「술이(述而)」 : 陳司敗問昭公知禮乎, 孔子曰, "知禮." 孔子退, 揖巫馬期而進之, 曰, "吾聞君子不黨, 君子亦黨乎? 君取於吳爲同姓, 謂之吳孟子. 君而知禮, 孰不知禮?" 巫馬期以告. 子曰, "丘也幸, 苟有過, 人必知之."

淺見

近按: 前稱魯春秋引以證其義, 猶可也. 此則直稱其失而譏之, 陳司敗指而問之, 猶且諱而不言, 豈自著其先君之失而譏之哉? 此非孔子所引, 益以明矣.

내가 살펴보니, 앞에서 '노춘추(魯春秋)'라 지칭하며 그 기록을 인용해서 그에 대한 뜻을 증명한 것은 오히려 괜찮다. 그런데 이곳에서는 단지 그 잘못을 지칭하여 기롱하고 있는데, 진나라 사패가 그것을 지적하여 질문을 했을 때에도 오히려 피하여 언급하지 않았으니, 어찌 스스로 선군의 잘못을 드러내어 기롱할 수 있겠는가? 이것은 공자가 인용한 말이 아니라는 사실이 더욱 분명하게 드러난다.

經文

子云: "寡婦之子, 不有見[現]焉, 則弗友也, 君子以辟[避]遠[去聲]也. 故朋友之交, 主人不在, 不有大故, 則不入其門. 以此坊民, 民猶以色厚於德." 〈034〉 [舊在"廢夫人禮"之下.]

공자가 말하길, "과부의 자식에 대해서는 그에게 특별한 재능이 드러나지['見'자의 음은 '現(현)'이다.] 않는다면 그와 사귀지 않으니, 군자는 혐의를 피하기['辟'자의 음은 '避(피)'이다.] 위해 소원하게['遠'자는 거성으로 읽는다.] 대한다. 그러므로 벗의 사귐에 있어서 주인이 그 집에 있지 않거나 중대한 이유가 없다면, 그의 집으로 들어가지 않는다. 이를 통해 백성들의 잘못을 방지했는데도, 백성들은 오히려 여색 밝히는 것을 덕보다 중시한다."라고 했다. [옛 판본에는 "부인이 술잔을 건네는 예를 폐지했던 것이다."[1]라고 한 문장 뒤에 수록되어 있었다.]

集說

寡婦之子, 見曲禮. 辟遠者, 以避嫌, 故遠之也.

과부의 자식에 대한 얘기는 『예기』「곡례(曲禮)」편에 나온다. '피원(避遠)'은 혐의를 피하기 때문에 소원하게 대한다는 뜻이다.

經文

子云: "好德如好色" 〈035〉

공자가 말하길, "덕을 좋아하기를 여색을 좋아하는 것처럼 해야 한다."

1) 『예기』「방기」 033장 : 子云, "禮, 非祭男女不交爵. 以此坊民, 陽侯猶殺繆侯而竊其夫人, 故大饗<u>廢夫人之禮</u>."

라고 했다.

集說

鄭云: 此句似不足.

정현이 말하길, 이곳 구문은 완전하지 않은 것 같다.

經文

"諸侯不下漁色, 故君子遠[去聲]色以爲民紀. 故男女授受不親, 御婦人則進左手. 姑·姊妹·女子子已嫁而反, 男子不與同席而坐, 寡婦不夜哭, 婦人疾, 問之, 不問其疾. 以此坊民, 民猶淫泆而亂於族."〈036〉

공자가 계속하여 말하길, "제후는 자신의 신하 여식을 아내로 들이지 않으므로, 군자는 여색을 멀리하여['遠'자는 거성으로 읽는다.] 백성들의 기강으로 삼는다. 따라서 남녀는 물건을 주고받을 때 직접 건네지 않고, 부인의 수레를 몰 때 수레를 모는 자는 좌측 손을 앞으로 내민다. 또 고모·자매·딸자식 중 이미 시집을 갔다가 되돌아온 경우, 남자는 그녀들과 자리를 함께 해서 앉지 않고, 과부는 밤에 울지 않으며, 부인에게 병이 생겨 병문안을 하더라도 그 질병에 대해서는 묻지 않는다. 이를 통해 백성들의 잘못을 방지했는데도, 백성들은 오히려 음란한 짓을 벌여 종족의 질서를 문란케 한다."라고 했다.

集說

諸侯不內娶, 若下娶本國卿·大夫·士之女, 則是如漁者之於魚, 但以貪欲之心求之也, 故云漁色. 荒於色, 則紀綱弛, 民之昏禮亦化之而廢, 故遠色者, 所以立民之紀, 使不以色而廢禮亂常也. 餘竝見前.

제후는 국내에서 아내를 들이지 않는데, 만약 본국에 있는 경 · 대부 · 사의 여식을 아내로 들인다면, 이것은 어부가 물고기를 잡는 것과 같으니, 단지 탐욕에 물든 마음으로 구하는 것일 따름이다. 그렇기 때문에 '어색(漁色)'이라 했다. 여색에 빠지면 기강이 해이해지고, 백성들이 시행하는 혼례도 그에 동화되어 폐지되니, 여색을 멀리 하는 것은 백성들의 기강을 세워서, 여색으로 인해 예를 폐지하고 상도를 문란케 만들지 않기 위해서이다. 나머지 설명은 모두 앞에 나온다.

經文

子云: "禮, 非祭男女不交爵. 以此坊民, 陽侯猶殺繆[穆]侯而竊其夫人. 故大饗廢夫人之禮."〈033〉 [舊在"孟子卒"之下.]

공자가 말하길, "예법에 있어서 제사가 아니면 남녀는 술잔을 건네지 않는다. 이를 통해 백성들의 잘못을 방지했는데도, 양후는 오히려 목후를 ['繆'자의 음은 '穆(목)'이다.] 살해하고 그의 부인을 빼앗았다. 그렇기 때문에 대향의 의례에서는 부인이 술잔을 건네는 예를 폐지했던 것이다."라고 했다. [옛 판본에는 "맹자졸(孟子卒)이라고 기록했다."[2]라고 한 문장 뒤에 수록되어 있었다.]

集說

陽侯, 繆侯, 兩君之謚也, 鄭云: "其國未聞."

---

2) 『예기』「방기」 032장 : 子云, "取妻不取同姓, 以厚別也, 故買妾不知其姓則卜之. 以此坊民, 魯春秋猶去夫人之姓曰吳, 其死曰孟子卒."

양후(陽侯)와 목후(繆侯)는 두 제후의 시호(諡號)인데, 정현은 "그들의 나라에 대해서는 들어보지 못했다."라고 했다.

方氏曰: 大饗者, 兩君相見之饗也. 因陽侯之事, 而廢夫人之禮, 則陽侯以前, 夫人固與乎大饗, 而有交爵之禮矣. 乃云非祭不交爵者, 先儒謂同姓則親獻, 異姓則使人攝, 此云不交爵, 謂饗異姓國君耳.

방씨가 말하길, '대향(大饗)'은 양측의 제후가 서로 만나보며 시행하는 향연이다. 양후가 벌인 일화로 인하여 부인에 대한 예법을 폐지하였다면, 양후 이전에는 부인들도 대향에 참여하여, 서로 술잔을 건네는 예가 있었던 것이다. 그런데 "제사가 아니면 술잔을 건네지 않는다."라고 한 말에 대해, 선대 학자들은 동성인 자들이라면 직접 술잔을 따라서 바치고, 이성인 자들이라면 다른 사람을 대신 시켰으니, 이것이 술잔을 건네지 않는다는 뜻으로, 이성인 제후국 군주에게 향연을 베푸는 경우를 뜻할 따름이라고 했다.

石梁王氏曰: 陽侯・繆侯旣同是侯, 則殺字當如字讀, 鄭旣未聞其國, 何以知陽侯爲弑君?

석량왕씨가 말하길, 양후(陽侯)와 목후(繆侯)가 이미 같은 제후의 관계라면, '殺'자는 마땅히 글자대로 읽어야 한다. 그런데 정현은 이미 그 나라에 대해서 들어보지 못했다고 했는데, 어찌 양후가 자신의 군주를 시해한 것임을 알 수 있었단 말인가?

淺見

近按: 右言男女無禮, 必至於殺奪, 以釋首章刑以坊淫之意.

내가 살펴보니, 여기까지는 남녀관계에 예가 없으면 반드시 시해와 찬탈에 이르게 됨을 언급하여, 첫 장에서 형벌을 통해 정감이 방탕하게 흐를 것을 방지한다는 뜻을 풀이한 것이다.

經文

子云: "禮之先幣帛也, 欲民之先事而後祿也. 先財而後禮則民利, 無辭而行情則民爭, 故君子於有饋者弗能見, 則不視其饋. 易曰: '不耕穫[戶郭反], 不菑[緇]畬[余], 凶.' 以此坊民, 民猶貴祿而賤行."〈029〉 [舊在"而貳其君"之下.]

공자가 말하길, "폐백을 전달하는 것보다 의례의 시행을 먼저 하는 것은 백성들에게 일을 먼저 하고 이후에 녹봉을 받게끔 하기 위해서이다. 재물에 대한 것을 먼저 하고 이후에 예를 시행한다면 백성들이 이로움을 쫓고, 사양함이 없이 자신의 감정대로 시행한다면 백성들은 다투게 된다. 그렇기 때문에 군자는 예물을 보내온 자가 있는데, 자신에게 사정이 있어서 그를 만나보지 못했다면, 예물을 받지 않는다. 『역』에서는 '경작을 하지 않고도 수확을['穫'자는 '戶(호)'자와 '郭(곽)'자의 반절음이다.] 하고, 1년 된 밭을['菑'자의 음은 '緇(치)'이다.] 만들지 않고서 3년 된 밭이['畬'자의 음은 '余(여)'이다.] 되는 것은 흉하다.'라고 했다. 이를 통해 백성들의 잘못을 방지했는데도, 백성 중에는 오히려 녹봉을 귀하게 여기고 실천을 천하게 여긴다."라고 했다. [옛 판본에는 "군주에 대해서 두 마음을 품는 자가 있다."[1]라고 한 문장 뒤에 수록되어 있었다.]

集說

禮之先幣帛, 謂先行相見之禮, 後用幣帛以致其情也. 此是欲敎民以先任事而後得祿之義. 若先用財而後行禮, 則民必貪於財利矣. 無辭, 無辭讓之節也. 行情, 直行己情也. 禮略而利行, 民不能無爭奪矣. 人饋遺於己, 禮也, 己或以他故, 或以疾病, 不能出見其人, 則

1) 『예기』「방기」 028장 : "故天子四海之內無客禮, 莫敢爲主焉. 故君適其臣, 升自阼階, 卽位於堂, 示民不敢有其室也. 父母在, 饋獻不及車馬, 示民不敢專也. 以此坊民, 民猶忘其親而貳其君."

不視其饋. 視, 猶納也, 此蓋不敢以無禮而當人之禮. 易, 无妄六二爻辭, 今文無凶字. 田一歲曰菑, 三歲曰畬. 不耕而穫, 不菑而畬, 以喩人臣無功而食君之祿, 引之以證不行禮而貪利也.

폐백보다 예를 먼저 한다는 말은 우선적으로 사로 만나보는 의례를 진행하고 이후에 폐백을 사용해서 그 정감을 전달한다는 뜻이다. 이것은 백성들이 우선적으로 그 일을 맡아서 처리하고 이후에 녹봉을 받도록 하는 뜻을 가르치고자 함이다. 만약 우선적으로 재물을 사용하고 이후에 예를 시행한다면, 백성들은 반드시 재물의 이로움을 탐하게 된다. '무사(無辭)'는 사양하는 절차가 없다는 뜻이다. '행정(行情)'은 직접적으로 자신의 감정대로 행동한다는 뜻이다. 예를 생략하고 이로움을 추구하기 위해 행동하면, 백성들은 다투거나 빼앗지 않을 수 없다. 어떤 자가 나에게 예물을 보내는 것은 예의 절차에 해당하는데, 자신에게 간혹 다른 사유가 생겼거나 질병이 있어서, 밖으로 나와 그 사람을 볼 수 없다면, 그가 보내온 예물을 받아들이지 않는다. '시(視)'자는 "받아들이다."는 뜻이니, 이것은 아마도 자신이 예를 갖추지 않았으므로, 남이 시행하는 예의 절차를 감히 감당할 수 없기 때문일 것이다. 『역』은 무망괘(无妄卦) 육이의 효사인데,[2] 현재의 문장에는 '흉(凶)'자가 없다. 밭은 1년이 경과하면 치(菑)라 부르고, 3년이 경과하면 여(畬)라 부른다. 경작을 하지 않는데도 수확을 하고, 1년 된 밭을 만들지 않고서 3년 된 밭이 된다고 한 것은 신하에게 공적이 없는데도 군주가 주는 녹봉을 받는 것을 비유한 것이며, 이 문장을 인용하여 예를 시행하지 않고서 이로움을 탐한다는 것을 증명하였다.

---

2) 『역』「무망괘(无妄卦)」: 六二, 不耕穫, 不菑畬, 則利有攸往.

經文

子云: "有國家者, 貴人而賤祿, 則民興讓; 尙技而賤車, 則民興藝. 故君子約言, 小人先言."〈009〉 [舊在"偝死而號無告"之下.]

공자가 말하길, "나라를 소유한 자가 덕을 가진 자를 존귀하게 대하고, 그들에게 부여할 녹봉에 인색하지 않다면, 백성들은 사양하는 도리를 일으킨다. 또 재능을 가진 자를 숭상하고, 그들에게 부여할 수레 등에 인색하지 않다면, 백성들은 재예를 익히는 풍토를 일으킨다. 그러므로 군자는 말을 아끼고 소인은 말이 앞선다."라고 했다. [옛 판본에는 "죽은 자를 배반하고 부르짖는데도 고할 데가 없게 된다."[3]라고 한 문장 뒤에 수록되어 있었다.]

集說

貴人, 貴有德之人也. 言君能貴有德者而不吝於班祿, 則民興於讓善; 尙有能者而不吝於賜車, 則民興於習藝. 賤祿·賤車, 非輕祿器也, 特以貴賢尙能而不吝於所當與耳, 讀者不以辭害意可也. 言之不怍, 則爲之也難, 故君子之言常約, 小人則先言而後行, 不必其言行之相顧也.

'귀인(貴人)'은 덕을 갖춘 자를 존귀하게 여긴다는 뜻이다. 즉 군주가 덕을 갖춘 자를 존귀하게 여기며, 작위와 녹봉을 베푸는데 인색하지 않을 수 있다면, 백성들은 선한 이에게 사양하는 도리를 일으킨다. 또 재능을 가진 자를 숭상하고 수레를 하사하는데 인색하지 않을 수 있다면, 백성들은 재예를 익히는 풍토를 일으킨다. 녹봉을 천시하고 수레를 천시한다는 말은 녹봉과 기물을 경시한다는 뜻이 아니며, 단지 현명한 자를 존귀하게 대하고 능력이 있는 자를 숭상하여 마땅히 그들에게 수여할 것

3) 『예기』「방기」 008장 : 子云, "利祿先死者而後生者, 則民不偝, 先亡者而後存者, 則民可以託. 詩云, '先君之思, 以畜寡人.' 以此坊民, 民猶偝死而號無告."

들에 대해 인색하지 않다는 뜻일 뿐이니, 읽는 자들은 표면적인 말에 의해 의미를 왜곡하지 않아야 옳다. 말하는 것을 부끄러워하지 않으면 그것을 시행하는 것은 어렵다.[4] 그렇기 때문에 군자는 말에 대해서 항상 아끼게 되지만, 소인은 말을 먼저 하고 행동을 뒤에 하니, 반드시 언행을 일치시키려고 서로 점검하지 않는다.

鄭氏曰: 約與先互言, 君子約則小人多矣, 小人先則君子後矣.

정현이 말하길, 아끼고 먼저 한다는 말은 상호 호환이 되도록 말한 것이니, 군자가 말을 아낀다면 소인은 말을 많이 하는 것이고, 소인이 말을 먼저 한다면 군자는 말을 행동보다 뒤에 하는 것이다.

淺見

近按: 此章結語, 意不相恊, 恐有脫誤也.

내가 살펴보니, 이 장은 결론에 해당하는 것으로, 그 의미가 서로 합치되지 않으니, 아마도 누락되거나 잘못된 기록이 있는 것 같다.

---

4) 『논어』「헌문(憲問)」: 子曰, "其言之不怍, 則爲之也難."

經文

子云: "利祿先死者而後生者, 則民不偝, 先亡者而後存者, 則民可以託. 詩云: '先君之思, 以畜寡人.' 以此坊民, 民猶偝死而號[平聲]無告."〈008〉 [舊在"其君曰寡君"之下.]

공자가 말하길, "이로움과 녹봉을 죽은 자에게 먼저 돌아가게 하고 이후에 산 자에게 돌아가게 하면, 백성들이 배반하지 않고, 없어진 자에게 먼저 돌아가게 하고 이후에 남아있는 자에게 돌아가게 하면, 백성들은 의탁할 수 있게 된다. 『시』에서는 '선군에 대한 생각으로 나를 길러주네.'라고 했다. 이를 통해 백성들의 잘못을 방지했는데도, 백성들은 여전히 죽은 자를 배반하고 부르짖는데도['號'자는 평성으로 읽는다.] 고할 데가 없게 된다."라고 했다. [옛 판본에는 "자신의 군주를 지칭할 때에는 '과군(寡君)'이라고 부른다."[1]라고 한 문장 뒤에 수록되어 있었다.]

集說

詩, 邶風·燕燕之篇. 畜, 詩作勖, 勉也. 莊姜言歸, 妾戴嬀思念先君莊公, 以婦道勖勉寡人; 寡人, 莊姜自謂. 此以勖爲畜者, 言能容畜我於心而不忘, 是不偝死忘生之意也.

시는 『시』「패풍(邶風)·연연(燕燕)」편이다.[2] '휵(畜)'자를 『시』에서는 욱(勖)자로 기록했으니, "힘쓰다."는 뜻이다. 장강이 돌아가라고 말하여, 첩이었던 대규가 선군인 장공을 그리워하며, 부인의 도에 따라 과인(寡

1) 『예기』「방기」 007장 : 子云, "觴酒·豆肉, 讓而受惡, 民猶犯齒. 衽席之上, 讓而坐下, 民猶犯貴. 朝廷之位, 讓而就賤, 民猶犯君. 詩云, '民之無良, 相怨一方. 受爵不讓, 至于己斯亡.'" 子云, "君子貴人而賤己, 先人而後己, 則民作讓. 故稱人之君曰君, 自稱其君曰寡君."

2) 『시』「패풍(邶風)·연연(燕燕)」 : 仲氏任只, 其心塞淵. 終溫且惠, 淑愼其身. 先君之思, 以勗寡人.

人)을 독려했다는 뜻인데, '과인(寡人)'은 장강 스스로를 일컫는 말이다. 이곳에서는 욱(勖)자를 휵(畜)자로 기록했으니, 나를 마음으로 받아들이고 길러서 잊지 않는다는 뜻으로, 이것은 죽은 자를 배반하거나 살아있는 자를 잊지 않는다는 뜻에 해당한다.

疏曰: 財利榮祿之事, 假令死之與生竝合俱得, 君上則先與死者, 後與生者, 以此化民, 則民皆不偝於死者. 亡, 謂身爲國事而出亡在外; 存, 謂存在國內者. 君有利祿, 先與在外亡者, 而後與國內存者, 以此化民, 民皆仁厚, 可以大事相付託也. 偝死而號無告者, 言民偝矣死者, 其生者老弱號呼無所控告也.

소에서 말하길, 재물과 이로움 영화와 녹봉에 대한 일에 있어서, 가령 죽은 자와 산자가 모두 얻어야만 한다면, 군주는 우선적으로 죽은 자에게 부여하고 이후에 산 자에게 부여한다. 이를 통해 백성들을 교화하면 백성들은 모두 죽은 자에 대해 배반하지 않는다. '망(亡)'자는 본인이 나라의 일을 위하여 국경을 벗어나 현재 외국에 있는 것을 뜻하며, '존(存)'자는 국내에 남아있는 자를 뜻한다. 군주에게 이로움과 녹봉이 있을 때, 먼저 외국에 나가 있는 자에게 부여하고 이후에 국내에 남아있는 자에게 부여한다. 이를 통해 백성들을 교화하면 백성들은 모두 인자하고 덕이 두텁게 되어 큰 사업을 시행하며 서로 의지할 수 있게 된다. 죽은 자를 배반하고 부르짖는데 고할 데가 없다고 했는데, 백성들이 죽은 자를 배반하고 내버리면, 살아있는 자들 중 노약한 자들은 울부짖으며 고할 곳이 없게 된다는 뜻이다.

淺見

近按: 死者, 死於王事者也.

내가 살펴보니, '사자(死者)'는 천자가 시킨 임무를 처리하다 죽은 자를 뜻한다.

經文

子云: "敬則用祭器, 故君子不以菲廢禮, 不以美沒禮. 故食[嗣]禮, 主人親饋則客祭, 主人不親饋則客不祭. 故君子苟無禮, 雖美不食焉. 易曰: '東鄰殺牛, 不如西鄰之禴祭, 寔受其福.' 詩云: '旣醉以酒, 旣飽以德.' 以此示民, 民猶爭利而忘義."〈021〉
[舊在"忘其親"之下.]

공자가 말하길, "공경한다면 빈객을 대접하며 제기를 사용한다. 그렇기 때문에 군자는 음식이 변변치 못하다고 하여 예를 폐지하지 않고, 맛있다고 하여 예를 없애지 않는다. 그러므로 사례에['食'자의 음은 '嗣(사)'이다.] 있어서 주인이 직접 음식을 건네면 빈객은 그것으로 제사를 지내고, 주인이 직접 음식을 건네지 않는다면 빈객은 제사를 지내지 않는다. 그러므로 군자는 진실로 예가 없다면 비록 맛있는 음식이라 하더라도 먹지 않는다. 『역』에서는 '동쪽 이웃이 소를 잡아 제사를 지내는 것은 서쪽 이웃이 검소하게 제사를 지내어 실제로 복을 받는 것만 못하다.'라 했고, 『시』에서는 '이미 취하길 술로써 하고, 이미 배부르길 덕으로써 한다.'라 했다. 이를 통해 백성들에게 보여주더라도, 백성들은 여전히 이로움을 다투고 의로움을 잊는다."라고 했다. [옛 판본에는 "자신의 부모를 잊어버린다."[1]라고 한 문장 뒤에 수록되어 있었다.]

集說

籩豆簠簋之屬, 皆祭器, 用之賓客, 以寓敬也. 非薄而廢禮, 與過文而沒禮, 皆不得爲敬. 主人親饌, 是敬客也; 客祭其饋, 是敬主也. 易, 旣濟九五爻辭. 禴, 薄也. 詩, 大雅·旣醉之篇.

1) 『예기』「방기」 020장 : 子云, "長民者, 朝廷敬老, 則民作孝." 子云, "祭祀之有尸也, 宗廟之有主也, 示民有事也. 修宗廟, 敬祀事, 敎民追孝也. 以此坊民, 民猶忘其親."

변(籩)·두(豆)·궤(簋)·형(鉶)의 부류들은 모두 제기인데, 이것을 빈객에게 사용하는 것은 공경함을 드러내기 위해서이다. 변변치 못하여 예를 폐지하는 것과 격식을 지나치게 해서 예를 없애는 것은 모두 공경스러움이 되지 못한다. 주인이 직접 음식을 건네는 것은 빈객을 공경하는 것이다. 빈객이 그 음식으로 제사를 지내는 것은 주인을 공경하는 것이다. 『역』은 『역』「기제괘(既濟卦)」 구오의 효사이다.[2] '약(禴)'자는 "박하다."는 뜻이다. 시는 『시』「대아(大雅)·기취(既醉)」편이다.[3]

方氏曰: 食者, 利之所存, 禮, 則義之所出, 故言爭利以忘義.

방씨가 말하길, 음식은 이로움이 있는 대상이고, 예는 의로움이 도출되는 대상이다. 그렇기 때문에 이로움을 다투게 되어 의로움을 잊게 된다고 말했다.

經文

子云: "君子不盡利以遺民. 詩云: '彼有遺秉, 此有不斂穧[才又反], **伊寡婦之利.' 故君子仕則不稼, 田則不漁, 食時不力珍, 大夫不坐羊 士不坐犬. 詩云: '采葑采菲, 無以下體. 德音莫違, 及爾同死.' 以此坊民, 民猶妄義而爭利以亡其身."**〈030〉 [舊在"貴祿而賤行"之下.]

공자가 말하길, "군자는 이로움을 모두 취하지 않음으로써 백성들에게 남겨준다. 『시』에서는 '저곳에는 한 움큼의 볏단이 남이 있고, 이곳에는 거둬들이지 않은 볏단이['穧'자는 '才(재)'자와 '又(우)'자의 반절음이다.] 쌓여 있으니, 바로 농사를 짓지 못하는 과부의 몫이로다.'라 했다. 그러므로

2) 『역』「기제괘(既濟卦)」: 九五, 東鄰殺牛, 不如西鄰之禴祭, 實受其福.

3) 『시』「대아(大雅)·기취(既醉)」: 既醉以酒, 既飽以德. 君子萬年, 介爾景福.

군자는 벼슬을 하면 농사를 짓지 않고, 사냥을 하면 물고기를 잡지 않으며, 사계절마다 때에 맞는 음식을 반찬으로 먹되 맛있는 것을 얻는데 힘쓰지 않고, 대부는 양가죽으로 만든 자리에 앉지 않으며, 사는 개가죽으로 만든 자리에 앉지 않는다. 『시』에서는 '순무를 따고 비를 따는 것은 뿌리 때문이 아니로다. 덕을 칭송하는 소리가 멀리 퍼져 어기는 자가 없으니, 너와 생을 함께 하리라.'라 했다. 이를 통해 백성들의 잘못을 방지했는데도, 백성 중에는 오히려 의로움을 잊고 이로움을 다투어 자신을 망치는 자가 있다."라고 했다. [옛 판본에는 "녹봉을 귀하게 여기고 실천을 천하게 여긴다."[4]라고 한 문장 뒤에 수록되어 있었다.]

集說

詩, 小雅·大田之篇. 秉, 禾之束爲把者. 穧鋪而未束者, 言彼處有遺餘之秉把, 此處有不收斂之鋪穧, 寡婦之不能耕者, 取之以爲利耳. 伊, 語辭, 與今詩文顚例不同. 仕則不稼, 祿足以代耕也; 田則不漁, 有禽獸, 不可再取魚鱉也. 食時, 食四時之膳也. 不力珍, 不更用力務求珍羞也. 坐羊·坐犬, 殺食而坐其皮也, 皆言不盡利之道. 詩, 衛風·谷風之篇. 葑, 蔓菁菜也. 菲, 亦菜名. 詩之意與此所引之意不同, 詩意謂如葑菲常食之菜, 不可以其近地黃腐之莖菜, 遂棄其上而不采, 猶夫婦之間, 亦不當以小過而棄其善. 此引以爲不盡利之喩者, 謂采葑·菲者, 但當采取其葉, 不可以其根本之美而幷取之, 如此則人君盛德之聲遠播, 無有違之者, 而人皆知親其上死其長矣, 詩則以及爾同死爲偕老也.

앞의 시는 『시』「소아(小雅)·대전(大田)」편이다.[5] '병(秉)'자는 벼의 묶

---

4) 『예기』「방기」 029장 : 子云, "禮之先幣帛也, 欲民之先事而後祿也. 先財而後禮則民利, 無辭而行情則民爭, 故君子於有饋者弗能見, 則不視其饋. 易曰, '不耕穫, 不菑畬, 凶.' 以此坊民, 民猶貴祿而賤行."

5) 『시』「소아(小雅)·대전(大田)」 : 有渰萋萋, 興雨祈祈. 雨我公田, 遂及我私.

음을 손으로 움켜잡는다는 뜻이다. 볏단을 포개되 묶어두지 않는 것이 있으니, 즉 저곳에는 손으로 움켜잡을 수 있는 볏단의 묶음이 있고, 이곳에는 거둬들이지 않는 볏단이 쌓여 있는 것은 과부 중 경작을 못하는 자가 그것을 가져다가 생계를 꾸리게 한다는 뜻이다. '이(伊)'자는 어조사이니, 현재의 『시』에서는 그 문장이 뒤집혀 있어서 순서가 동일하지 않다. 벼슬살이를 하면 경작을 하지 않는 것은 녹봉으로도 충분히 경작하는 것을 대체할 수 있기 때문이며, 사냥을 하면 물고기를 잡지 않는 것은 짐승을 포획하면 재차 물고기나 자라 등까지 취할 수 없기 때문이다. '식시(食時)'는 사계절마다 나는 음식으로 반찬을 해서 먹는다는 뜻이다. '불력진(不力珍)'은 재차 힘써 노력하여 맛있는 음식을 구하지 않는다는 뜻이다. 양가죽에 앉지 않고 개가죽에 앉지 않는다는 것은 그 동물을 죽여서 고기를 먹고 그 가죽으로 짠 자리에 앉지 않는다는 뜻이니, 이 모두는 이로움을 모두 취하지 않는 도리를 설명하는 말이다. 뒤의 시는 『시』「위풍(衛風)·곡풍(谷風)」편이다.[6] '봉(葑)'자는 순무라는 채소이다. '비(菲)'자 또한 채소의 이름이다. 『시』의 본래 뜻은 이곳에서 인용한 의미와는 다른데, 『시』의 본래 의미는 순무나 비와 같은 것들은 먹기에 적합한 채소인데, 인근에서 캔 것 중 그 줄기와 잎이 썩었다고 하여 그 위를 버리고 뿌리까지지도 채취하지 않아서는 안 된다는 뜻으로, 부부 사이에서도 작은 과실 때문에 그의 좋은 점을 내버려서는 안 된다는 것과 같다. 이곳에서 이 시를 인용한 의미는 이로움을 다하지 않는다는 비유로 삼은 것이니, 순무나 비를 채취할 때에는 단지 그 잎을 따야만 하며, 뿌리가 맛있다고 하여 모두 캐서는 안 된다는 뜻으로, 이처럼 한다면 군주의 융성한 덕에 대해서 그 소문이 널리 퍼져 위배하는 자가 없게 되고, 사람들은 모두 위정자를 친애하게 되며 연장자를 위해서 목숨을 던져야 함을 알게 된다는 의미이다. 그런데 『시』에서는 "너와 죽

彼有不穫稚, 此有不斂穧, 彼有遺秉, 此有滯穗, 伊寡婦之利.

6) 『시』「패풍(邶風)·곡풍(谷風)」: 習習谷風, 以陰以雨. 黽勉同心, 不宜有怒. 采葑采菲, 無以下體. 德音莫違, 及爾同死.

음을 함께 한다."는 말을 함께 늙어가는 뜻으로 여겼다.

淺見

近按: 右言臨財利而無禮讓, 必至於爭奪而亡其身, 以釋首章命以坊欲之意也.

내가 살펴보니, 여기까지는 재물과 이로움에 임하여 예와 사양함이 없으면, 반드시 다투고 빼앗는 지경에 이르러 자신을 망치게 됨을 말하여, 첫 장에서 명령을 통해 욕심이 제멋대로 날뛰는 것을 방지한다고 했던 뜻을 풀이한 것이다.

「중용(中庸)」-朱子章句

大文

分節辨意.

「중용」편의 절을 나눈 것에 대해 의미를 분별하다.

大文

朱子分爲四大節.

주자는 4개의 큰 절로 나누었다.

大文

自首章至索隱章, 爲第一節.

수장(首章)부터 색은장(索隱章)까지 제 1절이 된다.

小註

已上皆論中庸, 以釋首章之義.

여기까지는 모두 중용에 대해 논의하여 수장의 뜻을 풀이하였다.

大文

自費隱章至哀公問政章, 爲第二節.

비은장(費隱章)부터 애공문정장(哀公問政章)까지 제 2절이 된다.

小註

已上皆言費隱小大.
여기까지는 비은과 소대에 대해 언급하였다.

大文

自誠明章至三十二章, 爲第三節.

성명장(誠明章)부터 32장까지 제 3절이 된다.

小註

已上皆言天道人道.
여기까지는 모두 천도와 인도를 언급하였다.

大文

卒章自爲第四節.

졸장(卒章)은 그 자체로 제 4절이 된다.

小註

復自下學立心之初, 推之以至於極.

재차 하학이 마음을 세우는 시초로부터 미루어서 끝까지 이르렀다.

大文

饒氏分爲第六節.

요씨는 6개 절로 나누었다.

大文

首章自爲第一節.

수장(首章)은 그 자체로 제 1절이 된다.

大文

自第二章至十一章, 爲第二節.

제 2장부터 11장까지 제 2절이 된다.

大文

自費隱章至十九章, 爲第三節.

비은장(費隱章)부터 19장까지 제 3절이 된다.

小註

言費隱小大，至此章武王周公而住.

비은과 소대를 언급하였는데, 19장의 무왕과 주공에 대한 것에 이르러 그친다.

大文

自哀公問政章至至誠無息章，爲第四節.

애공문정장(哀公問政章)부터 지성무식장(至誠無息章)까지 제 4절이 된다.

小註

言天道人道，自哀公章而始，至此至誠無息章而住.

천도와 인도를 언급하였는데, 애공장부터 시작하여 이곳의 지성무식장에 이르러 그친다.

大文

自大哉聖人之道章至三十二章，爲第五節.

대재성인지도장(大哉聖人之道章)부터 32장까지 제 5절이 된다.

小註

自大哉聖人章，分言大德小德，至三十二章而住. 番陽李氏以爲自大哉聖人章至三十二章, 以至德至道分言之.

대재성인장(大哉聖人章)부터 대덕과 소덕을 나눠서 언급하였는데 32장에 이르러 그친다. 번양이씨는 대재성인장(大哉聖人章)부터 32장까지는 지덕과 지도를 나눠서 언급한 것이라고 했다.

大文

卒章爲第六節.

졸장(卒章)은 제 6절이 된다.

淺見

愚則妄謂總論大旨爲三節, 細分爲五節.

나는 망령스럽게도 총괄적으로 논의한 큰 뜻은 3개 절이 되고 세분하면 5절이 된다고 생각한다.

大文

首章言命性道教.

수장(首章)에서는 명 · 성 · 도 · 교를 언급하였다.

淺見

其下十章, 皆言中庸, 以智仁勇爲學之事, 推之極於遯世不悔之聖, 以孔子之事終之, 爲第一節.

그 아래 10개 장은 모두 중용을 언급하여, 지 · 인 · 용을 학문의 사안으로 삼고, 이를 미루어 세상을 피해 후회하지 않는 성인에 대한 것에서 끝을 냈고, 공자에 대한 일화로 마무리를 지었는데 제 1절이 된다.

大文

費隱章, 承上章君子依乎中庸, 以言君子之道.

비은장(費隱章)은 앞 장에서 "군자는 중용에 따라 행동한다."고 한 뜻을 이어서 군자의 도를 언급하였다.

淺見

其下由庸言庸行推之, 自身而家而國而天下, 至於九經之目, 以孔子之政終之, 爲第二節.

그 아래에서는 용언과 용행으로부터 미루어서 자신·가·국·천하로부터 구경의 조목에 이르렀고, 공자의 정치로 마무리를 지었는데 제 2절이 된다.

右二節, 由性命道教而推之以道, 言學者之功爲多焉. 然首章言中和, 由體而達用, 十二章言費隱, 由用而明體. 前節則主言君子擇守之學, 後節則主言君子施措之事, 兩節之首, 皆提起君子言之, 是二節皆言君子之道, 故其大旨一也.

여기까지의 2개 절은 성·명·도·교로 말미암아 도로써 미루어서 학자의 공을 말한 것이 많다. 그런데 수장은 중화를 말하여 본체로 말미암아 작용에 도달했고, 12장에서는 비은을 말하여 작용으로 말미암아 본체를 밝혔다. 앞 절은 주로 군자가 택해서 지켜야 할 학문에 대해 말했고, 뒷 절은 주로 군자가 시행하고 조치할 사안을 언급하였는데, 두 절의 첫 부분에서는 모두 군자를 내세워 언급하고 있으니, 이 2개 절은 모두 군자의 도를 말한 것이다. 그렇기 때문에 그 큰 뜻은 동일하다.

大文

二十一章, 言誠明性教, 而其下分言天道人道.

21장은 성·명·성·교를 언급하고, 그 뒤에서는 천도와 인도를 나눠서 언급하였다.

淺見

至二十六章, 而極於純亦不已之天.

26장에 이르러서는 순수함이 또한 그치지 않는 하늘에 대한 것에서 끝을 냈다.

大文

二十七章, 承上章文王之德, 而言大哉聖人之道.

27장은 앞 장에 나온 문왕의 덕을 이어서 위대한 성인의 도에 대해서 언급하였다.

淺見

至三十二章, 而極於浩浩其天之德.

32장에 이르러서는 광대한 하늘과 같은 덕에서 끝을 냈다.
右二節, 由誠明性教, 而推之以德, 言聖人之事爲多焉. 然自二十二章至二十六章, 言天道章必言至誠, 言人道章必言誠字, 故饒氏李氏皆以爲言天道人道, 至二十六章而住. 自大哉聖人之道章以下, 饒氏以爲言小德大德, 李氏以爲大德小德始見於仲尼章, 不應先言於此, 當以此章至德至道分言之. 愚則妄謂十二章, 言費隱兼小大, 其下三章, 言費之小, 鬼神章, 兼費隱包小大, 又其下三章, 言費之大, 以此例之, 則大哉聖人之道章, 言至德至道, 而包大小於其前, 故愚好自用章及三重章, 言道之小而德在其中, 仲尼章兼包道德大小而言, 其下至聖至誠二章, 言德之大而包道在其中也. 又此兩節, 皆言聖人之德, 故前節之首言誠, 後節之首言聖人, 其大旨一也.

여기까지의 2개 절은 성 · 명 · 성 · 교로 말미암아 덕으로써 미루어서 성인의 사안을 말한 것이 많다. 그런데 22장부터 26장까지는 천도를 언급한 장에서는 반드시 지성을 언급했고, 인도를 언급한 장에서는 반드시 성자를 언급했다. 그렇기 때문에 요씨와 이씨는 모두 천도와 인도를 말한 것이 26장에 이르러 그쳤다고 여겼다. 대재성인지도장(大哉聖人之道章)으로부터 그 이하의 기록에 대해, 요씨는 소덕과 대덕을 언급한 것이라고 여겼는데, 이씨는 대덕과 소덕은 처음으로 중니장(仲尼章)에 나타나므로, 여기에서 먼저 말하는 것은 온당하지 않다고 여겼고, 마땅히 이 장은 지덕과 지도를 나누어 말한 것이라고 했다. 내 망령스러운 견해로는 12장은 비은을 언급하며 소대를 겸하고 있고, 그 아래 3개 장은 비의 작음을 언급하였으며, 귀신장(鬼神章)은 비은을 겸하고 소대를 포괄하고 있고, 또 그 아래 3개 장은 비의 큼을 언급하고 있다고 생각하는데, 이것을 예로 든다면, 대재성인지도장(大哉聖人之道章)은 지덕과 지도를 언급하고 그 앞에 대소를 포괄하고 있는 것이다. 그렇기 때문에 우호자용장(愚好自用章) 및 삼중장(三重章)은 도의 작음을 말하고 있지만 덕이 그 안에 포함되어 있는 것이고, 중니장(仲尼章)은 도와 덕 및 대소를 포괄하여 말한 것이며, 그 아래 지성장(至聖章)과 지성장(至誠章) 2개 장은 덕의 큼을 언급하였으니, 도를 포괄한 것이 그 안에 포함되어 있는 것이다. 또한 이 2개 절은 모두 성인의 덕을 언급한 것이다. 그렇기 때문에 앞 절의 첫 부분에서는 성을 언급했고, 뒷 절의 첫 부분에서는 성인을 언급했는데, 그 큰 뜻은 동일하다.

大文

卒章自爲第五節.

졸장(卒章)은 그 자체로 제 5절이 된다.

淺見

學者問曰: "中庸一書, 朱子分爲四節, 饒氏分爲六節, 今子以爲總論大旨, 則爲三節, 而細分爲五, 其詳可得聞乎?" 曰: "愚非敢僭爲他說, 以求異於先哲也. 但合二說從其尤長者爾, 故自首章至十一章爲第一節, 自費隱章至哀公問政章爲第二節, 而誠明章爲第三節之首者, 當從朱子, 其論天道人道, 至二十六章而住, 大哉聖人之道章, 別爲一節之首者, 當從饒氏. 旣已僭著其說於前矣. 竊意, 前二節以道言, 而皆極於孔子之聖, 君子之實學也, 故皆以其踐履而推行者言之, 故學者之功爲多焉. 後二節以德言, 而必極於聖人之天, 盛德之極致也, 故皆以其充積而著見者言之, 聖人之事爲多焉. 言道則必極於聖, 言德則必極於天, 故第一節言中庸, 而以智仁勇推之極於遯世不悔之聖, 孔子之事也. 第二節言費隱, 而以庸言庸行推之至於九經之目, 孔子之政也. 言道而至於孔子, 則君子之學, 無以復加矣. 第三節言誠明, 而以天道人道推之, 極於純亦不已之天, 聖人與天同德也. 第四節言至德至道, 而以小大推之, 極於浩浩其天之德, 聖人與天無間也. 言德而至於天, 聖人之德, 無以復加矣. 由是而觀, 則自首章至三十二章總論大指, 則不過言道言德, 而細論立言之序, 則當分爲四節者, 甚曉然矣. 饒氏以爲言誠而分天道人道, 自哀公問政章始, 自當爲論誠諸章之首, 似亦得矣. 然章句所謂引孔子之言, 以繼大舜·文·武·周公之緖, 明其所傳之一致者, 誠爲確論. 中庸以天與孔子作模範, 故終始言天, 亦終始言仲尼. 今言舜·文·武·周公, 而不以孔子繼之, 則非子思子終始摽仲尼之意矣. 以此書後章祖述憲章之言, 及語孟之終歷敍堯·舜·禹·湯·文·武而必繼以孔子者觀之, 可見矣. 況此書每節更端之言, 皆是子思子之自言, 其下乃引孔子之言, 不應中間一節, 獨用孔子之語, 以更端也. 饒氏以爲語意更端者何哉? 且言誠而分天道人道, 雖自此章而始, 然誠明章, 乃承此章夫子之意而立言, 以更端, 故又兼以天道人道而言, 其下諸章始分而言之. 若以哀公問政爲更端之首, 則次章當言天道, 又其次章當言人道, 不必再兼擧而疊言之, 然後分而言之也. 大抵此書每節雖是更端, 然亦必承前章而立言, 故第一節終以君子, 而第二節承之, 首言君子之道, 第三節終以文王, 而第四節承之, 首言聖人之道, 則第二節之終言誠而分天道人道, 第三節承之, 首言誠明而兼天道人道者, 又何疑哉? 必若區分不相交涉, 則言誠始見於鬼神章, 智仁勇始見於第一節, 而詳於哀公問政, 又將何以分屬歟? 但謂言天道人道, 至二十六章而住, 自大哉聖人之道章, 別爲一節, 誠爲朱子忠臣矣. 至以大德小德分言者, 李氏非之, 而以至德至道言之. 然饒氏以小大言者得之, 而以爲小德大德, 則未安. 李氏以至德至道言者得之, 以遺其小大, 則未備. 故又必合二說而言之, 然後其意始備矣. 後生末學, 妄議先賢, 狂僭之罪, 無所逃避, 然饒氏嘗爲朱子忠臣, 故愚亦願爲饒氏之忠臣, 幸諸同志恕其罪而敎其不逮可也."

학자가 질문하길, "『중용』이라는 한 책을 주자는 4개 절로 나누었고, 요씨는 6개 절로 나누었는데, 지금 그대가 총괄적으로 논의한 큰 뜻은 3개 절이 되고 세분하면 5절이 된다고 했는데, 그 상세한 이유에 대해 들을 수 있겠는가?"라고 했다. 답하길, "나는 감히 참람되게도 다른 주장을 펼쳐서 선철들과 다른 의견을 세우고자 한 것이 아니다. 다만 두 주장을 합쳐서 더 뛰어난 것을 따르고자 한 것일 뿐이다. 그렇기 때문에 수장(首章)부터 11장은 제 1절이 되고, 비은장(費隱章)부터 애공문정장(哀公問政章)까지는 제 2절이 되는데, 성명장(誠明章)을 제 3절의 첫 부분으로 여긴 것은 마땅히 주자의 설을 따라야 하고, 천도와 인도를 논의한 것이 26장에 이르러 그치고, 대재성인지도장(大哉聖人之道章)이 별도로 한 절의 첫 부분이 된다는 것은 마땅히 요씨의 설을 따라야 한다. 이미 참람되게도 그 주장을 앞에 기록해두었다. 내가 생각하기에 앞의 2개 절은 도를 기준으로 언급하였고, 모두 공자의 성인됨에서 끝이 났으니, 군자의 실질적인 학문이다. 그렇기 때문에 모두 실천하고 미루어 행할 수 있는 것으로 말을 했기 때문에, 학자의 공을 말한 것이 많은 것이다. 뒤의 2개 절은 덕을 기준으로 언급하였고, 반드시 성인의 하늘됨에서 끝이 났으니, 성덕의 지극한 이름이다. 그렇기 때문에 모두 채우고 쌓으며 드러나는 것으로 말을 했으니, 성인의 사안을 말한 것이 많은 것이다. 도를 언급한다면 반드시 성에서 끝이 났고 덕을 언급한다면 반드시 천에서 끝이 났기 때문에 제 1절은 중용을 언급하고, 지·인·용을 미루어 세상을 피해 후회하지 않는 성인에 대한 것에서 끝을 맺었으니, 공자의 일에 해당한다. 제 2절은 비은을 언급하고, 용언과 용행을 미루어서 구경의 조목에 이르렀으니, 공자의 정치에 해당한다. 도를 언급하여 공자에 이르게 되면, 군자의 학문에는 다시 더할 것이 없다. 제 3절에서는 성명을 언급하였고 천도와 인도로 미루어서 순수함이 또한 그치지 않는 천에서 끝이 났는데, 성인과 천은 덕을 같이 한다. 제 4절에서는 지덕과 지도를 언급하였고 소대로 미루어서 광대한 하늘과 같은 덕에서 끝이 났는데, 성인과 천은 간극이 없다. 덕을 언급하여 하늘에 이르게 되면, 성인의 덕에는 다시 더할 것이 없다. 이를 통해 살펴보면, 수장(首章)부터 32장까지는 총괄적으로 논의한 큰 뜻으로, 도와 덕을 언급한 것에 지나지 않는데, 세부적으로 논의하여 말을 세운 순서에 있어서는 마땅히 4개의 절로 나눠야 함이 매우 분명하다. 요씨는 성을 언급하였으나 천도와 인도를 나눈 것은 애공문정장(哀公問政章)부터 시작하고, 이로부터 성을 논한 여러 장의 첫 부분이 된다고 했는데, 아마도 맞는 말처럼 보인다. 그런데 『장구』에서 이른바 '공자의 말을 인용하여 대순·문왕·무왕·주공의 실마리를 이어 그 전한 바가 일치함을 밝혔다.'고 한 것은 진실로 확정된 의론이다. 『중용』은 천과 공자를 모범으로 삼고 있다. 그렇기 때문에 처음과 끝에서 천을 말한 것이고 또 처음과 끝에서 공자를 말한 것이다. 지금 순임금·문왕·무왕·주공을 언급하면서 공자로 그 뒤를 잇지 않는다면, 자사자가 시종일관 중니를 표방했던 뜻이 아닐 것이다. 이 책의 뒷 장에서 요순을 조술하고 문무를 헌장한다는 말과 『논어』와 『맹자』의 끝에서 요·순·우·탕·문·무를 차례대로 서술하고, 반드시 공자에 대한 것으로 이어서 서술한 것으로 살펴보면, 이러한 사실을 확인할 수 있다. 하물며 이 책은 매 절마다 단서를 바꿔서 말할 때 모두 자사자 자신이 한 말을 기록하고, 그 뒤에 곧바로 공자의 말을 인용하였으니, 중간의 하나의 절만 유독 공자의 말을 이용해서 단서를 바꿀 수는 없다. 요씨가 말의 뜻이 단서를 바꾼 것이라 여긴 것은 어째서인가? 또 성을 언급하며 천도와 인도를 나눈 것이 비록 이 장부터 시작되었다고 했지만, 성명장(誠明章)은 곧 이 장에서 말한 공자의 뜻을 이어서 말을 세워 단서를 바꾼 것이다. 그렇기 때문에 또한 천도와 인도를 겸해서 말한 것이고, 그 아래 여러 장에서 비로소 나누어 언급하기 시작한 것이다. 만약 애공문정장(哀公問政章)을 단서를 바꾼 시작으로 삼는다면, 그 다음 장에서는 마땅히 천도를 언급해야 하고, 또 그 다음 장에서는 마땅히 인도를 언급해야 하니, 재차 겸해서 제시하고 중첩되게 말한 이후에야 나눠서 말할 필요가 없다. 대체로 이 책은 매 설이 비록 단서를 고쳐서 시작하고 있지만 또한 반드시 전 장의 뜻을 이어서 말을 하고 있다. 그렇기 때문에 제 1절에서는 군자로 끝을 맺었고, 제 2절에서는 그것을 이어받아서 첫 부분에 군자의 도를 언급하였으며, 제 3절에서는 문왕으로 끝을 맺었고, 제 4절에서는 그것을 이어받아서 첫 부분에 성인의 도를 언급했으니, 제 2절의 끝에서 성을 언급하고 천도와 인도를 나누어서, 제 3절에서 그것을 이어받아 첫 부분에 성명을 언급하고 천도와 인도를 겸한 것에 대해 또한 무엇을 의심하겠는가? 반드시 구분을 하여 서로 관련되지 않는다고 한다면, 성을 말한 것은 귀신장(鬼神章)에 처음 보이고, 지 · 인 · 용은 제 1절에 처음 보이는데, 애공문정장(哀公問政章)에서 상세히 언급한 것을 또한 어디에 나눠서 배속시키겠는가? 다만 천도와 인도를 말한 것이 26장에 이르러 그치고, 대재성인지도장(大哉聖人之道章)부터 별도로 한 절이 된다고 한 것은 진실로 주자에게는 충신이 된다 할 수 있다. 대덕과 소덕으로 나누어 언급한 것에 있어서는 이씨가 이를 비판하였고, 지덕과 지도로 언급하였다. 그런데 요씨가 소대로 언급한 것은 맞지만, 소덕과 대덕으로 여긴 것은 온당하지 못하다. 또 이씨가 지덕과 지도로 언급한 것은 맞지만 소대를 빠트린 것은 제대로 설명하지 못한 것이다. 그러므로 반드시 두 설을 합해서 말한 뒤에야 그 의미가 비로소 온전히 갖춰지게 된다. 후생이자 말학에 해당하는 자가 망령스럽게 선현들에 대해 의론한 것은 경망스럽고 주제넘은 죄여서 피할 바가 없지만, 요씨가 일찍이 주자의 충신이 되었기 때문에, 나 또한 요씨의 충신이 되고자 하는 것이니, 동지들이 죄를 용서하고 미치지 못한 점에 대해서 가르쳐주기를 바란다."라고 했다.

曰: "子以首章命性道敎, 爲前二節之首, 二十一章誠明性敎, 爲後二節之首, 所言比類可謂似矣. 然首章一篇之體要, 其意當不止於第一節而已也. 故饒氏別爲第一大節, 以見其無所不包之意. 今子不之從, 而但爲第一節之首者, 何也?" 曰: "首章之意, 雖無所不包, 然其下十章, 皆論中庸以釋首章之意, 至費隱章, 又別更端, 則不得不以首章冠於其下十章也. 若分首章以爲一節, 以第二章, 又爲一節之首, 則非每節子思子自言更端之例也. 又不可以釋首章之意者, 自別爲首也. 且首章雖爲此節之首, 其意亦無所不包, 猶大學明明德, 雖竝列爲三綱, 而無所不統也."

질문하길, "그대는 수장(首章)에서 명 · 성 · 도 · 교를 말한 것을 앞의 2개 절에 대한 첫 머리로 삼고, 21장에서 성 · 명 · 성 · 교를 말한 것을 뒤의 2개 절에 대한 첫 머리로 삼았는데, 비교해서 언급한 것에 있어서는 그럴듯하다고 평할 수 있다. 그런데 수장(首章)은 한 편의 대체이자 요지이니, 그 의미는 마땅히 제 1절에만 그치지 않을 따름이다. 그렇기 때문에 요씨는 별도로 제 1대절로 여기고, 포함하지 않는 바가 없다는 뜻을 드러낸 것이다. 지금 그대가 이것을 따르지 않고 단지 제 1절의 첫 부분으로만 삼은 것은 어째서인가?"라고 했다. 답하길, "수장(首章)의 뜻이 비록 포함하지 않는 바가 없지만, 그 아래의 10개 장은 모두 중용을 논하여 수장(首章)의 뜻을 풀이하였고, 비은장(費隱章)에 이르러서는 또한 별도로 단서를 바꿨으니, 부득이 수장(首章)으로 그 아래 10개 장에 대해 머리로 씌우지 않을 수 없다. 만약 나눠서 수장(首章)을 하나의 절로 삼고, 제 2장을 또 하나의 절에 대한 첫 머리로 삼는다면, 매 절마다 자사자가 스스로 말하여 단서를 바꿨던 예시와 맞지 않는다. 또 수장(首章)의 뜻을 풀이한 것을 그 자체로 별도로 첫 머리로 삼을 수도 없다. 또 수장(首章)이 비록 이 절의 첫 머리에 해당하지만, 그 뜻은 또한 포함하지 않는 바가 없으니, 마치 『대학』의 명명덕(明明德)이 비록 삼강으로 병렬되지만 통괄하지 않는 바가 없는 것과 같다."라고 했다.

淺見

曰: "第一節言中庸, 以德行言, 第二節以庸德推之, 則前二節似以德言, 第三節言至誠之道, 第四節言大哉聖人之道, 則後二節似以道言. 且以苟不至德至道不凝之言觀之, 則修德而後, 凝道也. 今子乃謂前二節言道, 後二節言德, 何也?" 曰: "德者, 得於本然之體, 而道, 則當行之用, 德者, 得於踐履之實, 而道, 則所履之事也. 前二節言道, 而必以德先之者, 所以明由其有是德, 而後有是道也. 後二節言德, 而必以道言之者, 明由其有是道, 而知有是德也. 若以學者言之, 則入道而後積德, 造道而後成德也. 以成德言, 則有是至德, 故能凝是至道也. 前二節, 多主學者言, 故以道言, 後二節, 多主聖人言, 故以德言. 此書大旨, 始由體而達用, 終由用而歸體, 故前則言德而明其道, 後則言道而明其德. 卒章又總一篇大旨, 而歷言之, 故始言入德, 中言爲學之道, 終之以不顯之德, 其立言之序, 亦可見矣. 然章句以爲至誠之道, 非至聖, 不能知, 至聖之德, 非至誠, 不能爲, 實非有二物也, 可謂盡矣."

질문하길, "제 1절은 중용을 말함에, 덕행으로 언급했고, 제 2절은 용덕으로 미루어 나갔으니, 앞의 2개 절은 아마도 덕으로 말한 것 같고, 제 3절은 지성지도를 말하고, 제 4절은 대재성인지도를 말했으니, 뒤의 2개 절은 아마도 도로 말한 것 같다. 또 '만약 지극한 덕이 아니면 지극한 도가 모이지 않는다.'고 한 말을 통해 살펴보면, 덕을 수양한 이후에 도를 모으는 것이다. 현재 그대는 앞의 2개 절은 도를 말하고 뒤의 2개 절은 덕을 말했다고 한 것은 어째서인가?"라고 했다. 답하길, "덕이란 본연의 체에서 얻은 것이고, 도는 마땅히 행해야 할 용에 해당하고, 덕이란 실천하는 실질에서 얻는 것이고, 도는 실천해야 할 사안에 해당한다. 앞의 2개 절에서 도를 언급했는데, 반드시 덕을 먼저 내세우는 것은 이러한 덕이 있음으로부터 말미암은 뒤에야 이러한 도가 있게 됨을 밝히기 위해서이다. 뒤의 2개 절에서 덕을 언급했는데, 반드시 도를 언급한 것은 이러한 도가 있음으로부터 말미암아서 이러한 덕이 있음을 알게 됨을 나타낸 것이다. 만약 학자를 기준으로 말을 한다면, 도에 들어간 이후에 덕을 쌓는 것이고, 도에 이른 뒤에야 덕을 이루는 것이다. 덕을 이루는 것으로 말한다면, 이러한 지극한 덕을 갖췄기 때문에 이러한 지극한 도를 모을 수 있는 것이다. 앞의 2개 절은 대체로 학자를 위주로 언급했기 때문에 도로 말한 것이고, 뒤의 2개 절은 대체로 성인을 위주로 언급했기 때문에 덕으로 말한 것이다. 이 책의 큰 뜻은 처음에는 체로부터 말미암아서 용에 달했고, 끝에서는 용으로부터 말미암아서 체로 돌아갔다. 그렇기 때문에 앞에서는 덕을 말하여 도를 나타내었고, 뒤에서는 도를 언급하여 덕을 나타낸 것이다. 졸장(卒章)에서는 또한 이 편의 큰 뜻을 총괄해서 차례대로 언급했다. 그렇기 때문에 처음에는 덕에 들어가는 것을 말하고, 중간에서는 학문하는 도를 언급했으며, 끝에서는 드러나지 않는 덕으로 마무리를 지었으니, 그 입언의 차례를 또한 확인할 수 있다. 그런데 『장구』에서는 '지성의 도는 지성이 아니면 알 수 없고, 지성의 덕은 지성이 아니면 잘할 수 없으니, 실로 두 가지 대상이 있는 것이 아니다.'라고 했으니, 그 뜻을 다 드러냈다고 할 수 있다."라고 했다.

禮記淺見錄卷第二十三

『예기천견록』 23권

「표기(表記)」

集說

鄭氏曰: 記君子之德, 見於儀表者.

정현이 말하길, 군자의 덕이 행동거지로 드러나는 것을 기록한 것이다.

淺見

近按: 坊記, 以見於事者, 言制其欲之由外而入者也. 表記, 以脩於身者, 言著其德之由內而發者也.

내가 살펴보니, 「방기(坊記)」편은 사안으로 드러나는 것을 기준으로 욕심이 외부로부터 들어오는 것을 제어함을 말한 것이다. 「표기」편은 자신을 수양하는 것을 기준으로 덕이 내면으로부터 발현하는 것을 드러냄을 말한 것이다.

「표기」편 문장 순서 비교

『예기집설』	『예기천견록』	
	구분	문장
001	무분류	001
002		002
003		005
004		006
005		004
006		007
007		003
008		008
009		009
010		010
011		012
012		013
013		014
014		011
015		015
016		016
017		017
018		018
019		019
020		020
021		021
022		022
023		023
024		024
025		025
026		026
027		027
028		028
029		029
030		030
031		031
032		032
033		033
034		034

『예기집설』	『예기천견록』	
	구분	문장
035	무분류	035
036		036
037		037
038		038
039		039
040		040
041		041
042		042
043		043
044		044
045		045
046		046
047		047
048		048
049		049

무분류

經文

子言之: "歸乎! 君子隱而顯, 不矜而莊, 不厲而威, 不言而信." 〈001〉

공자가 말하길, "다시 되돌아 갈 것인가! 군자는 은미하되 드러나니, 과시하지 않아도 장엄하게 되며, 사납게 하지 않아도 위엄이 있고, 말을 하지 않아도 믿음을 준다."라고 했다.

集說

方氏曰: 此篇稱"子言之"者八, 皆揔其大同之略也; 稱"子曰"者四十五, 皆列其小異之詳也.

방씨가 말하길, 「표기」편에서 '자언지(子言之)'라고 기록한 곳은 8군데인데, 이 모두는 간략히 큰 범주에서 동일한 뜻을 총괄적으로 나타낸 것이며, '자왈(子曰)'이라고 기록한 곳은 45군데인데, 이 모두는 상세히 작은 부분에서 나타나는 차이를 나열한 것이다.

應氏曰: 歸乎之嘆, 聖人周流不遇, 覩世道之益衰, 念儀刑之有本, 何必歷聘駕說而後足以行道哉! 隱而顯, 卽中庸所謂"潛雖伏矣, 亦孔之昭", 是也. 不矜而莊, 不厲而威, 不言而信, 卽所謂"不動而敬, 不言而信", 是也. 中庸以是終篇, 蓋示人以進德之事; 表記以是爲始, 蓋發明聖人立敎之故.

응씨가 말하길, "되돌아 갈 것인가!"라는 탄식은 공자가 세상을 두루 돌아다녔지만 제대로 된 군주를 만나지 못했고 세상의 도가 더욱 쇠락해지는 것을 보고, 규범에는 근본이 있음을 생각하여, 어찌 반드시 초빙을 받아 설파를 한 뒤에야 도를 시행할 수 있겠느냐고 한 것이다. "은미하되 드러난다."는 말은 『중용』에서 "물고기가 물속에 있어 비록 숨어 있지만, 또한 매우 밝게 드러난다."[1]는 뜻에 해당한다. "과시하지 않아도 장엄하게 되고, 사납게 하지 않아도 위엄이 있으며, 말을 하지 않아도 믿음을 준다."는 말은 "움직이지 않아도 백성들이 공경하고, 말을 하지 않아도 백성들이 믿는다."[2]는 뜻에 해당한다. 『중용』은 이 내용을 통해 편을 마무리 지었으니, 사람들에게 덕으로 나아가는 사안을 보여주기 위해서이며, 「표기」편은 이 내용을 통해 편을 시작하였으니, 성인이 가르침을 세운 까닭을 드러내기 위해서이다.

淺見

近按: 隱而顯者, 言其德存於中而發見於外, 下文三句申言, 以明此句之意也.

내가 살펴보니, '은이현(隱而顯)'은 덕이 내면에 보존되어 있어서 밖으로 드러나는 것을 말한 것이며, 아래 문장의 세 구문은 이것을 거듭 언급하여 이 구문의 뜻을 밝힌 것이다.

---

1) 『중용』「33장」: 詩云, "潛雖伏矣, 亦孔之昭." 故君子內省不疚, 無惡於志. 君子所不可及者, 其唯人之所不見乎.

2) 『중용』「33장」: 詩云, "相在爾室, 尙不愧于屋漏." 故君子不動而敬, 不言而信.

經文

子曰: “君子不失足於人, 不失色於人, 不失口於人. 是故君子貌足畏也, 色足憚也, 言足信也. 甫刑曰: ‘敬忌而罔有擇言在躬.’”〈002〉

공자가 말하길, “군자는 남에 대해 행동에서 실수를 하지 않고, 남에 대해 표정에서 실수를 하지 않으며, 남에 대해 말에서 실수를 하지 않는다. 이러한 까닭으로 군자의 모습은 외경하기에 충분하고, 군자의 표정은 남들이 조심스럽게 여기기에 충분하며, 군자의 말은 믿음을 주기에 충분하다. 「보형」편에서는 ‘공경하고 조심하여, 법도에 맞지 않는 말을 자신에게 두지 말아라.’”라고 했다.

集說

疏曰: 甫刑, 呂刑也, 甫侯爲穆王說刑, 故稱甫刑.

소에서 말하길, ‘보형(甫刑)’은 『서』「여형(呂刑)」편으로,[1] 보후가 목왕을 위해 형벌에 대해 설명한 것이기 때문에 ‘보형(甫刑)’이라고 말한 것이다.

馬氏曰: 見其所可行而不慮其所可止, 則失足於人; 見其所可喜而不慮其所可怒, 則失色於人; 見其所可語而不慮其所可默, 則失口於人. 不失足於人, 故貌足畏; 不失色於人, 故色足憚; 不失口於人, 故言足信.

마씨가 말하길, 시행할만한 것만 보고 그쳐야 함을 고려하지 않는다면, 남에 대해 행동에서 실수한다. 기뻐할만한 것만 보고 성낼 수 있음을

1) 『서』「주서(周書)·여형(呂刑)」: 典獄非訖于威, 惟訖于富, 敬忌, 罔有擇言在身. 惟克天德, 自作元命, 配享在下.

고려하지 않는다면, 남에 대해 표정에서 실수한다. 말할만한 것만 보고 침묵해야 함을 고려하지 않는다면, 남에 대해 말에서 실수한다. 남에 대해 행동에서 실수를 하지 않기 때문에 그 모습은 외경하기에 충분하고, 남에 대해 표정에서 실수를 하지 않기 때문에 그 표정은 조심하기에 충분하며, 남에 대해 말에서 실수를 하지 않기 때문에 그 말은 믿음을 주기에 충분하다.

劉氏曰: 君子謹獨, 不待矜而莊, 故不失足於人而貌足畏; 不待厲而威, 故不失色於人而色足憚; 不待言而信, 故不失口於人而言足信也. 蓋其尋常敬忌, 故動處無不中節如此. 又引書以訂之, 而義益顯矣.

유씨가 말하길, 군자는 홀로 있을 때 조심하여, 과시하지 않아도 장엄하게 된다. 그렇기 때문에 남에 대해서 행동을 실수하지 않고 그 모습은 외경하기에 충분하다. 또 사납게 하지 않아도 위엄이 있기 때문에, 남에 대해서 표정을 실수하지 않고 그 표정은 남이 조심하기에 충분하다. 또 말을 하지 않아도 믿음을 주기 때문에, 남에 대해서 말을 실수하지 않고 그 말은 믿음을 주기에 충분하다. 항상 공경하고 조심하기 때문에 동작과 대처함에 있어서 이처럼 법도에 맞지 않는 것이 없다. 또 『서』의 내용을 인용하여 증명하였으니, 그 의미가 더욱 드러난다.

淺見

近按: 此總釋首章下三句之意.

내가 살펴보니, 이것은 첫 장 아래 세 구문의 뜻을 총괄적으로 풀이한 것이다.

經文

子曰: "君子愼以辟[避]禍, 篤以不揜, 恭以遠[去聲]恥."〈005〉[舊在"不繼之以倦"之下.]

공자가 말하길, "군자는 신중히 처신하여 재앙을 피하고['辟'자의 음은 '避(피)'이다.] 독실하게 행동하여 그 광채가 가려지지 않게 하며, 공손하게 따라서 치욕을 멀리한다.['遠'자는 거성으로 읽는다.]"라고 했다. [옛 판본에는 "나태함으로 뒤이어서는 안 된다."[1]라고 한 문장 뒤에 수록되어 있었다.]

集說

馬氏曰: 篤者, 居其厚, 不居其薄. 處其實, 不處其華, 則輝光發于外, 而人不能揜也.

마씨가 말하길, '독(篤)'은 두터움에 머물며 엷은 데 머물지 않는다는 뜻이다. 진실됨에 처하며 화려함에 처하지 않는다면, 광채가 밖으로 드러나서 사람들이 가릴 수 없게 된다.

應氏曰: 君子經德不回, 所以正行, 則其戒謹篤恭, 皆非有爲而爲之也, 豈區區於避禍患防揜恥乎? 記禮之垂是言, 亦以曉人知避困辱之道耳.

응씨가 말하길, 군자가 떳떳한 덕을 지니고 간사하게 굽지 않는 것은 행실을 올바르게 하기 위해서이니,[2] 조심하고 신중하며 독실하고 공손히 하는 것은 모두 의도함이 있어서 그처럼 하는 것이 아닌데, 어찌 재앙을 피하거나 가려지는 것이나 치욕을 방비하기 위함에 한정되겠는가? 『예

1) 『예기』「표기」 004장 : 子曰, "祭極敬, 不繼之以樂. 朝極辨, 不繼之以倦."

2) 『맹자』「진심하(盡心下)」 : 孟子曰, "堯舜, 性者也, 湯武, 反之也. 動容周旋中禮者, 盛德之至也. 哭死而哀, 非爲生者也. 經德不回, 非以干祿也. 言語必信, 非以正行也. 君子行法, 以俟命而已矣."

기』를 기록한 자가 이러한 말을 기록해둔 것은 이를 통해서 사람들을 깨우쳐 곤욕스러움을 피할 수 있는 도를 알게끔 하기 위해서일 뿐이다.

經文

子曰: "君子莊敬日强, 安肆日偸. 君子不以一日使其躬儳[仕鑑反]**焉如不終日."**〈006〉

공자가 말하길, "군자는 장엄하고 공경하여 날로 굳세게 되는데, 만약 안일하게 대처하면 날로 교활하게 된다. 따라서 군자는 단 하루라도 자신을 어긋나게['儳'자는 '仕(사)'자와 '鑑(감)'자의 반절음이다.] 하여 마치 생을 제대로 마치지 못하는 것처럼 행동하지 않는다."라고 했다.

集說

馬氏曰: 莊敬所以自强, 而有進德之漸, 故日强; 安肆所以自棄, 而有敗度之漸, 故日偸.

마씨가 말하길, 장엄하고 공경함은 스스로를 굳세게 하여, 점진적으로 덕으로 나아감이 있다. 그렇기 때문에 날로 굳세게 된다. 안일함은 스스로를 버리게 하여, 점진적으로 법도를 어기는 점이 있다. 그렇기 때문에 날로 교활하게 된다.

應氏曰: 儳者, 參錯不齊之貌. 心無所檢束而紛紜雜亂, 遂至儳焉錯出. 外旣散亂而不整, 則內亦拘迫而不安, 故不能終日也. 若主一以直內, 而心廣體胖, 何至於如不終日乎?

응씨가 말하길, '참(儳)'은 어긋나서 가지런하지 않은 모습을 뜻한다. 마음에 단속함이 없어서 떠들썩하고 어지럽게 되면 결국 혼란스럽게 되어 어긋남이 나타난다. 외적으로 이미 어지럽고 정돈되지 않는다면, 내적으로도 붙들리고 궁하게 되어 편안하지 않다. 그렇기 때문에 생을 제대로 마무리 짓지 못한다. 만약 한결같음을 위주로 하여 내면을 바로잡아서, 마음과 몸이 펴진다면, 어떻게 생을 제대로 마무리 짓지 못하는 지경에 이르겠는가?

淺見

近按: 此二章言持身之敬, 以釋不矜而莊之意.

내가 살펴보니, 이 2개 장은 자신을 수양하는 공경을 언급하여 과시하지 않아도 장엄하게 된다는 뜻을 풀이한 것이다.

經文

子曰: "祭極敬, 不繼之以樂[洛]. 朝極辨, 不繼之以倦."〈004〉[舊在"毋相瀆也"之下.]

공자가 말하길, "제사에서는 공경함을 극진하게 해야 하니, 즐거움으로['樂'자의 음은 '洛(락)'이다.] 뒤이어서는 안 된다. 조정에서는 변별함을 극진하게 해야 하니, 나태함으로 뒤이어서는 안 된다."라고 했다. [옛 판본에는 "너무 무례하게 굴지 않도록 하기 위해서이다."[1]라고 한 문장 뒤에 수록되어 있었다.]

集說

呂氏曰: 極敬者, 誠意至也, 苟至於樂, 則敬弛; 極辨者, 節文明也, 苟至於倦, 則入於苟簡.

여씨가 말하길, '극경(極敬)'은 정성스러운 뜻이 지극하다는 의미이니, 만약 즐거움에 이르게 된다면 공경함이 느슨해진다. '극변(極辨)'은 규범에 따른 형식을 드러낸다는 뜻이니, 만약 나태함에 이르게 된다면 되는 대로 적당히 하는 지경에 빠진다.

經文

子曰: "齊戒以事鬼神, 擇日月以見[現]君, 恐民之不敬也."〈007〉[舊在"如不終日"之下.]

공자가 말하길, "재계를 하여 귀신을 섬기고, 날과 달을 가려서 군자를 찾아뵙는['見'자의 음은 '現(현)'이다.] 것은 백성들이 공경하지 못할까를 염

1) 『예기』「표기」 003장 : 子曰, "裼·襲之不相因也, 欲民之毋相瀆也."

려하기 때문이다."라고 했다. [옛 판본에는 "마치 생을 제대로 마치지 못하는 것이다."[2]라고 한 문장 뒤에 수록되어 있었다.]

集說

幽明之交, 上下之際, 尤其所當敬者, 故竝言之.

그윽한 저 세상과 밝은 인간 세상의 사이 및 상하 계층의 사이에 있어서는 더욱 공경해야만 한다. 그렇기 때문에 함께 언급하였다.

經文

子曰: "裼·襲之不相因也, 欲民之毋相瀆也." 〈003〉 [舊在"擇言在躬"之下.]

공자가 말하길, "석과 습을 함께 따르지 않는 것은 백성들에게 너무 무례하게 굴지 않도록 하기 위해서이다."라고 했다. [옛 판본에는 "법도에 맞지 않는 말을 자신에게 둔다."[3]라고 한 문장 뒤에 수록되어 있었다.]

集說

裼·襲, 見曲禮.

'석(裼)'과 '습(襲)'에 대한 설명은 『예기』「곡례(曲禮)」편에 나온다.

---

2) 『예기』「표기」 006장 : 子曰, "君子莊敬日强, 安肆日偸. 君子不以一日使其躬儳焉如不終日."

3) 『예기』「표기」 002장 : 子曰, "君子不失足於人, 不失色於人, 不失口於人. 是故君子貌足畏也, 色足憚也, 言足信也. 甫刑曰, '敬忌而罔有擇言在躬.'"

應氏曰: 裼·襲, 以示文質各有異宜. 所謂不相因者, 恐一時或有異事, 必易服從事, 各存其敬, 不以襲衣而因爲裼, 不以裼衣而因爲襲. 蓋節文旣辨, 而又不憚其勞, 則無相褻之患.

응씨가 말하길, '석(裼)'과 '습(襲)'은 화려함과 질박함에는 각각 마땅함에 차이가 있음을 드러내는 것이다. 이른바 "서로 따르지 않는다."는 말은 특정 시기에 간혹 서로 다른 일이 발생했을 때, 반드시 이전 복장을 바꾸고서 해당 사안을 따라 각각 해당 사안에 대한 존경함을 보존해야 하는 것으로, 습의를 착용하고 있다고 해서 그에 따라 석을 하지 않고, 석의를 착용하고 있다고 해서 그에 따라 습을 하지 않는 것이다. 규범에 따른 격식이 이미 분별되어 있고, 또 수고로움을 꺼려하지 않는다면, 서로 무례하게 구는 우환이 없게 된다.

淺見

近按: 此三章言臨事之敬, 以釋不厲而威之意.

내가 살펴보니, 이 3개 장은 일에 임하는 공경함을 언급하여, 사납게 하지 않아도 위엄이 있다는 뜻을 풀이한 것이다.

經文

子曰: "狎侮, 死焉而不畏也."〈008〉 [舊在"恐民之不敬也"之下.]

공자가 말하길, "남을 깔보고 업신여기는 것은 죽게 되더라도 두려워할 줄 모르는 것이다."라고 했다. [옛 판본에는 "백성들이 공경하지 못할까를 염려하기 때문이다."[1]라고 한 문장 뒤에 수록되어 있었다.]

集說

馬氏曰: 狎侮至於死而不畏者, 蔽其所褻也.

마씨가 말하길, 남을 깔보는 자는 죽게 되더라도 두려워하지 않으니, 자신이 업신여기던 자에 의해 해를 당하는 것이다.

經文

子曰: "無辭不相接也, 無禮不相見也, 欲民之毋相褻也. 易曰: '初筮告, 再三瀆, 瀆則不告.'"〈009〉

공자가 말하길, "전하는 말이 없다면 서로 교제를 하지 않고, 예물이 없다면 서로 만나보지 않으니, 백성들이 너무 친근하여 무례하게 대하지 않도록 하기 위해서이다. 『역』에서는 '처음 시초점을 친 것이라면 알려주지만 두 차례나 세 차례 반복해서 친 것이라면 무례하게 되니, 무례하다면 알려주지 않는다.'"라고 했다.

集說

易, 蒙卦辭, 謂凡占者, 初筮則誠敬必至, 若以明而治蒙, 必其學者

1) 『예기』「표기」 007장 : 子曰, "齊戒以事鬼神, 擇日月以見君, 恐民之不敬也."

如初筮之誠, 則當告之, 若如再筮三筮之瀆慢, 則不必告之矣. 引此以言賓主之交際, 當愼始敬終如初筮之誠, 不可如再三筮之瀆慢也.

'역(易)'은 『역』「몽괘(蒙卦)」의 괘사(卦辭)이니,[2] 무릇 점을 칠 때, 처음 시초점을 친 것이라면 성실하고 공경함이 반드시 온전하니, 마치 밝음을 통해 몽매함을 다스리는 것과 같으므로, 그것을 배우는 자의 태도가 처음 시초점을 치는 성실함과 같다면, 마땅히 알려주어야 하지만, 만약 두 차례 시초점을 치고 세 차례 시초점을 친 것처럼 무례하고 태만하다면, 알려줄 필요가 없다. 이 문장을 인용하여 빈객과 주인이 서로 교제할 때에는 마땅히 처음을 신중하게 하고 끝을 공경하게 해서, 처음으로 시초점을 치는 성실함과 같아야만 하고, 두 차례나 세 차례 시초점을 치는 무례함이나 태만함과 같아서는 안 된다고 말한 것이다.

呂氏曰: 辭者, 相接之言, 如公與客宴曰"寡人有不腆之酒, 以請吾子之與寡人須臾焉, 使某也以請"之類, 是也; 禮者, 相見之摯, 如羔鴈雉鶩之類, 是也. 必以辭・必以禮者, 交際不可苟也. 苟則褻, 褻則不敬, 此交所以易疎也.

여씨가 말하길, '사(辭)'는 서로 교제할 때 전하는 말이니, 군주가 빈객과 연회를 하며, "과인이 보잘것없는 술을 차려서 그대가 과인과 함께 회포를 풀기를 청원하여, 아무개를 시켜서 청한다."[3]라고 한 부류가 여기에 해당한다. '예(禮)'는 서로 만나볼 때 가져가는 예물이니, 새끼양・기러기・꿩・오리 등의 부류가 여기에 해당한다. 반드시 전하는 말을 통하고 반드시 예물을 전하는 것은 교제를 할 때에는 구차하게 할 수 없기 때문이다. 구차하면 너무 친근하게 여기게 되고, 너무 친근하게 대한다면 공경하지 않으니, 이것은 교제를 할 때 쉽게 소원해지는 이유이다.

---

2) 『역』「몽괘(蒙卦)」: 蒙, 亨. 匪我求童蒙, 童蒙求我, 初筮告, 再三瀆, 瀆則不告. 利貞.

3) 『의례』「연례(燕禮)」: 公與客燕, 曰, "寡君有不腆之酒, 以請吾子之與寡君須臾焉. 使某也以請."

淺見

近按: 此二章言交際之敬, 以釋不言而信之意. 記者引夫子之言, 以釋首章之意者止此, 蓋持身以敬而不失足於人, 臨事以敬而不失色於人, 交際以敬而不失口於人, 則君子戒愼脩德之功, 可謂密矣, 故其德雖潛隱於內, 而自彰顯於外, 有不容揜者矣. 此篇之中, 唯此節諸章之言爲切.

내가 살펴보니, 이 2개 장은 교제할 때의 공경을 언급하여 말을 하지 않아도 믿음을 준다는 뜻을 풀이한 것이다. 『예기』를 기록한 자가 공자의 말을 인용하여 첫 장의 뜻을 풀이한 것은 여기에서 그치니, 공경을 통해 자신을 수양하여 남에게 행동에서 실수를 하지 않고, 공경을 통해 일에 임하여 남에게 표정에서 실수를 하지 않으며, 공경을 통해 교제를 하여 남에게 말에서 실수를 하지 않는다면, 군자가 주의하며 조심하고 덕을 수양하는 공이 치밀하다고 할 수 있다. 그렇기 때문에 덕은 비록 내면에 잠겨 숨어 있더라도 제 스스로 겉으로 밝게 드러나서 가릴 수 없는 것이다. 「표기」편 중에서 오직 이 절의 여러 장에서 말한 것만이 가장 절실하다.

經文

子言之: "仁者, 天下之表也. 義者, 天下之制也. 報者, 天下之利也."〈010〉

공자가 말하길, "인은 천하의 표본이고, 의는 천하의 재단함이며, 보답하는 예는 천하의 이로움이다."라고 했다.

集說

應氏曰: 仁之體大而尊, 昭揭衆善, 而人心儼然知所敬, 故曰表; 義之體方而嚴, 裁割事物, 而人心凜然知所畏, 故曰制; 報之爲禮, 以交際往來, 彼感此應, 而有不容已者, 所以使人有文以相接, 有恩以相愛, 其何利如之?

응씨가 말하길, 인(仁)의 본체는 크고 존엄하여 모든 선을 환하게 비춰주어, 사람들의 마음에서도 장중하게 공경해야 할 대상임을 안다. 그렇기 때문에 '표(表)'라고 했다. 의(義)의 본체는 방정하고 엄숙하며 사물을 재단하여, 사람들의 마음에서도 엄숙하게 외경해야 할 대상임을 안다. 그렇기 때문에 '제(制)'라고 했다. 보답함을 예(禮)로 삼으니, 이를 통해 교제하며 왕래해서 피차가 감응하여 그만둘 수 없으니, 사람들로 하여금 격식을 갖춰서 서로 교제하게 만들고 은정을 갖춰서 서로 친애하게 만드는데, 그 어떤 이로움이 이와 같겠는가?

淺見

近按: 前言君子脩德之事, 此又更端以言措諸事業者也. 其下諸章, 又引孔子之言, 以釋此章之義, 然其言多支離不若前節之簡切, 似亦非盡孔子之言也.

내가 살펴보니, 앞에서는 군자가 덕을 수양하는 사안을 언급했는데, 이곳에서는 또한 단서를 바꿔서 여러 사업들에 시행하는 것을 언급하였다. 그 아래 여러 장들에서는 또한 공자의 말을 인용하여 이 장의 뜻을 풀이하였는데, 그 말은 대부분 지리멸렬하여 앞의 절들처럼 간략하고 절실한 것만 못하니, 아마도 이 또한 모두가 공자의 말은 아닐 것이다.

經文

子曰: "無欲而好仁者, 無畏而惡不仁者, 天下一人而已矣. 是故君子議道自己, 而置法以民." 〈012〉 [舊在"刑戮之民也"之下.]

공자가 말하길, "욕심이 없는데도 인을 좋아하는 자와 두려움이 없는데도 불인함을 싫어하는 자는 천하에 오직 인을 편안하게 여기는 한 사람이 있을 따름이다. 이러한 까닭으로 군자가 도를 의논할 때에는 자신으로부터 시작하고, 법도를 세울 때에는 백성을 기준으로 한다."라고 했다. [옛 판본에는 "형벌을 받는 백성에 해당한다."[1]라고 한 문장 뒤에 수록되어 있었다.]

集說

呂氏曰: 安仁者, 天下一人而已, 則非聖人不足以性仁. 苟志於仁矣, 無惡也, 則衆人皆可以爲仁. 以聖人所性而議道, 則道無不盡; 以衆人之可爲而制法, 則法無不行.

여씨가 말하길, 인(仁)을 편안히 여기는 자는 천하에 한 사람일 뿐이라고 했으니, 성인이 아니라면 인을 자신의 본성으로 삼기에 부족하다. 만약 인에 뜻을 두고 악함이 없다면 백성들은 모두 인을 시행할 수 있다. 성인이 본성으로 삼고 도를 의논하게 된다면 도에 다하지 않는 것이 없고, 백성들이 시행할 수 있는 것을 법도로 제정한다면 법에 시행되지 않는 것이 없다.

方氏曰: 欲而好仁, 則知者利仁之事也; 畏而惡不仁, 則畏罪者强仁之事也. 若所好生於無欲, 所惡生於無畏, 非中心安仁者不能, 故曰:

1) 『예기』「표기」 011장 : 子曰, "以德報德, 則民有所勸. 以怨報怨, 則民有所懲. 詩曰, '無言不讎, 無德不報.' 太甲曰, '民非后, 無能胥以寧. 后非民, 無以辟四方.'" 子曰, "以德報怨, 則寬身之仁也. 以怨報德, 則刑戮之民也."

"天下一人而已."

방씨가 말하길, 욕심이 있는데도 인을 좋아하는 것은 지혜로운 자가 인을 이롭게 여겨서 시행하는 사안이 되며, 두려워하여 인하지 못함을 싫어하는 것은 죄를 두려워하는 자가 힘써 인을 시행하는 사안이 된다. 만약 좋아하는 것이 바라는 것이 없는 데에서 생겨나고 싫어하는 것이 두려워함이 없는 데에서 생겨나는 경우라면, 마음으로 인을 편안하게 여기는 자가 아니라면 잘하지 못한다. 그렇기 때문에 "천하에 한 사람일 뿐이다."라고 했다.

淺見

近按: 此釋仁者天下之表.

내가 살펴보니, 이것은 "인은 천하의 표본이다."라고 한 뜻을 풀이한 것이다.

經文

子曰: "仁有三, 與仁同功而異情. 與仁同功, 其仁未可知也. 與仁同過, 然後其仁可知也. 仁者安仁, 知者利仁, 畏罪者强[上聲]仁. 仁者右也, 道者左也. 仁者人也, 道者義也. 厚於仁者薄於義, 親而不尊; 厚於義者薄於仁, 尊而不親."〈013〉

공자가 말하길, "인을 시행하는 것에는 세 종류가 있는데, 인으로 회귀함에 있어서 그 공덕은 동일하지만 실정에는 차이가 있다. 인으로 회귀함에 있어서 공덕이 동일한 경우에는 그 인에 대해서는 아직 알 수 없다. 그러나 인으로 회귀함에 있어서 지나침이 동일하게 나타난 뒤에라야 인함에 대해서 알 수 있다. 인자한 자는 인을 편안하게 여기고, 지혜로운 자는 인을 이롭게 여기며, 죄를 두려워하는 자는 인을 힘써서['强'자는 상성으로 읽는다.] 시행한다. 비유하자면 인은 우측이 되고, 도는 좌측이 된다. 인이라는 것은 사람다운 것이며, 도라는 것은 의에 해당한다. 인에 두터운 자는 의에는 상대적으로 박하니, 친근하지만 존귀하지 않고, 의에 두터운 자는 상대적으로 인에는 박하니, 존귀하지만 친근하지 않다."라고 했다.

集說

呂氏曰: 安仁·利仁·强仁, 三者之功, 同歸於仁, 而其情則異, 此堯舜性之, 湯武身之, 五霸假之, 所以異也. 桓公九合諸侯, 一匡天下, 雖湯·武之擧, 不過乎是, 而其情則不同, 故其仁未可知也. 過者人所避, 有不幸而致焉, 周公使管叔以殷畔, 過於愛兄而已; 孔子對陳司敗以昭公知禮, 過於諱君而已, 皆出乎情, 而其仁可知也. 道非仁不立, 義非人不行, 凡人之擧動, 必右先而後左隨之, 故曰仁右道左.

여씨가 말하길, 인(仁)을 편안하게 여기고, 인(仁)을 이롭게 여기며, 인(仁)을 애써서 시행하는 경우, 이 세 가지의 공덕은 모두 인(仁)으로 회귀하지만, 그 실정에 있어서는 차이를 보이니, 이것은 요와 순임금이 본

성대로 하고, 탕임금과 무왕이 몸소 실천하며, 오패(五霸)[1]가 빌려온 것[2]이 차이를 보이는 이유이다. 환공은 아홉 차례 제후들을 회합하고 천하를 한 차례 바로잡았는데,[3] 비록 탕임금과 무왕이 실천한 것이라도 여기에서 벗어나지 않지만, 그 실정에 있어서는 같지 않다. 그렇기 때문에 그 인(仁)함에 대해서는 알 수 없다. 지나친 것은 사람들이 피하는

---

1) 오패(五霸)는 오백(五伯)이라고도 부른다. 다섯 명의 패주(霸主)를 뜻한다. 주로 춘추시대(春秋時代)의 패주들을 뜻하는 용어로도 사용되지만, 다섯 명이 누구였는지에 대해서는 이견이 있고, 또한 주(周)나라 이전의 패주들까지도 포함시키는 용례들이 있다. 첫 번째 주장은 하(夏)나라의 곤오(昆吾), 은(殷)나라의 대팽(大彭)과 시위(豕韋), 춘추시대 때의 제환공(齊桓公)과 진문공(晉文公)을 뜻한다고 보는 견해이다. 『장자(莊子)』「대종사(大宗師)」편에는 彭祖得之, 上及有虞, 下及五伯."이라는 기록이 있는데, 이에 대한 성현영(成玄英)의 소(疏)에서는 "五伯者, 昆吾爲夏伯, 大彭·豕韋爲殷伯, 齊桓·晉文爲周伯, 合爲五伯."이라고 풀이했다. 두 번째 주장은 춘추시대의 군주들만을 지칭하는 견해로, 제환공(齊桓公), 진문공(晉文公), 송양공(宋襄公), 초장공(楚莊公), 진무공(秦繆公)을 가리킨다. 『여씨춘추(呂氏春秋)』「당무(當務)」편에는 "備說非六王五伯."이라는 기록이 있는데, 이에 대한 고유(高誘)의 주에서는 "五伯, 齊桓·晉文·宋襄·楚莊·秦繆也."라고 풀이했다. 세 번째 주장 또한 춘추시대의 군주들만을 지칭하는 견해로, 제환공(齊桓公), 진문공(晉文公), 초장왕(楚莊王), 오왕(吳王) 합려(闔閭), 월왕(越王) 구천(句踐)을 가리킨다. 『순자(荀子)』「왕패(王霸)」편에는 "雖在僻陋之國, 威動天下, 五伯是也. …… 故齊桓·晉文·楚莊·吳闔閭·越句踐, 是皆僻陋之國也, 威動天下, 彊殆中國."이라는 기록이 있다. 네 번째 주장 또한 춘추시대의 군주들만을 지칭하는 견해로, 제환공(齊桓公), 송양공(宋襄公), 진문공(晉文公), 진목공(秦穆公), 오왕(吳王) 부차(夫差)를 가리킨다. 『한서(漢書)』「제후왕표(諸侯王表)」편에는 "故盛則周·邵相其治, 致刑錯; 衰則五伯扶其弱, 與其守."라는 기록이 있는데, 이에 대한 안사고(顔師古)의 주에서는 "伯讀曰霸. 此五霸謂齊桓·宋襄·晉文·秦穆·吳夫差也."라고 풀이했다.

2) 『맹자』「진심상(盡心上)」: 孟子曰, "堯舜, 性之也, 湯武, 身之也, 五霸, 假之也. 久假而不歸, 惡知其非有也."

3) 『논어』「헌문(憲問)」: 子貢曰, "管仲非仁者與? 桓公殺公子糾, 不能死, 又相之." 子曰, "管仲相桓公, 霸諸侯, 一匡天下, 民到于今受其賜. 微管仲, 吾其被髮左衽矣. 豈若匹夫匹婦之爲諒也, 自經於溝瀆而莫之知也?"

것이지만, 불행하게도 그러함에 이르는 경우가 있으니, 주공이 관숙을 파견하여 결국 은나라 유민들과 배반을 하도록 만든 것은 형제를 사랑함이 지나쳤기 때문이며,[4] 공자가 진나라 사패에게 대답을 하며 소공이 예를 안다고 한 것은 군주의 과실을 숨겨줌이 지나쳤기 때문인데,[5] 이 모두는 정감에서 도출된 것이고, 그 인(仁)함에 대해서 알 수 있다. 도(道)는 인(仁)이 아니라면 성립되지 않고, 의(義)는 사람이 아니라면 시행되지 않는데, 모든 사람들의 행동거지는 반드시 우측을 우선으로 하고 그 이후에 좌측이 뒤따르게 된다. 그렇기 때문에 "인(仁)은 우측이고, 도(道)는 좌측이다."라고 했다.

經文

"道, 有至, 有義, 有考. 至道以王, 義道以霸, 考道以爲無失."
〈014〉

공자가 계속하여 말하길, "도에는 세 가지가 있으니, 첫 번째는 지도(至道)이고, 두 번째는 의도(義道)이며, 세 번째는 고도(考道)이다. 지도로는 왕노릇을 할 수 있고, 의도로는 패주가 될 수 있으며, 고도로는 잘못을 범하지 않을 수 있다."라고 했다.

集說

應氏曰: 至道, 卽仁也. 至道渾而無迹, 故得其渾全精粹以爲王; 義

4) 『맹자』「공손추하(公孫丑下)」: 曰, "周公使管叔監殷, 管叔以殷畔, 知而使之, 是不仁也, 不知而使之, 是不智也. 仁智, 周公未之盡也, 而況於王乎? 賈請見而解之."

5) 『논어』「술이(述而)」: 陳司敗問昭公知禮乎, 孔子曰, "知禮." 孔子退, 揖巫馬期而進之, 曰, "吾聞君子不黨, 君子亦黨乎? 君取於吳爲同姓, 謂之吳孟子. 君而知禮, 孰不知禮?" 巫馬期以告. 子曰, "丘也幸, 苟有過, 人必知之."

道嚴而有方，故得其裁割斷制以爲覇．盡稽古之道，而事不輕擧焉，亦可以無失矣．

응씨가 말하길, ‘지도(至道)’는 인(仁)에 해당한다. 지극한 도는 순전하고 자취가 없다. 그렇기 때문에 순전한 정수를 얻어서 왕노릇을 할 수 있다. 의도(義道)는 엄격하여 방정함이 있다. 그렇기 때문에 가르고 제재하여 패주가 될 수 있다. 옛 도를 살피는 것을 다하여 사안에 있어서 경솔하게 시행하지 않는다면 또한 실수가 없을 수 있다.

石梁王氏曰：義道以覇，非孔子之言．

석량왕씨가 말하길, 의도(義道)를 통해 패주가 된다는 말은 공자의 말이 아니다.

淺見

近按：此倂言仁義，以釋義者天下之制．

내가 살펴보니, 이것은 인과 의를 함께 언급하여 의가 천하의 재단함이라는 뜻을 풀이하였다.

經文

子曰: "以德報德, 則民有所勸. 以怨報怨, 則民有所懲. 詩曰: '無言不讎, 無德不報.' 大甲曰: '民非后, 無能胥以寧. 后非民, 無以辟四方.'" 子曰: "以德報怨, 則寬身之仁也; 以怨報德, 則刑戮之民也."〈011〉 [舊在"天下之利也"之下.]

공자가 말하길, "자신의 덕으로 남의 덕에 보답한다면, 백성들에게는 권면하는 점이 생긴다. 자신의 원망함으로 남의 원망에 대해 갚는다면, 백성들에게는 징벌하는 점이 생긴다. 『시』에서는 '말 중에는 되갚지 않는 것이 없고, 덕 중에는 보답하지 않는 것이 없다.'[1]라 했고, 『서』「태갑」편에서는 '백성들은 군주가 아니라면 서로 바로잡아 편안히 살 수 없다. 군주는 백성이 아니라면 사방을 통치할 수 없다.'[2]"라 했다. 또 공자가 말하길, "자신의 덕으로 남의 원망함을 갚는다면, 자신을 너그럽게 하는 인에 해당한다. 자신의 원망함으로 남의 덕을 갚는다면, 형벌을 받는 백성에 해당한다."라고 했다. [옛 판본에는 "천하의 이로움이다."[3]라고 한 문장 뒤에 수록되어 있었다.]

集說

以論語"以直報怨, 以德報德"之言觀之, 此章恐非夫子之言.

『논어』에서 "정직함으로 원망함을 갚고 덕으로 덕을 갚는다."[4]라고 한

1) 『시』「대아(大雅)·억(抑)」: 無易由言, 無曰苟矣. 莫捫朕舌, 言不可逝矣. 無言不讎, 無德不報. 惠于朋友, 庶民小子. 子孫繩繩, 萬民靡不承.

2) 『서』「상서(商書)·태갑중(太甲中)」: 惟三祀, 十有二月朔, 伊尹以冕服, 奉嗣王歸于亳. 作書曰, 民非后, 罔克胥匡以生. 后非民, 罔以辟四方, 皇天眷佑有商, 俾嗣王克終厥德, 實萬世無疆之休.

3) 『예기』「표기」 010장 : 子言之, "仁者, 天下之表也, 義者, 天下之制也, 報者, 天下之利也."

말로 살펴보면, 이 장의 내용은 아마도 공자의 말이 아닌 것 같다.

方氏曰: 以德報怨, 則忘人之怨, 雖不足以有懲, 而衆將德之而有裕矣, 故曰 '寬身之仁'. 以怨報德, 則忘人之德, 旣不足以有所勸, 而衆且怨之而不容矣, 故曰 '刑戮之民.'"

방씨가 말하길, 덕으로 원망함을 갚는다면 남에 대한 원망을 잊게 되니, 비록 징벌을 하기에는 부족하더라도 백성들은 장차 그것을 덕으로 삼아 너그러움을 갖추게 된다. 그렇기 때문에 "자신을 너그럽게 하는 인(仁)이다."라고 했다. 원망함으로 덕을 갚는다면 남의 덕을 잊게 되니, 이미 권면을 하기에는 부족하고, 백성들 또한 원망하여 포용하지 못한다. 그렇기 때문에 "형벌을 받는 백성이다."라고 했다.

淺見

近按: 此釋報者天下之利, 舊本此章直繼報利之下, 以其類附之. 然所釋先後失次, 故今正之. 義道以覇, 以德報怨等語, 先儒皆以爲非孔子之言.

내가 살펴보니, 이것은 보답하는 예는 천하의 이로움이라고 한 말을 풀이한 것으로, 옛 판본에는 이 장이 단지 보답함이 이로움이라고 한 말 뒤에 연결되어 있었는데, 비슷한 부류이기 때문에 덧붙여둔 것이다. 그러나 풀이함에 있어 선후의 순서가 잘못되었기 때문에 지금 바로잡는다. 의도(義道)로 패주가 된다는 것이나 덕으로 원망함을 갚는다는 등의 말에 대해서 선대 학자들은 모두 공자의 말이 아니라고 여겼다.

---

4) 『논어』「헌문(憲問)」: 或曰, "以德報怨, 何如?" 子曰, "何以報德? 以直報怨, 以德報德."

經文

子言之: "仁有數, 義有長短小大. 中心憯[七感反]怛[多八反], 愛人之仁也. 率法而强[去聲]之, 資仁者也. 詩云: '豐水有芑, 武王豈不仕. 詒厥孫謀, 以燕翼子', 數[上聲]世之仁也. 國風曰: '我今不閱, 皇恤我後', 終身之仁也."〈015〉 [舊在"以爲無失"之下.]

공자가 말하길, "인에는 여러가지가 있으며, 의에는 길고 짧음과 작고 큼의 차이가 있다. 마음에 측은한['憯'자는 '七(칠)'자와 '感(감)'자의 반절음이다. '怛'자는 '多(다)'자와 '八(팔)'자의 반절음이다.] 단서가 나타난 것은 남을 사랑하는 인이다. 법에 따라서 힘써['强'자는 거성으로 읽는다.] 시행하는 것은 남의 인함을 취해서 자신의 선함으로 삼는 자이다. 『시』에서 '풍수가에 차조가 자라나니, 무왕이 어찌 다스리지 않겠는가. 그 후손들에게 계책을 남겨주어, 이로써 후손들을 편안하게 해주고 도와주었도다.'라고 했으니, 여러['數'자는 상성으로 읽는다.] 세대를 거쳐서 전해지는 인이다. 「국풍(國風)」에서 '나도 현재 받아들여지지 않는데, 하물며 나의 후대를 걱정하겠는가.'라고 했으니, 자신에게만 한정된 인이다."라고 했다. [옛 판본에는 "잘못을 범하지 않을 수 있다."[1]라고 한 문장 뒤에 수록되어 있었다.]

集說

仁有數, 言行仁之道, 非止一端, 蓋爲器重, 爲道遠, 隨其所擧之多寡, 所至之遠近, 皆可謂之仁也. 義有長短小大, 言義無定體, 在隨事而制其宜也. 中心憯怛, 惻隱之端也, 故爲愛人之仁. 率循古人之成法而勉强行之, 此爲求仁之事. 資仁, 取諸人以爲善也, 卽上文强仁之意. 詩, 大雅・文王有聲之篇. 言豐水之旁, 以潤澤生芑穀, 喩

1) 『예기』「표기」 014장 : "道, 有至, 有義, 有考. 至道以王, 義道以霸, 考道以爲無失."

養成人才也. 武王豈不官使之乎? 言無遺才也. 聖人爲後嗣計, 莫大於遺之以人才, 是欲傳其孫之謀而燕安翼輔其子耳. 曾玄以下皆孫也. 故夫子以爲數世之仁. 蓋中心憯怛, 所發者深, 故所及者遠也. 國風, 邶風 · 谷風之篇. 今, 詩作躬. 閱, 容也. 言我身且不見容, 何暇憂後事乎? 此但欲以仁終其身而已耳. 蓋勉强資仁, 所發者淺, 故所及者近也.

'인유수(仁有數)'는 인(仁)을 시행하는 도는 한 가지 단서에만 그치는 것이 아니니, 기물이 되었을 때에는 중대하고 도가 되었을 때에는 원대하여, 시행한 것의 많고 적음 또 도달한 곳의 멀고 가까움에 따른다면, 이 모두를 인(仁)이라고 부를 수 있다. "의(義)에는 길고 짧음 및 작고 큰 차이가 있다."는 말은 의(義)에는 고정된 본체가 없어서 그 사안에 따라서 마땅함에 맞춰 제재를 한다는 뜻이다. '중심참달(中心憯怛)'은 측은한 마음의 단서를 뜻하니, 남을 사랑하는 인(仁)이 된다. 옛 사람들이 완성한 법도를 따라서 힘써 시행하는 것은 인(仁)을 구하는 일에 해당한다. '자인(資仁)'은 남에게서 취하여 자신의 선함으로 삼는 것이니, 앞에서 인(仁)을 힘써 시행한다고 한 뜻에 해당한다. 이 시는 『시』「대아(大雅) · 문왕유성(文王有聲)」편이다.[2] 풍수의 곁은 물기가 젖어들어 차조를 생장하게 한다는 뜻으로, 이를 통해 사람의 재주를 길러주고 완성해준다는 사실을 비유하였다. "무왕이 어찌 이곳을 다스리지 않았겠는가?"라는 말은 재주를 빠트리는 일이 없다는 뜻이다. 성인은 후손들을 위해 계획을 세우는데, 훌륭한 인재를 남겨주는 것보다 큰 것이 없으니, 이것은 후손들에게 계책을 전수하여 후손을 편안하게 해주고 도와주고자 했다는 뜻이다. 증손자와 현손자로부터 그 이하의 자손들은 모두 손(孫)이 된다. 그렇기 때문에 공자는 여러 세대가 지나더라도 따라야 할 인(仁)으로 여긴 것이다. 마음에 있는 측은함의 단서가 나타난 것이 깊기 때문에 미치는 것도 멀다. 「국풍(國風)」은 『시』「패풍(邶風) · 곡풍(谷風)」편

2) 『시』「대아(大雅) · 문왕유성(文王有聲)」 : 豐水有芑, 武王豈不仕. 詒厥孫謀, 以燕翼子. 武王烝哉.

이다.[3] '금(今)'자를 『시』에서는 궁(躬)자로 기록했다. '열(閱)'자는 "수용하다."는 뜻이다. 즉 내 자신 또한 수용되지 못하는데, 어느 겨를에 뒷일을 걱정하겠느냐는 의미이다. 이것은 단지 인(仁)으로 생을 마감하기를 바란 것일 뿐이다. 힘써 시행하고 인(仁)을 바탕으로 삼으려고 하는 것은 나타나는 것이 얕기 때문에 미치는 것도 가깝다.

淺見

近按: 此又更端申言仁義, 以明前節首章之義.

내가 살펴보니, 이것은 또한 단서를 바꿔서 인과 의에 대해 거듭 언급하여, 앞 절 첫 장의 뜻을 밝힌 것이다.

---

3) 『시』「패풍(邶風) · 곡풍(谷風)」: 涇以渭濁, 湜湜其沚. 宴爾新昏, 不我屑以. 毋逝我梁, 毋發我笱. 我躬不閱, 遑恤我後.

經文

子曰: "仁之爲器重, 其爲道遠, 擧者能勝[升]也, 行者莫能致也. 取數多者, 仁也. 夫勉於仁者, 不亦難乎? 是故君子以義度[待洛反]人, 則難爲人; 以人望人, 則賢者可知已矣."〈016〉

공자가 말하길, "인의 기물 됨은 무겁고 도가 됨은 멀어서, 그것을 든다면 무게를 감당할['勝'자의 음은 '升(승)'이다.] 수 없고, 걸어간다면 도달할 수 없다. 취하는 방도가 많은 것은 인이다. 무릇 인에 힘써 시행하는 자는 또한 어렵지 않겠는가? 이러한 까닭으로 군자가 의를 통해 남을 헤아린다면['度'자는 '待(대)'자와 '洛(락)'자의 반절음이다.] 그에 걸맞은 사람을 찾기가 어렵고, 사람들이 일반적으로 살펴보는 기준으로 찾는다면, 현명한 점을 알아볼 수 있을 따름이다."라고 했다.

集說

呂氏曰: 管仲之功, 微子之去, 箕子之囚, 比干之死, 皆得以仁名之, 語仁之盡則堯·舜其猶病諸. 此仁所以取數之多也. 以義度人, 盡義以度人者也. 以人望人者, 擧今之人相望也. 盡義以求人, 非聖人不足以當之, 故難爲人; 擧今之人相望, 則大賢愈於小賢, 故賢者可知已.

여씨가 말하길, 관중의 공덕, 미자의 떠남, 기자의 잡힘, 비간의 죽음은 모두 인(仁)이라 부를 수 있는데, 인(仁)의 다함을 말하고자 한다면, 요나 순임금도 오히려 괴로워했을 것이다. 이것이 바로 인(仁)이 그 수를 취함이 많은 이유이다. 의(義)로써 남을 헤아린다는 말은 의(義)를 다하여 남을 헤아리는 것을 뜻한다. 사람으로 사람을 바라본다는 말은 오늘날의 사람들이 서로 바라보는 것을 제시한 말이다. 의(義)를 다하여 사람을 찾는 것은 성인이 아니라면 감당할 수 없다. 그렇기 때문에 그에 걸맞은 사람을 찾기가 어렵다. 현재 사람들이 서로 살피는 것을 기준으로 든다면, 큰 현자는 작은 현자보다 뛰어나다. 그렇기 때문에 현명한 자를 알아볼 수 있을 따름이다.

淺見

近按: 此釋仁有數之意.

내가 살펴보니, 이것은 인에 여러가지가 있다는 뜻을 풀이한 것이다.

經文

子曰: "中心安仁者, 天下一人而已矣. 大雅曰: '德輶如毛, 民鮮克擧之, 我儀圖之. 惟仲山甫擧之, 愛莫助之.' 小雅曰: '高山仰止, 景行[去聲]行止.'" 子曰: "詩之好仁如此, 鄕[去聲]道而行, 中道而廢, 忘身之老也, 不知年數之不足也; 俛焉日有孶孶, 斃而后已."〈017〉

공자가 말하길, "마음으로 인을 편안하게 여기는 자는 천하에 오직 한 사람이 있을 따름이다. 「대아(大雅)」에서는 '덕의 가볍기는 털과 같아서 시행하기가 쉬운데, 백성들 중에는 잘 시행하는 자가 적구나. 내가 그 부류에서 살펴보니, 오직 중산보만이 제대로 시행하여, 그를 아끼지만 도와줄 수 없구나.'라고 했고, 「소아(小雅)」에서는 '높은 산은 우러러보게 되고, 선한 행동은['行'자는 거성으로 읽는다.] 따르게 된다.'"라고 했다. 공자가 말하길, "『시』를 지은 자가 인을 좋아함이 이와 같다. 도를 향해['鄕'자는 거성으로 읽는다.] 시행하다가 힘을 다하여 그만두며 자신의 연로함을 잊으니, 앞으로 살날이 적다는 것을 모르는 것이며, 다른 것을 들어보지 않고 날마다 힘써 노력하고 죽은 이후에야 그만두는 것이다."라고 했다.

集說

大雅, 烝民之篇. 言德之在人, 其輕如毛, 非難能也, 而民少能擧之者, 尹吉甫於儀匹之中圖謀之, 求其能擧德者, 乃惟仲山甫能擧之. 我愛其人, 使其或有不及, 我思效忠以助之, 今吉甫雖愛山甫而欲助之, 而山甫全德, 吉甫無可以致其助者也. 小雅, 車舝之篇. 言有高山, 則人瞻望而仰之; 有景大之德行, 則人視法而行之. 二止字皆語辭. 夫子引此兩詩而贊之曰: "詩人之好仁如此哉!" 中道而廢, 言力竭而止, 若非力竭則不止也. 不足, 少也, 人老則未來之歲月少矣. 俛焉, 無他顧之意. 孶孶, 勤勉之貌. 斃, 死也.

「대아(大雅)」는 『시』「대아(大雅) · 증민(烝民)」편이다.[1] 즉 덕이 사람에게 있어서 그 가벼움은 털과 같아서 잘하기 어려운 것이 아니다. 그런데도 백성들 중에는 잘 시행하는 자가 드문데, 윤길보가 비슷한 부류에서 헤아리고 계획하여, 덕을 잘 시행하는 자를 찾아보니, 오직 중산보만이 잘 시행했다. 내가 그 사람을 아껴서 간혹 미치지 못하는 점이 있다면 내가 그 충심을 본받아서 그를 돕고자 하는 것으로, 현재 윤길보가 비록 중산보를 아껴서 그를 돕고자 하지만, 중산보는 덕이 온전하여 윤길보가 도움을 줄 수 있는 것이 없다는 뜻이다. 「소아(小雅)」는 『시』「소아(小雅) · 거할(車舝)」편이다.[2] 즉 높은 산이 있다면 사람들은 우러러 보게 되고, 아름답고 큰 덕을 시행함이 있다면, 사람들이 그 법도를 살펴서 시행하게 된다는 뜻이다. 이 기록에 나타나는 2개의 '지(止)'자는 모두 어조사이다. 공자는 이러한 두 구절의 시를 인용하고 찬미를 하면서 "『시』를 지은 자가 인(仁)을 좋아함이 이와 같구나!"라고 한 것이다. 중도에 그만둔다는 것은 힘을 다하여 그친다는 뜻이니, 만약 힘을 다하지 않았다면 그치지 않는 것이다. '부족(不足)'은 "적다."는 뜻이니, 사람이 연로하게 되면 앞으로 남은 세월이 적게 된다는 뜻이다. '면언(俛焉)'은 다른 것을 살펴봄이 없다는 뜻이다. '자자(孳孳)'는 열심히 노력하는 모습이다. '폐(斃)'자는 "죽는다."는 뜻이다.

應氏曰: 前章言仁重且遠, 而人不可以全責, 此又摠敍而勸勉之.

응씨가 말하길, 앞에서는 인(仁)이 무겁고 멀며, 사람들에 대해서 온전히 갖추기를 추궁할 수 없다고 했는데, 이곳에서는 또한 총괄적으로 서술하며 노력하기를 독려하는 것이다.

---

1) 『시』「대아(大雅) · 증민(烝民)」: 人亦有言, 德輶如毛, 民鮮克擧之. 我儀圖之. 維仲山甫擧之, 愛莫助之. 袞職有闕, 維仲山甫補之.

2) 『시』「소아(小雅) · 거할(車舝)」: 高山仰止, 景行行止. 四牡騑騑, 六轡如琴. 覯爾新昏, 以慰我心.

淺見

近按: 此下三章皆以仁言. 孔子說詩之言, 眞鄕道之警策也.

내가 살펴보니, 이 이하의 3개 장은 모두 인을 기준으로 언급한 것이다. 공자가 『시』를 설명한 말은 진실로 도를 향하는 경책이 된다.

經文

子曰: "仁之難成久矣! 人人失其所好, 故仁者之過易辭也." 子曰: "恭近禮, 儉近仁, 信近情, 敬讓以行此, 雖有過, 其不甚矣. 夫恭寡過, 情可信, 儉易容也. 以此失之者, 不亦鮮乎? 詩云: '溫溫恭人, 維德之基.'" 〈018〉

공자가 말하길, "인을 이루기 어렵게 된 것이 오래되었구나! 그로 인해 사람들은 좋아해야 할 바를 잃었다. 그러므로 인한 자가 범한 과실은 변별하기가 쉽다."라고 했다. 공자가 말하길, "공손함은 예에 가깝고, 검소함은 인에 가까우며, 신의는 정감에 가까우니, 공경함과 겸양함으로 이것을 시행하면, 비록 과실을 범하더라도 심한 과실은 범하지 않게 된다. 무릇 공손하다면 과실이 적게 되고, 정감이 있다면 믿을 수 있으며, 검소하다면 쉽게 용납이 된다. 이러한 것을 실천하며 실수를 하는 경우는 또한 드물지 않겠는가? 『시』에서는 '온순하고 온순하며 공손한 사람은 덕의 기틀이 된다.'"라고 했다.

集說

仁之難成, 私欲間之也, 私意行, 則所好非所當好, 故曰失其所好也. 苟志於仁, 雖或有過, 其情則善, 故不待多言而可辨, 故曰易辭也. 恭·儉·信三者未足以爲仁, 而亦行仁之資, 曰"不甚"·曰"鮮", 皆勉人致力於此, 可以由此寡過而進德也. 詩, 大雅·抑之篇.

인(仁)을 이루기가 어렵다는 것은 삿된 욕심이 개입했기 때문이니, 삿된 뜻으로 시행한다면, 좋아하는 것은 마땅히 좋아해야 할 것이 아니다. 그렇기 때문에 "좋아함을 잃었다."라고 했다. 만약 인(仁)에 뜻을 둔다면, 비록 잘못이 발생할 수 있지만, 그 정감은 선하기 때문에 많은 말을 하지 않아도 변별할 수 있다. 그렇기 때문에 "말하기가 쉽다."라고 했다. 공손함·검소함·신의라는 세 가지는 인(仁)이 되기에는 부족하지만, 또한 인(仁)을 실천하는 바탕이 된다. 그렇기 때문에 "심하지 않다."라 했고, "드물다."라 한 것이니, 이 모두는 사람들에게 여기에 힘을 다하도록 독려하는 것으로, 이에 따르면 과실이 적게 되고 덕으로 나아갈 수 있다. 시는 『시』「대아(大雅) · 억(抑)」편이다.[1)]

石梁王氏曰: 信近情, 當爲情近信.

석량왕씨가 말하길, "신의가 정감에 가깝다."라 한 말은 마땅히 "정감이 신의에 가깝다."라 해야 한다.

經文

子曰: "仁之難成久矣! 唯君子能之. 是故君子不以其所能者病人, 不以人之所不能者愧人. 是故聖人之制行也, 不制以己, 使民有所勸勉愧恥, 以行其言. 禮以節之, 信以結之, 容貌以文之, 衣服以移[讀爲稱, 尺正反]**之, 朋友以極之, 欲民之有壹也. 小雅曰: '不愧于人, 不畏于天.'"**〈019〉

공자가 말하길, "인을 이루기 어렵게 된 것이 오래되었구나! 오직 군자만이 잘할 수 있다. 이러한 까닭으로 군자는 자신이 잘하는 것으로 남을 피로하게 만들지 않았고, 남이 못하는 것으로 그 사람을 부끄럽게 만들지 않는다. 이러한 까닭으로 성인이 행동규범을 제정할 때에는 자신을 기준으로 제정하지 않아서, 백성들에게 권면하고 부끄럽게 여겨야 할 것을 갖게끔 하여 그 말을 실천하도록 만들었다. 또한 예를 통해 행동을 규범에 맞게 절제하였고, 신의를 통해 뜻을 단단하게 묶었으며, 용모의 꾸밈을 통해 격식에 맞게끔 했고, 의복을 통해 덕에 알맞도록['移'자

1) 『시』「대아(大雅) · 억(抑)」 : 荏染柔木, 言緡之絲. 溫溫恭人, 維德之基. 其維哲人, 告之話言, 順德之行. 其維愚人, 覆謂我僭. 民各有心.

는 '稱'자로 풀이하니, '尺(척)'자와 '正(정)'자의 반절음이다.] 했으며, 벗과 서로 수양하도록 해서 지극함에 이르도록 했으니, 백성들이 한결같음을 지니게끔 하고자 해서이다. 「소아(小雅)」에서는 '남에게 부끄럽지 않으며, 하늘이 두렵지 않은가.'"라고 했다.

集說

呂氏曰: 聖人制行以立教, 必以天下之所能行者爲之法, 所以爲達道也. 惟不制乎己, 故民知跂乎此而有所勸勉, 知不及乎此而有所愧恥, 則於仁也知所向矣. 非特此也, 制禮以節其行而使之齊, 立信以結其志而使之固, 容貌以驗其文之著於外, 衣服以稱其德之有於中, 朋友切磋相成以至於極而後已.

여씨가 말하길, 성인이 행동방침을 제정하여 가르침을 세울 때에는 반드시 천하의 사람들이 모두 잘 할 수 있는 것으로 법도를 삼았으니, 두루 통용되는 도로 삼고자 했기 때문이다. 다만 자신을 기준으로 제정하지 않았기 때문에, 백성들은 여기로 점진적으로 나아가 권면해야 함이 있음을 알게 되었고, 여기에 이르지 않으면 부끄러움이 생긴다는 사실을 알게 되었으니, 인(仁)에 대해서 지향할 바를 알게 된 것이다. 다만 이뿐만 아니라 예를 제정하여 행실을 절도에 맞게 하여 그들을 가지런히 만들었고, 신의를 세워서 뜻을 묶어 단단히 만들었으며, 용모의 꾸밈을 통해 외적으로 문채가 드러나는 것을 증험하였고, 의복을 통해서 마음에 갖추고 있는 덕에 알맞게끔 했으며, 벗들과 서로 수양하고 이루어서 지극함에 이르게 한 이후에야 그쳤다.

應氏曰: 五者輔道而夾持之, 欲其趨向之專一也. 縱有懈息而欲爲惡者, 獨不愧于人而畏于天乎? 小雅, 何人斯之篇.

응씨가 말하길, 다섯 가지가 돕고 이끌며 보조를 해주는 것은 지향함이 전일하기를 바란 것이다. 나태함이 발생하여 나쁜 짓을 저지르고자 한다면, 남에게 부끄럽지 않고 하늘이 두렵지 않겠는가? 「소아(小雅)」는

『시』「소아(小雅)·하인사(何人斯)」편이다.[2)]

淺見

近按: 上章言衆人之失, 此章言君子之能, 則仁非終不可成者也.

내가 살펴보니, 앞에서는 백성들의 잘못을 언급하였고, 이 장에서는 군자가 잘하는 것을 언급했으니, 인이라는 것은 끝내 이루지 못할 것이 아니다.

---

2) 『시』「소아(小雅)·하인사(何人斯)」: 彼何人斯, 胡逝我陳. 我聞其聲, 不見其身. 不愧于人, 不畏于天.

經文

"是故君子服其服, 則文以君子之容; 有其容, 則文以君子之辭; 遂其辭, 則實以君子之德. 是故君子恥服其服而無其容, 恥有其容而無其辭, 恥有其辭而無其德, 恥有其德而無其行[去聲]. 是故君子衰絰則有哀色, 端冕則有敬色, 甲冑則有不可辱之色. 詩云: '維鵜在梁, 不濡其翼. 彼其之子, 不稱其服.'" 〈020〉

공자가 계속하여 말하길, "이러한 까닭으로 군자는 해당 복상을 입게 되면, 군자다운 용모를 통해 문식을 꾸미고, 군자의 용모를 갖추게 되면, 군자다운 말로 문식을 꾸미며, 군자의 말을 실천하게 되면 군자다운 덕으로 채운다. 이러한 까닭으로 군자는 해당 복장을 입고도 군자다운 용모가 없는 것을 부끄럽게 여기고, 군자다운 용모를 갖추되 군자다운 말을 못하는 것을 부끄럽게 여기며, 군자다운 말을 하더라도 군자다운 덕이 없는 것을 부끄럽게 여기고, 군자다운 덕을 갖췄어도 군자다운 행동이['行'자는 거성으로 읽는다.] 없는 것을 부끄럽게 여긴다. 이러한 까닭으로 군자가 상복을 입게 되면 슬퍼하는 표정이 나타나고, 단면을 입게 되면 공경스러운 표정이 나타나며, 갑옷을 입게 되면 남이 욕보일 수 없는 표정이 나타난다. 『시』에서는 '저 제호라는 새가 물고기 잡는 기구 위에 있어서, 그 날개를 적시지 않았구나. 저러한 사람은 그 복장에 걸맞지 않구나.'"라고 했다.

集說

此承上文容貌衣服而言, 欲有其德行以實之也. 德, 謂得之於己. 行, 謂見之於事. 詩, 曹風·候人之篇. 鵜, 鵜鶘也, 俗名淘河. 鵜鶘常入水中食魚, 今乃在魚梁之上, 竊人之魚以食, 未嘗濡濕其翼, 如小人居高位以竊祿, 而不稱其服也.

이 내용은 앞에서 용모와 의복을 말한 것을 이어서 한 말이니, 덕과 행실을 갖춰 채우기를 바란 것이다. '덕(德)'은 자신이 터득하는 것이다. '행(行)'은 그 사안을 통해 드러내는 것이다. 이 시는 『시』「조풍(曹風)·후인(候人)」편이다.[1] '제(鵜)'는 제호(鵜鶘)라는 새인데, 세속에서는 도하(淘河)라고도 부른다. 제호는 항상 물로 들어가서 물고기를 잡아먹는데, 현재 물고기를 잡기 위해 한쪽으로만 터놓은 곳 위에 있어서, 장치를 설치한 자가 잡은 물고기를 훔쳐 먹으니, 일찍이 날개를 적신 적이 없는 것으로, 마치 소인이 높은 지위에 있어서 녹봉을 훔치고, 해당 복장에 어울리지 않는 것과 같다.

淺見

近按: 右極言仁道之大, 以申釋之.

내가 살펴보니, 여기까지는 인도의 큼을 지극히 언급하여 거듭 풀이한 것이다.

1) 『시』「조풍(曹風)·후인(候人)」: 維鵜在梁, 不濡其翼. 彼其之子, 不稱其服.

經文

子言之: "君子之所謂義者, 貴賤皆有事於天下. 天子親耕, 粢盛·秬鬯, 以事上帝, 故諸侯勤以輔事於天子."〈021〉

공자가 말하길, "군자가 말하는 의라는 것은 존귀한 자나 미천한 자 모두 천하에 대해 일삼음이 있는 것이다. 그래서 천자가 직접 경작을 하여 자성과 거창을 만들어 상제를 섬기기 때문에 제후들도 부지런히 노력하여 천자를 보필하는 것이다."라고 했다.

集說

應氏曰: 義者, 截然正方而無偏私也. 知賤之事貴, 而不知貴之率賤, 豈絜矩之道哉? 故天子竭力致敬以事乎上帝, 則諸侯亦服勤以輔乎天子也.

응씨가 말하길, '의(義)'라는 것은 확연히 바르고 방정하여 치우침이나 사사로움이 없는 것이다. 미천한 자가 존귀한 자를 섬겨야 함을 알지만, 존귀한 자가 미천한 자를 통솔해야 함을 모른다면 어찌 혈지구도라 하겠는가? 그러므로 천자가 힘을 다하고 공경함을 지극히 해서 상제를 섬긴다면, 제후들 또한 복종하고 노력하여 천자를 보필하게 된다.

淺見

近按: 此又更端專以義言.

내가 살펴보니, 이 또한 단서를 바꿔서 전적으로 의를 기준으로 언급한 것이다.

經文

子曰: “下之事上也, 雖有庇民之大德, 不敢有君民之心, 仁之厚也. 是故君子恭儉以求役仁, 信讓以求役禮, 不自尚其事, 不自尊其身, 儉於位而寡於欲, 讓於賢, 卑己而尊人, 小心而畏義, 求以事君, 得之自是, 不得自是, 以聽天命. 詩云: ‘莫莫葛藟[力水反], 施[異]于條枚. 凱弟君子, 求福不回.’ 其舜·禹·文王·周公之謂與. 有君民之大德, 有事君之小心. 詩云: ‘惟此文王, 小心翼翼. 昭事上帝, 聿懷多福. 厥德不回, 以受方國.’”〈022〉

공자가 말하길, “아랫사람이 윗사람을 섬김에 있어서, 비록 백성들을 감싸주는 큰 덕을 갖추고 있더라도, 감히 백성들에게 군주노릇을 하려는 마음을 갖지 않으니, 이것은 인이 두터운 것이다. 이러한 까닭으로 군자는 공손함과 검소함으로 인을 실천하길 구하고, 신의와 겸양으로 예를 실천하길 구하며, 스스로 자신이 시행하는 일을 높이지 않고, 스스로 자신을 존귀하게 높이지 않으며, 지위에 있어서는 검소하고 욕심은 줄이며, 현명한 자에게 양보하고, 자신을 낮추고 상대를 존귀하게 높이며, 마음을 조심하고 의를 두려워하여, 군주 섬기기를 구하고, 이것을 얻게 되면 스스로 옳음을 시행하고 이것을 얻지 못하더라도 스스로 옳음을 시행하여, 천명을 듣는다. 『시』에서는 ‘무성하고 무성한 저 칡과 등나무가[‘藟’자는 ‘力(력)’자와 ‘水(수)’자의 반절음이다.] 가지와 줄기에 덩굴을 휘감고[‘施’자의 음은 ‘異(이)’이다.] 있구나. 화락한 군자가 복을 구함이 사벽하지 않구나.’라고 했는데, 순임금·우임금·문왕·주공을 뜻할 것이다. 그들은 백성들에게 군주노릇을 할 정도의 큰 덕을 갖추고 있었고, 군주를 섬기는 조심스러운 마음까지도 갖추고 있었다. 또 『시』에서는 ‘이러한 문왕만이 마음을 조심하여 공손하고 공손하다. 상제를 밝게 섬겨서 많은 복이 오도록 했구나. 그 덕이 사벽하지 않아서 사방의 제후국을 받아들였도다.’”라고 했다.

集說

役, 猶爲也. 得之不得, 卽中庸獲乎上不獲乎上也. 詩, 詩大雅・旱麓之篇. 莫莫, 茂密也. 藟似葛, 枝曰條, 幹曰枚, 嚴氏云: "是葛也藟也, 乃蔓於木之枝榦, 喩文王憑先祖之功而起也. 文王凱樂弟易, 其求福不回邪也. 表記言得之自是, 不得自是, 以聽天命, 遂引此章, 蓋有一毫覬倖之心則邪矣." 詩, 大雅・大明之篇. 言文王小心翼翼然, 恭敬以明事上帝, 遂能懷來多福. 蓋其德不回邪, 故受此四方侯國之歸也.

'역(役)'자는 "시행하다."는 뜻이다. 얻는다는 말과 얻지 못한다는 말은 『중용』에서 윗사람에게 신임을 얻는다는 것과 윗사람에게 신임을 얻지 못한다는 말에 해당한다.[1] 앞의 시는 『시』「대아(大雅)・한록(旱麓)」편이다.[2] '막막(莫莫)'은 무성하고 빽빽하다는 뜻이다. 등나무는 칡과 유사하며, 가지를 '조(條)'라 부르고 줄기를 '매(枚)'라 부르는데, 엄씨는 "이러한 칡과 등나무는 나무의 가지와 줄기에 덩굴을 휘감는데, 이것은 문왕이 선조들의 공업에 힘입어 왕업을 일으킨 것을 비유한다. 문왕은 화락하고 평이하며 도가 두터워서 그가 복을 구함에는 사벽하지 않았다. 「표기」에서는 '이것을 얻으면 스스로 옳음을 시행하고 얻지 못해도 스스로 옳음을 시행하여 천명을 듣는다.'라고 하며 이 구절을 인용했으니, 한 터럭이라도 요행을 바라는 마음이 있다면 사벽하게 되기 때문이다."라고 했다. 뒤의 시는 『시』「대아(大雅)・대명(大明)」편이다.[3] 즉 문왕은 마음을 조심하며 공손하고 공손하게 하여, 공경을 통해 상제를 밝게 섬겨서 결국 많은 복이 오도록 할 수 있었다는 뜻이다. 그의 덕이

1) 『중용』「20장」: 在下位不獲乎上, 民不可得而治矣. 獲乎上有道, 不信乎朋友, 不獲乎上矣. 信乎朋友有道, 不順乎親, 不信乎朋友矣. 順乎親有道, 反諸身不誠, 不順乎親矣. 誠身有道, 不明乎善, 不誠乎身矣.

2) 『시』「대아(大雅)・한록(旱麓)」: 莫莫葛藟, 施于條枚. 豈弟君子, 求福不回.

3) 『시』「대아(大雅)・대명(大明)」: 維此文王, 小心翼翼. 昭事上帝, 聿懷多福. 厥德不回, 以受方國.

사벽하지 않았기 때문에 사방의 제후국이 귀의하는 것을 받게 되었다.

應氏曰: 數章之內自“恭近禮 · 儉近仁 · 信近情”之后, 又言“恭儉役仁 · 信讓役禮”, 曰“自卑而尊人”, 又曰“自卑而民敬尊之”, 曰“不自尙其事 · 不自尊其身”, 又曰“不自大其事 · 不自尙其功.”

응씨가 말하길, 여러 장들을 살펴보면 “공손함은 예에 가깝고, 검소함은 인에 가까우며, 신의는 정감에 가깝다.”라고 한 말로부터 그 이후로 재차 “공손함과 검소함으로 인을 시행하고, 신의와 겸양으로 예를 시행한다.”라 했고, “스스로를 낮춰서 남을 존귀하게 대한다.”라 했으며, 재차 “스스로를 낮춰서 백성들이 공경하며 높인다.”라 했고, “스스로 그 일을 높이지 않고 스스로 자신을 높이지 않는다.”라 했으며, 재차 “스스로 그 일을 크게 여기지 않고, 스스로 그 공덕을 높이지 않는다.”라 했다.

淺見

近按: 此言畏義事上之事, 以釋前章之義.

내가 살펴보니, 이것은 의를 두려워하여 윗사람을 섬기는 사안을 언급하여 앞 장의 뜻을 풀이한 것이다.

經文

子曰: "先王謚以尊名, 節以壹惠, 恥名之浮於行也. 是故君子不自大其事, 不自尚其功, 以求處情; 過行[去聲]弗率, 以求處厚; 彰人之君而美人之功, 以求下賢. 是故君子雖自卑而民敬尊之." 子曰: "后稷, 天下之爲烈也, 豈一手一足哉? 唯欲行之浮於名也, 故自謂便人."〈023〉

공자가 말하길, "선왕은 시호를 정하여 명성을 존귀하게 드날렸고, 절제하여 선함을 전일하게 했으며, 명성이 실천보다 커지는 것을 부끄럽게 여겼다. 이러한 까닭으로 군자는 스스로 자신의 사업을 크다고 여기지 않았고, 스스로 자신의 공적을 높이지 않아서, 이를 통해 실정에 부합되기를 구했다. 또 지나치게 높은 행동은['行'자는 거성으로 읽는다.] 따르지 않음으로써 두터운 곳에 처하기를 구했다. 또 남의 선함을 드러내고 남의 공적을 찬미하여 현자보다 낮추기를 구했다. 이러한 까닭으로 군자는 비록 스스로를 낮추지만 백성들이 존경하는 것이다."라고 했다. 공자가 말하길, "후직은 천하에 공적을 미쳤으니, 어찌 한 사람의 손이나 발로 따라할 수 있는 것이겠는가? 후직은 오직 실천이 명성보다 높아지기를 원했기 때문에, 자신을 가리켜 백성들의 일을 익숙히 익힌 '편인(便人)'이라 불렀다."라고 했다.

集說

謚以尊名, 爲義謚以尊顯其聲名也. 壹, 專也. 惠, 善也. 善行雖多, 難以枚擧, 但節取其大者以專其善, 故曰節以壹惠也. 以求處情, 謂君子所以不自大尚其事功者, 以求處情實, 不肯虛爲矯飾也. 過行弗率, 以求處厚者, 謂若有過高之行, 則不敢率循, 惟求以處乎篤實之道而已, 本分上不可加毫末也. 后稷敎民稼穡, 爲周之始祖, 其功烈之在天下, 豈一人之手, 一人之足, 遵而用之哉? 固當以仁聖自居矣, 惟欲行過於名也, 故自謂便習民事之人而已."

"시호를 통해서 이름을 높인다."는 말은 아름다운 시호를 정하여 그 명성을 존귀하게 드날린다는 뜻이다. '일(壹)'자는 "전일하다."는 뜻이다. '혜(惠)'자는 선(善)을 뜻한다. 선한 행동이 비록 많더라도 모든 것을 제시하기는 어려운데, 다만 그 중에서도 큰 것을 조절하고 취하여 선함을 오로지하기 때문에 "절제하여 선을 오로지한다."라고 했다. "이로써 실정에 처하기를 구한다."는 말은 군자가 스스로 자신의 일과 공덕을 크게 여기거나 높이지 않는 것은 이를 통해 실정에 합당하게 되기를 구하고, 헛되이 아름답게만 포장하기를 기꺼워하지 않는다는 뜻이다. "지나친 행동을 따르지 않음으로써 두터운 곳에 처하기를 구한다."는 말은 만약 지나치게 높은 행실이 있다면, 감히 따르지 않고 오직 돈독하고 두터운 도에 처하기만을 구할 따름이니, 본분에 있어서 조금의 것도 더할 수 없다는 의미이다. 후직은 백성들에게 농사짓는 법을 가르쳐주었고,[1] 주나라의 시조가 되었으며, 그의 공적은 천하에 영향을 미쳤으니, 어찌 한 사람의 손이나 한 사람의 발로 그에 따라 시행할 수 있겠는가? 진실로 인(仁)한 성인이어야만 스스로 자처할 수 있고, 오직 실천이 명성보다 앞서기를 원했기 때문에, 스스로 백성의 일을 익숙하게 익혔던 사람일 뿐이라고 했던 것이다.

淺見

近按: 此擧節惠定謚之法, 以見君子終始畏義之事, 又引后稷之烈, 以結貴賤皆有事於天下之義也.

내가 살펴보니, 이것은 시호를 내려주고 시호를 확정하는 예법을 제시하여, 군자가 시종일관 의를 두려워하는 사안을 드러내고, 또 후직의 공적을 인용하여, 귀천에 상관없이 모두 천하에 대해 일삼음이 있다는 뜻을 결론 맺은 것이다.

1) 『맹자』「등문공상(滕文公上)」: 后稷教民稼穡, 樹藝五穀, 五穀熟而民人育.

經文

子言之: "君子之所謂仁者, 其難乎! 詩云: '凱弟君子, 民之父母.' 凱以强[平聲]敎之, 弟以說[悅]安之. 樂[洛]而毋荒, 有禮而親, 威莊而安, 孝慈而敬, 使民有父之尊, 有母之親, 如此而后, 可以爲民父母矣, 非至德其孰能如此乎?"〈024〉

공자가 말하길, "군자가 말하는 인이란 그처럼 어렵단 말인가! 『시』에서는 '화락하고 평이한 군자는 백성의 부모로다.'라고 했는데, 화락함으로 굳세게['强'자는 평성으로 읽는다.] 가르치고, 평이함으로 기쁘고['說'자의 음은 '悅(열)'이다.] 편안하게 해준다. 즐겁지만['樂'자의 음은 '洛(락)'이다.] 지나친 곳으로 흐르는 일이 없고, 예를 갖췄지만 친애하며, 위엄과 장엄함을 갖추지만 편안하게 해주고, 효와 자애로움을 실천하지만 공경하여, 백성들로 하여금 부친의 존엄함을 갖추고, 모친의 친애함을 갖추게 했으니, 이처럼 한 이후에야 백성의 부모가 될 수 있다. 그런데 지극한 덕을 갖춘 성인이 아니라면, 그 누가 이처럼 할 수 있겠는가?"라고 했다.

集說

呂氏曰: 强敎之者, 以道驅之, 如佚道使民, 雖勞不怨者也. 說安之者, 得其心之謂也, 說以使民, 民忘其勞; 說以犯難, 民忘其死者也. 樂, 說安也, 毋荒則有敎矣; 威莊, 强敎也; 安則說矣; 孝慈, 說也, 敬則有敎矣. 强敎則父之尊存焉, 說安則母之親存焉. 此言君子仁民之道如此, 非聖人莫能與也.

여씨가 말하길, 굳셈으로 가르친다는 말은 도를 통해 인도하는 것이니, 마치 "편안하게 해주는 도로 백성들을 부리면 비록 수고롭더라도 원망하지 않는다."[1]는 말과 같다. 기쁨으로 편안하게 해준다는 말은 그 마음을 얻는다는 뜻이니, 기쁨으로 백성들을 부리면 백성들이 수고로움을 잊고, 기쁨으로 어려움을 범하면 백성들이 죽음을 잊는다는 뜻이다.[2] '낙(樂)'자는 기뻐하며 편안하게 해준다는 뜻인데, 지나침에 빠지는 일이 없다면 가르침이 있게 된다. 위엄을 갖추고 장엄하게 하는 것은 굳세게 가르치는 일이다. 편안하게 해주면 기뻐한다. 효와 자애로움을 펼치면 기뻐하는데, 공경한다면 가르침이 있게 된다. 굳세게 가르친다면 부친에 대한 존경함이 있게 되고, 기뻐하며 편안하게 해주면 모친에 대한 친애함이 있게 된다. 이 문장은 군자가 백성들을 인(仁)하게 하는 도가 이와 같으니, 성인이 아니라면 이러한 것에 참여할 수 없음을 뜻한다.

淺見

近按: 此又更端, 申言仁道之大.

내가 살펴보니, 이 또한 단서를 바꿔서 인과 도의 큼을 거듭 말한 것이다.

---

1) 『맹자』「진심상(盡心上)」: 孟子曰, "以佚道使民, 雖勞不怨. 以生道殺民, 雖死不怨殺者."

2) 『역』「태괘(兌卦)」: 彖曰, 兌, 說也. 剛中而柔外, 說以利貞. 是以順乎天而應乎人. 說以先民, 民忘其勞, 說以犯難, 民忘其死, 說之大, 民勸矣哉!

經文

"今父之親子也, 親賢而下無能; 母之親子也, 賢則親之, 無能則憐之. 母親而不尊, 父尊而不親. 水之於民也, 親而不尊; 火尊而不親. 土之於民也, 親而不尊; 天尊而不親. 命之於民也, 親而不尊; 鬼尊而不親."〈025〉

공자가 계속하여 말하길, "현재 부친이 자식을 친애함에 있어서 현명한 자식은 친애하지만 무능한 자식은 천시한다. 모친이 자식을 친애함에 있어서도 자식이 현명하다면 친애하지만 무능하다면 불쌍히 여긴다. 모친은 친근한 존재이지만 존엄하지는 않고, 부친은 존엄한 존재이지만 친근하지는 않다. 물은 백성에 대해서 친근하지만 존엄하지는 않고, 반면 불은 존엄하지만 친근하지는 않다. 또 땅은 백성에 대해서 친근하지만 존엄하지는 않고, 반면 하늘은 존엄하지만 친근하지는 않다. 또 명은 백성에 대해서 친근하지만 존엄하지는 않고, 반면 귀신은 존엄하지만 친근하지는 않다."라고 했다.

集說

下無能, 賤其無能之子也.

'하무능(下無能)'은 무능한 자식을 천시한다는 뜻이다.

應氏曰: 命者, 造化所以示人者也, 顯而易見, 故人玩之; 鬼幽而難側, 故人畏之. 或曰: "命, 謂君之敎令, 故下文言夏道尊命."

응씨가 말하길, '명(命)'은 조화롭게 하여 사람들에게 보여주는 것이다. 드러나서 쉽게 볼 수 있기 때문에 사람들이 경시하게 된다. 귀식은 그윽하여 헤아리기 어렵기 때문에 사람들이 두려워한다. 혹자는 "'명(命)'은 군주가 내리는 교화와 명령이라는 뜻이기 때문에 아래문장에서 '하나라의 도는 명령을 존엄하게 높인다.'라고 했다."고 주장한다.

淺見

近按: 此因上文父尊而母親之言，以推衍之，申明仁親而義尊之意也.

내가 살펴보니, 이것은 앞 문장에서 부친은 존엄하고 모친은 친근하다고 했던 말에 따라서, 그것을 미루어 부연하여 인은 친근하고 의는 존엄하다는 뜻을 거듭 밝힌 것이다.

經文

子曰: "夏道尊命, 事鬼敬神而遠[去聲]之, 近人而忠焉, 先祿而後威, 先賞而後罰, 親而不尊. 其民之敝, 惷[尸容反]而愚, 喬[驕]而野, 朴而不文. 殷人尊神, 率民以事神, 先鬼而後禮, 先罰而後賞, 尊而不親. 其民之敝, 蕩而不靜, 勝而無恥. 周人尊禮尙施[去聲], 事鬼敬神而遠之, 近人而忠焉, 其賞罰用爵列, 親而不尊; 其民之敝, 利而巧, 文而不慚, 賊而蔽."〈026〉

공자가 말하길, "하나라의 도는 명령을 존엄하게 높여서, 귀신을 섬기고 공경하여 멀리['遠'자는 거성으로 읽는다.] 대했고, 사람을 가까이 하여 진심을 다했으니, 녹봉을 앞세우고 위엄을 뒤로 미뤘으며, 상을 앞세우고 벌을 뒤로 미뤄서, 친근하였지만 존엄하지는 않았다. 결국 백성들에게 나타난 폐단은 우둔하고['惷'자는 '尸(시)'자와 '容(용)'자의 반절음이다.] 어리석게 되었으며, 교만하고['喬'자의 음은 '驕(교)'이다.] 비루하게 되었으며, 질박하여 격식을 따지지 않게 되었다. 은나라는 이러한 폐단을 바로잡고자 귀신을 존엄하게 높여서, 백성들을 통솔하여 신을 섬겼으니, 귀신에 대한 것을 앞세우고 예를 뒤로 미뤘으며, 형벌을 앞세우고 상을 뒤로 미뤄서, 존엄하였지만 친근하지는 않았다. 결국 백성들에게 나타난 폐단은 방탕하여 정숙하지 않았고, 격식만 앞서서 부끄러움이 없어졌다. 주나라는 이러한 폐단을 바로잡고자 예를 존엄하게 높이고 베푸는['施'자는 거성으로 읽는다.] 것을 숭상하여, 하나라 때처럼 귀신을 섬기고 공경하여 멀리 대했고, 사람을 가까이 하여 진심을 다했는데, 상과 형벌에 있어서는 선후를 따지지 않았고 작위의 서열에 따라서, 친근하였지만 존엄하지는 않았다. 결국 백성들에게 나타난 폐단은 이로움을 따라서 교묘해졌고, 격식만을 따져서 부끄러워함이 없어졌으며, 해를 끼쳐 이치에 어둡게 되었다."라고 했다.

集說

先祿後威, 先賞後罰, 皆是忠厚感人之意. 故民雖知親其上, 而尊君之意則未也, 故曰"親而不尊." 惷愚驕傲鄙野質朴之敝, 皆忠之末流也. 殷人欲矯其敝, 故以敬畏爲道, 以事神之道率民, 先其鬼之不可知者, 後其禮之可知者; 先其罰之可畏, 後其賞之可慕. 尊則尊矣, 而親愛之情, 則無由生也, 故曰"尊而不親." 流蕩而不知靜定之所者, 尊上鬼神之蔽; 務自勝以免刑而無恥者, 先罰後賞之敝也. 周人見其然, 故尊禮以矯後禮之失, 尙施惠以爲恩, 亦如夏時之近人而忠, 其賞罰亦無先後, 但以爵列之高下爲準, 如車服土田之賞有命數之異, 刑罰之施有八辟之議, 及命夫命婦不躬坐獄訟之類, 皆是也. 故亦如夏世之親而不尊, 其後民皆便利而多機巧, 美文辭而言之不怍, 賊害而蔽於理, 皆尊禮大過, 文沒其實之所致.

녹봉을 먼저 하고 위엄을 뒤에 하며, 상을 먼저 하고 벌을 뒤에 한다는 것은 모두 충심이 두터워서 사람을 감동시킨다는 뜻이다. 그렇기 때문에 백성들이 비록 윗사람에 대해 친애해야 함을 알았지만, 군주를 존경해야 한다는 뜻에 대해서 아직 잘하지 못했다. 그러므로 "친근하게 여겼지만 존엄하게 여기지는 않았다."라고 했다. 어리석고 교만하며 비루하고 질박한 폐단은 모두 충심이 말단으로 흐른 병폐에 해당한다. 은나라는 그 폐단을 바로잡으려고 했다. 그렇기 때문에 공경함과 두려움을 도로 삼고, 귀신을 섬기는 도로써 백성들을 통솔하여, 알 수 없는 귀신에 대한 것을 먼저 하고, 알 수 있는 예에 대한 것을 뒤로 했으며, 두려워할 만한 형벌을 먼저 하고 사모할 수 있는 상을 뒤로 했다. 존엄하게 하면 존엄해지지만, 친애하는 감정은 생겨날 곳이 없게 된다. 그렇기 때문에 "존엄하게 여겼지만 친근하게 여기지는 않았다."라고 했다. 방탕하게 흘러 고요하고 안정되어야 할 곳을 모르는 것은 윗사람을 존경하고 귀신을 섬길 때 나타나는 폐단이며, 스스로 뛰어나게 되는데 힘써서 형벌을 면하고도 부끄러움이 없게 되는 것은 형벌을 먼저 하고 상을 뒤에 할 때 나타나는 폐단이다. 주나라는 이러한 연유를 보았기 때문에 예를 존귀하게 높여서 예를 뒤로 했던 실수를 바로잡으려고 했고, 은혜 베푸는 것을 숭상하여 은정으로 삼았으니, 또한 하나라 때처럼 사람을 가까이 하여 충심을 다했던 것과 같고, 상벌에 있어서도 선후의 차이를 두지 않았지만, 작위의 서열을 준칙으로 삼았으니, 예를 들어 수레나 의복 및 전답 등을 하사함에 있어서도 명(命)의 등급에 따른 차이를 두었고, 형벌을 시행함에 있어서도 팔벽(八辟)의 의론을 두었으며, 명부(命夫)[1]와 명부(命婦)가 직접 옥송(獄訟)을 받지 않게 한 부류[2] 등은 모두 여기에 해당한다. 그러므로 하나라 때처럼 친근하게 여겼지만 존엄하게 여기지는 않았으니, 그 이후에 백성들은 모두 이로움만 따라 대체로 요령을 부렸고, 말을 아름답게 치장하여 말하더라도 부끄러워하지 않았으며, 해를 당해 이치에 어둡게 되었으니, 이 모두는 예를 너무 지나치게 존엄하게 하여, 격식이 실질의 이름을 없애게 된 것이다.

應氏曰: 三代之治, 其始各有所尊, 其終各有所敝. 夏之道, 惟思盡心於民, 惟恐人之有所不正, 不得不重其文告之命, 遠神近人, 後威先祿, 皆其忠實之過而徇於近也. 近則失之玩, 故商矯之而尊神焉. 君民上下情不相接, 率民事神, 先鬼先罰, 後禮後賞, 而遠於物也. 遠則失於亢, 故周矯之而尊禮焉. 禮文委曲而徇人, 禮繁文勝, 利巧而賊, 其蔽又有甚者焉. 凡此非特見風氣旣開, 而澆漓之日異, 抑亦至德之不復見而已歟.

응씨가 말하길, 삼대 때의 다스림에 있어서 시작할 때에는 각각 존귀하

1) 명부(命夫)는 천자로부터 작명(爵命)을 받은 남자를 일컫는 용어이다. 내명부(內命夫)와 외명부(外命夫)로 나뉘는데, 내명부는 경(卿), 대부(大夫), 사(士)들 중에서 천자의 궁중(宮中)에서 근무하는 자들을 가리키고, 조정(朝廷)에 있는 자들을 외명부라고 부른다. 『주례』「천관(天官)·혼인(閽人)」편에는 "凡外內命夫命婦出入, 則爲之闢."이라는 기록이 있는데, 이에 대한 가공언(賈公彦)의 소(疏)에는 "內命夫, 卿大夫士之在宮中者, 謂若宮正所掌者也. 對在朝卿大夫士爲外命夫."라고 풀이하였다.

2) 『주례』「추관(秋官)·소사구(小司寇)」: 凡命夫命婦, 不躬坐獄訟.

게 높이는 것이 있었지만, 끝에 가서는 각각 폐단이 발생하였다. 하나라 때의 도에서는 오직 백성들에 대해서 마음을 다할 것을 생각하여, 사람들에게 바르지 못함이 생길까를 염려하여, 격식에 맞춰 알리는 명령을 중시여기지 않을 수 없었고, 신을 멀리 대하고 사람을 가까이 대하며, 위엄을 뒤로 하고 녹봉을 먼저 했으니, 이것은 모두 충실하고 진실함이 지나쳐서 가까운 것에만 따른 것이다. 가깝게 대하면 경시하는 잘못을 범한다. 그렇기 때문에 은나라 때에는 그것을 바로잡아서 신을 존귀하게 높였다. 군주와 백성 및 상하 계층의 정감이 서로 접하지 않았는데, 백성들을 통솔하여 신을 섬겼고, 신을 먼저 하고 벌을 먼저 하며 예를 뒤에 하고 상을 뒤에 하여 사물에 대해서는 멀어졌다. 멀어지면 너무 고원해지는 잘못을 범한다. 그렇기 때문에 주나라 때에는 그것을 바로잡아서 예를 존귀하게 높였다. 예의 격식은 자세하게 갖춰져서 사람의 실정에 따랐는데, 예가 번잡해지고 격식이 너무 지나쳐져서 이로움만 쫓아서 해를 끼치니, 그 폐단 또한 심각함이 발생했다. 무릇 이러한 것들은 단지 사회의 기풍이 헤이해진 것을 드러낼 뿐만 아니라, 경박함이 날로 차이를 보이는 것이며, 그것이 아니라면 또한 지극한 덕을 갖춘 자가 다시 출현하지 않았기 때문일 것이다.

石梁王氏曰: 此一章, 未敢信以爲孔子之言.

석량왕씨가 말하길, 이곳 문장은 감히 공자의 말이라 여길 수 없다.

淺見

近按: 此下又引三代, 以明仁親義尊之事也.

내가 살펴보니, 이 문장 아래에서는 또한 삼대 때의 일화를 인용하여 인은 친근하고 의는 존엄하다는 사안을 밝히고 있다.

經文

子曰: "夏道未瀆辭, 不求備, 不大望於民, 民未厭其親. 殷人未瀆禮, 而求備於民. 周人强[上聲]民, 未瀆神, 而賞爵刑罰窮矣."〈027〉

공자가 말하길, "하나라의 도는 명령에 대해서 아직 지나치게 친근하게 여기지 않았고, 갖추기를 요구하지 않았으며, 백성들에게 크게 바라지 않았으니, 백성들은 친근한 자에 대해서 아직 싫어하지 않았다. 은나라 때에는 예에 대해서 아직 지나치게 친근하게 여기지 않았지만 백성들에게 갖추기를 요구하였다. 주나라 때에는 백성들에게 강요를['强'자는 상성으로 읽는다.] 했고, 신에 대해서 아직 지나치게 친근하게 여기지 않았지만, 상과 작위를 하사하고 형벌 내리는 것을 상세히 갖췄다."라고 했다.

集說

未瀆辭, 以其尊命也; 未瀆禮, 以其後禮也; 未瀆神, 以其敬神而遠之也. 不求備, 不大望於民, 卽省刑罰薄稅斂之事. 未厭其親, 尊君親上之心自不能忘也. 言夏之民未厭其親, 則殷·周之民不然矣. 强民, 言殷民不服, 而成王·周公化之之難也. 賞爵刑罰之制, 至周而詳悉備具, 無以復加, 故曰窮矣. 窮, 極也. 一說: 賞爵不能勸善, 刑罰不能止惡, 故曰窮.

명령을 아직 지나치게 친근하게 여기지 않았다는 것은 명령을 존엄하게 높였기 때문이며, 예를 아직 지나치게 친근하게 여기지 않았다는 것은 예를 뒤로 미뤘기 때문이고, 신에 대해 아직 지나치게 친근하게 여기지 않았다는 것은 신을 공경하되 멀리 대했기 때문이다. 갖추기를 구하지 않고 백성에게 크게 바라지 않았다는 것은 형벌을 줄이고 세금을 줄였던 일에 해당한다. 친근한 자에 대해 아직 싫어하지 않았다는 것은 군주를 높이고 윗사람을 친근하게 대해야 하는 마음을 스스로 잊을 수 없었기 때문이다. 즉 하나라의 백성들은 아직 친근한 자에 대해 싫어하지 않았다고 했으니, 은나라나 주나라의 백성들은 그렇지 않았던 것이다. 백성들에게 강요를 한다는 것은 은나라의 백성들은 복종하지 않아서, 성왕과 주공이 교화하기 어려웠다는 뜻이다. 상과 작위를 하사하고 형벌을 내리는 제도는 주나라에 이르러 더욱 상세히 갖춰져서, 다시 보완할 것이 없었기 때문에 "다했다."고 했다. '궁(窮)'자는 "지극하다."는 뜻이다. 일설에는 상과 작위를 하사하는 것이 선을 권면할 수 없었고, 형벌을 내리는 것이 악행을 그칠 수 없었기 때문에 궁(窮)이라 했다고 설명한다.

淺見

近按: 三代之時世變, 雖有降, 而聖人之治, 則以道同矣. 今觀此章, 則三王之治, 亦每降, 而至周以窮矣. 此必非孔子之言.

내가 살펴보니, 삼대 때에는 세상이 변화하여 비록 낮춰지는 점이 있었으나 성인의 다스림에 있어서는 도로써 했다는 측면이 동일하다. 현재 이 장의 내용을 살펴보면, 삼왕의 다스림에도 매번 낮춰지는 점이 있고 주나라에 이르게 되면 궁하게 된다. 이것은 분명 공자의 말이 아니다.

經文

子曰: "虞·夏之道, 寡怨於民. 殷·周之道, 不勝[升]其敝." 子曰: "虞·夏之質, 殷·周之文, 至矣! 虞·夏之文不勝[去聲]其質, 殷·周之質不勝其文."〈028〉

공자가 말하길, "우와 하나라 때의 도는 백성들에게 원망을 적게 받았다. 은과 주나라 때의 도는 그 폐단을 이겨내지['勝'자의 음은 '升(승)'이다.] 못했다."라고 했다. 공자가 말하길, "우와 하나라 때의 질박함과 은과 주나라 때의 화려함은 지극하구나! 우와 하나라 때의 화려함은 질박함을 이겨내지['勝'자는 거성으로 읽는다.] 못했고, 은과 주나라 때의 질박함은 화려함을 이겨내지 못했다."라고 했다.

集說

前章言夏·殷·周之事, 此又兼言虞氏以起下章.

앞에서는 하·은·주에 대한 일을 언급했고, 이곳에서는 또한 우(虞) 때의 일도 함께 언급하여 아래장의 내용을 이끌어냈다.

經文

子言之曰: "後世雖有作者, 虞帝弗可及也已矣. 君天下, 生無私, 死不厚其子. 子民如父母, 有憯怛之愛, 有忠利之教. 親而尊, 安而敬, 威而愛, 富而有禮, 惠而能散. 其君子尊仁畏義, 恥費輕實, 忠而不犯, 義而順, 文而靜, 寬而有辨. 甫刑曰: '德威惟威, 德明惟明.' 非虞帝其孰能如此乎?"〈029〉

공자가 말하길, "후세에 비록 제왕이 나타나더라도 우제만큼은 미치지 못할 따름이다. 천하를 통치함에 생전에는 삿됨이 없었고 죽어서도 자신의 자식을 우대하지 않았다. 백성들을 자식처럼 여기길 마치 부모가 하는 것처럼 하여, 가엾게 여기는 자애로움이 있었고, 충심과 이로움을 다하는 가르침이 있었다. 우제는 친근하면서도 존경하였고, 편안하면서도 공경하였으며, 위엄을 갖췄으면서도 친애하였고, 부유하면서도 예를 갖췄으며, 은혜로우면서도 두루 베풀 수 있었다. 우제 때의 군자는 인을 존엄하게 받들고 의를 두려워했으며, 낭비하는 것을 부끄럽게 여겼고 채우는 것을 경시하였으며, 충심을 다하되 침범하지 않았고, 의에 따르되 순응하였으며, 격식을 갖추되 고요하였고, 관대하되 변별함이 있었다. 「보형」편에서는 '덕으로 위엄을 드러내니 외경하였고, 덕으로 드러내니 밝아졌다.'[1]라고 했으니, 우제가 아니라면 그 누가 이처럼 할 수 있겠는가?"라고 했다.

集說

呂氏曰: 憯怛之愛, 猶慈母之愛, 非責報於其子也, 非要譽於他人也, 發於誠心而已. 忠利之敎者, 若使契爲司徒, 敎以人倫, 作爲衣裳·舟楫·臼杵·弧矢·宮室·棺槨·書契, 使天下利用而不倦, 是皆有敎人以善之誠, 無所不利之功者也. 富而有禮, 節於物者也; 惠而能散, 周於物者也; 義以相正而不傷乎割, 文以相接而不傷乎動, 故寬裕有容, 而容之中有辨焉.

여씨가 말하길, 가엾게 여기는 사랑은 자애로운 모친의 사랑과 같으니, 자식에게 보답하도록 책무를 주는 것이 아니며, 다른 사람에게 칭찬을 바라는 것이 아니니, 진실된 마음에서 나타난 것일 뿐이다. 충심과 이로움에 따른 교화는 마치 설을 사도로 임명하여 인륜을 가르치도록 하고,[2] 상의와 하의·배와 노·절구와 공이·활과 화살·집과 방·관과

1) 『서』「주서(周書)·여형(呂刑)」: 皇帝淸問下民, 鰥寡有辭于苗, 德威惟畏, 德明惟明.

곽·글과 부절(符節)을 만들어서, 천하 사람들로 하여금 이롭게 이용하며 게으름을 피우지 않게 한 것[3]들은 모두 사람을 가르침에 선으로써 하는 진실됨이 있는 것이고, 이롭지 않는 공덕이 없는 것이다. 부유하지만 예가 있다는 것은 사물에 대해 절제하는 것이며, 은혜롭지만 잘 펼친다는 것은 사물에 대해 두루 미치는 것이고, 의를 통해 서로 바르게 하면서도 판가름에 있어서 해를 끼치지 않고, 격식을 갖춰 서로 대하면서도 행동에 있어서 해를 끼치지 않기 때문에, 관대하고 너그러워 용납함이 있었고, 용납함 속에도 변별함이 있었던 것이다.

應氏曰: 生無私, 有天下而不與也. 死不厚其子, 傳諸賢而爲天下得人也. 生死無所私, 而心乎斯民, 眞若父母之於子. 親而尊至惠而能散, 猶元氣之運, 妙用無迹, 此中庸所謂用其中於民也, 其君子化之皆爲全德. 尊仁畏義, 不敢犯天下之公理; 恥費輕實, 不敢徇一己之私欲. 恥費用者, 儉於自奉也; 輕財實者, 薄於言利也. 自庇民大德而下凡三章, 言臣道之難於盡仁, 惟舜·禹·文王·周公可以爲仁之厚, 而后稷庶幾近之. 自凱弟君子而下凡四章, 言君道之難於盡仁, 惟虞帝可以爲德之至, 而夏·商·周皆未免有所偏也.

응씨가 말하길, 살아있을 때에는 삿됨이 없다는 것은 천하를 소유하고도 자식에게 주지 않았다는 뜻이다. 죽었을 때에는 자식에게 두터이 하

2) 『맹자』「등문공상(滕文公上)」: 聖人有憂之, 使契爲司徒, 教以人倫, 父子有親, 君臣有義, 夫婦有別, 長幼有序, 朋友有信.

3) 『역』「계사하(繫辭下)」: 黃帝堯舜垂衣裳而天下治, 蓋取諸乾坤. 刳木爲舟, 剡木爲楫, 舟楫之利以濟不通, 致遠以利天下, 蓋取諸渙. 服牛乘馬, 引重致遠, 以利天下, 蓋取諸隨. 重門擊柝, 以待暴客, 蓋取諸豫. 斷木爲杵, 掘地爲臼, 臼杵之利, 萬民以濟, 蓋取諸小過. 弦木爲弧, 剡木爲矢, 弧矢之利, 以威天下, 蓋取諸睽. 上古穴居而野處, 後世聖人易之以宮室, 上棟下宇, 以待風雨, 蓋取諸大壯. 古之葬者, 厚衣之以薪, 葬之中野, 不封不樹, 喪期无數, 後世聖人易之以棺槨, 蓋取諸大過. 上古結繩而治, 後世聖人易之以書契, 百官以治, 萬民以察, 蓋取諸夬.

지 않았다는 것은 현명한 자에게 전수하여 천하를 위해 해당하는 인재를 얻었다는 뜻이다. 생전이나 사후에도 삿됨이 없었고, 백성들에 대해 마음을 다하였으니, 진실로 부모가 자신의 자식을 대하는 것과 같다. "친근하지만 존귀하다."는 말로부터 "은혜롭지만 잘 펼친다."는 말까지는 원기의 운용이 오묘하게 작용하여 자취가 없는 것과 같으니, 이것은 『중용』에서 "그 중을 백성에게 쓴다."[4]라고 한 뜻과 같으며, 군자가 교화를 함은 모두 온전한 덕에 따른 것이다. 인(仁)을 존경하면서도 의(義)를 두려워한다는 것은 감히 천하의 공공된 이치를 범하지 않는 것이며, 낭비를 부끄럽게 여기고 채우는 것을 경시한다는 것은 감히 한 사람의 사욕에 따르지 않는 것이다. 낭비하는 것을 부끄럽게 여기는 것은 자신을 봉양하는 일에는 검소한 것이며, 재물을 채우는 것을 경시한다는 것은 이로움을 언급하는 것에 박했다는 뜻이다. "백성들을 감싸는 큰 덕이 있다."라는 구문으로부터 그 이하의 총 3개 장은 신하의 도에 있어서 인(仁)을 다하기가 어려운데, 순과 우임금 문왕과 주공만이 인(仁)을 두텁게 시행한 것이고, 후직이 거의 가깝다고 말한 것이다. "화락하고 평이한 군자여."라는 구문으로부터 그 이하의 총 4개 장은 군주의 도에 있어서 인(仁)을 다하기가 어려운데, 우제만이 덕의 지극함을 시행하고, 하·은·주나라는 모두 치우침이 있는 것에서 벗어나지 못했다고 말한 것이다.

淺見

近按: 此專言舜事, 自君子之所謂義以下四章, 言臣道之義, 而以后稷終之, 自君子之所謂仁以下六章, 言君道之仁, 而以虞舜終之也. 然此篇之例, 先標大旨, 則稱子言之, 後釋其意, 則稱子曰. 今於此以舜事結前章, 而稱子言之曰者, 別是一例, 蓋重舜事, 故特加言與曰以兼稱之也歟.

4) 『중용』「6장」: 子曰, "舜其大知也與! 舜好問而好察邇言, 隱惡而揚善, 執其兩端, 用其中於民, 其斯以爲舜乎."

내가 살펴보니, 이것은 전적으로 순임금에 대한 사안을 언급한 것인데, '군자지소위의(君子之所謂義)'라는 구문으로부터 그 이하의 4개 장은 신도의 의를 언급하고, 후직에 대한 사안으로 종결한 것이고, '군자지소위인(君子之所謂仁)'이라는 구문으로부터 그 이하의 6개 장은 군도의 인을 언급하고 우순에 대한 사안으로 종결한 것이다. 그런데 「표기」편의 용례에 따르면 먼저 큰 뜻을 표시하는 경우에는 '자언지(子言之)'라 지칭하고, 뒤에 그 의미를 풀이하는 경우에는 '자왈(子曰)'이라 지칭했다. 현재 이곳에서는 순임금에 대한 사안으로 앞 장을 결론 맺으면서 '자언지왈(子言之曰)'이라고 지칭했는데, 이것은 별도로 한 용례가 되니, 순임금의 사안을 중시하였기 때문에 특별히 '언(言)'자와 '왈(曰)'자를 덧붙여 함께 지칭한 것이다.

經文

子言之: "事君先資其言, 拜自獻其身, 以成其信. 是故君有責於其臣, 臣有死於其言, 故其受祿不誣, 其受罪益寡."〈030〉

공자가 말하길, "군주를 섬길 때에는 우선적으로 자신의 뜻을 말로 드러내어 그것에 의지하며, 절을 하고 스스로 자신을 맡겨, 믿음을 완성한다. 이러한 까닭으로 군주는 자신의 신하에 대해서 책무를 부여함이 있고, 신하는 자신의 말에 대해서 목숨을 거는 것이 있으니, 이러한 이유로 녹봉을 받음에 속임이 없고 죄를 받는 것이 더욱 줄어든다."라고 했다.

集說

應氏曰: 資, 憑藉也. 古之爲臣, 其經世之學, 皆豫定於胸中. 至於事君, 則前定之規模, 先形於言以爲藉, 然後自獻其身以成其信. 自獻者, 非屈己以求售也. 如書之自靖自獻, 致命而無所愧也. 畎畝幡然之數語, 說命對揚之三篇, 此伊傅先資之言也. 齊桓問答而爲書, 燕昭命下而有對, 此管樂先資之言也. 言於先而信於後, 無一不酬者. 後世若登壇東向之答, 草廬三顧之策, 亦庶幾焉.

응씨가 말하길, '자(資)'자는 의지한다는 뜻이다. 고대의 신하들은 세상을 경륜하는 학문이 모두 가슴에 이미 확정되어 있었다. 군주를 섬김에 미쳐서는 이전에 확정했던 규범이 우선적으로 말을 통해 드러나서 이것을 바탕으로 삼고, 그런 뒤에 스스로 자신을 바쳐서 믿음을 완성한다. 스스로 바친다는 것은 자신을 굽혀서 스스로를 팔고자 구하는 것이 아니다. 『서』에서 스스로 자신의 뜻을 편안히 시행하여 스스로 바친다고 한 말과 같으니,[1] 명을 이루어 부끄러운 점이 없는 것이다. 밭이랑에 처

1) 『서』「상서(商書) · 미자(微子)」: 自靖, 人自獻于先王, 我不顧行遯.

해 있었을 때 갑작스럽게 했던 여러 말들[2]과 『서』「열명(說命)」편에서 군주의 도를 널리 알린다고 했던 세 편[3]은 이윤과 부열이 우선적으로 의지로 삼았던 말에 해당한다. 제나라 환공의 문답을 기록하고, 연나라 소왕이 명령을 내리자 대답함이 있었던 것은 관중과 악의가 우선적으로 의지로 삼았던 말에 해당한다. 앞서 말하고 뒤에 믿는 것이 하나라도 되갚지 않은 것이 없다는 뜻이다. 후대에 연단에 올라가 동쪽을 향하고 대답을 하거나 삼고초려를 했던 계책이 또한 여기에 가깝다.

馬氏曰: 受祿不誣, 言不素餐也.

마씨가 말하길, 녹봉을 받되 속이지 않는다는 말은 소찬(素餐)[4]을 하지 않는다는 뜻이다.

淺見

近按: 此又更端, 以言事君之義.

내가 살펴보니, 이 또한 단서를 바꿔서 군주를 섬기는 의를 언급한 것이다.

---

2) 『맹자』「만장상(萬章上)」: 湯三使往聘之, 旣而幡然改曰, '與我處畎畝之中, 由是以樂堯舜之道, 吾豈若使是君爲堯舜之君哉? 吾豈若使是民爲堯舜之民哉? 吾豈若於吾身親見之哉?

3) 『서』「상서(商書) · 열명상(說命上)」, 「열명중(說命中)」, 「열명하(說命下)」편을 뜻한다.

4) 소찬(素餐)은 시록소찬(尸祿素餐)을 뜻한다. '시록소찬'은 또한 시록소손(尸祿素飡) · 시위소찬(尸位素餐) 등으로도 쓴다. 맡아서 하는 일도 없이 녹봉만 받는 벼슬아치들을 풍자하는 말이다. 『설원(說苑)』「지공(至公)」편에는 "久踐高位, 妨群賢路, 尸祿素飡, 貪欲無猒."이라는 기록이 있다.

經文

子曰: "事君, 大言入則望大利, 小言入則望小利, 故君子不以小言受大祿, 不以大言受小祿. 易曰: '不家食, 吉.'"〈031〉

공자가 말하길, "군주를 섬길 때, 큰 계책을 구상한 말이 받아들여지면 큰 이로움을 바라고, 작은 계책을 구상한 말이 받아들여지면 작은 이로움을 바란다. 그렇기 때문에 군자는 작은 계책으로 큰 녹봉을 받지 않고, 큰 계책으로 작은 녹봉을 받지 않는다. 『역』에서는 '집에서 밥을 먹지 않으면 길하다.'"라고 했다.

集說

不家食吉, 大畜之彖辭也. 謂大畜之君子, 才德所蘊者大, 則當食祿於朝, 以有爲於天下, 而不食於家則吉. 此言不以大言受小祿, 所謂達可行於天下而後行之者也.

'불가식길(不家食吉)'이라는 말은 『역』「대축괘(大畜卦)」의 괘사이다.[1] 즉 대축에 해당하는 군자는 재주와 덕을 쌓은 것이 크니, 마땅히 조정에서 녹봉을 받아 천하에 큰일을 시행해야 하며, 집에서 밥을 먹지 않는다면 길하다는 뜻이다. 이것은 큰 말을 통해 작은 녹봉을 받지 않는다는 뜻으로, "영달하여 천하에 시행할 수 있은 뒤에야 행하는 자이다."[2]에 해당한다.

呂氏曰: 大言, 所言者大也; 小言, 所言者小也. 利及天下, 澤及萬世, 大利也. 進一介之善, 治一官之事, 小利也. 諫行言聽, 利斯從之矣.

---

1) 『역』「대축괘(大畜卦)」: 大畜, 利貞, 不家食吉, 利涉大川.

2) 『맹자』「진심상(盡心上)」: 孟子曰, "有事君人者, 事是君則爲容悅者也, 有安社稷臣者, 以安社稷爲悅者也, 有天民者, 達可行於天下而後行之者也, 有大人者, 正己而物正者也."

先儒謂利爲祿賞, 人臣事君, 各效其忠而已, 言入而遂望其祿賞, 乃小人之道, 非所以事君也. 所謂不以小言受大祿, 不以大言受小祿者, 此君之所以報臣, 非臣之所以望君也. 受之有義, 亦稱其大小而已. 小言而大祿, 則報踰其分, 大言而小祿, 則君不我知, 亦不可受也.

여씨가 말하길, '대언(大言)'은 말한 내용이 크다는 뜻이며, '소언(小言)'은 말한 내용이 작다는 뜻이다. 이로움이 천하에 미치고 은택이 만세에 미치는 것은 큰 이로움이다. 하나의 선만을 진작시키고 한 관부의 일만을 다스리는 것은 작은 이로움이다. 간언하고 실천하며 말하고 듣게 되면 이로움이 따르게 된다. 선대 학자들은 이로움은 녹봉과 상이 되는데, 신하가 군주를 섬길 때에는 각각 자신의 충심을 드러낼 따름이며, 말이 받아들여져서 녹봉과 상을 바라는 것은 소인의 도이니, 군주를 섬기는 방법이 아니라고 했다. 작은 말로 큰 녹봉을 받지 않게 하고 큰 말로 작은 녹봉을 받지 않게 한다는 것은 군주가 신하에게 보답하는 것이지 신하가 군주에게 바라는 것이 아니다. 의로움에 따라 받게 할 때에도 크고 작음에 마땅하게 한다. 작은 말을 했는데도 큰 녹봉을 받는다면 보답이 분수에 넘치는 것이고, 큰 말을 했는데도 작은 녹봉을 받는다면 군주가 자신을 알아보지 못한 것이니 또한 받을 수 없다.

石梁王氏曰: 此非孔子之言.

석량왕씨가 말하길, 이것은 공자의 말이 아니다.

經文

子曰: "事君不下達, 不尙辭, 非其人弗自. 小雅曰: '靖共爾位, 正直是與; 神之聽之, 式穀以女.'"〈032〉

공자가 말하길, "군주를 섬길 때에는 더럽고 누추하게 하지 않고, 말재주를 숭상하지 않으며, 그만한 인물이 아니라면 나아가지 않는다. 「소아」에서는 '너의 지위를 안정되며 공손하게 하고, 정직함으로 함께 한다면, 신명이 그것을 듣고서, 복과 녹봉을 너에게 내려주리라.'"라고 했다.

集說

下達, 謂趨乎汙下, 如曰吾君不能, 如曰長君之惡, 逢君之惡, 皆是也. 伊尹使君爲堯·舜之君, 孟子非堯·舜之道不陳, 則謂之上達也. 尙辭, 利口捷給也. 自, 所由以進者也. 小雅, 小明之篇, 言人臣能安靖恭敬其職位, 惟正直之道是與, 則神明聽之, 將用福祿與汝矣. 以, 與也.

'하달(下達)'은 더럽고 낮은 것을 추구한다는 뜻이니, 마치 "나의 군주는 불가능하다."[3]라고 말하거나 "군주의 악행을 조장하고, 군주의 악행을 미리 맞아준다."[4]라고 말하는 것들이 모두 여기에 해당한다. 이윤은 군주를 요순과 같은 군주로 만들었고, 맹자는 요순의 도가 아니면 진술하지 않았으니, 상달(上達)이라 할 수 있다. '상사(尙辭)'는 말을 잘하며 재빨리 대답한다는 뜻이다. '자(自)'자는 말미암아서 나아가는 것을 뜻한다. '소아(小雅)'는 『시』「소아(小雅)·소명(小明)」편으로,[5] 신하가 자신의 직무와 지위를 안정되고 공경할 수 있으며, 오직 정직의 도로 함께 한다면, 신명이 그것을 듣고서 복과 녹봉을 너에게 내려줄 것이라는 뜻이다. '이(以)'자는 "주다."는 뜻이다.

---

3) 『맹자』「이루상(離婁上)」: 故曰, 責難於君謂之恭, 陳善閉邪謂之敬, 吾君不能謂之賊.

4) 『맹자』「고자하(告子下)」: 長君之惡其罪小, 逢君之惡其罪大. 今之大夫皆逢君之惡, 故曰, 今之大夫, 今之諸侯之罪人也.

5) 『시』「소아(小雅)·소명(小明)」: 嗟爾君子, 無恒安處. 靖共爾位, 正直是與. 神之聽之, 式穀以女.

經文

子曰: "事君, 遠而諫, 則讇[諂]也. 近而不諫, 則尸利也." 子曰: "邇臣守和, 宰正百官, 大臣慮四方."〈033〉 [二章幷.]

공자가 말하길, "군주를 섬김에, 관계가 먼데도 간언을 하는 것은 아첨하는['讇'자의 음은 '諂(첨)'이다.] 것이다. 관계가 가까운데도 간언을 하지 않는다면 하는 일도 없이 사욕을 채우는 것이다."라고 했다. 공자가 말하길, "가까운 신하는 조화로움을 지키고, 재상은 모든 관료를 올바르게 하며, 대신은 사방의 일들을 근심한다."라고 했다. [2개 장이 함께 기술되어 있다.]

集說

呂氏曰: 陵節犯分, 以求自達, 故曰諂. 懷祿固寵, 主於爲利, 故曰尸利也.

여씨가 말하길, 절차를 뛰어넘고 분수를 어겨서 자신의 영달을 구하기 때문에 "아첨한다."라고 말했다. 녹봉을 탐하는 마음을 품고 총애를 고수하며 이익 추구하는 것을 위주로 하기 때문에 "이로움을 위주로 한다."라고 말했다.

方氏曰: 所謂守和者, 過於和, 則流而爲同; 不及於和, 則乖而爲異. 故在於能守, 守則適中, 而無過與不及之患矣.

방씨가 말하길, 이른바 "조화로움을 지킨다."는 말은 조화로움에 지나치다면 방탕하게 흘러서 모두가 동일하게 되며, 조화로움에 미치지 못한다면 어그러져 차이만 생긴다. 그렇기 때문에 지킬 수 있음에 달려 있으니, 지킨다면 알맞게 되고 지나치거나 미치지 못하는 우환이 없게 된다.

應氏曰: 宰, 以職言; 大臣, 以位言. 自三公以下皆是, 不特六卿. 其序則先君德而後朝廷, 先朝廷而後天下也.

응씨가 말하길, '재(宰)'는 직무를 기준으로 한 말이고, '대신(大臣)'은 지위를 기준으로 한 말이다. 삼공(三公)으로부터 그 이하는 모두 여기에 해당하니, 단지 육경(六卿)에만 한정되지 않는다. 순서로 따지자면 군주의 덕이 우선이 되고 조정이 그 뒤가 되며, 조정이 우선이 되고 천하가 그 뒤가 된다.

石梁王氏曰: 遠而諫則諂, 非孔子之言.

석량왕씨가 말하길, "멀리 떨어져 있는데도 간언을 한다면 아첨하는 것이다."라는 말은 공자의 말이 아니다.

經文

子曰: "事君, 欲諫不欲陳. 詩云: '心乎愛矣, 瑕不謂矣. 中心藏之. 何日忘之.'"〈034〉

공자가 말하길, "군주를 섬김에, 간언은 올리고자 해야 하지만 그 잘못을 남에게 말하고자 해서는 안 된다. 『시』에서는 '마음에 군주를 사모하는 마음이 있으니, 어찌 말하지 못하겠는가. 마음에 보존하고 있으니, 어느 날엔들 잊겠는가.'"라고 했다.

集說

諫者, 止君之失; 陳者, 揚君之失也. 詩, 小雅·隰桑之篇. 瑕, 詩作遐. 本謂我心愛慕此賢者, 思相與語, 以其相去遐遠, 故不得共語. 然欲發之言, 藏於我心, 何日而忘之乎? 此記者借以爲喩, 言我有愛君之心, 欲諫其過, 胡不言乎? 縱未得進諫, 亦藏於心而不忘, 但不以語他人耳.

간언은 군주의 잘못을 그치게 하는 것이고, 진술은 군주의 잘못을 드러내는 것이다. 이 시는 『시』「소아(小雅) · 습상(隰桑)」편이다.[6] '하(瑕)' 자를 『시』에서는 하(遐)자로 기록했다. 본래의 뜻은 "내 마음이 이러한 현자를 사모하고 있어서 서로 말을 하고자 생각하는데, 서로의 거리가 너무 멀리 떨어져 있기 때문에 함께 말을 할 수 없다. 그러나 말을 하고자 하는 것이 내 마음에 보존되어 있는데 어느 날엔들 잊겠는가?"라는 의미이다. 이곳 문장은 『예기』를 기록한 자가 이 문장을 차용하여 비유를 든 것이니, "나에게 군주를 사모하는 마음이 있어 그 과실에 대해서 간언을 하고자 하는데 어찌 말하지 못하겠는가? 비록 아직 간언을 올리지 못했지만 또한 마음에 보존되어 있어서 잊지 못하니, 다만 남에게 말을 할 수 없을 따름이다."라는 뜻이다.

經文

子曰: "事君, 難進而易退, 則位有序; 易進而難退, 則亂也. 故君子三揖而進, 一辭而退, 以遠[去聲]亂也." 〈035〉

공자가 말하길, "군주를 섬김에, 나아가기를 어렵게 하고 물러나기를 쉽게 한다면, 작위에 질서가 생길 것이다. 그러나 나아가기를 쉽게 하고 물러나기를 어렵게 한다면, 문란하게 된다. 그러므로 군자는 세 차례 읍을 하고 나아가며, 한 차례 사양을 하고 물러나서, 이를 통해 문란함을 멀리한다.['遠'자는 거성으로 읽는다.]"라고 했다.

集說

呂氏曰: 所謂有序者, 小德役大德, 小賢役大賢之謂也. 所謂亂者, 賢不肖倒置之謂也. 君信我可以爲師, 非學焉而後臣之, 則不進也;

6) 『시』「소아(小雅) · 습상(隰桑)」 : 心乎愛矣, 遐不謂矣. 中心藏之, 何日忘之.

信我可以執國政, 雖待以季孟之間, 亦不進也. 膰肉不至而卽行, 靈公問陳而卽行, 君子之道, 正君而已. 枉己者, 未有能直人者也. 人之相見, 三揖至于階, 三讓以賓升; 而其退也, 一辭而出, 主人拜送, 賓去不顧. 若主人之敬未至而强進, 主人之意已懈而不辭, 則賓主之分亂矣. 可仕可已, 可見可辭, 進退之義一也.

여씨가 말하길, 이른바 "질서가 있다."는 말은 "작은 덕을 갖춘 자는 큰 덕을 갖춘 자에게 부림을 받고, 작은 현명함을 갖춘 자는 큰 현명함을 갖춘 자에게 부림을 받는다."[7]는 뜻이다. 이른바 "문란하다."는 말은 현명한 자와 불초한 자가 뒤바뀌었다는 뜻이다. 군주가 나를 믿어서 스승으로 삼을 수 있지만 배운 이후에 신하로 삼은 경우가 아니라면 나아가지 않고,[8] 나를 믿어서 국정을 맡길 수 있는데 비록 계씨나 맹씨 중간 정도로 대우를 하더라도 나아가지 않는다.[9] 제사를 지낸 고기가 오지 않아서 곧바로 떠났고,[10] 영공이 진법에 대해 묻자 곧바로 떠났으니,[11] 군자의 도는 군주를 바르게 하는 것일 뿐이다. 자신을 굽히는 자 중에 남을 바르게 펼 수 있는 자는 없었다. 사람이 서로 만나볼 때에는 세 차례 읍을 하여 계단에 이르고, 세 차례 사양을 하여 빈객이 계단에 오르게 하지만, 물러갈 때에는 한 차례 사양을 하고 나오며, 주인은 절을 하며 전송하고, 빈객이 떠날 때 뒤를 돌아보지 않는다. 만약 주인의 공

7) 『맹자』「이루상(離婁上)」 : 孟子曰, 天下有道, 小德役大德, 小賢役大賢, 天下無道, 小役大, 弱役强. 斯二者, 天也. 順天者存, 逆天者亡.

8) 『맹자』「공손추하(公孫丑下)」 : 故湯之於伊尹, 學焉而後臣之, 故不勞而王, 桓公之於管仲, 學焉而後臣之, 故不勞而霸.

9) 『논어』「미자(微子)」 : 齊景公待孔子曰, "若季氏, 則吾不能, 以季孟之間待之." 曰, "吾老矣, 不能用也." 孔子行.

10) 『맹자』「고자하(告子下)」 : 孔子爲魯司寇, 不用, 從而祭, 燔肉不至, 不稅冕而行. 不知者以爲爲肉也, 其知者以爲爲無禮也. 乃孔子則欲以微罪行, 不欲爲苟去. 君子之所爲, 衆人固不識也.

11) 『논어』「위령공(衛靈公)」 : 衛靈公問陳於孔子. 孔子對曰, "俎豆之事, 則嘗聞之矣, 軍旅之事, 未之學也." 明日遂行, 在陳絶糧, 從者病, 莫能興.

경함이 지극하지 못하여 억지로 나아가게 하고, 주인의 뜻이 이미 나태해져 사양을 하지 않는다면, 빈객과 주인의 구분이 문란하게 된다. 벼슬을 할 만하고 그만둘 만하며, 만나볼 만하고 사양할 만함에 있어서, 나아가고 물러나는 뜻은 동일하다.

經文

子曰: "事君, 三違而不出竟[上聲], **則利祿也. 人雖曰不要**[平聲], **吾弗信也."**〈036〉

공자가 말하길, "군주를 섬김에, 세 차례 지위를 사양하여 떠난다고 했음에도 국경을['竟'자는 상성으로 읽는다.] 벗어나지 않는다면 녹봉을 탐하는 것이다. 그러한 사람이 비록 '나는 녹봉을 바라는['要'자는 평성으로 읽는다.] 것이 아니다.'라고 말한다 하더라도 나는 믿지 않을 것이다."라고 했다.

集說

違, 猶去也. 不出竟, 實無去志也. 謂非要利, 可乎?

'위(違)'자는 "떠나다."는 뜻이다. 국경을 벗어나지 않는 것은 실제로는 떠나려는 뜻이 없는 것이다. 이로움을 원하는 것이 아니라고 말하는 것이 가능하겠는가?

呂氏曰: 孔子去魯, 遲遲吾行, 以不忍於父母之國也. 孟子去齊, 三宿出晝, 冀齊王之悔悟也. 然卒出竟以去, 君子之義, 可見矣.

여씨가 말하길, 공자가 노나라를 떠남에 "더디구나, 나의 걸음이여."라고 했던 것은 부모의 나라를 차마 떠날 수 없는 마음이 있었기 때문이다.[12] 맹자가 제나라를 떠날 때에는 3일을 묵은 뒤 주 땅을 벗어난 것은 제왕이 잘못을 뉘우치고 깨닫기를 기대했기 때문이다.[13] 그러나 끝내 국경을 벗어나 떠나갔으니, 군자의 뜻을 확인할 수 있다.

經文

子曰: "事君, 愼始而敬終." 子曰: "事君, 可貴可賤, 可富可貧, 可生可殺, 而不可使爲亂." 〈037〉 [二章幷.]

공자가 말하길, "군주를 섬김에, 시작을 신중히 하고 끝을 공경스럽게 해야 한다."라고 했다. 공자가 말하길, "군주를 섬김에, 귀하게 여길 수도 있고 천하게 여길 수도 있으며, 부유하게 할 수도 있고 가난하게 할 수도 있으며, 살릴 수도 있고 죽일 수도 있으니, 그것들을 문란하게 만들어서는 안 된다."라고 했다. [2개 장이 함께 기술되어 있다.]

集說

馬氏曰: 在物者有命, 故可貴可賤可生可殺; 在己者有義, 故不可使爲亂也.

마씨가 말하길, 사물에 있어서는 명(命)이 있기 때문에, 귀하게 여길 수도 있고 천하게 여길 수도 있으며, 살릴 수도 있고 죽일 수도 있다. 자신에게 있어서는 의(義)가 있기 때문에 문란하게 만들어서는 안 된다.

---

12) 『맹자』「만장하(萬章下)」: 孔子之去齊, 接淅而行, 去魯, 曰, '遲遲吾行也', 去父母國之道也. 可以速則速, 可以久則久, 可以處則處, 可以仕則仕, 孔子也. / 『맹자』「진심하(盡心下)」: 孟子曰, "孔子之去魯, 曰, '遲遲吾行也, 去父母國之道也.' 去齊, 接淅而行—去他國之道也."

13) 『맹자』「공손추하(公孫丑下)」: 孟子去齊. 尹士語人曰, "不識王之不可以爲湯武, 則是不明也, 識其不可, 然且至, 則是干澤也. 千里而見王, 不遇故去, 三宿而後出晝, 是何濡滯也? 士則玆不悅."

經文

子曰: “事君, 軍旅不辟[避]難[去聲], 朝廷不辭賤. 處其位而不履其事, 則亂也. 故君使其臣, 得志則愼慮而從之, 否則孰慮而從之, 終事而退, 臣之厚也. 易曰: ‘不事王侯, 高尙其事.’”〈038〉

공자가 말하길, “군주를 섬김에, 군대에서는 어려운['難'자는 거성으로 읽는다.] 일을 피하지['辟'자의 음은 '避(피)'이다.] 않고, 조정에서는 천한 일을 마다하지 않는다. 그 지위에 올라서 해당 업무를 처리하지 않는다면 문란하게 된다. 그렇기 때문에 군주가 신하를 부림에 있어서, 신하가 군주의 뜻을 얻게 된다면 신중히 생각해서 따르고, 그렇지 않다면 깊게 생각해서 따르며, 일을 마치면 물러나니, 이러한 자는 신하 중에서도 충심이 두터운 자이다. 『역』에서는 '천자와 제후를 섬기지 않고 그 일을 고상하게 여긴다.'”라고 했다.

集說

呂氏曰: 亂者, 如絲之不治而無緖也. 臣受君命, 雖有所合, 不敢以得志而自滿, 故愼慮而從之, 乃臨事而懼, 好謀而成者也. 有所不合, 又非所宜辭, 亦不敢怨於不得志. 故孰慮而從之, 卒事則致爲臣而去, 故可以自免而不累于上, 故曰臣之厚也. 易, 蠱之上九, 事之終, 且無位也. 有似乎仕焉而已者, 故曰不事王侯, 乃可以高尙其事, 而不見役于人也.

여씨가 말하길, '난(亂)'은 실을 다듬지 않아서 실마리가 없는 것과 같다. 신하가 군주의 명을 받았을 때, 비록 부합하는 점이 있더라도, 감히 뜻을 얻었다고 하여 자만해서는 안 된다. 그렇기 때문에 신중히 생각하여 따르고 그 일에 임해서 조심한다면, 계획하기를 잘하여 완성시키는 자에 해당한다. 만약 부합되지 않는 점이 있고 또 마땅히 사양할 것은 아니라면, 뜻을 얻지 못한 것에 대해서도 감히 원망해서는 안 된다. 그러므로 무르익게 생각하여 따르고, 일을 끝내면 신하로서의 지위를 돌려주고 떠난다. 그러므로 스스로 벗어나며 윗사람을 얽어매지 않을 수 있다. 그래서 "신하 중에서도 충심이 두터운 자이다."라고 했다. 『역』은 『역』「고괘(蠱卦)」의 상구로,[14] 일의 끝이며 또한 지위도 없다. 이것은 벼슬을 하고 그만두는 경우와 비슷하다. 그렇기 때문에 "천자와 제후를 섬기지 않는다면, 그 일을 고상하게 여겨서 남에게 부림을 당하지 않는다."라고 한 것이다.

淺見

近按: 右皆釋事君之義.

내가 살펴보니, 여기까지는 모두 군주를 섬기는 의를 풀이한 것이다.

14) 『역』「고괘(蠱卦)」 : 上九, 不事王侯, 高尙其事.

經文

子曰: "唯天子受命于天, 士受命于君. 故君命順, 則臣有順命; 君命逆, 則臣有逆命. 詩曰: '鵲之姜姜, 鶉之賁賁. 人之無良, 我以爲君.'"〈039〉

공자가 말하길, "오직 천자라야 하늘로부터 명령을 받고, 사는 군주로부터 명령을 받는다. 그러므로 군주가 내린 명령이 하늘의 뜻에 따른 것이라면 신하는 명령에 따르게 되지만, 군주가 내린 명령이 하늘의 뜻을 거스르는 것이라면 신하는 명령을 거스르게 된다. 『시』에서는 '까치가 서로 뒤따르며 억세게 굴고, 메추라기가 서로 뒤따르며 싸우는 듯하구나. 선량함이 없는 사람을 나는 군주라 여기는구나.'"라고 했다.

集說

詩, 衛風 · 鶉之奔奔篇. 嚴氏云: "鶉之奔奔然鬪者, 不亂其匹也. 鵲之彊彊然剛者, 不淫其匹也. 刺宣姜與公子頑非匹偶也. 人之不善者, 我乃以爲小君乎?"

시는 『시』「위풍(衛風) · 순지분분(鶉之奔奔)」편이다.[1] 엄씨는 "메추라기가 서로 뒤따르며 싸우는 것은 짝 맺는 것을 문란하지 않게 하기 위해서이다. 까치가 서로 뒤따르며 억세게 구는 것은 짝 맺는 것을 음란하지 않게 하기 위해서이다. 이 시는 선강과 공자 완은 배필이 아니라고 풍자하고 있다. 불선한 사람인데도 나는 그를 소군이라 여겨야 하는가?"라고 했다.

呂氏曰: 天道無私, 莫非理義. 君所以代天而治者, 推天之理義以治斯人而已. 天秩天敍, 天命天討, 莫非天也. 臣之受命于君者, 命合

1) 『시』「용풍(鄘風) · 순지분분(鶉之奔奔)」: 鵲之彊彊, 鶉之奔奔. 人之無良, 我以爲君.

乎理義, 爲順天命; 不合, 則爲逆天命. 順則爲臣者將不令而行, 逆則爲臣者雖令不從矣.

여씨가 말하길, 하늘의 도에는 삿됨이 없고 의리가 아닌 것이 없다. 군주는 하늘을 대신해서 통치하는 자이니, 하늘의 의리를 미루어서 사람들을 다스릴 따름이다. 하늘이 질서를 세우고 하늘이 명령하고 토벌함에 하늘의 뜻이 아닌 것들이 없다. 신하가 군주에게 명령을 받을 때, 그 명령이 의리에 합치되면 하늘의 명령에 따르는 것이 되지만, 합치되지 않는다면 하늘의 명령을 거스르는 것이 된다. 따른다면 신하는 명령하지 않아도 시행하게 되고, 거스른다면 신하는 비록 명령을 하더라도 따르지 않는다.

淺見

近按: 此下似釋報利之義, 而無更端之言, 蓋逸之也.

내가 살펴보니, 이 아래에서는 아마도 보답함이 이로움이라는 의를 풀이한 것 같은데, 단서를 고치는 말이 없으니, 아마도 일실된 것 같다.

經文

子曰: "君子不以辭盡人, 故天下有道, 則行[去聲]有枝葉; 天下無道, 則辭有枝葉."〈040〉

공자가 말하길, "군자는 말을 통해 그 사람의 진면목을 모두 가늠하지 않는다. 그렇기 때문에 천하에 도가 있다면 행동이['行'자는 거성으로 읽는다.] 두루 나타나게 되고, 천하에 도가 없다면 말만 그럴싸하게 한다."라고 했다.

集說

不以辭盡人, 謂不可以言辭而盡見其人之實, 蓋有言者不必有德也. 行有枝葉, 根本盛而條達者也. 辭有枝葉, 則蕪辭蔓說而已. 此皆世教盛衰所致, 故以有道無道言之.

"말로 사람을 다하지 않는다."는 말은 말로 그 사람의 실질을 모두 볼 수 없다는 뜻이니, 좋은 말을 하더라도 반드시 그에 해당하는 덕을 갖춘 것은 아니기 때문이다. 행동에 지엽이 있다는 말은 근본이 융성하여 조리가 두루 통한 것을 뜻한다. 말에 지엽이 있다면, 조리가 없는 잡된 소리일 따름이다. 이것은 모두 세상의 교화가 융성하거나 쇠퇴하여 나타난 것들이다. 그렇기 때문에 도가 있거나 없는 것으로 말을 했다.

經文

"是故君子於有喪者之側, 不能賻焉, 則不問其所費; 於有病者之側, 不能饋焉, 則不問其所欲; 有客不能館, 則不問其所舍. 故君子之接如水, 小人之接如醴; 君子淡以成, 小人甘以壞. 小雅曰: '盜言孔甘, 亂是用餤.'"〈041〉

공자가 계속하여 말하길, "이러한 까닭으로 군자는 상을 당한 자 옆에 있을 때 부의를 할 수 없는 상황이라면 필요한 것들을 묻지 않고, 병이 걸린 자 옆에 있을 때 음식을 보내줄 수 없는 상황이라면 원하는 것들을 묻지 않으며, 빈객이 있는데 숙소를 제공해줄 수 없는 상황이라면 머물 곳을 묻지 않는다. 그래서 군자의 사귐은 물과 같고, 소인의 사귐은 단술과 같으니, 군자는 담백함으로 사귐을 이루고, 소인은 달콤함으로 사귐을 무너트린다. 「소아」에서는 '감언이설은 매우 달콤하지만, 문란함은 이를 통해 진작된다.'"라고 했다.

集說

三者不能則不問, 不可以虛言待人也. 接, 交也. 小雅, 巧言之篇. 盜言, 小人讒賊之言也. 餤, 進也.

세 가지를 할 수 없다면 묻지 않으니, 헛된 말로 남을 대할 수 없기 때문이다. '접(接)'자는 "교제하다."는 뜻이다. 「소아」는 『시』「소아(小雅)·교언(巧言)」편이다.[1] '도언(盜言)'은 소인이 비방하며 헐뜯는 말이다. '담(餤)'자는 "나아가다."는 뜻이다.

經文

子曰: "君子不以口譽[平聲]人, 則民作忠. 故君子問人之寒則衣[去聲]之, 問人之飢則食[嗣]之, 稱人之善則爵之. 國風曰: '心之憂矣, 於我歸說[稅].'"〈042〉

1) 『시』「소아(小雅)·교언(巧言)」: 君子屢盟, 亂是用長. 君子信盜, 亂是用暴. <u>盜言孔甘, 亂是用餤</u>. 匪其止共, 維王之邛.

공자가 말하길, "군자가 말로만 남의 선함을 지나치게 칭찬하지['譽'자는 평성으로 읽는다.] 않는다면, 백성들은 충심을 일으키게 된다. 그렇기 때문에 군자는 남에 대해 춥냐고 묻게 되면 그에게 옷을 입히고['衣'자는 거성으로 읽는다.] 남에게 배고프냐고 묻게 되면 그에게 음식을 먹이며['食'자의 음은 '飼(사)'이다.] 남의 미덕을 칭송하게 되면 그에게 작위를 내린다. 「국풍」에서는 '마음의 근심이여, 나에게 돌아와서 머물며 쉬어라.['說'자의 음은 '稅(세)'이다.]'"라고 했다.

集說

譽者, 揚人之善而過其實者也. 國風, 曹風·蜉蝣之篇. 詩人憂昭公之無所依, 故曰其於我而歸稅乎. 說, 讀爲稅. 舍, 息也.

'예(譽)'는 남의 선한 점을 드러내며 실제보다 지나치게 하는 것이다. 「국풍」은 『시』「조풍(曹風)·부유(蜉蝣)」편이다.[2] 이 시를 지은 자는 소공에게 의지할 자가 없음을 근심하였다. 그렇기 때문에 "나에게 돌아와서 쉬어라."라고 했던 것이다. '설(說)'자는 세(稅)자로 풀이하니, 놓아두고 쉰다는 뜻이다.

經文

子曰: "口惠而實不至, 怨菑[災]及其身. 是故君子與其有諾責也, 寧有已怨. 國風曰: '言笑晏晏, 信誓旦旦, 不思其反. 反是不思, 亦已焉哉.'"〈043〉

공자가 말하길, "입으로만 은혜를 베풀고 실제의 시행이 말한 것에 미치

2) 『시』「조풍(曹風)·부유(蜉蝣)」: 蜉蝣掘閱, 麻衣如雪. 心之憂矣, 於我歸說.

지 못한다면, 원망과 재앙이['菑'자의 음은 '災(재)'이다.] 자신에게 미치게 된다. 이러한 까닭으로 군자는 함부로 약속을 하여 지키지 못한 책임을 받게 되느니, 차라리 처음부터 함부로 약속을 하지 않아 받게 되는 원망을 감내한다. 「국풍」에서는 '말과 웃음이 온화하고 부드러우며, 신의와 맹세가 밝고도 밝으니, 뒤바꾸리라고는 생각치도 못했다. 뒤바꾸리라 생각치도 못했으니 또한 어찌할 수 없구나.'"라고 했다.

集說

國風, 衛風·氓之篇. 晏晏, 和柔也. 旦旦, 明也. 始焉不思其反覆, 今之反覆, 是始者不思之過也. 今則無如之何矣, 故曰亦已焉哉.

「국풍」은 『시』「위풍(衛風)·맹(氓)」편이다.[3] '안안(晏晏)'은 온화하고 부드럽다는 듯이다. '단단(旦旦)'은 밝다는 뜻이다. 처음에는 뒤바꿀 것을 생각하지 못했는데 현재 뒤바꾸었으니, 이것은 처음에 생각하지 못했던 잘못이다. 따라서 현재는 어찌할 수 없기 때문에 "또한 어찌할 수 없다."라고 했다.

呂氏曰: 有求而不許, 始雖咈人之意, 而終不害乎信, 故其怨小. 諾人而不踐, 始雖不咈人意, 而終害乎信, 故其責大.

여씨가 말하길, 요구가 있더라도 함부로 허락을 하지 않는 것은 처음에는 비록 그 사람의 뜻에 거스르는 점이 있더라도 끝내 신의에 해를 끼치지 않는다. 그렇기 때문에 원망함이 작다. 남에게 약속을 하고도 실천하지 않는다면 처음에는 비록 남의 뜻을 거스르지 않더라도 끝내 신의에 해를 끼친다. 그렇기 때문에 책임을 묻는 것이 크다.

---

3) 『시』「위풍(衛風)·맹(氓)」: 及爾偕老, 老使我怨. 淇則有岸, 隰則有泮. 總角之宴, 言笑晏晏. 信誓旦旦, 不思其反. 反是不思, 亦已焉哉.

經文

子曰: “君子不以色親人. 情疏而貌親, 在小人則穿窬之盜也與.” 子曰: “情欲信, 辭欲巧.”〈044〉

공자가 말하길, “군자는 표정만 좋게 지어서 남과 친하게 지내는 것을 하지 않는다. 정감이 소원한데도 모양만 친하게 짓는 것은 소인에게 있어서는 벽을 뚫고 담을 넘는 도적이 될 것이다.”라고 했다. 공자가 말하길, “정감은 신의롭게 하고자 하고, 말은 도리를 살피고자 해야 한다.”라고 했다.

集說

情欲信, 卽大學意誠之謂也. 巧, 當作考, 卽曲禮則古昔稱先王之謂也. 否則爲無稽之言矣.

정감은 신의롭게 하고자 한다는 말은 『대학』에서 “뜻이 성실해진다.”[4]라고 한 말에 해당한다. ‘교(巧)’자는 마땅히 ‘고(考)’자가 되어야 하니, 『예기』「곡례(曲禮)」편에서 “옛날의 교훈을 법도로 삼아서 하고, 선왕의 도리에 빗대어야 한다.”라고 한 말에 해당한다. 그렇지 않다면 도리를 살펴봄도 없는 말이 된다.

呂氏曰: 穿窬之盜, 欺人之不見, 以爲不義而已. 色親人者, 巧言令色足恭, 無誠心以將之. 情疏貌親, 主於爲利, 亦欺人之不見也. 孔子曰“色厲而內荏, 譬諸小人, 其猶穿窬之盜也”, 與孟子曰“士未可以言而言, 是以言餂之也”, 是皆穿窬之類也. 二者亦欺人之不見, 以爲不義, 故所以爲穿窬也.

---

4) 『대학』「경(經) 1장」: 物格而后知至, 知至而后意誠, 意誠而后心正, 心正而后身修, 身修而后家齊, 家齊而后國治, 國治而后天下平.

여씨가 말하길, 벽을 뚫거나 담을 넘는 도적은 남이 보지 못하는 곳을 속이니, 이것을 의롭지 못하다고 여긴 것일 뿐이다. 표정을 좋게 지어 남과 친하게 지내는 자는 말을 교묘히 하고 표정을 좋게 지으며 지나치게 공손하여,[5] 진실된 마음에서 이끌어낸 것이 없다. 정감이 소원한데 모양만 친하게 꾸민다는 것은 이로움을 위주로 하니, 또한 남이 보지 못하는 곳을 속이는 것이다. 공자는 "표정을 근엄하게 지으면서도 내적으로 유약한 것은 소인에게 비유하자면 벽을 뚫거나 담을 넘는 도적과 같다."[6]라 했고, 맹자는 "사가 아직 말을 해서는 안 되는데도 말을 하는 것은 말로 꾀어내는 것이다."[7]라 했는데, 이 모두는 벽을 뚫거나 담을 넘는 부류에 해당한다. 두 가지는 또한 남이 보지 못하는 곳을 속이니, 의롭지 못하다고 여긴 것이다. 그렇기 때문에 벽을 뚫고 담을 넘는 것이 된다.

石梁王氏曰: 辭欲巧, 決非孔子之言. 巧言令色鮮矣仁.

석량왕씨가 말하길, '사욕교(辭欲巧)'라는 말은 결코 공자의 말이 아니다. 말을 교묘히 꾸미고 표정을 좋게 짓는 자 중에는 인한 자가 드물다고 했다.[8]

淺見

近按: 右皆言交際之義, 蓋自天子受命以下至此, 是言君臣朋友相報之事, 以釋報利之意也.

내가 살펴보니, 여기까지는 모두 교제할 때의 의를 언급하였으니, 천자

---

5) 『논어』「공야장(公冶長)」: 子曰, "巧言令色足恭, 左丘明恥之, 丘亦恥之. 匿怨而友其人, 左丘明恥之, 丘亦恥之."

6) 『논어』「양화(陽貨)」: 子曰, "色厲而內荏, 譬諸小人, 其猶穿窬之盜也與."

7) 『맹자』「진심하(盡心下)」: 士未可以言而言, 是以言餂之也, 可以言而不言, 是以不言餂之也. 是皆穿踰之類也.

8) 『논어』「학이(學而)」: 子曰, "巧言令色, 鮮矣仁!"

가 명을 받는다라고 한 구문으로부터 그 이하로 이곳에 이르기까지는 군신과 벗들이 서로 보답하는 사안을 언급하여, 보답함이 이로움이라는 뜻을 풀이하였다.

經文

子言之: "昔三代明王, 皆事天地之神明, 無非卜筮之用, 不敢以其私褻事上帝, 是以不犯日月, 不違卜筮. 卜筮不相襲也." 〈045〉

공자가 말하길, "예전 삼대 때의 성왕들은 모두 천지의 신명을 섬겼고, 거북점과 시초점을 사용하지 않았던 적이 없으며, 감히 사적인 친근함으로 상제를 섬기지 않았다. 이러한 까닭으로 해와 달의 운행을 침범하지 않았고, 거북점과 시초점의 점괘를 어기지 않았다. 거북점과 시초점은 서로 연달아 치지 않는다."라고 했다.

集說

不相襲, 說見曲禮.

"서로 연달아 치지 않는다."에 대한 설명은 『예기』「곡례(曲禮)」편에 나온다.

劉氏曰: 此段經文, 言事天地神明, 無非卜筮之用. 而又云大事有時日, 呂氏以爲冬夏至祀天地, 四時迎氣用四立, 他祭祀之當卜日者, 不可犯此素定之日. 非此, 則其他自不可違卜筮也. 然曲禮止云大饗不問卜, 周官大宰祀王帝卜日, 祀大神祇亦如之. 大卜大祭祀眂高命龜. 春秋·魯禮又有卜郊之文. 郊特牲又有郊用辛之語, 是蓋互相牴牾, 未有定說. 又如卜筮不相襲, 大事卜, 小事筮. 而洪範有龜從筮從, 龜從筮逆之文. 筮人有凡國之大事, 先筮而後卜, 大卜又凡事涖卜. 又如外事用剛日, 內事用柔日, 而特牲社用甲, 召誥丁巳郊, 戊午社, 洛誥戊辰烝祭歲. 凡此皆不合禮家之說, 未知所以一之也, 姑闕以俟知者.

유씨가 말하길, 이곳 단락의 경문에서는 "천지의 신명을 섬기며, 거북점과 시초점을 사용하지 않은 적이 없다."고 했다. 또 "중대한 일에는 시

일이 있다."라고 했는데, 여씨는 동지와 하지에 천지에 대해 제사를 지내고, 사계절마다 해당 기운을 맞이할 때에는 입춘·입하·입추·입동에 따르니, 마땅히 거북점으로 제삿날을 점쳐야 하는 다른 제사에 있어서는 이처럼 이미 확정된 날짜를 침범해서는 안 된다. 이러한 경우가 아니라면 나머지 것들은 거북점과 시초점의 결과를 어겨서는 안 된다고 했다. 그런데 『예기』「곡례(曲禮)」편에서는 단지 "큰 제사 때에는 점을 쳐서 날짜를 묻지 않는다."라 했고, 『주례』「대재(大宰)」편에서는 "오제(五帝)에게 제사를 지낼 때에는 제삿날에 대해 거북점을 치고, 대신기(大神示)[1]에게 제사를 지낼 때에도 이처럼 한다."고 했으며,[2] 또 『주례』「대복(大卜)」편에서는 "큰 제사를 지내게 되면 거북껍질 중 불로 지질 수 있는 높은 곳에서 바라보며 거북껍질에게 명령을 한다."[3]라 했고, 『춘추』와 『노례』에서는 또한 교제사에 대해 거북점을 친다는 기록이 나오며, 『예기』「교특생(郊特牲)」편에는 또한 "교제사는 신(辛)자가 들어가는 날을 이용해서 치른다."는 말이 나오는데, 이러한 기록들은 상호 어긋나는 기록들이므로, 확정된 설이 없다. 또 예를 들어 거북점과 시초점은 서로 연달아 치지 않고, 중대한 일에 대해서는 거북점을 치고 상대적으로 덜 중요한 일에 대해서는 시초점을 친다고 했다. 그런데 『서』「홍범(洪範)」편에는 "거북점이 따르고 시초점이 따르며, 거북점이 따르고 시초점이 거스른다."[4]는 기록이 있고, 『주례』「서인(筮人)」편에는 "국가의 중대사가 발생했을 때에는 우선적으로 시초점을 치고 이후에 거북점을 친다."[5]라 했고, 「대복」편에서는 "모든 소소한 사안들에 대해

1) 대신기(大神示)는 대신(大神)인 천(天)과 대기(大示: =大祇)인 지(地)를 뜻한다. 즉 천지의 신을 의미한다.

2) 『주례』「천관(天官)·대재(大宰)」: 祀五帝, 則掌百官之誓戒, 與其具脩. 前期十日, 帥執事而卜日, 遂戒. 及執事, 眡滌濯. 及納亨, 贊王牲事. 及祀之日, 贊玉幣爵之事. 祀大神示亦如之.

3) 『주례』「춘관(春官)·대복(大卜)」: 大祭祀, 則眡高命龜.

4) 『서』「주서(周書)·홍범(洪範)」: 庶民從, 龜從, 筮從, 汝則逆, 卿士逆, 吉. 汝則從, 龜從, 筮逆, 卿士逆, 庶民逆, 作內吉, 作外凶.

서는 거북점 치는 일에 임한다."[6]라고 했다. 또 예를 들어 외사(外事)에는 강일(剛日)을 사용하고, 내사(內事)에는 유일(柔日)을 사용한다고 했는데, 「교특생」편에서는 "사(社)에 대한 제사에서는 갑(甲)자가 들어간 날을 사용한다."라 했고, 『서』「소고(召誥)」편에서는 "정사(丁巳)일에 교제사를 지내고 무오(戊午)일에 사제사를 지낸다."[7]라 했으며, 『서』「낙고(洛誥)」편에서는 "무진(戊辰)일에 증(烝)제사를 지내며 해마다 한 차례씩 올렸다."[8]라고 했다. 무릇 이러한 것들은 모두 예학자들의 설명과는 합치되지 않으며, 일치시킬 수 있는 방법을 모르겠으니, 잠시 그대로 놔두며 후대의 지혜로운 자가 풀이해주기를 기다린다.

淺見

近按: 此又更端, 以言卜筮事神之事.

내가 살펴보니, 이 또한 단서를 바꿔서 거북점과 시초점을 쳐서 신을 섬기는 사안을 언급하였다.

---

5) 『주례』「춘관(春官)·서인(簭人)」: 凡國之大事, 先簭而後卜.

6) 『주례』「춘관(春官)·대복(大卜)」: 凡小事, 蒞卜.

7) 『서』「주서(周書)·소고(召誥)」: 越三日丁巳, 用牲于郊, 牛二. 越翼日戊午, 乃社于新邑, 牛一羊一豕一.

8) 『서』「주서(周書)·낙고(洛誥)」: 戊辰, 王在新邑, 烝祭歲, 文王騂牛一, 武王騂牛一.

經文

"大事有時日; 小事無時日, 有筮. 外事用剛日, 內事用柔日, 不違龜筮." 子曰: "牲牷禮樂齊[咨]盛[成], 是以無害乎鬼神, 無怨乎百姓."〈046〉

공자가 계속하여 말하길, "중대한 사안에 대해서는 그 시기에 대해 거북점을 치고, 소소한 사안에 대해서는 그 시기에 대해 거북점을 치지 않지만 시초점을 친다. 외사에 강일을 사용하고, 내사에 유일을 사용한다."라고 했다. 공자가 말하길, "제사에 사용되는 희생물 · 예악 · 자성에 ['齊'자의 음은 '咨(자)'이다. '盛'자의 음은 '成(성)'이다.] 대해서는 거북점과 시초점을 친 결과를 어기지 않으니, 이러한 이유로 귀신으로부터 해를 당하는 일이 없고, 백성에게 원망을 사는 일이 없다."라고 했다.

集說

大事, 祭大神也. 小事, 祭小神也. 外剛內柔, 見曲禮. 詳文理, "不違龜筮"四字, 當在"牲牷禮樂齊盛"之下, 以其一聽於龜筮, 故神人之心皆順也.

'대사(大事)'는 중대한 신에게 제사를 지낸다는 뜻이다. '소사(小事)'는 소소한 신들에게 제사를 지낸다는 뜻이다. 외사(外事)에 강일(剛日)을 사용하고, 내사(內事)에 유일(柔日)을 사용한다는 것에 대해서는 그 설명이 『예기』「곡례(曲禮)」편에 나온다. 문장의 흐름을 자세히 살펴보면, '불위구서(不違龜筮)'라는 네 글자는 마땅히 '생전례악자성(牲牷禮樂齊盛)'이라는 구문 뒤에 와야 하니, 한결같이 거북점과 시초점의 점괘를 들어서 신과 사람의 마음이 모두 따르기 때문이다.

淺見

黃氏曰: 牲牷禮樂齊盛有常, 故幽則無害乎鬼神, 言不廢祀也. 明則無怨乎百姓, 言皆正供也.

황씨가 말하길, 희생물 · 예악 · 자성에는 항상된 법도가 있다. 그렇기 때문에 그윽한 저 세상에 대해서는 귀신으로부터 해를 당하는 일이 없으니, 제사를 폐지하지 않는다는 뜻이다. 또 밝은 인간세상에 대해서는 백성들에게 원망을 사는 일이 없으니, 모두 일정한 규범에 따라 세금을 납부한다는 뜻이다.

近按: 齊盛之下, 當有缺文.

내가 살펴보니, '자성(齊盛)'이라는 구문 뒤에는 분명 누락된 문장이 있다.

經文

子曰: “后稷之祀易富也, 其辭恭, 其欲儉, 其祿及子孫. 詩曰: ‘后稷兆祀, 庶無罪悔, 以迄于今.’”〈047〉

공자가 말하길, “후직이 제사를 지낼 때에는 제수를 갖추기가 매우 쉬웠으니, 그의 말은 공손하였고, 그의 욕심은 검소하였으며, 그의 녹봉은 자손에게까지 미쳤다. 『시』에서는 ‘후직이 처음으로 제사를 지내니, 죄와 후회가 거의 없어져서, 지금에 이르렀도다.’”라고 했다.

集說

富, 備也. 詩, 大雅・生民之篇. 兆, 詩作肇, 始也. 以迄于今, 明其祿及子孫也.

‘부(富)’자는 “갖추다.”는 뜻이다. 이 시는 『시』「대아(大雅)・생민(生民)」편이다.[1] ‘조(兆)’자를 『시』에서는 조(肇)자로 기록했으니, 처음이라는 뜻이다. “이로써 지금에 이르다.”는 말은 녹봉이 자손에게 미쳤다는 뜻을 나타낸다.

淺見

黃氏曰: 易富謂易備, 惟恭儉而有常, 是以易備也.

황씨가 말하길, ‘이부(易富)’는 갖추기가 쉬웠다는 뜻이니, 오직 공손하고 검소하며 항상된 법도가 있어서, 이러한 까닭으로 갖추기가 쉬웠던 것이다.

1) 『시』「대아(大雅)・생민(生民)」 : 印盛于豆, 于豆于登. 其香始升, 上帝居歆. 胡臭亶時. 后稷肇祀, 庶無罪悔, 以迄于今.

經文

子曰: "大人之器威敬. 天子無筮, 諸侯有守[去聲]筮. 天子道以筮. 諸侯非其國, 不以筮, 卜宅寢室. 天子不卜處大廟."〈048〉

공자가 말하길, "거북껍질이나 시초처럼 성인이 만든 기물은 위엄스럽고 공경스럽다. 천자에게는 시초점을 치는 일이 없고, 제후는 자신의 국가에 보관하고['守'자는 거성으로 읽는다.] 있는 시초로 시초점을 친다. 다만 천자가 도로에 있을 때라면 시초점을 친다. 제후는 자신의 나라에 머물러 있지 않은 때라면 시초점을 치지 않지만, 출타하여 머물 곳을 정할 때라면 거북점을 친다. 천자는 태묘에 머물 때, 그 장소에 대해서 거북점을 치지 않는다."라고 했다.

集說

龜莢之爲器, 聖人所以寓神道之敎, 故言大人之器也. 以其威敬而不敢玩褻, 故大事則用, 小事則否. 天子無筮, 惟用卜也. 而又云道以筮者, 謂在道途中則用筮也. 守筮, 謂在國居守, 有事則用筮也. 龜亦曰守龜. 左傳"國之守龜, 何事不卜?" 非其國不筮, 謂出行在他國, 不欲人疑其吉凶之問也. 宅, 居也. 諸侯出行, 則必卜其所室之地, 慮他故也. 大廟, 天子所必當處之地, 故不卜也.

거북껍질과 시초처럼 점치는 기물은 성인이 신의 도에 따른 가르침을 깃들게 한 것이다. 그렇기 때문에 "대인의 기물이다."라고 했다. 위엄과 공경함을 갖추고 있어서 감히 함부로 대할 수 없다. 그렇기 때문에 중대한 사안이라면 그것을 사용하지만, 소소한 일이라면 사용하지 않는다. 천자에게는 시초점을 치는 일이 없고 오직 거북점만 사용한다. 그런데도 '도이서(道以筮)'라고 말한 것은 도로에 있을 때라면 시초점을 사용한다는 뜻이다. '수서(守筮)'는 제후국에서 보관하고 있다는 뜻이니, 일이 있을 때에만 시초점을 사용한다. 거북점을 치는 거북껍질에 대해서도 '수구(守龜)'라고 말한다. 『좌전』에서는 "나라에 보관하고 있는 거북껍질로는 어떤 일인들 거북점을 치지 못하겠습니까?"[2]라고 했다. "그 나라가 아니라면 시초점을 치지 않는다."는 말은 출타하여 다른 나라에 있을 때에는 남들로 하여금 길흉을 따진다는 의혹을 일으키지 않고자 한다는 뜻이다. '택(宅)'자는 "거처하다."는 뜻이다. 제후가 출타하게 되면 반드시 머무는 곳에 대해서는 거북점을 치니, 다른 변고가 생길까를 염려하기 때문이다. 태묘는 천자가 반드시 머물러야 하는 곳이기 때문에 거북점을 치지 않는다.

淺見

黃氏曰: 諸侯適他國無他卜, 惟卜寢室. 若天子則不待卜, 惟以處諸侯之祖廟爲常也.

황씨가 말하길, 제후가 다른 나라에 가게 되면 다른 일에 대해 거북점을 치는 일이 없는데, 오직 침실에 대해서만 거북점을 친다. 천자의 경우라면 거북점을 칠 필요가 없으니, 단지 제후의 조묘를 항상 거처하게 되는 곳으로 삼기 때문이다.

經文

子曰: "君子敬則用祭器, 是以不廢日月, 不違龜筮, 以敬事其君長. 是以上不瀆於民, 下不褻於上."〈049〉

공자가 말하길, "군자는 그 예법을 공경한다면 해당 의례에 제기를 사용하니, 이로써 해와 달의 운행을 거스르지 않고, 거북점과 시초점의 뜻을 어기지 않아서, 이를 통해 군주와 존장자를 공경스럽게 섬긴다. 이러한

2) 『춘추좌씨전』「소공(昭公) 5년」: 國之守龜, 其何事不卜? 一臧一否, 其誰能常之?

까닭으로 윗사람은 백성들을 함부로 대하지 않고, 백성들은 윗사람에게 무례하게 굴지 않는다."라고 했다.

集說

敬其禮, 故用祭器; 敬其事, 故詢龜筮. 不瀆不褻, 以其敬故也.

그 예법을 공경하기 때문에 제기를 사용하고, 그 사안을 공경하기 때문에 거북점과 시초점에게 묻는다. 함부로 대하지 않고 무례하게 굴지 않는 것은 공경하기 때문이다.

疏曰: 敬事君長, 謂諸侯朝天子及小國之於大國.

소에서 말하길, 천자와 제후를 존경스럽게 섬긴다는 말은 제후가 천자에게 조회를 하고 소국이 대국을 섬기는 것들을 뜻한다.

淺見

近按: 右皆釋卜筮之意.

내가 살펴보니, 여기까지는 모두 거북점과 시초점의 뜻을 풀이한 것이다.

「치의(緇衣)」

「치의」편 문장 순서 비교

『예기집설』	『예기천견록』	
	구분	문장
001	무분류	001
002		002
003		003
004		004
005		005
006		006
007		007
008		008
009		009
010		010
011		011
012		012
013		013
014		014
015		015
016		016
017		017
018		018
019		019
020		020
021		021
022		022
023		023
024		024
025		025

무분류

經文

子言之曰: “爲上易事也, 爲下易知也, 則刑不煩矣.”〈001〉

공자가 말하길, “윗사람이 자신을 섬기는 것을 쉽게 만들고 아랫사람이 자신을 알게 하는 것을 쉽게 한다면, 형벌이 번잡하게 만들어지지 않는다.”라고 했다.

集說

呂氏曰: 上好信, 則民莫敢不用情. 易事者, 以好信故也. 易知者, 以用情故也. 若上以機心待民, 則民亦以機心待其上, 姦生詐起, 欲刑之不煩, 不可得矣.

여씨가 말하길, 윗사람이 신의를 좋아한다면 백성들 중 감히 진실된 정감을 나타내지 않는 자가 없다. “섬기기를 쉽게 한다.”는 것은 신의를 좋아하기 때문이다. “알기 쉽다.”는 것은 진실된 정감을 나타내기 때문이다. 만약 윗사람이 교활한 마음으로 백성들을 대한다면, 백성들 또한 교활한 마음으로 윗사람을 대하여, 간사함이 생겨나고 거짓됨이 발생하니, 형벌을 번잡하게 만들지 않고자 하더라도 할 수 없게 된다.

淺見

近按: 此一篇之大旨, 故篇內皆言君民上下相須之義. 此篇所引詩·書之文, 尤多缺誤矣.

내가 살펴보니, 이것은 이 편의 큰 뜻에 해당한다. 그렇기 때문에 편 안에서는 모두 군주와 백성 및 상하계층이 서로 의존하는 뜻을 언급하였다. 이 편에서 인용하고 있는 『시』나 『서』의 문장들은 더더욱 궐문과 오자가 많다.

經文

子曰: "好賢如緇衣, 惡惡如巷伯, 則爵不瀆而民作愿[願], 刑不試而民咸服. 大雅曰: '儀刑文王, 萬國作孚.'"〈002〉

공자가 말하길, "군주가 현명함을 좋아하길 「치의」편의 내용처럼 돈독하게 하고, 악함을 싫어하길 「항백」편의 내용처럼 깊이 한다면, 작위를 남발하지 않더라도 백성들은 성실한 마음을 ['愿'자의 음은 '願(원)'이다.] 일으키고, 형벌을 시행하지 않아도 백성들이 모두 복종하게 된다. 「대아」에서는 '문왕을 본받으면, 모든 나라가 믿음을 일으키리라.'"라고 했다.

集說

緇衣, 鄭國風首篇, 美鄭武公之詩. 小雅·巷伯, 寺人刺幽王之詩. 大雅, 文王之篇. 國, 詩作邦.

『시』「치의(緇衣)」편은 정나라 국풍(國風)에 해당하는 첫 번째 편으로, 정나라 무공을 찬미한 시이다. 『시』「소아(小雅)·항백(巷伯)」편은 시인(寺人)[1]이 유왕을 풍자한 시이다. 「대아」는 『시』「대아(大雅)·문왕(文王)」편이다.[2] '국(國)'자를 『시』에서는 방(邦)자로 기록했다.

呂氏曰: 好賢必如緇衣之篤, 則人知上之誠好賢矣, 不必爵命之數勸, 而民自起愿心以敬上, 故曰爵不瀆而民作愿. 惡惡必如巷伯之深, 則人知上之誠惡惡矣, 不必刑罰之施, 而民自畏服, 故曰刑不試而民咸服. 文王好惡得其正, 而一出乎誠心, 故爲天下之所儀刑, 德之所以孚乎下也.

---

1) 시인(寺人)은 궁중에서 군주를 가까이에서 모시는 소신(小臣)이다.

2) 『시』「대아(大雅)·문왕(文王)」: 命之不易, 無遏爾躬. 宣昭義問, 有虞殷自天. 上天之載, 無聲無臭. <u>儀刑文王, 萬邦作孚</u>.

여씨가 말하길, 현명함을 좋아하길 반드시 「치의(緇衣)」편의 내용처럼 돈독하게 한다면, 사람들은 윗사람이 진실로 현명함을 좋아하는지 알게 되므로, 반드시 작위 하사하는 명령을 수차례 반복해서 권면하지 않더라도 백성들 스스로 성실한 마음을 일으켜서 윗사람을 공경한다. 그렇기 때문에 "작위를 빈번하게 내리지 않더라도 백성들이 성실함을 일으킨다."라고 했다. 악함을 미워하길 반드시 「항백(巷伯)」편의 내용처럼 깊이 한다면, 사람들은 윗사람이 진실로 악함을 미워하는지 알게 되므로, 반드시 형벌을 시행하지 않더라도 백성들 스스로 외경하며 복종한다. 그렇기 때문에 "형벌을 사용하지 않더라도 백성들이 모두 복종한다."라고 했다. 문왕의 좋아함과 싫어함은 올바름을 얻었고, 한결같이 진실된 마음에서 나온 것이기 때문에, 천하 사람들이 본받게 되었고, 덕이 아랫사람에게 믿음을 주었다.

經文

子曰: "夫民教之以德, 齊之以禮, 則民有格心. 教之以政, 齊之以刑, 則民有遯心. 故君民者, 子以愛之, 則民親之; 信以結之, 則民不倍; 恭以涖之, 則民有孫[去聲]心. 甫刑曰: '苗民匪用命, 制以刑, 惟作五虐之刑曰法.' 是以民有惡德, 而遂絶其世也."
〈003〉

공자가 말하길, "무릇 백성들을 덕으로 가르치고 예로 제어한다면 백성들에게는 바른 마음이 생긴다. 반면 정치로 가르치고 형벌로 제어한다면 백성들에게는 달아나려는 마음이 생긴다. 그러므로 백성을 다스리는 자가 자식처럼 여겨 백성들을 사랑한다면 백성들도 그를 친애하게 되고, 신의를 가지고 백성들을 결속한다면 백성들도 배반하지 않으며, 공손하게 백성들을 임한다면 백성들은 공손한['孫'자는 거성으로 읽는다.] 마음을 가진다. 「보형」편에서는 '묘민(苗民)[3]은 선함을 사용하지 않고,

형벌로만 제어하며, 다섯 가지 잔악한 형벌을 만들어내고 그것을 법이라고 불렀다.'라고 했으니, 이로써 백성들은 악한 덕을 가지게 되었고, 결국 그 대를 끊어버리고 말았다."라고 했다.

集說

遯, 謂逃遯苟免也.

'둔(遯)'자는 도망가고 구차하게 면한다는 뜻이다.

應氏曰: 命, 當依書作靈, 善也.

응씨가 말하길, '명(命)'자는 마땅히 『서』의 기록에 따라 영(靈)자로 기록해야 하니,[4] 선(善)을 뜻한다.

石梁王氏曰: 倣論語爲此言, 意便不足.

석량왕씨가 말하길, 『논어』에 따르면[5] 이곳의 말은 그 의미가 다소 부족하다.

經文

子曰: "下之事上也, 不從其所令, 從其所行. 上好是物, 下必有甚者矣. 故上之所好惡, 不可不愼也, 是民之表也."〈004〉

---

3) 묘민(苗民)은 고대 삼묘(三苗) 부족의 수장을 뜻하며, 또한 삼묘 부족 전체를 가리키기도 한다.

4) 『서』「주서(周書)·여형(呂刑)」: 苗民弗用靈, 制以刑, 惟作五虐之刑曰法, 殺戮無辜.

5) 『논어』「위정(爲政)」: 子曰, "道之以政, 齊之以刑, 民免而無恥, 道之以德, 齊之以禮, 有恥且格."

공자가 말하길, "아랫사람이 윗사람을 섬길 때에는 윗사람이 명령한대로 따르지 않고, 윗사람이 행동한대로 따른다. 윗사람이 이 사물을 좋아하면, 아랫사람에게는 반드시 그보다 더 심함이 생겨난다. 그러므로 윗사람은 좋아하고 싫어하는 것을 신중히 하지 않을 수 없으니, 이것은 백성들의 지표가 되기 때문이다."라고 했다.

集說

大學曰: 其所令反其所好, 而民不從矣.

『대학』에서 말하길, 명령한 것이 좋아하는 것과 반대가 되면 백성들이 따르지 않는다.[6)]

經文

子曰: "禹立三年, 百姓以仁遂焉, 豈必盡仁? 詩云: '赫赫師尹, 民具爾瞻.' 甫刑曰: '一人有慶, 兆民賴之.' 大雅曰: '成王之孚, 下土之式.'" 〈005〉

공자가 말하길, "우임금이 제위에 올라 3년이 지나자 백성들은 모두 인을 따랐으니, 어찌 반드시 조정의 모든 신하를 인한 자로 채운 뒤에야 가능한 일이겠는가? 『시』에서는 '밝게 드러나며 융성한 태사 윤씨여, 백성들이 모두 너를 보는구나.'라고 했고, 「보형」편에서는 '한 사람에게 경사가 생겼는데, 모든 백성들이 그에 힘입는다.'[7)]라고 했으며, 「대아」

6) 『대학』「전(傳) 9장」: 堯舜率天下以仁而民從之. 桀紂率天下以暴而民從之. <u>其所令反其所好而民不從</u>. 是故君子有諸己而后求諸人, 無諸己而后非諸人. 所藏乎身不恕, 而能喩諸人者未之有也.

7) 『서』「주서(周書) · 여형(呂刑)」: 雖畏勿畏, 雖休勿休, 惟敬五刑, 以成三德.

에서는 '천자의 믿음을 이루어 백성들의 모범이 되었다.'"라고 했다.

集說

豈必盡仁者, 言不必朝廷盡是仁人而後足以化民也. 得一仁人爲民之表, 則天下皆仁矣. 所謂君仁莫不仁也. 此所以禹以一仁君立三年, 而百姓皆以仁遂, 故引詩·書以明之. 詩, 小雅·節南山之篇. 赫赫, 顯盛貌. 師尹, 周大師尹氏也. 具, 俱也. 大雅, 下武之篇. 言武王能成王者之德, 孚信于民, 而天下皆法式之.

'기필진인(豈必盡仁)'은 조정을 모두 인(仁)한 사람으로 채운 이후에야 백성들을 교화할 수 있는 것이 아니라는 뜻이다. 한 사람이라도 인한 사람을 얻어서 백성들의 지표로 삼는다면, 천하 사람들이 모두 인하게 된다. 이른바 "군주가 인하게 되면 인하지 않은 일이 없게 된다."[8]는 뜻이다. 이것은 우임금이 한 사람의 인한 군주로서 제위에 올라 3년이 지나자 백성들이 모두 인으로 따르게 된 이유이다. 그렇기 때문에 『시』와 『서』의 내용을 인용해서 증명하였다. 『시』는 『시』「소아(小雅)·절남산(節南山)」편이다.[9] '혁혁(赫赫)'은 밝게 드러나며 융성한 모습을 뜻한다. '사윤(師尹)'은 주나라의 태사였던 윤씨(尹氏)를 뜻한다. '구(具)'자는 모두라는 뜻이다. 「대아」는 『시』「대아(大雅)·하무(下武)」편이다.[10] 즉 무왕은 천자의 덕을 완성하여 백성들에게 믿음을 줄 수 있어서, 천하 사람들이 모두 그를 본받아 따랐다는 뜻이다.

一人有慶, 兆民賴之, 其寧惟永.

8) 『맹자』「이루상(離婁上)」: 孟子曰, "人不足與適也, 政不足閒也, 唯大人爲能格君心之非. 君仁, 莫不仁, 君義, 莫不義, 君正, 莫不正. 一正君而國正矣."

9) 『시』「소아(小雅)·절남산(節南山)」: 節彼南山, 維石巖巖. 赫赫師尹, 民具爾瞻. 憂心如惔, 不敢戲談. 國既卒斬, 何用不監.

10) 『시』「대아(大雅)·하무(下武)」: 成王之孚, 下土之式. 永言孝思, 孝思維則.

經文

子曰: "上好仁, 則下之爲仁爭先人. 故長民者, 章志·貞敎·尊仁, 以子愛百姓, 民致行己, 以說[悅]其上矣. 詩云: '有梏[覺]德行[去聲], 四國順之.'"〈006〉

공자가 말하길, "윗사람이 인을 좋아한다면, 아랫사람이 앞 다투어 인을 실천하려고 한다. 그러므로 백성들을 통치하는 자가 자신의 뜻을 드러내고 가르침을 바르게 하며 인을 존숭하여 백성들을 자식처럼 사랑하면, 백성들은 인을 실천하는데 온힘을 다하여 윗사람을 기뻐하도록['說'자의 음은 '悅(열)'이다.] 만든다. 『시』에서는 '덕행으로['行'자는 거성으로 읽는다.] 남을 깨우칠['梏'자의 음은 '覺(각)'이다.] 수 있다면, 사방의 나라가 순종하게 되리라.'"라고 했다.

集說

章志者, 明吾好惡之所在也. 貞敎者, 身率以正也. 所志所敎莫非尊仁之事, 以此爲愛民之道, 是以民皆感其子愛之心, 致力於行己之善而悅其上, 如子從父母之命也. 詩, 大雅·抑之篇. 梏, 當依詩作覺. 言有能覺悟人以德行者, 則四國皆服從之也.

'장지(章志)'는 내가 좋아하고 싫어하는 대상을 드러낸다는 뜻이다. '정교(貞敎)'는 스스로 올바름으로 통솔한다는 뜻이다. 뜻으로 삼고 있는 것과 가르침으로 삼고 있는 것은 인(仁)을 존숭하지 않는 일이 없고, 이것을 백성들을 사랑하는 도로 삼으니, 이러한 까닭으로 백성들이 모두 군주가 자식처럼 사랑하는 마음에 감화되어, 자신의 선함을 시행하는데 힘을 다하여 윗사람을 기뻐하도록 만드니, 마치 자식이 부모의 명령에 따르는 것처럼 한다는 뜻이다. 『시』는 『시』「대아(大雅)·억(抑)」편이다.[11] '각(梏)'자는 『시』의 기록에 따라 마땅히 '각(覺)'자가 되어야 한

11) 『시』「대아(大雅)·억(抑)」: 無競維人, 四方其訓之. 有覺德行, 四國順之. 訏

다. 즉 남에 대해서 덕행으로 깨우칠 수 있는 자라면, 사방의 나라들이 모두 복종하게 된다는 뜻이다.

經文

子曰: "王言如絲, 其出如綸. 王言如綸, 其出如綍[弗]. 故大人不倡游言. 可言也不可行, 君子弗言也, 可行也不可言, 君子弗行也, 則民言不危行, 而行不危言矣. 詩云: '淑愼爾止, 不諐[愆]于儀.'"〈007〉

공자가 말하길, "천자의 말이 실과 같이 가늘더라도 그것이 밖으로 표출되면 끈처럼 두껍게 된다. 천자의 말이 끈처럼 두껍더라도 그것이 밖으로 표출되면 노끈처럼['綍'자의 음은 '弗(불)'이다.] 커지게 된다. 그러므로 천자나 대인은 근거도 없는 말로 선동하지 않는다. 말로는 할 수 있지만 실천할 수 없다면 군자는 그러한 말을 하지 않고, 실천할 수 있지만 말로는 표현할 수 없다면 군자는 그러한 행동을 하지 않으니, 이처럼 한다면 백성들의 말은 실천보다 높아지지 않고, 실천도 말보다 높아지지 않는다. 『시』에서는 '너의 용모와 행동거지를 조심하고 삼가며, 위엄을 갖춘 예법에 과실을['諐'자의 음은 '愆(건)'이다.] 범하지 말아라.'"라고 했다.

集說

綸, 綬也. 疏云: "如宛轉繩." 紼, 引棺大索也. 危, 高也. 詩, 大雅·抑之篇. 止, 容止也. 諐, 過也.

謨定命, 遠猶辰告. 敬愼威儀, 維民之則.

‘윤(綸)’자는 끈이다. 소에서는 “아녀자들이 허리띠에 찼던 완전승(宛轉繩)이라는 끈과 같다.”라고 했다. ‘불(綍)’은 관을 끌 때 사용하는 큰 노끈이다. ‘위(危)’자는 “높이다.”는 뜻이다. 이 시는 『시』「대아(大雅) · 억(抑)」편이다.[12] ‘지(止)’자는 용모와 행동거지를 뜻한다. ‘건(僁)’자는 “과실을 범하다.”는 뜻이다.

呂氏曰: 大人, 王公之謂也. 游言, 無根不定之言也. 易曰: “誣善之人其辭游.” 爲人上者, 倡之以誠慤篤實之言, 天下猶有欺詐以罔上者; 苟以游言倡之, 則天下蕩然虛浮之風作矣, 可不愼乎? 可言而不可行, 過言也. 可行而不可言, 過行也. 君子弗言弗行, 則言行不越乎中, 民將效之. 言不敢高於行, 而言之必可行也; 行不敢高於言, 而必爲可繼之道也.

여씨가 말하길, ‘대인(大人)’은 천자와 제후를 뜻한다. ‘유언(游言)’은 근거가 없어 확정되지 않은 말이다. 『역』에서는 “선을 모함하는 사람은 그 말이 겉돈다.”[13]라고 했다. 윗사람이 성실하고 독실한 말로 이끌더라도 천하 사람들 중에는 오히려 속임과 거짓으로 윗사람을 속이는 자가 있는데, 만약 근거도 없는 말로 이끈다면, 천하 사람들은 제멋대로 허황된 기풍을 일으키게 될 것인데, 신중하지 않을 수 있겠는가? 말을 할 수 있지만 실천할 수 없다는 것은 지나친 말이다. 실천할 수 있지만 말을 할 수 없다는 것은 지나친 행동이다. 군자가 그러한 말을 하지 않고 그러한 실천을 행하지 않는다면, 말과 행동이 알맞음에서 벗어나지 않고 백성들이 본받게 된다. 말이 감히 행동보다 높아지지 않는다면, 말한 것은 반드시 실천할 수 있다. 행동이 감히 말보다 높아지지 않는다면, 반드시 계승할 수 있는 도가 된다.

---

12) 『시』「대아(大雅) · 억(抑)」 : 辟爾爲德, 俾臧俾嘉. 淑愼爾止, 不愆于儀. 不僭不賊, 鮮不爲則. 投我以桃, 報之以李. 彼童而角, 實虹小子.

13) 『역』「계사하(繫辭下)」 : 將叛者其辭慙, 中心疑者其辭枝, 吉人之辭寡, 躁人之辭多, 誣善之人其辭游, 失其守者其辭屈.

經文

子曰: "君子道人以言, 而禁人以行[去聲], 故言必慮其所終, 而行必稽其所敝, 則民謹於言而愼於行. 詩云: '愼爾出話[胡快反], 敬爾威儀.' 大雅曰: '穆穆文王, 於[烏]緝熙敬止.'"〈008〉

공자가 말하길, "군자는 남을 가르칠 때 말로써 하고, 독려할 때에는 행동으로써['行'자는 거성으로 읽는다.] 한다. 그렇기 때문에 말은 반드시 마치는 것을 헤아려야 하고, 행동은 반드시 해지는 것을 살펴야 하니, 이처럼 한다면 백성들은 말을 삼가고 행동을 신중히 하게 된다. 『시』에서는 '너의 내뱉는 말을['話'자는 '胡(호)'자와 '快(쾌)'자의 반절음이다.] 신중히 하고, 너의 위엄스러운 거동을 공경스럽게 하라.'라고 했고, 「대아」에서는 '깊고도 원대하신 문왕이여, 오!['於'자의 음은 '烏(오)'이다.] 계속하여 빛나서 공경스럽고 편안하게 계시도다.'"라고 했다.

集說

道, 化誨之也. 道人以言而必慮其所終, 恐其行之不能至, 則爲虛誕也. 禁, 謹飭之也. 禁人以行而必稽其所敝, 慮其末流之或偏也. 如是則民皆謹言而愼行矣. 詩, 大雅・抑之篇. 大雅, 文王之篇. 朱子云: "穆穆, 深遠之意. 於, 歎美辭, 緝, 繼續也. 熙, 光明也. 敬止, 無不敬而安所止也." 兩引詩, 皆以爲謹言行之證.

'도(道)'자는 교화하고 가르친다는 뜻이다. 사람을 말로써 교화하면 반드시 마치는 것을 고려해야 하니, 행동이 미치지 못하게 되면 허망함이 될까 염려하기 때문이다. '금(禁)'자는 삼가고 조심하게 만든다는 뜻이다. 사람을 행동으로써 조심하게 만들면 반드시 해지는 것을 헤아려야 하니, 그 끝이 간혹 치우치게 될까를 염려하기 때문이다. 이처럼 한다면 백성들은 모두 말을 조심하고 행동을 신중히 하게 된다. 『시』는 『시』「대아(大雅)・억(抑)」편이다.[14] 「대아」는 『시』「대아(大雅)・문왕(文王)」편이다.[15] 주자는 "목목(穆穆)은 깊고 원대하다는 뜻이다. '오(於)'자는 탄미사이며, '즙(緝)'자는 계속한다는 뜻이다. '희(熙)'자는 밝게 빛난다는 뜻이다. '경지(敬止)'는 공경하지 않음이 없어서 머문 곳에서 편안하다는 뜻이다."라고 했다. 두 차례 『시』를 인용한 것은 모두 말과 행동을 조심해야 함을 증명하기 위해서이다.

呂氏曰: 進取於善者, 夷考其行而不掩, 猶不免於狂, 況不在於善者乎? 故曰言必慮其所終. 夷惠之淸和, 其末猶爲隘與不恭, 故曰行必稽其所敝. 文王之德, 亦不越敬其容止而已.

여씨가 말하길, 선으로 나아가 취하는 자는 행실을 살펴서 행실이 말을 가리지 않지만,[16] 여전히 뜻이 고매하여 진취적인 상태에서 벗어나지 못하는데, 하물며 선에 뜻을 두지 않은 자에게 있어서는 어떻겠는가? 그러므로 "말은 반드시 마치는 것을 헤아려야 한다."라고 했다. 백이나 유하혜처럼 맑고 조화로운 자도 그 말단에 있어서는 오히려 좁고 공손하지 못하였다.[17] 그렇기 때문에 "행동은 반드시 해지는 것을 살펴보아야 한다."라고 했다. 문왕의 덕은 또한 용모와 행동거지를 공경스럽게 하는 데에서 벗어나지 않았을 따름이다.

---

14) 『시』「대아(大雅) · 억(抑)」: 質爾人民, 謹爾侯度, 用戒不虞. 愼爾出話, 敬爾威儀. 無不柔嘉. 白圭之玷, 尙可磨也. 斯言之玷, 不可爲也.

15) 『시』「대아(大雅) · 문왕(文王)」: 穆穆文王, 於緝熙敬止. 假哉天命, 有商孫子. 商之孫子, 其麗不億. 上帝旣命, 侯于周服.

16) 『맹자』「진심하(盡心下)」: 曰, 其志嘐嘐然, 曰, '古之人, 古之人.' 夷考其行, 而不掩焉者也.

17) 『맹자』「공손추상(公孫丑上)」: 孟子曰, "伯夷隘, 柳下惠不恭. 隘與不恭, 君子不由也."

經文

子曰: "長民者衣服不貳, 從[千雍反]容有常, 以齊其民, 則民德壹. 詩云: '彼都人士, 狐裘黃黃. 其容不改, 出言有章. 行歸于周, 萬民所望.'"〈009〉

공자가 말하길, "백성을 통치하는 자가 의복에 있어서 예법과 차이를 내지 않고, 행동거지와['從'자는 '千(천)'자와 '雍(옹)'자의 반절음이다.] 용모에는 항상된 도리를 갖춰서 백성들을 단정하게 한다면, 백성들의 덕은 한결같게 된다. 『시』에서는 '저 도읍에서 온 선비여, 여우 가죽옷이 누렇고 누렇구나. 그 용모가 변치 않고, 말을 함에 화려한 격식이 있구나. 행동이 충심과 신의로 귀결되니, 모든 백성들이 선망하는 바이다.'"라고 했다.

集說

詩, 小雅·都人士之篇. 周, 忠信也.

『시』는 『시』「소아(小雅)·도인사(都人士)」편이다.[18] '주(周)'자는 충심과 신의를 뜻한다.

馬氏曰: 狐裘黃黃, 服其服也. 其容不改, 文以君子之容也. 出言有章, 遂以君子之辭也. 行歸于周, 實以君子之德也.

마씨가 말하길, "여우 가죽으로 만든 갖옷이 누렇고 누렇다."는 말은 해당하는 복장을 입었다는 뜻이다. "그 용모가 변치 않는다."는 말은 군자다운 용모로 문채를 꾸몄다는 뜻이다. "말을 함에 격식이 있다."는 말은 군자다운 말로 실천한다는 뜻이다. "행동이 충심과 신의로 귀결된다."는

18) 『시』「소아(小雅)·도인사(都人士)」: 彼都人士, 狐裘黃黃. 其容不改, 出言有章. 行歸于周, 萬民所望.

말은 군자다운 덕으로 채운다는 뜻이다.

經文

子曰: "爲上可望而知也, 爲下可述而志也, 則君不疑於其臣, 而臣不惑於其君矣. 尹吉[告]曰: '惟尹躬及湯, 咸有壹德', 詩云: '淑人君子, 其儀不忒.'" 〈010〉

공자가 말하길, "윗사람이 되어서 그를 바라보면 그의 뜻을 알 수 있고, 아랫사람이 되어서 직무를 조술하여 그 뜻을 기록할 수 있다면, 군주는 신하에 대해서 의문을 품지 않고, 신하는 군주에 대해서 의혹을 품지 않는다. 「윤고」 편에서는['吉'자의 음은 '告(고)'이다.] '저는 몸소 탕임금에게 미쳐 모두 한결같은 덕을 소유하였습니다.'라고 했고, 『시』에서는 '저 선한 군자여, 그 위엄스러운 거동이 어긋나지 않는구나.'"라고 했다.

集說

君之待臣, 表裏如一, 故曰可望而知. 臣之事君, 一由忠誠, 其職業皆可稱述而記志. 此所以上下之間, 不疑不惑也. 尹告, 伊尹告大甲之書也, 今咸有一德篇文. 詩, 曹風·鳲鳩之篇. 引書以證君臣相得, 又引詩以證一德之義.

군주가 신하를 대할 때에는 겉과 속이 한결같아야 한다. 그렇기 때문에 "바라보면 알 수 있다."라고 했다. 신하가 군주를 섬길 때에는 한결같이 충심과 진실됨에서 비롯되어야 하니, 그가 맡은 직무는 모두 조술하여 그 뜻을 기록할 수 있어야 한다. 이것은 상하관계에서 의문과 의혹을 품지 않게 되는 방법이다. 「윤고」는 이윤이 태갑에게 아뢰었던 글인데, 현행본 『서』「함유일덕(咸有一德)」편의 문장이다.[19] 『시』는 『시』「조풍(曹風)·시구(鳲鳩)」편이다.[20] 『서』의 내용을 인용하여 군주와 신하가 서로 부합됨을 증명하였고, 또 『시』의 내용을 인용하여 덕을 한결같이 하는 뜻을 증명하였다.

經文

子曰: "有國家者, 章善癉[丁但反]惡以示民厚, 則民情不貳. 詩云: '靖共爾位, 好是正直.'"〈011〉

공자가 말하길, "국이나 가를 소유한 제후와 대부가 선을 드러내고 악을 미워하여['癉'자는 '丁(정)'자와 '但(단)'자의 반절음이다.] 백성들에게 두터이 할 것을 보여준다면, 백성들의 정감은 어긋나지 않는다. 『시』에서는 '너의 직위를 편안하고 공손하게 하여, 정직한 자를 좋아하라.'"라고 했다.

集說

鄭本作章義, 今從書作善.

정현의 판본에서는 '장의(章義)'라고 기록했는데, 현재는 『서』의 기록에 따라 '의(義)'자를 선(善)자로 기록한다.

呂氏曰: 章, 明也. 癉, 病也. 明之斯好之矣, 病之斯惡之矣. 善居其厚, 惡居其薄, 此所以示民厚也. 好善惡惡之分定, 民情所以不貳也. 詩, 小雅·小明之篇, 引之以明章善之義.

---

19) 『서』「상서(商書)·함유일덕(咸有一德)」: 夏王弗克庸德, 慢神虐民, 皇天弗保, 監于萬方, 啓迪有命, 眷求一德, 俾作神主. 惟尹躬暨湯, 咸有一德, 克享天心, 受天明命. 以有九有之師, 爰革夏正.

20) 『시』「조풍(曹風)·시구(鳲鳩)」: 鳲鳩在桑, 其子在棘. 淑人君子, 其儀不忒. 其儀不忒, 正是四國.

여씨가 말하길, '장(章)'자는 "밝히다."는 뜻이다. '단(癉)'자는 "병폐로 여기다."는 뜻이다. 밝히면 좋아하게 되고, 병폐로 여기면 싫어하게 된다. 선은 두터운 곳에 있고 악은 엷은 곳에 있으니, 이것이 백성들에게 두터운 것을 보여주는 방법이다. 선을 좋아하고 악을 싫어하는 구분이 확정되면, 백성들의 정감은 어긋나지 않는다. 『시』는 『시』「소아(小雅)·소명(小明)」편이다.[21] 이 시를 인용하여 선을 드러낸다는 뜻을 나타낸 것이다.

經文

子曰: "上人疑, 則百姓惑; 下難知, 則君長勞. 故君民者, 章好以示民俗, 愼惡以御民之淫, 則民不惑矣. 臣儀行[去聲], **不重辭, 不援其所不及, 不煩其所不知, 則君不勞矣. 詩云: '上帝板板, 下民卒▼(疒/亶)**[丁但反].**' 小雅曰: '匪其止共**[恭], **維王之邛.'"**〈012〉

공자가 말하길, "윗사람이 의심하게 되면 백성들이 의혹하게 된다. 아랫사람에 대해 알기가 어렵다면 군주와 존장자는 고단하게 된다. 그러므로 백성을 다스리는 자가 좋아하는 것을 드러내어 백성들에게 좋은 풍속을 보여주고, 싫어하는 것을 신중히 처리하여 백성들이 문란하게 되는 것을 제어한다면, 백성들이 의혹을 품지 않는다. 신하에게 법도에 맞는 행실이['行'자는 거성으로 읽는다.] 있고, 말만을 중시하지 않으며, 군주의 능력으로 미칠 수 없는 것을 강요하지 않고, 군주의 지혜로 알 수 없는 것으로 번민하게 만들지 않는다면, 군주는 고단하게 되지 않는다.

21) 『시』「소아(小雅)·소명(小明)」: 嗟爾君子, 無恒安息. 靖共爾位, 好是正直. 神之聽之, 介爾景福.

『시』에서는 '상제가 항상된 도리를 뒤집어 행하니, 백성들이 모두 병들었도다.['▼(疒/亶)'자는 '丁(정)'자와 '但(단)'자의 반절음이다.]'라고 했고, 「소아」에서는 '공경함에['共'자의 음은 '恭(공)'이다.] 따른 것이 아니며, 천자의 병통이 될 따름이니라.'"라고 했다.

集說

詩, 大雅 · 板之篇. 板板, 反戾之意. 卒, 盡也. ▼(疒/亶), 詩作癉, 病也. 假上帝以言幽王反其常道, 使下民盡病也. 小雅, 巧言之篇. 邛, 病也, 言此讒人非止於敬, 徒爲王之邛病耳. 板詩證君道之失, 巧言詩證臣道之失也.

『시』는 『시』「대아(大雅) · 판(板)」편이다.[22] '판판(板板)'은 뒤집고 어긋난다는 뜻이다. '졸(卒)'자는 모두라는 뜻이다. '단(▼(疒/亶))'자를 『시』에서는 단(癉)자로 기록했으니, "병들다."는 뜻이다. '상제(上帝)'라는 용어를 빌려서 유왕이 항상된 도리를 반대로 하여, 백성들로 하여금 모두가 병들게 만들었다고 말한 것이다. 「소아」는 『시』「소아(小雅) · 교언(巧言)」편이다.[23] '공(邛)'자는 병폐를 뜻하니, 이처럼 참소하는 자는 공경함에 그치는 것이 아니니, 단지 천자의 병통이 될 따름이라는 뜻이다. 「판」편의 시는 군주의 도가 실추됨을 증명한 것이며, 「교언」편의 시는 신하의 도가 실추됨을 증명한 것이다.

呂氏曰: 以君之力所不能及而援其君, 則君難從; 以君之智所不能知而煩其君, 則君難聽. 徒爲難從難聽以勞其君而無益, 非所以事君也.

---

22) 『시』「대아(大雅) · 판(板)」: 上帝板板, 下民卒癉. 出話不然, 爲猶不遠. 靡聖管管, 不實於亶. 猶之未遠, 是用大諫.

23) 『시』「소아(小雅) · 교언(巧言)」: 君子屢盟, 亂是用長. 君子信盜, 亂是用暴. 盜言孔甘, 亂是用餤. 匪其止共, 維王之邛.

여씨가 말하길, 군주의 힘으로 미칠 수 없는 것으로 군주를 돕는다면 군주가 따라하기 어렵고, 군주의 지혜로 알 수 없는 것으로 군주를 번민하게 만든다면 군주가 듣기 어렵다. 단지 따라하기 어렵고 듣기 어렵게만 하여 군주를 고단하게 만들며 보탬이 없는 것은 군주를 섬기는 방법이 아니다.

方氏曰: 示民不以信, 則爲上之人可疑, 可疑則百姓其有不惑者乎? 事君不以忠, 則爲下之人難知, 難知則君長其有不勞者乎? 章其所好之善, 故足以示民而成俗; 愼其所惡之惡, 故足以御民而不淫. 若是則上下無可疑者, 故曰民不惑矣. 臣有可儀之行, 而所重者不在乎辭, 則凡有所行者, 無僞行矣. 苟有所言者, 無虛辭矣.

방씨가 말하길, 백성들에게 신의로써 보여주지 않는다면 윗사람을 의심할 수 있는데, 의심할 수 있다면 백성들 중 의혹을 품지 않는 자가 있겠는가? 군주를 충심으로 섬기지 않는다면 아랫사람을 알기가 어려운데, 알기가 어렵다면 군주와 존장자 중 고단하지 않은 자가 있겠는가? 좋아하는 선을 드러내기 때문에 백성들에게 보여주어 풍속을 완성할 수 있고, 싫어하는 악을 신중히 처리하기 때문에 백성들을 제어하여 문란하지 않게끔 할 수 있다. 이처럼 한다면 상하계층 모두 의심을 품는 자가 없게 된다. 그렇기 때문에 "백성들이 의혹을 품지 않는다."라고 했다. 신하에게 법도로 삼을 수 있는 행실이 있고, 중시하는 것이 말에 있지 않다면, 행동하는 모든 것들에 거짓된 행실이 없다. 그가 말을 한 것들에도 허황된 말이 없게 된다.

經文

子曰: "政之不行也, 教之不成也, 爵祿不足勸也, 刑罰不足恥也, 故上不可以褻刑而輕爵. 康誥曰: '敬明乃罰.' 甫刑曰: '播刑之不迪.'"〈013〉

공자가 말하길, "정치가 시행되지 않고 교화가 완성되지 않는다면 군주의 시행이 합당하지 못하기 때문이니, 작위와 녹봉도 선한 사람들을 권면하기에 부족하게 되고, 형벌도 소인들이 부끄러움을 느끼게끔 하는데 부족하게 된다. 그렇기 때문에 윗사람은 자신의 부당함을 통해 형벌을 경솔하게 사용하거나 작위를 남발해서는 안 된다. 「강고」편에서는 '네가 형벌 사용하는 것을 공경스럽게 밝혀라.'라 했고, 「보형」에서는 '형벌을 시행하여 백성들을 인도하라.'"라 했다.

集說

康誥 · 甫刑, 皆周書. 播, 布也. 不字衍, 言伯夷布刑以啓迪斯民也.

「강고」[24]와 「보형」[25]은 모두 『서』「주서(周書)」의 편명이다. '파(播)'자는 "펼치다."는 뜻이다. '불(不)'자는 연문이다. 백이가 형벌을 시행하여 백성들을 인도하였다는 뜻이다.

呂氏曰: 政不行, 教不成, 由上之人爵祿刑罰之失當也. 爵祿非其人, 則善人不足勸; 刑罰非其罪, 則小人不足恥. 此之謂褻刑輕爵.

여씨가 말하길, 정치가 시행되지 않고 교화가 완성되지 않는 것은 윗사람이 작위와 녹봉 및 형벌을 시행하는 것이 합당함을 잃은 데에서 비롯된다. 작위와 녹봉이 그 사람에 걸맞지 않다면, 선한 사람에 대해서 권면할 수 없고, 형벌이 그 죄목에 걸맞지 않다면, 소인도 부끄럽게 여기지 않는다. 이것이 바로 형벌을 경솔하게 사용하고 작위를 남발한다는 뜻이다.

24) 『서』「주서(周書) · 강고(康誥)」: 王曰, 嗚呼, 封. 敬明乃罰. 人有小罪, 非眚乃惟終, 自作不典式爾, 有厥罪小, 乃不可不殺.

25) 『서』「주서(周書) · 여형(呂刑)」: 王曰, 嗟. 四方司政典獄. 非爾惟作天牧. 今爾何監. 非時伯夷播刑之迪.

經文

子曰: "大臣不親, 百姓不寧, 則忠敬不足而富貴已過也. 大臣不治, 而邇臣比[毗志反]矣. 故大臣不可不敬也, 是民之表也. 邇臣不可不愼也, 是民之道也. 君毋以小謀大, 毋以遠言近, 毋以內圖外, 則大臣不怨, 邇臣不疾, 而遠臣不蔽矣. 葉[失涉反]公之顧命曰: '毋以小謀敗大作, 毋以嬖御人疾莊后, 毋以嬖御士疾莊士大夫卿士.'"〈014〉

공자가 말하길, "대신이 친애함과 신의를 나타내지 않고 백성들이 편안하지 않다면, 충심과 공경이 부족하고 부귀함만 너무 지나친 것이다. 대신이 자신의 직무를 다스리지 않으면 가까이에서 군주를 섬기는 신하들이 서로 연합하여['比'자는 '毗(비)'자와 '志(지)'자의 반절음이다.] 대신의 권력을 빼앗는다. 그러므로 대신은 공경하지 않을 수 없으니, 그들의 태도는 백성들의 의표가 되기 때문이다. 또 가까이에서 섬기는 신하들은 신중하지 않을 수 없으니, 그들의 태도는 백성들이 따르는 도가 되기 때문이다. 군주가 작은 것으로 큰 것을 계획하지 않고, 먼 것으로 가까운 것을 말하지 않으며, 내적인 것으로 외적인 것을 도모하지 않는다면, 대신들은 원망하지 않게 되고, 가까이에서 섬기는 신하들은 질시를 하지 않으며, 멀리 떨어져 있는 신하들은 가려지지 않는다. 섭공은['葉'자는 '失(실)'자와 '涉(섭)'자의 반절음이다.] 회고를 하며, '소신의 계획으로 대신이 벌인 일을 망치지 말고, 가까이에서 총애를 받는 첩이 바른 처를 질시하도록 하지 말며, 총애를 받는 사가 공경스러운 사 · 대부 · 경사를 질시하도록 하지 말아야 한다.'"라고 했다.

集說

大臣不見親信, 則民不服從其令, 故不寧也. 此蓋由臣之忠不足於君, 君之敬不足於臣, 徒富貴之大過而然耳. 由是邇臣之黨, 相比以奪大臣之柄, 而使之不得治其事. 故大臣所以不可不敬者. 以其爲民所瞻望之儀表也. 邇臣所以不可不愼者, 以君之好惡係焉, 乃民之所從以爲道者也. 人君不使小臣謀大臣, 則大臣不至於怨乎不以; 不使遠臣間近臣, 則近臣不至於疾其君; 不使內之寵臣圖四方宣力之士, 則遠臣之賢無所壅蔽, 而得見知於上矣. 葉公, 楚葉縣尹沈諸梁, 字子高, 僭稱公. 顧命, 臨死回顧之言也. 毋以小謀敗大作, 謂不可用小臣之謀, 而敗大臣所作之事也. 疾, 毁惡之也. 莊, 猶正也, 敬也, 君所取正而加敬之謂也.

대신들이 친애함과 신의를 드러내지 않는다면, 백성들은 그 명령에 복종하지 않기 때문에 편안하지 않다. 이것은 신하의 충심이 군주에 대해 부족하고, 군주의 공경함이 신하에 대해 부족하며 단지 부귀함만 너무 지나친 데에서 비롯되어 이처럼 된 것일 뿐이다. 이를 통해 가까운 신하의 무리들은 서로 연합하여 대신의 권력을 빼앗고, 그들로 하여금 자신의 직무를 처리할 수 없게 만든다. 그렇기 때문에 대신이 공경하지 않을 수 없는 것은 그들은 백성들이 바라보며 의표로 삼는 대상이기 때문이다. 가까운 신하가 신중하지 않을 수 없는 것은 군주의 좋아함과 싫어함이 연계되어, 곧 백성들이 따라서 도로 삼는 것이기 때문이다. 군주가 소신으로 하여금 대신의 일을 도모하지 않도록 한다면, 대신은 자신이 쓰이지 않는 것에 대해 원망하는 지경에 이르지 않고, 멀리 떨어져 있는 신하로 하여금 가까이 있는 신하들을 간섭하지 않도록 한다면, 가까운 신하들은 자신의 군주를 질시하는 지경에 이르지 않으며, 조정에 머물며 총애를 받는 신하로 하여금 사방에서 힘을 다해 일하고 있는 사의 일을 도모하지 않도록 한다면, 멀리 떨어져 있는 신하들 중 현명한 자들은 총애가 막혀 받지 못하는 경우가 없고, 윗사람에게 자신을 알릴 수 있다. '섭공(葉公)'은 초나라 섭현을 다스렸던 관리인 심제량(沈諸梁)으로, 자(字)는 자고(子高)인데 참람되게 공(公)이라고 지칭했다. '고명(顧命)'은 죽음을 앞두고 회고하는 말을 뜻한다. "작은 계획으로 큰 사업을 망치지 말아라."는 말은 소신의 계획을 사용하여 대신이 벌인 사업을 망쳐서는 안 된다는 뜻이다. '질(疾)'자는 헐뜯고 미워한다는 뜻이다. '장(莊)'자는 "바르다."는 뜻이며, "공경한다."는 뜻이니, 군주가 바른 자를 취하여 공경을 더한다는 의미이다.

經文

子曰: "大人不親其所賢而信其所賤, 民是以親失, 而教是以煩. 詩云: '彼求我則, 如不我得. 執我仇仇, 亦不我力.' 君陳曰: '未見聖, 若己弗克見. 旣見聖, 亦不克由聖.'"〈015〉

공자가 말하길, "대인이 현명한 자를 친근하게 대하지 않고 미천한 자를 믿는다면, 백성들은 이로 인해 친근한 자를 잃게 되고, 교화도 이로 인해 번잡하게 된다. 『시』에서는 '저 소인은 나를 찾아 법도로 삼으려 함에, 마치 나를 찾지 못할까 안절부절 못하는 것처럼 하는구나. 그러나 나를 만나고 나서는 나를 억류하며 원수처럼 대하고 또 나에 대해서 신경조차 쓰지 않는구나.'라 했고, 「군진」편에서는 '아직 성인을 보지 못함에 마치 자신은 보지 못할 것처럼 여긴다. 그런데 이미 성인을 보았음에도 또한 성인을 따르지 못한다.'"라고 했다.

集說

親善遠惡, 人心所同, 所謂擧直錯諸枉則民服. 今君旣不親賢, 故民亦不親其上, 敎令徒煩, 無益也. 詩, 小雅·正月之篇. 言彼小人初用事, 求我以爲法則, 惟恐不得. 旣而不合, 則空執留之, 視如仇讐然, 不用力於我矣. 仇仇者, 言不一仇之, 無往而不忤其意也. 君陳, 周書. 兼引之, 皆爲不親賢之證.

선을 친근하게 여기고 악을 멀리하는 것은 사람의 마음에서 동일하게 여기는 것이니, "정직한 사람을 등용하고 정직하지 못한 사람을 내치면 백성들이 복종한다."[26]는 뜻에 해당한다. 현재 군주가 이미 현명한 자를 친근하게 여기지 않고 있기 때문에 백성들 또한 윗사람을 친근하게 여기지 않고, 교화와 정령만 번잡하게 되어 무익하게 된다. 『시』는 『시』「소아(小雅)·정월(正月)」편이다.[27] 즉 저 소인들은 애초에 일을 벌일 때, 나를 찾아 법도로 삼고자 하여, 나를 찾지 못할까만을 염려한다. 그러나 이미 만나보고 부합하지 않는다면 공허하게 잡아두려고 하며, 마치 원수를 보는 것처럼 하며, 나에게 힘을 기울이지 않는다는 뜻이다. '구구(仇仇)'는 한결같이 원수로만 대하는 것이 아니지만 가는 곳마다 그 뜻을 거스르지 않음도 없다는 의미이다. 「군진」은 『서』「주서(周書)」의 편명이다.[28] 함께 인용을 한 것은 모두 현명한 자를 친근하게 여기지 않는다는 뜻을 증명하기 위해서이다.

經文

子曰: "小人溺於水, 君子溺於口, 大人溺於民, 皆在其所褻也. 夫水近於人而溺人, 德易狎而難親也, 易以溺人. 口費而煩, 易出難悔, 易以溺人. 夫民閉[讀爲蔽]於人而有鄙心, 可敬不可慢, 易以溺人. 故君子不可以不愼也."〈016〉

공자가 말하길, "백성은 물에 빠지고, 사와 대부는 입에 빠지며, 천자와 제후는 백성에 빠지니, 이 모두는 매우 친근하게 여기는 것에 달려 있다. 무릇 물이라는 것은 사람과 가까워서 사람을 빠트리는데, 물의 덕은 가까이 여기기는 쉽지만 친근해지기는 어려우니, 사람을 빠트리기가

26) 『논어』「위정(爲政)」: 哀公問曰, "何爲則民服?" 孔子對曰, "<u>擧直錯諸枉, 則民服</u>, 擧枉錯諸直, 則民不服."

27) 『시』「소아(小雅)·정월(正月)」: 瞻彼阪田, 有菀其特. 天之抓我, 如不我克. <u>彼求我則, 如不我得. 執我仇仇, 亦不我力</u>.

28) 『서』「주서(周書)·군진(君陳)」: 凡人<u>未見聖, 若不克見, 旣見聖, 亦不克由聖</u>. 爾其戒哉. 爾惟風, 下民惟草.

쉽다. 입은 말을 낭비하고 번잡하게 만드는데, 말은 내뱉기는 쉬워도 이후 뉘우치기는 어려우니, 사람을 빠트리기가 쉽다. 무릇 백성은 인도에 막혀서['閉'자는 '蔽(폐)'자로 풀이한다.] 비루한 마음을 품으니, 공경해야 하며 태만하게 대해서는 안 되니, 사람을 빠트리기가 쉽다. 그러므로 군자는 조심하지 않는 태도로 대해서는 안 된다."라고 했다.

集說

小人, 民也. 溺, 爲其所陷也. 水爲柔物, 人易近之, 然其德雖可狎, 而褻不可親, 忘險而不知戒, 則溺矣. 君子, 士大夫也. 言行君子之樞機, 出好興戎, 皆由於口. 於己費, 則於人煩, 出而召禍, 不可悔矣. 大人, 謂天子諸侯也. 國以民存, 亦以民亡, 蓋惟不蔽於情而不可以理喩, 故鄙陋而不通, 書言可畏非民, 此所以不可慢也. 棄而不保, 則離叛繼之矣. 三者皆在其所褻, 故曰君子不可不愼也.

'소인(小人)'은 백성을 뜻한다. '닉(溺)'자는 그로 인해 빠진다는 뜻이다. 물은 유연한 사물이니 사람들이 가까이 하기가 쉽다. 그러나 물의 덕은 비록 매우 친근하게 여길 수 있지만, 그 기세는 친근하게 대할 수 없으니, 위험함을 잊고 경계할 줄 모른다면 빠지게 된다. '군자(君子)'는 사와 대부를 뜻한다. 군자가 중추적인 일을 시행하며 우호를 나타내고 전쟁을 일으킬 때에는 이 모두가 입에서 나온다.[29] 자신에 대해 소비를 한다면 남에 대해서는 번잡하게 되고, 그것이 나타나 재앙을 불러오는 데도 뉘우치지 못한다. '대인(大人)'은 천자와 제후를 뜻한다. 나라는 백성들로 인해 보존되기도 하지만 또한 백성들로 인해 망하기도 한다. 정감에 가려져서 이치로 깨우칠 수 없기 때문에 비루하고 소통이 되지 않으니, 『서』에서는 "두려워할만한 것은 백성이 아니겠는가?"라고 했다.

29) 『서』「우서(虞書)·대우모(大禹謨)」: 可愛非君, 可畏非民, 衆非元后何戴, 后非衆罔與守邦, 欽哉, 愼乃有位, 敬修其可願, 四海困窮, 天祿永終, 惟口出好興戎, 朕言不再.

이것이 바로 태만하게 대할 수 없는 이유이다. 버리고 보호하지 않는다면 떠나고 배반함이 계속된다. 이 세 가지는 모두 매우 친근하게 여기는 것에 달려 있다. 그렇기 때문에 "군자는 조심하지 않을 수 없다."고 했다.

經文

"太甲曰: '毋越厥命以自覆也. 若虞機張, 往省括于度則釋.' 兌[悅]**命曰: '惟口起羞, 惟甲胄起兵, 惟衣裳在笥, 惟干戈省厥躬.' 太甲曰: '天作孽, 可違也. 自作孽不可以逭**[乎亂反]**.' 尹吉**[告]**曰: '惟尹躬先**[舊本作天, 今從書.]**見于西邑夏, 自周有終, 相亦惟終.'"**〈017〉

공자가 계속하여 말하길, "「태갑」편에서 말하길, '그 명을 벗어나서 스스로 전복되지 마소서. 우인이 쇠뇌를 장전했을 때 가서 화살끝이 조준선에 맞는지 살펴보고 활을 쏘는 것처럼 하소서.'[30]라 했고, 「열명」편에서는['兌'자의 음은 '悅(열)'이다.] '입은 부끄러움을 불러오고, 갑옷은 전쟁을 일으키니, 옷은 상자에 두어야 하며, 방패와 창을 쓸 때에는 자신을 성찰해야 합니다.'[31]라 했으며, 「태갑」편에서는 '하늘이 일으킨 재앙은 피할 수 있습니다. 그러나 스스로 일으킨 재앙은 피할['逭'자는 '乎(호)'자와 '亂(란)'자의 반절음이다.] 수 없습니다.'[32]라 했고, 「윤고」편에서는['吉'자의 음은 '告(고)'이다.] '제가 직접 이전에['先'자는 옛 판본에서는 '天(천)'자로 기록했는데, 지금은 『서』의 기록에 따른다.] 서읍의 하나라를 살펴보았는데, 선왕

30) 『서』「상서(商書) · 태갑상(太甲上)」 : 王惟庸罔念聞. 伊尹乃言曰, 先王昧爽丕顯, 坐以待旦, 旁求俊彦, 啓迪後人, 無越厥命以自覆. 愼乃儉德, 惟懷永圖. 若虞機張, 往省括于度, 則釋, 欽厥止, 率乃祖攸行. 惟朕以懌, 萬世有辭.

31) 『서』「상서(商書) · 열명중(說命中)」 : 惟口起羞, 惟甲冑起戎, 惟衣裳在笥, 惟干戈省厥躬.

32) 『서』「상서(商書) · 태갑중(太甲中)」 : 天作孽猶可違, 自作孽不可逭.

이 스스로 충심과 신의를 보여서 제대로 끝맺을 수 있었고, 신하 또한 제대로 끝맺을 수 있었습니다.'[33]"라 했다.

集說

毋, 書作無. 伊尹告太甲, 不可顚越其命, 以自取覆亡. 虞, 虞人也. 機, 弩牙也. 括, 矢括也. 度者, 法度, 射者之所準望. 釋, 發也. 言如虞人之射, 弩機旣張, 必往察其括之合於法度, 然後發之, 則無不中也. 傅說告高宗, 謂言語所以文身, 輕出則有起羞之患; 甲胄所以衛身, 輕動則有起戎之憂. 衣裳所以命有德, 謹於在笥者, 戒輕與也; 干戈所以討有罪, 嚴於省躬者, 戒輕動也. 孼, 災也. 逭, 逃也. 夏都安邑, 在亳之西, 故曰西邑夏. 國語曰"忠信爲周", 言夏之先王以忠信爲終, 故其輔相者亦能有終也. 凡四引書, 皆明不可不愼之意.

'무(毋)'자를 『서』에서는 무(無)자로 기록했다. 이윤이 태갑에게 아뢰며 그 명령을 뒤엎고 벗어나서 스스로 엎어지거나 망하게 해서는 안 된다고 한 것이다. '우(虞)'자는 우인(虞人)을 뜻한다. '기(機)'자는 쇠뇌의 톱니바퀴이다. '괄(括)'자는 화살끝이다. '도(度)'자는 법도를 뜻하니, 활을 쏘는 자가 기준선으로 보게 되는 곳이다. '석(釋)'자는 "발사하다."는 뜻이다. 우인이 활을 쏠 때 쇠뇌의 톱니바퀴를 늘어트리게 되면, 반드시 가서 화살끝이 기준점에 맞는지를 살펴보고, 그런 뒤에 발사한다면 적중하지 않는 일이 없다는 뜻이다. 부열은 고종에게 아뢰어, 말은 자신을 꾸미는 것인데, 경솔하게 내뱉는다면 부끄러움을 받게 되는 우환이 생기고, 갑옷은 자신을 보호하는 것인데, 경솔하게 행동한다면 전쟁을 일으키는 우환이 생긴다고 한 것이다. 상의와 하의는 덕을 갖춘 자에게 명의 등급을 내리는 것이라서 상자에 두어 조심히 다뤄야 하니, 경솔하게 수여하는 것을 경계한 말이다. 방패와 창은 죄를 지은 자를 토벌하는

33) 『서』「상서(商書)·태갑상(太甲上)」: 惟尹躬先見于西邑夏, 自周有終, 相亦惟終, 其後嗣王, 罔克有終, 相亦罔終.

것이라서 자신을 성찰하는 일에 엄격해야 하니, 경솔하게 행동하는 것을 경계하는 말이다. '얼(孼)'자는 재앙을 뜻한다. '환(逭)'자는 "피하다."는 뜻이다. 하나라는 안읍에 도읍을 정했으니, 박 땅의 서쪽에 있다. 그렇기 때문에 '서읍인 하'라고 했다. 『국어』에서는 "충심과 신의는 주(周)가 된다."[34]라 했으니, 하나라의 선왕은 충심과 신의를 통해 제대로 끝을 맺었기 때문에 보필하는 신하 또한 제대로 끝을 맺을 수 있었다는 뜻이다. 총 네 차례 『서』의 문장을 인용했는데, 이 모두는 신중히 하지 않을 수 없다는 뜻을 드러낸 것이다.

淺見

近按: 吉, 告字之誤. 天, 書作先. 蓋古文天, 作先, 又作▼(兀/兀), 皆與先相似, 故先誤作天. 金氏釋書, 以周爲君, 亦古文君周相似也. 今以此章告作吉先作天觀之, 則君之作周, 亦以明矣.

내가 살펴보니, '길(吉)'자는 고(告)자의 오자이다. '천(天)'자를 『서』에서는 선(先)자로 기록했다. 아마도 고문에서는 '천(天)'자를 선(先)자로도 쓰고 ▼(兀/兀)자로도 썼는데, 이 모두는 선(先)자와 자형이 유사하기 때문에, 선(先)자를 잘못하여 천(天)자로 기록한 것이다. 김씨가 『서』를 풀이할 때 '주(周)'자를 군(君)자로 여겼는데, 이 또한 고문에서 군(君)자와 주(周)자의 자형이 서로 유사했기 때문이다. 지금 이곳 문장에서 고(告)자를 길(吉)자로 기록하고, 선(先)자를 천(天)자로 기록한 것을 통해 살펴보면, 군(君)자를 주(周)자로 기록했던 것 또한 이를 통해 드러난다.

34) 『국어』「노어하(魯語下)」: 臣聞之曰, "懷和爲每懷, 咨才爲諏, 咨事爲謀, 咨義爲度, 咨親爲詢, 忠信爲周."

經文

子曰: "民以君爲心, 君以民爲體. 心莊則體舒, 心肅則容敬. 心好之, 身必安之. 君好之, 民必欲之. 心以體全, 亦以體傷. 君以民存, 亦以民亡. 詩云: '昔吾有先正, 其言明且清. 國家以寧, 都邑以成, 庶民以生. 誰能秉國成? 不自爲正, 卒勞百姓.' 君雅[牙]曰: '夏日暑雨, 小民惟曰怨資[與咨同]. 冬祈寒, 小民亦惟曰怨.'"〈018〉

공자가 말하길, "백성은 군주를 마음으로 삼고, 군주는 백성을 몸으로 삼는다. 마음이 장엄하게 되면 몸이 펴지고, 마음이 엄숙하게 되면 용모가 공경스럽게 된다. 마음이 좋아하면 몸은 반드시 편안하게 된다. 군주가 좋아하면 백성은 반드시 그것을 하고자 한다. 마음은 몸을 통해 온전하게 되며 또한 몸을 통해 상처를 받기도 한다. 군주는 백성을 통해 보존되고 또한 백성을 통해 망하기도 한다. 『시』에서는 '예전 나에게는 선대의 현명한 신하가 있어서, 그의 말은 밝고도 맑았다. 국가는 그를 통해 편안하게 되었고, 도읍은 그를 통해 완성되었으며, 백성은 그를 통해 생활하게 되었다. 누가 이러한 국가의 완성된 법도를 잡을 수 있겠는가? 스스로 바름을 시행하지 않아서 끝내 백성들만 고달프게 만들었다.'라 했고, 「군아」편에서는['雅'자의 음은 '牙(아)'이다.] '여름날 덥고 비가 내리면 일반 백성들은 원망하고 한탄한다.['資'자는 '咨(자)'자와 같다.] 겨울에 혹독하게 추우면 일반 백성들은 원망하고 한탄한다.'"라고 했다.

集說

此承上文大人溺於民之意而言. 昔吾有先正以下五句, 逸詩也. 下三句, 今見小雅·節南山之篇. 言今日誰人秉持國家之成法乎? 師尹實秉持之, 乃不自爲政, 而信任群小, 終勞苦百姓也. 君牙, 周書. 資, 書作咨, 此傳寫之誤, 而下復缺一咨字, 鄭不取書文爲定, 乃讀資爲至. 今從書, 以資字屬上句.

이 문장은 앞에서 대인이 백성에게 빠진다고 했던 뜻을 이어서 한 말이다. "예전에 나에게는 이전 시대의 현명한 신하가 있었다."라고 한 구문으로부터 이하의 5개 구문은 『일시』에 해당한다. 그 뒤의 세 구문은 현행본 『시』「소아(小雅) · 절남산(節南山)」편에 나온다.[1)] 즉 "오늘날 누가 국가의 완성된 법도를 지닐 수 있겠는가? 태사 윤씨가 실제로 법도를 잡았지만, 스스로 정치를 시행하지 못하고, 소인들을 신임하여 결국 백성들을 고달프게 했다."는 뜻이다. 「군아」는 『서』「주서(周書)」편이다.[2)] '자(資)'자를 『서』에서는 자(咨)자로 기록했으니, 이것은 필사하는 과정에 나타난 잘못이며, 그 뒤의 구문에도 '자(咨)'사가 빠져 있는데, 정현은 『서』의 기록을 가져다가 바로잡지 않아서 곧 '자(資)'자를 "~에 이르다."는 뜻으로 풀이했다. 이곳에서는 『서』의 기록에 따라서 '자(資)'자를 앞의 구문에 연결해서 읽는다.

方氏曰: 民以君爲心者, 言好惡從於君也. 君以民爲體者, 言休戚同於民也. 體雖致用於外, 然由於心之所使, 故曰心好之, 身必安之. 心雖爲主於內, 然資乎體之所保, 故曰心以體全, 亦以體傷.

방씨가 말하길, "백성들은 군주를 마음으로 삼는다."는 말은 좋아함과 싫어함을 군주의 것대로 따른다는 뜻이다. "군주는 백성들을 몸으로 삼는다."는 말은 기쁨과 슬픔을 백성들과 동일하게 느낀다는 뜻이다. 몸은 비록 외적으로 작용을 드러내지만 마음이 부리는 것에서 비롯된다. 그렇기 때문에 "마음이 좋아하면 몸은 반드시 편안하게 된다."라고 했다. 마음은 비록 내적인 것을 위주로 하지만 몸이 보호하는 것이 힘입게 된다. 그렇기 때문에 "마음은 몸을 통해 온전하게 되고 또 몸을 통해 상처를 받는다."라고 했다.

---

1) 『시』「소아(小雅) · 절남산(節南山)」: 不弔昊天, 亂靡有定. 式月斯生, 俾民不寧. 憂心如酲, <u>誰秉國成, 不自爲政, 卒勞百姓</u>.

2) 『서』「주서(周書) · 군아(君牙)」: 夏暑雨, 小民惟曰怨咨, 冬祁寒, 小民亦惟曰怨咨.

經文

子曰: "下之事上也, 身不正, 言不信, 則義不壹, 行無類也." 子曰: "言有物而行[去聲]有格也, 是以生則不可奪志, 死則不可奪名. 故君子多聞, 質而守之; 多志, 質而親之; 精知, 略而行之. 君陳曰: '出入自爾師虞, 庶言同.' 詩云: '淑人君子, 其儀一也.'"〈019〉

공자가 말하길, "아랫사람이 윗사람을 섬길 때, 몸이 바르지 않고 말이 미덥지 못하면 뜻이 한결같지 않고, 행동에 법도가 없다."라고 했다. 공자가 말하길, "말에 진실됨이 있고 행동에['行'자는 거성으로 읽는다.] 격식이 있다면 이로써 생전에는 그 뜻을 빼앗을 수 없게 되고 죽어서도 그 명성을 빼앗을 수 없게 된다. 그러므로 군자는 많이 듣고 그것을 대중들에게 질정하고서 지키고, 많이 기록하고 그것을 대중들에게 질정하고서 친숙하게 하며, 아는 것을 정밀히 하고 핵심적인 것을 추려내서 시행한다. 「군진」편에서는 '정령을 내놓고 들일 때에는 네 무리들을 통해 헤아려서 여러 의견이 동일하게 된다.'라 했고, 『시』에서는 '저 선한 군자여, 그 위엄스러운 거동이 한결같구나.'"라 했다.

集說

義不壹, 或從或違也. 行無類, 或善或否也. 君陳, 書言謀政事者, 當出入反覆, 與衆人共虞度其可否, 而觀庶言之同異也. 詩, 曹風·鳲鳩之篇, 引以證義壹行類.

"의(義)가 한결같지 않다."는 말은 어떤 때에는 따르고 어떤 때에는 거스른다는 뜻이다. "행동에 유(類)가 없다."는 말은 어떤 때에는 선하고 어떤 때에는 그렇지 않다는 뜻이다. 「군진」편의 내용에 대해서 『서』에서는 정사를 도모할 때에는 마땅히 내놓고 들이며 반복하여 여러 사람들과 함께 가부를 따져보고, 여러 의견의 동이를 살펴야만 한다고 했다.[3] 『시』는 『시』「조풍(曹風)·시구(鳲鳩)」편으로,[4] 이 시를 인용하여 뜻이 한결같고 행동에 항상된 법도가 있어야 함을 증명하였다.

呂氏曰: 有物則非失實之言, 有格則無踰矩之行, 歸於一而不可變, 生乎由是, 死乎由是, 故志也名也, 不可得而奪也. 多聞, 所聞博也. 多志, 多見而識之者也. 質, 正也. 不敢自信, 而質正於衆人之所同, 然後用之也. 守之者, 服膺勿失也. 親之者, 問學不厭也. 雖由多聞多知而得之, 又當精思以求其至約而行之. 略者, 約也. 此皆義壹行類之道也.

여씨가 말하길, 물(物)이 있다면 실정에 어긋나는 말이 아니며, 격(格)이 있다면 법도를 벗어나는 행실이 없으니, 한결같음으로 회귀하여 변하지 않는다. 살아감도 이로부터 말미암고 죽음도 이로부터 말미암기 때문에 뜻과 명성을 빼앗을 수 없다. 많이 듣는 것은 듣는 것이 폭넓다는 뜻이다. 많이 기록한다는 것은 많이 보아서 기록하는 것이다. '질(質)'자는 "바르다."는 뜻이다. 감히 자신하지 않고 대중들이 공감하는 것에 따라 질정한 뒤에야 사용한다. 지킨다는 것은 마음에 품어서 잃지 않는 것이다. 친하게 한다는 것은 묻고 배우는 일에 싫증을 느끼지 않는 것이다. 비록 많이 듣고 많이 알아서 터득을 했더라도 또한 마땅히 생각을 정밀히 하여 지극히 핵심적인 것을 찾아서 시행해야 한다. '약(略)'은 요약을 뜻한다. 이것들은 모두 뜻이 한결같고 행동에 법식이 있는 도에 해당한다.

3) 『서』「주서(周書)·군진(君陳)」: 圖厥政, 莫或不艱. 有廢有興, 出入自爾師虞, 庶言同則繹.

4) 『시』「조풍(曹風)·시구(鳲鳩)」: 鳲鳩在桑, 其子七兮. 淑人君子, 其儀一兮. 其儀一兮, 心如結兮.

經文

子曰: "唯君子能好[去聲]**其正**[如字]**, 小人毒其正**[如字]**. 故君子之朋友有鄕**[去聲]**, 其惡**[烏路反]**有方. 是故邇者不惑, 而遠者不疑也. 詩云: '君子好**[如字]**仇.'"**〈020〉

공자가 말하길, "오직 군자라야 정도를['正'자는 글자대로 읽는다.] 좋아할['好'자는 거성으로 읽는다.] 수 있으니, 소인은 정도에['正'자는 글자대로 읽는다.] 해를 끼치려고 한다. 그러므로 군자는 도를 함께 하는 자를 사귀어, 벗을 사귐에 지향점이['鄕'자는 거성으로 읽는다.] 있고, 또 그가 싫어함에는['惡'자는 '烏(오)'자와 '路(로)'자의 반절음이다.] 공정한 방향이 있다. 이러한 까닭으로 가까운 자는 의혹을 품지 않고, 멀리 떨어져 있는 자도 의심하지 않는다. 『시』에서는 '군자의 좋은['好'자는 글자대로 읽는다.] 짝이로다.'"라고 했다.

集說

舊讀正爲匹, 今從呂氏說讀如字. 蓋君子與君子以同道爲朋, 小人與小人以同利爲朋. 君子固好其同道之朋矣, 小人亦未嘗不好其同利之朋. 不當言毒害其匹也, 小人視君子如仇讎, 常有禍之之心, 此所謂毒其正也. 君子所好不可以非其人, 故曰朋友有鄕; 所惡不可以及善人, 故曰其惡有方. 前章言章善癉惡以示民厚, 則民情不貳, 今好惡旣明, 民情歸一, 故邇者遠者不惑不疑也. 詩, 周南·關雎之篇, 言君子有良善之仇匹, 引以證同道之朋.

옛 주석에서는 '정(正)'자를 짝이라고 풀이했는데, 지금은 여씨의 주장에 따라 글자대로 풀이한다. 군자는 군자와 도를 함께 하여 벗으로 삼지만, 소인은 소인과 이로움을 함께 하여 벗으로 삼기 때문이다. 군자는 진실로 도를 함께 하는 벗을 좋아하는데, 소인은 또한 이로움을 함께 하는 벗을 일찍이 좋아하지 않은 적이 없다. 따라서 "그 짝에게 해를 입힌다." 라고 말해서는 안 되니, 소인은 군자를 원수처럼 보아서 항상 그에게 해를 끼치려는 마음을 갖는다. 이것이 바로 "그 바름에 해를 끼친다."는 뜻이다. 군자는 좋아하는 것으로 남을 비판하지 않는다. 그렇기 때문에 "벗을 사귐에 지향점이 있다."라고 했다. 또 싫어하는 것을 선한 사람에게까지 적용하지 않는다. 그렇기 때문에 "그가 싫어하는 것에 방향이 있다."라고 했다. 앞에서는 "선을 드러내고 악을 미워하여 백성들에게 두터이 할 것을 보여준다면, 백성들의 정감은 어긋나지 않는다."라고 했으니, 현재의 상태는 좋아하고 싫어함이 이미 밝게 드러나서 백성들의 정감이 한결같음으로 귀의한 것이다. 그렇기 때문에 가까이 있는 자와 멀리 떨어져 있는 자가 의혹을 품거나 의심하지 않는다. 『시』는 『시』「주남(周南)·관저(關雎)」편으로,[5] 군자에게는 선량한 짝이 있다는 뜻이니, 이 시를 인용하여 도를 함께 하는 벗을 증명하였다.

經文

子曰: "輕絶貧賤而重絶富貴, 則好賢不堅, 而惡惡不著也. 人雖曰不利, 吾不信也. 詩云: '朋友攸攝, 攝以威儀.'"〈021〉

공자가 말하길, "가난하고 미천한 자와 관계를 끊을 때에는 가볍게 여기지만 반대로 부유하고 존귀한 자와 관계를 끊을 때 신중히 한다면, 이것은 현명한 자를 좋아하는 마음이 견고하지 않고, 악을 싫어하는 마음이 드러나지 않은 것이다. 그러한 사람이 비록 이로움 때문이 아니라고 말한다 하더라도 나는 믿지 않을 것이다. 『시』에서는 '벗들이 서로를 검속하는 것은 위엄스러운 거동으로써 검속하는 것이다.'"라고 했다.

集說

詩, 大雅·旣醉之篇. 言朋友所以相檢攝者在威儀, 以喩不在貧賤富

5) 『시』「주남(周南)·관저(關雎)」: 關關雎鳩, 在河之洲. 窈窕淑女, 君子好逑.

貴也.

『시』는 『시』「대아(大雅)·기취(旣醉)」편이다.[6] 즉 벗이 서로를 검속하는 것은 위엄스러운 거동에 달려 있다는 뜻이니, 이를 통해 가난함과 미천함 또는 부유함과 존귀함에 있지 않음을 비유하였다.

馬氏曰: 賢者宜富貴, 而富貴者未必皆賢. 惡者宜貧賤, 而貧賤者未必皆惡. 於其貧賤而輕有以絶之, 則是好賢不堅也. 於其富貴而重有以絶之, 則是惡惡不著也. 是志在於利而不在於道, 人雖曰不利者, 吾不信也.

마씨가 말하길, 현명한 자는 마땅히 부유하고 존귀하지만, 부유하고 존귀한 자들이 모두 현명한 것은 아니다. 악한 자는 마땅히 가난하고 미천하지만, 가난하고 미천한 자들이 모두 악한 것은 아니다. 가난하고 미천한 자에 대해서 경솔하게 관계를 끊는다면, 이것은 현명한 자를 좋아하는 마음이 견고하지 않은 것이다. 또 부유하고 존귀한 자에 대해서 관계를 끊는 것을 매우 신중하게 한다면, 이것은 악을 싫어함이 드러나지 않은 것이다. 이것은 그 뜻이 이로움에 있고 도에 있지 않기 때문이니, 그 사람이 비록 나는 이로움 때문에 한 것이 아니라고 말하더라도 나는 믿지 않을 것이다.

經文

子曰: "私惠不歸德, 君子不自留焉. 詩云: '人之好我, 示我周行[如字].'" 〈022〉

공자가 말하길, "사사롭게 은혜를 베풀었는데 그것이 덕에 맞지 않다면,

6) 『시』「대아(大雅)·기취(旣醉)」: 其告維何, 籩豆靜嘉. 朋友攸攝, 攝以威儀.

군자는 그가 베푼 은혜를 마음에 담아두지 않는다. 『시』에서는 '나를 좋아하는 사람이여, 나에게 큰 도리를['行'자는 글자대로 읽는다.] 보여줄지어다.'"라고 했다.

集說

上文言好惡皆當循公道, 故此言人有私惠於我, 而不合於德義之公, 君子決不留之於己也. 詩, 小雅·鹿鳴之篇. 周行, 大道也. 言人之好愛我者, 示我以大道而已, 引以明不留私惠之義.

앞의 문장에서는 좋아함과 싫어함이 모두 공공의 도리에 따라야만 함을 말했다. 그렇기 때문에 이곳에서는 사람들 중 나에게 사적으로 은혜를 베푸는 자가 있는데, 덕과 의리라는 공공의 도리에 부합되지 않는다면, 군자는 결코 자신의 마음에 그에 대한 것을 남겨두지 않는다고 했다. 『시』는 『시』「소아(小雅)·녹명(鹿鳴)」편이다.[7] '주행(周行)'은 큰 도리를 뜻한다. 즉 나를 좋아하고 사랑하는 자는 나에게 큰 도리를 보여줄 따름이라는 뜻이니, 이 시를 인용하여 사적인 은혜를 담아두지 않는다는 뜻을 나타내었다.

經文

子曰: "苟有車, 必見其軾. 苟有衣, 必見其敝. 人苟或言之, 必聞其聲. 苟或行之, 必見其成. 葛覃曰: '服之無射[亦].'" 〈023〉

공자가 말하길, "만약 수레가 있다면 반드시 수레의 가로대를 보게 된다. 만약 의복이 있다면 반드시 해진 곳을 보게 된다. 사람이 만약 말을

7) 『시』「소아(小雅)·녹명(鹿鳴)」: 呦呦鹿鳴, 食野之苹. 我有嘉賓, 鼓瑟吹笙. 吹笙鼓簧, 承筐是將. 人之好我, 示我周行.

하게 된다면 반드시 그 소리를 듣게 된다. 만약 행동하게 된다면 반드시 행동을 통해 이룬 것을 보게 된다. 「갈담」편에서는 '의복을 입으니 싫음이['射'자의 음은 '亦(역)'이다.] 없도다.'"라고 했다.

集說

呂氏曰: 此言有是物必有是事, 登車而有所禮則憑軾, 有軾則有車, 無車則何所憑而式之乎? 衣之久必敝, 有衣然後可敝, 無衣則何敝之有? 言必有聲, 行必有成, 亦猶是也. 蓋誠者物之終始, 不誠無物, 引葛覃, 言實有是服乃可久服而無厭也.

여씨가 말하길, 이 내용은 이러한 사물이 있다면, 반드시 그에 대한 일이 있다는 뜻이니, 수레에 오르게 되면 해당하는 예법이 있으므로, 수레의 가로대에 기대고, 수레의 가로대가 있다면 수레가 있는 것인데, 수레가 없다면 무엇에 의지하여 몸을 기울여 예를 표시하겠는가? 또 옷은 오래되면 반드시 해지는 곳이 생기는데, 옷이 있은 뒤에야 해질 수 있으니, 옷이 없다면 어찌 해진 곳이 있겠는가? 말을 하면 반드시 소리가 나고 행동을 하면 반드시 이루는 것이 있으니, 또한 이와 같은 의미이다. 진실됨은 사물의 끝과 시작이 되니, 진실되지 않다면 사물도 없다. 「갈담」편을 인용했는데[8] 실제로 이러한 의복이 있다면 오래도록 입을 수 있으며 싫어함이 없다는 뜻이다.

8) 『시』「주남(周南) · 갈담(葛覃)」: 葛之覃兮, 施于中谷. 維葉莫莫, 是刈是濩, 爲絺爲綌, 服之無斁.

經文

子曰: "言從而行之, 則言不可飾也. 行從而言之, 則行不可飾也. 故君子寡[舊讀爲顧, 今如字.]言而行, 以成其信, 則民不得大其美而小其惡. 詩云: '白圭之玷, 尙可磨也; 斯言之玷, 不可爲也. 小雅曰: '允也君子, 展也大成.' 君奭曰: '在昔上帝, 周[割]田[申]觀[勸]文王之德, 其集大命于厥躬.'"〈024〉

공자가 말하길, "말이 이치에 따라서 그것을 행하면 말을 꾸며서는 안 된다. 행동이 이치에 따라서 그것을 말하면 행동을 꾸며서는 안 된다. 그러므로 군자가 말을 적게['寡'자는 옛 주석에서는 '顧(고)'자로 풀이했는데, 지금은 글자대로 읽는다.] 하고 행동을 실천하여 신의를 이루면, 백성들은 자신의 아름다움을 좋게만 꾸며서 높이거나 추함을 감추지 않는다. 『시』에서는 '백색 옥의 결함은 오히려 갈아서 없앨 수 있지만, 말의 결함은 그렇게 할 수 없도다.'라 했고, 「소아」에서는 '믿음직스러운 군자여, 진실로 크게 이루었도다.'라 했으며, 「군석」편에서는 '예전 상제는 은나라에 재앙을['周'자의 음은 '割(할)'이다.] 내렸고, 문왕의 덕을 거듭['田'자의 음은 '申(신)'이다.] 권면하여['觀'자의 음은 '권(勸)'이다.] 그 몸에 큰 하늘의 명이 모이게 되었다.'"라 했다.

集說

從, 順也, 謂順於理也. 言順於理而行之, 則言爲可用, 而非文飾之言矣. 行順於理而言之, 則行爲可稱, 而非文飾之行矣. 言之不怍, 則爲之也難. 寡言而行, 卽訥於言而敏於行之意. 以成其信, 謂言行皆不妄也. 大其美者, 所以要譽; 小其惡者, 所以飾非, 皆言之所爲也. 君子寡言以示敎, 故民不得如此. 詩, 大雅·抑之篇. 玷, 缺也. 小雅, 車攻之篇. 允, 信也. 展, 誠也. 君奭, 周書. 言昔者上帝降割罰于殷, 而申重獎勸文王之德, 集大命於其身, 使有天下. 抑詩, 證言不可飾, 車攻詩, 證行不可飾, 引書, 亦言文王之實有此德也.

'종(從)'자는 "따르다."는 뜻이니, 이치에 따른다는 의미이다. 말이 이치에 따라서 그것을 행하면 그 말은 쓸 수 있으니, 문식만 꾸민 말이 아니다. 행동이 이치에 따라서 그것을 말하면 행동은 칭송할 수 있으니, 문식만 꾸민 행동이 아니다. 말을 하며 부끄러워하지 않는다면 그것을 시행하기가 어렵다. 말을 적게 하고 행동하는 것은 말은 어눌하게 하고 실천은 민첩하게 한다는 뜻이다.[9] 이로써 믿음을 이룬다는 것은 말과 행동이 모두 망령되지 않다는 뜻이다. 아름다움을 크게 한다는 것은 명예를 바라는 것이며, 추함을 작게 한다는 것은 잘못을 꾸미는 것이니, 이 모두는 말을 통해 시행하는 것이다. 군자는 말을 적게 하여 가르침을 보여주기 때문에 백성들이 이처럼 하지 못한다. 『시』는 『시』「대아(大雅)·억(抑)」편이다.[10] '점(玷)'자는 결함을 뜻한다. 「소아」는 『시』「소아(小雅)·거공(車攻)」편이다.[11] '윤(允)'자는 믿음을 뜻한다. '전(展)'자는 진실을 뜻한다. 「군석」은 『서』「주서(周書)」편이다.[12] 즉 예전에 상제는 은나라에 재앙을 내리고, 문왕의 덕을 거듭 장려하고 권하여, 그 몸에 큰 하늘의 명이 모이도록 하여, 천하를 소유하게끔 했다는 뜻이다. 「억」편의 시는 말을 꾸며서는 안 된다는 뜻을 증명한 것이고, 「거공」편의 시는 행동을 꾸며서는 안 된다는 뜻을 증명한 것이며, 『서』를 인용한 것은 또한 문왕은 진실로 이러한 덕을 가지고 있었음을 뜻한다.

---

9) 『논어』「이인(里仁)」: 子曰, "君子欲訥於言而敏於行."

10) 『시』「대아(大雅)·억(抑)」: 質爾人民, 謹爾侯度, 用戒不虞. 愼爾出話, 敬爾威儀. 無不柔嘉. 白圭之玷, 尙可磨也. 斯言之玷, 不可爲也.

11) 『시』「소아(小雅)·거공(車攻)」: 之子于征, 有聞無聲. 允矣君子, 展也大成.

12) 『서』「주서(周書)·군석(君奭)」: 公曰, 君奭. 在昔上帝割, 申勸寧王之德, 其集大命于厥躬.

經文

子曰: "南人有言曰: '人而無恒, 不可以爲卜筮.' 古之遺言與[平聲]. 龜筮猶不能知也, 而況於人乎? 詩云: '我龜旣厭, 不我告猶.' 兌命曰: '爵無及惡德, 民立而正事. 純而祭祀, 是爲不敬. 事煩則亂, 事神則難.' 易曰: '不恒其德, 或承之羞.' '恒其德偵[貞], 婦人吉, 夫子凶.'"〈025〉

공자가 말하길, "남쪽 사람들이 하는 말 중에는 '사람이 되고서 항상됨이 없다면 거북점과 시초점을 칠 수 없다.'라고 했는데, 고대로부터 전해진 말일 것이다.['與'자는 평성으로 읽는다.] 거북껍질과 시초로도 오히려 알 수 없는데, 하물며 사람에게 있어서는 어떻겠는가? 『시』에서는 '나의 거북껍질이 이미 싫증을 내니, 나에게 도모한 것의 길흉을 알려주지 않는구나.'라 했고, 「열명」편에서는 '작위가 악덕한 자에게 미치지 않도록 해야 하니, 백성은 그것을 본받아 세워 바른 일이라고 여긴다. 매번 악덕한 자에게 제사를 지내는 것은 불경한 일이다. 제사가 번거롭게 되면 문란하게 되고 그러한 신을 섬긴다면 어렵게 된다.'라 했으며, 『역』에서는 '그 덕을 항상되게 하지 않으면, 혹여 부끄러움으로 나아가게 된다.'라 했고, 또 '그 덕을 항상되게 하면 바르니['偵'자의 음은 '貞(정)'이다.] 부인은 길하지만 남자는 흉하다.'"라고 했다.

集說

論語言不可以作巫醫, 是爲巫爲醫. 此言爲卜筮, 乃是求占於卜筮. 龜筮猶不能知, 言無常之人, 雖先知如龜筴, 亦不能定其言凶, 況於人乎? 詩, 小雅·小旻之篇. 猶, 謀也. 言卜筮煩數, 龜亦厭之, 不復告以所謀之吉凶也. 易, 恒卦三五爻辭. 承, 進也. 婦人之德, 從一而終, 故吉. 夫子制義, 故從婦則凶也.

『논어』에서는 "무당이나 의원이 될 수 없다."13)라고 했는데, 이것은 무당이 되고 의원이 되는 사안에 해당한다. 이곳에서는 거북점과 시초점을 친다고 했으니, 이것은 거북점과 시초점을 통해서 점괘를 구하는 것이다. 거북껍질과 시초도 오히려 알 수 없다는 것은 항상됨이 없는 사람은 비록 거북껍질이나 시초처럼 먼저 알고 있더라도 또한 길흉을 확정할 수 없는데, 하물며 사람에게 있어서는 어떻겠는가? 『시』는 『시』「소아(小雅)·소민(小旻)」편이다.[14] '유(猶)'자는 도모함을 뜻한다. 즉 거북점과 시초점이 번다하게 많아지면 거북껍질 또한 그것을 싫어하게 되어, 재차 도모한 것의 길흉을 알려주지 않는다는 뜻이다. 『역』은 『역』「항괘(恒卦)」의 삼효[15]와 오효[16]의 효사이다. '승(承)'자는 "나아가다."는 뜻이다. 부인의 덕은 하나를 따라서 생을 마치기 때문에 길하다. 남자는 의(義)를 제재하기 때문에 부인을 따르면 흉하다.[17]

應氏曰 引兌命有誤, 當依今書文.

응씨가 말하길, 「열명(說命)」편을 인용한 것에는 오류가 있으니, 마땅히 현행본 『서』의 기록에 따라야 한다.

馮氏曰: 此篇多依倣聖賢之言, 而理有不純, 義有不足者多矣.

풍씨가 말하길, 「치의」편은 대체로 성현의 말을 따른 것이지만, 이치에 있어서는 순일하지 못한 점이 있고, 의미에 있어서도 부족한 점이 많다.

13) 『논어』「자로(子路)」: 子曰, "南人有言曰, '人而無恒, 不可以作巫醫.' 善夫!"

14) 『시』「소아(小雅)·소민(小旻)」: 我龜既厭, 不我告猶. 謀夫孔多, 是用不集. 發言盈庭, 誰敢執其咎. 如匪行邁謀, 是用不得于道.

15) 『역』「항괘(恒卦)」: 九三, 不恒其德, 或承之羞, 貞吝.

16) 『역』「항괘(恒卦)」: 六五, 恒其德, 貞, 婦人吉, 夫子凶.

17) 『역』「항괘(恒卦)」: 象曰, 婦人貞吉, 從一而終也, 夫子制義, 從婦凶也.

| 저자 소개 |

권근(權近, 1352~1409)

· 고려말 조선초기 때의 학자
· 본관은 안동(安東)이고, 초명은 진(晉)이며, 자는 가원(可遠) · 사숙(思叔)이고, 호는 소오자(小烏子) · 양촌(陽村)이며, 시호는 문충(文忠)이다.

| 역자 소개 |

정병섭鄭秉燮

· 1979년 출생
· 2002년 성균관대학교 유교철학과 졸업
· 2004년 성균관대학교 대학원 유학과 석사
· 2013년 성균관대학교 대학원 유학과 철학박사
·『역주 예기집설대전』과『역주 예기보주』를 완역하였다.
·『의례』,『주례』,『대대례기』 번역과 한국유학자들의 예학 관련 저작들의 번역을 계획 중이다.

譯註
禮記淺見錄 ⑥
祭法·祭義·祭統·經解·哀公問·仲尼燕居·
孔子閒居·坊記·中庸·表記·緇衣

초판 인쇄 2019년 10월 1일
초판 발행 2019년 10월 15일

저　　자 | 권 근(權近)
역　　자 | 정 병 섭(鄭秉燮)
펴 낸 이 | 하 운 근
펴 낸 곳 | 學古房

주　　소 | 경기도 고양시 덕양구 통일로 140 삼송테크노밸리 A동 B224
전　　화 | (02)353-9908 편집부(02)356-9903
팩　　스 | (02)6959-8234
홈페이지 | hakgobang.co.kr
전자우편 | hakgobang@naver.com, hakgobang@chol.com
등록번호 | 제311-1994-000001호

ISBN 978-89-6071-896-8 94150
978-89-6071-890-6 (세트)

값 : 37,000원